W9-DEB-776

Instructor's Annotated Edition

VENTANAS

Curso intermedio de lengua española

LENGUA

José A. Blanco

Mary Ann Dellinger
Virginia Military Institute

María Isabel García
Boston University

Ana Yáñez
Boston University

Boston, Massachusetts

Publisher: José A. Blanco

Editorial Director: Denise St. Jean

Director of Operations: Stephen Pekich

Art Director: Linda Jurras

Staff Editors: Armando Brito, Sabrina Celli, Deborah Coffey, Francisco de la Rosa, Gustavo Cinci, Sarah Kenney, Claudi Mimó, Kristen Odlum, Paola Ríos Schaaf

Contributing Writers and Editors: Sharon Alexander, Esther Castro, María del Pilar Gaspar, María Rosa Jacks, Martín L. Gaspar, Constance Marina, Solivia Márquez, Lourdes Murray, Nicolás Naranjo, Cristina Pérez, Mark Porter, Alex Santiago, Alicia Spinner

Senior Designer: Polo Barrera

Design Team: Anne Alvarez, Linde Gee

Illustrator: Pere Virgili

Photographer: Martin Bernetti

Production Team: Double O'Design

Copyright © 2003 by Vista Higher Learning.

All rights reserved.

No part of this work may be reproduced or distributed in any form or by any means, electronic or mechanical, including photocopying and recording, or by any information storage or retrieval system without prior written permission from Vista Higher Learning, 31 St. James Avenue, Boston, MA 02116-4104.

Printed in the United States of America.

Student Text ISBN 1-932000-52-6
Instructor's Annotated Edition ISBN 1-932000-55-0

Library of Congress Card Number: 2002116922
1 2 3 4 5 6 7 8 9-VH-07 06 05 04 03

Instructor's Annotated Edition

Table of Contents

The **VENTANAS** Story

Vista Higher Learning, the publisher of **VENTANAS**, was founded with one mission: to raise the teaching of Spanish to a higher level. Years of experience working with textbook publishers convinced us that more could be done to offer you superior tools and to give your students a more profound learning experience. Along the way, we questioned everything about the way textbooks support the teaching of introductory and intermediate college Spanish.

In fall 2000, our focus was on introductory college Spanish. The result was **VISTAS: Introducción a la lengua española,** a textbook and coordinated package of ancillaries that looked different and were different. **PANORAMA**, a briefer text based on **VISTAS** followed in fall 2001. We took a fresh look at introductory college Spanish and found that hundreds of Spanish instructors nationwide liked what they saw. In just two years, **VISTAS** and **PANORAMA** became the most widely adopted new introductory college Spanish programs in more than a decade, and, in fall 2002, we are continuing our line of introductory textbook programs with a new one entitled **AVENTURAS.**

For some time, we have also been working to address a need that many Spanish instructors have expressed to us, that is, an alternative to the standard offerings for intermediate Spanish. Our authors and all of us at Vista Higher Learning are therefore excited to welcome you to **VENTANAS**, our new intermediate college Spanish program. It shares the hallmark user-friendly and video-integrated approach of **VISTAS**, **PANORAMA**, and **AVENTURAS**, yet offers its own distinctive content, design, and coordinated print and technology components.

We hope that you and your students enjoy using the **VENTANAS** program. Please contact us with your questions, comments, and reactions.

Vista Higher Learning
31 St. James Avenue,
Boston, MA 02116-4104
TOLLFREE: 800-618-7375
TELEPHONE: 617-426-4910
FAX: 617-426-5215
www.vistahigherlearning.com

Getting to Know VENTANAS

New and unique, **VENTANAS** is a fully integrated intermediate Spanish program that emphasizes a student-friendly approach. It is designed to make learning Spanish easier and more rewarding so students will be successful language learners. To accomplish this goal, **VENTANAS** takes an interactive, communicative approach. It focuses on real communication in meaningful contexts that develop and consolidate students' speaking, listening, reading, and writing skills. **VENTANAS** also stresses cultural competency, since it plays an integral role in language learning and successful communication.

The **VENTANAS** program has two main components—**VENTANAS: Lengua** (the grammar text) and **VENTANAS: Lecturas** (the literary/cultural reader). Designed for maximum flexibility, these two texts are coordinated by lesson theme, grammar structures, and vocabulary, which allows them to be used jointly or independently of each other according to your course objectives.

VENTANAS: Lengua

Here are just a few key features that make **VENTANAS: Lengua** stand out:

- **VENTANAS: Lengua** cohesively integrates a video sitcom with the student textbook in a lively and engaging manner in each lesson's four-page **Fotonovela** section and in the captioned video stills of the **Estructura** sections.
- **VENTANAS: Lengua** facilitates the learning process through its carefully crafted graphic design and organization. Page layout, color-coded sections, and other graphic elements enhance students' learning. Lesson sections appear either completely on one page or on two-page spreads, making navigation easy. The dynamic array of photos, illustrations, realia, charts, graphs, and diagrams support pedagogical purposes, multiple learning styles, and, through their visual appeal, generate and sustain student interest.
- **VENTANAS: Lengua** incorporates communicative practice in every section of every lesson. The two-part practice sequence for every grammar point progresses from directed, meaningful **Práctica** exercises to open-ended, interactive **Comunicación** activities. At the end of each **Estructura** section, special **A conversar** problem-solving activities and **Manos a la obra** task-based projects integrate language skills and promote creative self-expression as they synthesize the lesson vocabulary and grammar.
- **VENTANAS: Lengua** presents authentic, practical language in natural contexts through comprehensible input in the **Contextos** and **Fotonovela** sections.
- **VENTANAS: Lengua** uses student sidebars to provide on-the-spot linguistic information and to highlight grammatical concepts.

VENTANAS: Lecturas

These are some of the innovative features that distinguish **VENTANAS: Lecturas:**

- **VENTANAS: Lecturas** has a unique two-part lesson organization that pairs literary and cultural readings by classical and contemporary male and female writers from virtually all of the twenty-one Spanish-speaking countries. **Literatura** sections include one long and one short literary selection; **Cultura** sections present a profile of a notable Spanish-speaker and an additional essay or article.
- **VENTANAS: Lecturas** integrates short, contemporary feature films in two-page **Videoteca** sections that provide built-in pre-viewing, while-viewing, and post-viewing support.
- **VENTANAS: Lecturas** offers for each selection a comprehensive pre-reading and post-reading apparatus designed to facilitate understanding and strengthen students' reading and critical-thinking skills. **Antes de leer** sections provide background information, and teach valuable literary analysis techniques and reading strategies. **Después de leer** sections take students from basic comprehension of key ideas, to analysis and interpretation, to personalized application of the readings' content.
- **VENTANAS: Lecturas** connects language learning with other disciplines through vibrant works of fine art, famous quotes and **refranes**, and the diverse topics of its readings.
- **VENTANAS: Lecturas** provides numerous opportunities throughout each lesson to develop communicative skills in a wide variety of situations. At the end of every lesson, a **Tertulia** section synthesizes the themes of the **Literatura** and **Cultura** sections in a creative group activity. Similarly, task-based activities in **Atando cabos** and **Abriendo ventanas** sections synthesize each **Literatura** and **Cultura** section. For more information about **VENTANAS: Lecturas**, see page xxv.

To get the most out of pages IAE-7 – IAE-16 in your **VENTANAS: Lengua** Instructor's Annotated Edition, you should familiarize yourself with the front matter to the **VENTANAS: Lengua** Student Text, especially Introduction (p. iii), **VENTANAS: Lengua**-at-a-glance (pages x-xx), Video Program (pages xxi-xxii), and Ancillaries (pages xxiii-xxiv).

Getting to Know Your *Instructor's Annotated Edition*

The Instructor's Annotated Edition (IAE) of **VENTANAS: Lengua** includes numerous teaching resources. Answers to all exercises with discrete answers have been overprinted on the student text pages for your convenience. In addition, marginal annotations were created to complement and support varied teaching styles, to extend the rich contents of the student text, and to save you time in class preparation and course management. The annotations are suggestions; they are not meant to be prescriptive or limiting. Here are the principle types of annotations you will find in the **VENTANAS: Lengua IAE:**

- **Instructional Resources** A correlation to student and instructor supplements available to reinforce each lesson section or subsection. The following abbreviations appear in the listings:

WB	Workbook in the Student Activities Manual
LM	Lab Manual in the Student Activities Manual
VM	Video Manual in the Student Activities Manual
IRM	Instructor's Resource Manual
WK/LM/VM Answer Key	Student Activities Manual Answer Key

- **Suggestion** Ideas or techniques for presenting individual instructional elements, supplemental grammar information, relevant cultural information, and pre-reading activities for the **Actualidades** section
- **Expansion** Ideas and activities for expanding, varying, and reinforcing individual instructional elements
- **Comprehension Check** Activities for verifying students' comprehension of **Contextos**
- **Variación léxica** Alternate words and expressions used in the Spanish-speaking world or additional information related to specific vocabulary items
- **Teaching Option** Supplemental activities, including games, that practice the language of the lesson section
- **Video Synopsis** Summaries in the **Fotonovela** section that recap the video episode
- **Evaluation** Suggested rubrics for the **Manos a la obra** activity in the **Estructura** section
- **National Standards Icons** Special icons appearing near the heads of sections or subsections linking them to specific Standards

Please check our web site (www.vistahigherlearning.com) periodically for program updates and additional teaching support.

VENTANAS: Lengua and the *Standards for Foreign Language Learning*

Since 1982, when the *ACTFL Proficiency Guidelines* were first published, that seminal document and its subsequent revisions have influenced the teaching of modern languages in the United States. **VENTANAS: Lengua** was written with the concerns and philosophy of the *ACTFL Proficiency Guidelines* in mind. It emphasizes an interactive, proficiency-oriented approach to the teaching of language and culture.

The pedagogy behind **VENTANAS: Lengua** was also informed from its inception by the *Standards for Foreign Language Learning in the 21st Century.* First published under the auspices of the *National Standards in Foreign Language Education Project*, the Standards are organized into five goal areas, often called the Five Cs: Communication, Cultures, Connections, Comparisons, and Communities.

Since **VENTANAS: Lengua** takes a communicative approach to the teaching and learning of Spanish, the Communication goal is an integral part of the student text. For example, the diverse formats (interviews, role-plays, discussion topics, task-based, and so forth) in **Comunicación** in **Contextos** and **Estructura**, and **Ampliación** in **Fotonovela** engage students in communicative exchanges, providing and obtaining information, and expressing feelings, emotions or opinions. **A conversar** in **Estructura** develops students' interpreting skills through problem-solving tasks. Furthermore, **Manos a la obra** in **Estructura** guides students in presenting information, concepts, and ideas to their classmates on a variety of topics and in varied ways.

The Cultures goal is most evident in the **Apuntes culturales** boxes, **Contextos** paragraphs, and **Fotonovela** sections. With respect to the Connections goal, students can acquire information and recognize distinctive cultural viewpoints in the authentic non-literary texts of the **Actualidades** sections. The **Estructura** sections with their clear, comprehensive explanations reflect the Comparisons goal. Students can also work toward the Connections and Communities goals when they reference the information or complete the activities on the **VENTANAS: Lengua** Web site. In addition, special Standards' icons appear on the pages of your IAE to call out sections that have a particularly strong relationship with the Standards. You will find many more connections to the Standards as you work with the student textbook, its ancillaries, and **VENTANAS: Lecturas.**

General Teaching Considerations

Orienting Students to the Student Textbook

Since the interior and graphic design of **VENTANAS: Lengua** was created to support and facilitate students' language learning experience, you may want to spend some time orienting students to the textbook on the first day of class. Have students flip through **Lección 1**, pointing out the major sections. Explain that all lessons are organized in the same manner and that, because of this, they will always know "where they are" in the textbook. Emphasize that sections are self-contained, occupying either a full page or a spread of two facing pages, which eliminates the need to flip back and forth to do activities or to reference grammar explanations. Call students' attention to the use of color to highlight important information in charts, diagrams, word lists, exercise **modelos**, and activity titles. Also point out how the major sections of each lesson are color-coded for easy navigation: red for **Contextos**, blue for **Fotonovela**, purple for **Estructura**, green for **Actualidades**, and purple for **Vocabulario.** Then point out the **Atención** sidebars and explain that these boxes provide useful lexical and grammatical information related to the material they are studying.

Flexible Lesson Organization

To meet the needs of diverse teaching styles, institutions and instructional objectives, the lesson organization of **VENTANAS: Lengua** is flexible. For example, you can begin with the lesson opening page and progress sequentially through the lesson. If you do not want to devote class time to teaching grammar, you can assign the **Estructura** explanations for outside study, freeing up class time for other purposes like developing speaking skills; building listening, reading, or writing skills; learning more about the Spanish-speaking world; or working with the video program. You might even prefer to skip some sections entirely or use them only periodically, depending on students' interests and time constraints. If you plan on using the **VENTANAS: Lengua** Testing Program, however, be aware that the quizzes and exams contain sections based on language presented in the **Contextos, Estructura,** and the **Expresiones útiles** of **Fotonovela.**

Identifying Active Vocabulary

All boldfaced words and expressions in the text appearing with the photos and the thematic lists in the **Contextos** section are considered active vocabulary. Also, the words and expressions in the **Expresiones útiles** boxes in the **Fotonovela** section, as well as words in charts, word lists and sample sentences in the **Estructura** section are also part of the active vocabulary load. At the end of each lesson, the **Vocabulario** section provides a convenient one-page summary of the items students should know and that may appear on quizzes and exams.

To increase students' lexicon, the Instructor's Annotated Edition provides marginal annotations with information on lexical variations in Spanish, where appropriate. These words and expressions are considered optional and are not tested.

Suggestions for Using *Contextos*

Lesson Vocabulary

- Use the paragraphs in **Contextos** as in-class reading comprehension exercises or as homework assignments.
- Introduce the lesson theme by having students describe and discuss the photos or other visuals.
- Introduce the lesson theme by having students brainstorm a list of possible topics, themes, or situations related to the lesson title.
- Introduce the new vocabulary by providing comprehensible input in the form of a description or narration or through the use of tapes, videos, or readings.
- Introduce the new vocabulary using Total Physical Response (TPR).
- Ask questions based on the new vocabulary and photos.

Práctica

- The **Práctica** exercises can be done orally as class, pair, or group activities. They may also be assigned as written homework.

Comunicación

- Insist on the use of Spanish only during these activities. Encourage students to use language creatively.
- Have students form pairs or groups quickly, or assign students to pairs and groups.
- Allow sufficient time for pairs or groups to do the **Comunicación** activities (between five and fifteen minutes, depending on the activity), but do not give them too much time or they may lapse into English and socialize. Always give students a time limit for an activity before they begin.
- Circulate around the room and monitor students to make sure they are on task. Provide guidance as needed and note common errors for future review.
- Remind students to jot down information during pair and group discussion activities so they can refer to them when they report the results to the class.

Suggestions for Using *Fotonovela*

Fotonovela and *Expresiones útiles*

- See ideas under **Suggestions for Using the VENTANAS Video**, page IAE-13.
- Have students read aloud or act out **Fotonovela**.
- Where appropriate, explain or have students identify which phrases in **Expresiones útiles** are more or less formal, emphatic, or polite.
- Have students identify situations in which they would use certain phrases in **Expresiones útiles.**

Apuntes culturales

- Have students locate examples of the cultural concepts in **Fotonovela**.
- Ask students a few content questions or give true/false statements to check comprehension.

Comprensión

- The **Comprensión** activities can be done orally as class, pair, or group activities. Activities that do not involve pair or group work may also be assigned as written homework.

Ampliación

- For suggestions on the **Ampliación** activities, see **Comunicación**, page IAE–10.

Suggestions for Using *Exploración*

- This section may be done in-class or assigned for homework.
- Before students begin reading the cultural articles featured in **Exploración**, have them refer to the special lead-in to each reading and go back to **Fotonovela** to find the places where the video characters mention the topic or do something related to the topic.
- Focus students' attention on the photographs and other visual aids, asking questions about them or having students describe them. You could also have them search for more information about the people, places, or things in each photograph on the Internet or in the library.
- Check comprehension of the cultural readings by asking the questions provided for the corresponding **Exploración** section in the **VENTANAS** Instructor's Resource Manual.
- Assign the readings for homework and have students create their own questions, multiple choice items, or true/false items for checking comprehension. During the next class, put students in pairs or small groups and have them check each other's comprehension of the readings as you monitor their work.
- Have students work in small groups in order to answer the questions or discuss the observations in the **Coméntalo** box. Ask each group to appoint a spokesperson for each item and have that person report the results of the group to the whole class.

Course Planning

The **VENTANAS** program was developed keeping in mind the need for flexibility and manageability in a wide variety of academic situations. The following sample course plans illustrate how **VENTANAS: Lengua** can be used in courses on a semester or quarter system. You should, of course, feel free to organize your courses in the way that best suits your students' needs and your instructional goals.

Two-Semester System

The following chart shows how **VENTANAS: Lengua** can be completed in a two-semester course. The division of material allows the present indicative tense, the present progressive tense, the preterite, the imperfect, the future, the conditional, the present and past subjunctive, and the present and past perfect tenses to be presented in the first semester. The second semester covers the passive voice, the future and conditional perfect tenses, and the present and past perfect subjunctive.

Semester 1	Semester 2
Lecciones 1–6	Lecciones 7–12

Quarter System

This chart illustrates how **VENTANAS** can be used in the quarter system. The lessons are equally divided among the three quarters, allowing students to progress at a steady pace.

Quarter 1	Quarter 2	Quarter 3
Lecciones 1–4	Lecciones 5–8	Lecciones 9–12

For convenience in course and lesson planning, you can use the same breakdowns and divisions with **VENTANAS: Lecturas**, the companion reader to **VENTANAS: Lengua.**

Lesson Planning

VENTANAS: Lengua has been carefully planned to meet your instructional needs and for maximum flexibility. Vocabulary presentations and grammar explanations have been written and designed with students and ease of use in mind. This sample lesson plan illustrates how **VENTANAS: Lengua** can be used in a two-semester program with three contact hours per week and fifty-minute classes.

NOTE: Specific instructional techniques, suggestions, and other pertinent material are presented on pages IAE–10 to IAE–12 and in marginal annotations on the pages of the **VENTANAS: Lengua** Instructor's Annotated Edition.

Sample Lesson Plan for Lección 1

Day 1

1. Introduce yourself, present the course syllabus, and explain the course objectives.
2. Preview the **Contextos** section and have students read the paragraphs.
3. Present the lesson vocabulary.
4. Do the **Práctica** activities with the class.
5. Preview **Fotonovela** and **Expresiones útiles.**
6. Have students review the lesson vocabulary, read **Fotonovela**, and prepare the **Comprensión** activities for the next class.

Day 2

1. Review the lesson vocabulary.
2. Have students do the **Comunicación** activities in class.
3. Present **Fotonovela** and **Expresiones útiles.**
4. Do the **Comprensión** activities with the class.
5. Present **Estructura 1.1.**
6. Have students study **Estructura 1.1** and prepare the **Práctica** activities for the next class.

Day 3

1. Review **Expresiones útiles.**
2. Have students do the **Ampliación** activities in class.
3. Have students do **Práctica** activity 1 for **Estructura 1.1** in pairs. Work through **Práctica** activities 2 and 3 with the class.
4. Have students do the **Comunicación** activities during class.
5. Present **Estructura 1.2.**
6. Have students study **Estructura 1.2** and prepare the **Práctica** activities for the next class.

Day 4

1. Review **Estructura 1.1.**
2. Work through the **Práctica** activities for **Estructura 1.2** with the class.
3. Have students do the **Comunicación** activities during class.
4. Present **Estructura 1.3** and **Estructura 1.4.**
5. Have students study **Estructura 1.3** and **1.4.** Tell them to prepare the **Práctica** activities for both sections for the next class.

Day 5

1. Review **Estructura 1.2.**
2. Have students do **Práctica** activity 1 for **Estructura 1.3** in pairs. Work through the **Práctica** activities 2 and 3 with the class.
3. Have students do the **Comunicación** activities during class.
4. Work through the **Práctica** activities for **Estructura 1.4** with the class.
5. Have students do the **Comunicación** activities during class.
6. Have students read through the **A conversar** activities and assign the **Manos a la obra** project.

Day 6

1. Review **Estructura 1.3** and **1.4.**
2. Have students do the **A conversar** activities during class.
3. Allow time for peer review of the **Manos a la obra** project.
4. Have students read the **Actualidades** section and prepare the **Después de leer** activities for the next class.

Day 7

1. Go over the **Antes de leer** questions with the class. Work through the **Después de leer** section following instructions for pair and group activities.
2. Review **Lección 1** with the class. Explain to students what material will be covered on **Prueba A** for **Lección 1.**

Day 8

1. Administer **Prueba A** for **Lección 1.** Reserve **Prueba B** for makeup examinations.
2. Preview the **Contextos** section for **Lección 2.**
3. Have students read the **Contextos** section and prepare the **Práctica** and **Comunicación** activities for the next class.

The lesson plan presented here is not prescriptive; there is no one correct way to teach or present the lessons. You should feel free to adapt the materials to accommodate your own teaching preferences and your student's learning styles. For example, you may want to allow extra time for concepts students find challenging, or you may want to omit certain activities or sections altogether due to time constraints. If you have more than three contact hours per week or are on a quarter system, you will find **VENTANAS: Lengua** very flexible; simply pick and choose from its array of instructional resources and use them in the way that makes the most sense for your course.

VENTANAS

Curso intermedio de lengua española

José A. Blanco

Mary Ann Dellinger
Virginia Military Institute

María Isabel García
Boston University

Ana Yáñez
Boston University

Boston, Massachusetts

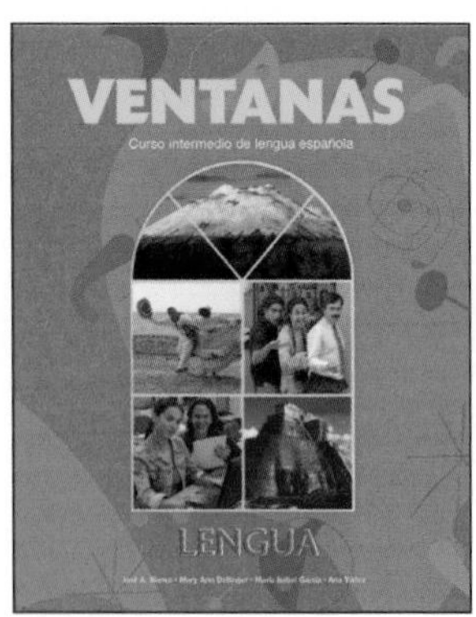

Publisher: José A. Blanco

Editorial Director: Denise St. Jean

Director of Operations: Stephen Pekich

Art Director: Linda Jurras

Staff Editors: Armando Brito, Sabrina Celli, Gustavo Cinci, Deborah Coffey, Francisco de la Rosa, Sarah Kenney, Claudi Mimó, Kristen Odlum, Paola Ríos Schaaf

Contributing Writers and Editors: Sharon Alexander, Esther Castro, María del Pilar Gaspar, María Rosa Jacks, Martín L. Gaspar, Constance Marina, Solivia Márquez, Lourdes Murray, Nicolás Naranjo, Cristina Pérez, Alex Santiago, Alicia Spinner

Senior Designer: Polo Barrera

Design Team: Anne K. Alvarez, Linde Gee

Illustrator: Pere Virgili

Photographer: Martin Bernetti

Production Team: Double O'Design

Copyright © 2003 by Vista Higher Learning.

All rights reserved.

No part of this work may be reproduced or distributed in any form or by any means, electronic or mechanical, including photocopying and recording, or by any information storage or retrieval system without prior written permission from Vista Higher Learning, 31 St. James Avenue, Boston, MA 02116-4104.

Printed in the United States of America.

Student Text ISBN 1-932000-52-6
Instructor's Annotated Edition ISBN 1-932000-55-0

Library of Congress Card Number: 2002096481

1 2 3 4 5 6 7 8 9-VH-07 06 05 04 03

Introduction

Bienvenido a VENTANAS, your window to the rich language, literature, and culture of the Spanish-speaking world.

VENTANAS is a new, fully integrated intermediate Spanish program written with you, the student in mind. It is designed to provide you with an active and rewarding learning experience. Its primary goal is to strengthen your language skills and develop your cultural competency. The program consists of two main texts— **VENTANAS: Lengua** (the core grammar text) and **VENTANAS: Lecturas** (a literary/cultural reader). These texts are coordinated by lesson theme, grammar structures and vocabulary, and they may be used together or independently of each other.

Here are some of the features you will encounter in **VENTANAS: Lengua:**

- An emphasis on authentic language and practical vocabulary for you to use in communicating in real-life situations
- Clear, comprehensive grammar explanations that graphically highlight important concepts you need to learn
- Abundant guided activities that practice the vocabulary and grammar structures you are learning in context so that you develop confidence in your ability to communicate in Spanish
- Numerous opportunities to express yourself in a wide range of communicative situations with a classmate, small groups, or the full class
- Ongoing development of reading, writing, and listening skills
- Integration of important cultural concepts and insights into the daily lives of native Spanish speakers
- A complete set of print and technology ancillaries to make learning Spanish easier for you

In addition, **VENTANAS: Lengua** incorporates features unique to textbooks published by Vista Higher Learning that distinguish them from other college-level intermediate Spanish textbooks:

- A visually dramatic and more cohesive manner of integrating video with the student textbook
- On-the-spot student annotations to highlight important grammatical and lexical information
- A wealth of full-color photos, illustrations, realia, charts, and graphs to help you learn
- A carefully crafted, easy-to-follow design and lesson organization

VENTANAS: Lengua has twelve lessons, and each lesson is organized exactly in the same manner. To familiarize yourself with the textbook's organization and features, turn to page x and take the **VENTANAS: Lengua**-at-a-glance tour. For more information on **VENTANAS: Lecturas**, see page xxv.

	CONTEXTOS	FOTONOVELA

LECCIÓN 1
Las relaciones personales

LECCIÓN 2
Las diversiones

LECCIÓN 3
La vida diaria

LECCIÓN 4
Los viajes

EXPLORACIÓN	ESTRUCTURA	ACTUALIDADES

	CONTEXTOS	FOTONOVELA

LECCIÓN 9

La cultura popular y los medios de comunicación

LECCIÓN 10

La literatura y el arte

LECCIÓN 11

La tecnología y la ciencia

LECCIÓN 12

La historia y la civilización

EXPLORACIÓN	ESTRUCTURA	ACTUALIDADES

CONTEXTOS

introduces the lesson theme and vocabulary in meaningful contexts.

1 CONTEXTOS

Las relaciones personales

Demasiado tímido

Los dos intercambian **miradas** de vez en cuando. Él se **pregunta** si ella está **coqueteando** con él. Él no puede **disimular** su **timidez. Enrojece** cuando ella lo mira. Ella **se pregunta** si él **dará el primer paso** o si **ella misma** tendrá que hacerlo.

Nadie la comprende

No **se entiende** con sus padres. Ellos están muy **preocupados por** ella. Su padre está **disgustado** porque no **soporta** al chico **con** quien **sale**. Quiere que **rompa con** él enseguida.

Inseparables

Llevan más de cincuenta **años de casados** y **se llevan** muy **bien**. Están más **enamorados** que nunca. Se conocieron en **una cita a ciegas** y desde entonces son **uña y carne**. Todavía **recuerdan** la noche en que él **le propuso matrimonio**. Ella tiene miedo de **quedarse viuda**. No sabría qué hacer sin su **pareja**. **Se sentiría** muy **sola**.

Padre divorciado

Después del divorcio, vive solo con su hija. A veces **se siente agobiado**. Quiere **cuidar** bien a su hija y **educarla** para que sea feliz, pero tiene muchos **compromisos**. Sus padres **adoran** a su nieta y lo ayudan a **cuidarla en todo lo posible**. Tal vez un día se vuelva a **enamorar**.

Las relaciones personales

(no) hacerle caso a alguien	(not) to pay attention to someone
mantenerse en contacto	to stay in touch
pasarlo bien/mal/fatal	to have a good/bad/terrible time
ponerse pesado/a	to become tedious
tener celos de	to be jealous of
tener vergüenza de	to be ashamed/embarrassed of
la confianza	confidence
el marido	husband
la mujer	wife
soltero/a	single

El afecto

apreciar	to be fond of
atraer	to attract
corresponder	to be requited
enamorarse de	to fall in love with
querer	to love; to want
amor (no) correspondido	(un)requited love
el ánimo	spirit
el cariño	affection
el desánimo	the state of being discouraged
el sentimiento	feeling, emotion
la simpatía	congeniality
apreciado/a	appreciated; valued

La personalidad

antipático/a	disagreeable, unpleasant
autoritario/a	authoritarian, stern
deprimido/a	depressed
falso/a	insincere
huraño/a	unsociable, shy
inseguro/a	uncertain, insecure
nervioso/a	nervous
orgulloso/a	proud
permisivo/a	permissive, easy-going
seguro/a	sure, secure
simpático/a	nice
tacaño/a	stingy, cheap
tradicional	traditional
tranquilo/a	calm

La opinión

contentarse con	to be content with
discutir	to argue
estar orgulloso/a de	to be proud of
sentirse	to feel
soñar con	to dream about
tener ganas de	to feel like

2 *dos* Lección 1 *tres* 3

Photos Dynamic, full-color photos visually illustrate each context and help you understand the written text.

Vocabulary Relevant theme-related vocabulary appears in context in boldfaced type. Easy-to-study thematic lists present additional useful vocabulary.

PRÁCTICA & COMUNICACIÓN

practice vocabulary in diverse formats and engaging contexts.

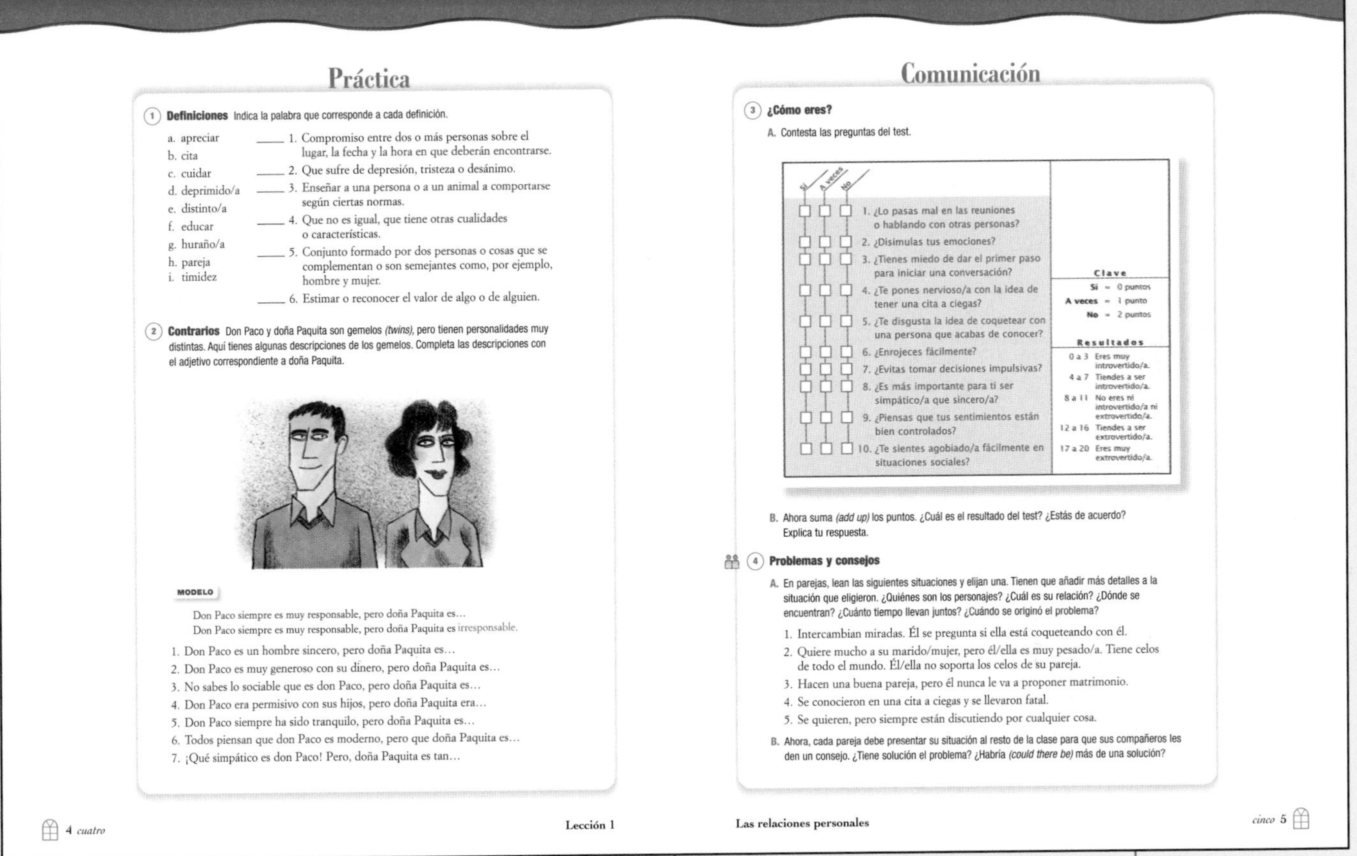

Práctica

1 Definiciones Indica la palabra que corresponde a cada definición.

a. apreciar
b. cita
c. cuidar
d. deprimido/a
e. distinto/a
f. educar
g. huraño/a
h. pareja
i. timidez

____ 1. Compromiso entre dos o más personas sobre el lugar, la fecha y la hora en que deberán encontrarse.
____ 2. Que sufre de depresión, tristeza o desánimo.
____ 3. Enseñar a una persona o a un animal a comportarse según ciertas normas.
____ 4. Que no es igual, que tiene otras cualidades o características.
____ 5. Conjunto formado por dos personas o cosas que se complementan o son semejantes como, por ejemplo, hombre y mujer.
____ 6. Estimar o reconocer el valor de algo o de alguien.

2 Contrarios Don Paco y doña Paquita son gemelos *(twins)*, pero tienen personalidades muy distintas. Aquí tienes algunas descripciones de los gemelos. Completa las descripciones con el adjetivo correspondiente a doña Paquita.

MODELO

Don Paco siempre es muy responsable, pero doña Paquita es...
Don Paco siempre es muy responsable, pero doña Paquita es irresponsable.

1. Don Paco es un hombre sincero, pero doña Paquita es...
2. Don Paco es muy generoso con su dinero, pero doña Paquita es...
3. No sabes lo sociable que es don Paco, pero doña Paquita es...
4. Don Paco era permisivo con sus hijos, pero doña Paquita era...
5. Don Paco siempre ha sido tranquilo, pero doña Paquita es...
6. Todos piensan que don Paco es moderno, pero que doña Paquita es...
7. ¡Qué simpático es don Paco! Pero, doña Paquita es tan...

Comunicación

3 ¿Cómo eres?

A. Contesta las preguntas del test.

Sí	A veces	No	
☐	☐	☐	1. ¿Lo pasas mal en las reuniones o hablando con otras personas?
☐	☐	☐	2. ¿Disimulas tus emociones?
☐	☐	☐	3. ¿Tienes miedo de dar el primer paso para iniciar una conversación?
☐	☐	☐	4. ¿Te pones nervioso/a con la idea de tener una cita a ciegas?
☐	☐	☐	5. ¿Te disgusta la idea de coquetear con una persona que acabas de conocer?
☐	☐	☐	6. ¿Enrojeces fácilmente?
☐	☐	☐	7. ¿Evitas tomar decisiones impulsivas?
☐	☐	☐	8. ¿Es más importante para ti ser simpático/a que sincero/a?
☐	☐	☐	9. ¿Piensas que tus sentimientos están bien controlados?
☐	☐	☐	10. ¿Te sientes agobiado/a fácilmente en situaciones sociales?

Clave

Sí = 0 puntos
A veces = 1 punto
No = 2 puntos

Resultados

0 a 3	Eres muy introvertido/a.
4 a 7	Tiendes a ser introvertido/a.
8 a 11	No eres ni introvertido/a ni extrovertido/a.
12 a 16	Tiendes a ser extrovertido/a.
17 a 20	Eres muy extrovertido/a.

B. Ahora suma *(add up)* los puntos. ¿Cuál es el resultado del test? ¿Estás de acuerdo? Explica tu respuesta.

4 Problemas y consejos

A. En parejas, lean las siguientes situaciones y elijan una. Tienen que añadir más detalles a la situación que eligieron. ¿Quiénes son los personajes? ¿Cuál es su relación? ¿Dónde se encuentran? ¿Cuánto tiempo llevan juntos? ¿Cuándo se originó el problema?

1. Intercambian miradas. Él se pregunta si ella está coqueteando con él.
2. Quiere mucho a su marido/mujer, pero él/ella es muy pesado/a. Tiene celos de todo el mundo. Él/ella no soporta los celos de su pareja.
3. Hacen una buena pareja, pero él nunca le va a proponer matrimonio.
4. Se conocieron en una cita a ciegas y se llevaron fatal.
5. Se quieren, pero siempre están discutiendo por cualquier cosa.

B. Ahora, cada pareja debe presentar su situación al resto de la clase para que sus compañeros les den un consejo. ¿Tiene solución el problema? ¿Habría *(could there be)* más de una solución?

4 *cuatro* Lección 1 Las relaciones personales *cinco* 5

Práctica This set of guided exercises uses a variety of formats to reinforce the new vocabulary.

Comunicación These open-ended activities have you use the words and expressions creatively in interesting and entertaining ways as you interact with a partner, a small group, or the entire class.

Student Sidebars These marginal notes highlight useful lexical and other linguistic information.

FOTONOVELA

is a fun-filled situational comedy based on the everyday lives and adventures of a magazine staff.

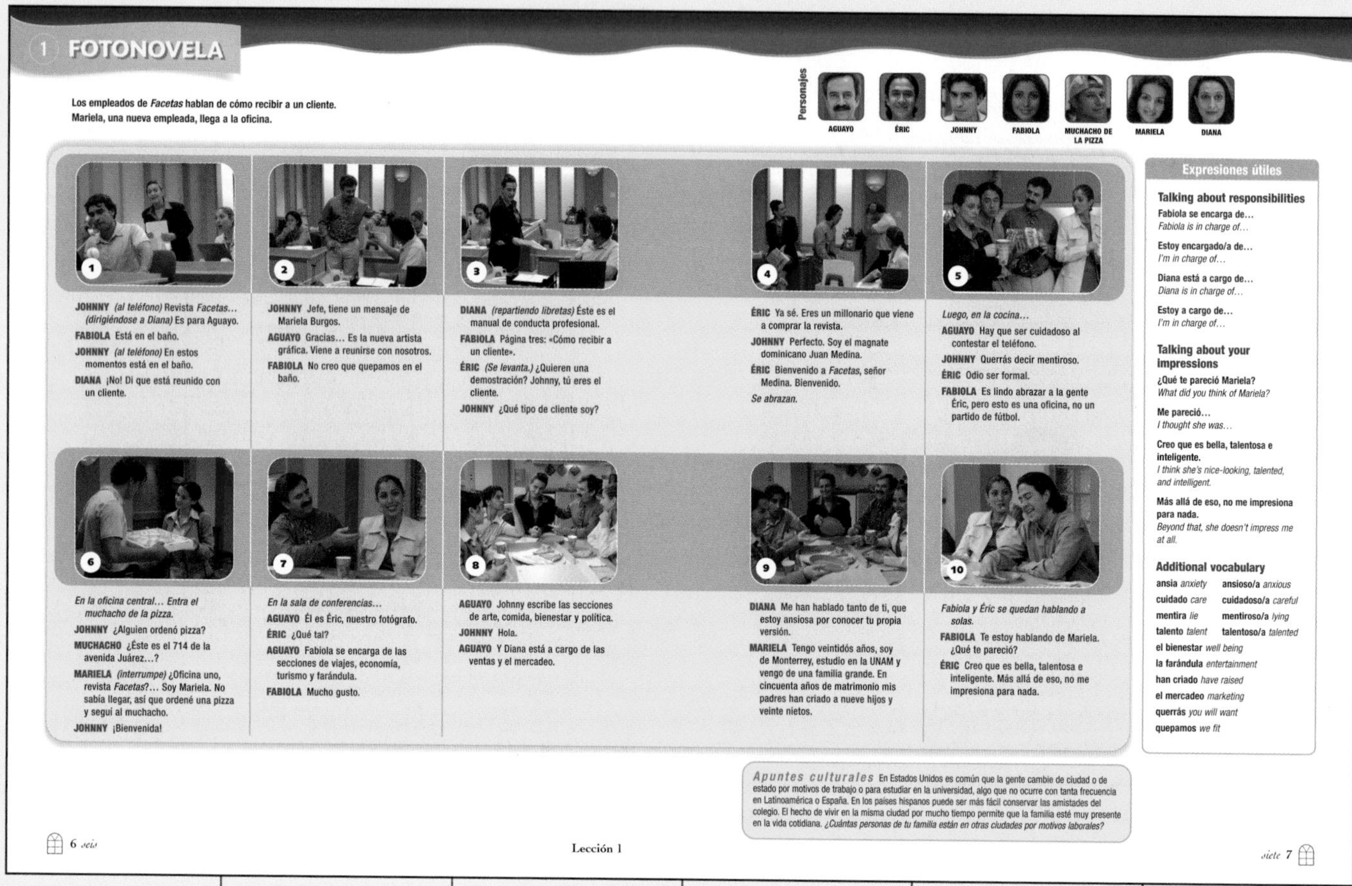

1 FOTONOVELA

Los empleados de *Facetas* hablan de cómo recibir a un cliente. Mariela, una nueva empleada, llega a la oficina.

Personajes: AGUAYO, ÉRIC, JOHNNY, FABIOLA, MUCHACHO DE LA PIZZA, MARIELA, DIANA

1
JOHNNY *(al teléfono)* Revista *Facetas*... *(dirigiéndose a Diana)* Es para Aguayo.
FABIOLA Está en el baño.
JOHNNY *(al teléfono)* En estos momentos está en el baño.
DIANA ¡No! Di que está reunido con un cliente.

2
JOHNNY Jefe, tiene un mensaje de Mariela Burgos.
AGUAYO Gracias... Es la nueva artista gráfica. Viene a reunirse con nosotros.
FABIOLA No creo que quepamos en el baño.

3
DIANA *(repartiendo libretas)* Éste es el manual de conducta profesional.
FABIOLA Página tres: «Cómo recibir a un cliente».
ÉRIC *(Se levanta.)* ¿Quieren una demostración? Johnny, tú eres el cliente.
JOHNNY ¿Qué tipo de cliente soy?

4
ÉRIC Ya sé. Eres un millonario que viene a comprar la revista.
JOHNNY Perfecto. Soy el magnate dominicano Juan Medina.
ÉRIC Bienvenido a *Facetas*, señor Medina. Bienvenido.
Se abrazan.

5
Luego, en la cocina...
AGUAYO Hay que ser cuidadoso al contestar el teléfono.
JOHNNY Querrás decir mentiroso.
ÉRIC Odio ser formal.
FABIOLA Es lindo abrazar a la gente Éric, pero esto es una oficina, no un partido de fútbol.

6
En la oficina central... Entra el muchacho de la pizza.
JOHNNY ¿Alguien ordenó pizza?
MUCHACHO ¿Éste es el 714 de la avenida Juárez...?
MARIELA *(interrumpe)* ¿Oficina uno, revista *Facetas*?... Soy Mariela. No sabía llegar, así que ordené una pizza y seguí al muchacho.
JOHNNY ¡Bienvenida!

7
En la sala de conferencias...
AGUAYO Él es Éric, nuestro fotógrafo.
ÉRIC ¿Qué tal?
AGUAYO Fabiola se encarga de las secciones de viajes, economía, turismo y farándula.
FABIOLA Mucho gusto.

8
AGUAYO Johnny escribe las secciones de arte, comida, bienestar y política.
JOHNNY Hola.
AGUAYO Y Diana está a cargo de las ventas y el mercadeo.

9
DIANA Me han hablado tanto de ti, que estoy ansiosa por conocer tu propia versión.
MARIELA Tengo veintidós años, soy de Monterrey, estudio en la UNAM y vengo de una familia grande. En cincuenta años de matrimonio mis padres han criado a nueve hijos y veinte nietos.

10
Fabiola y Éric se quedan hablando a solas.
FABIOLA Te estoy hablando de Mariela. ¿Qué te pareció?
ÉRIC Creo que es bella, talentosa e inteligente. Más allá de eso, no me impresiona para nada.

Expresiones útiles

Talking about responsibilities
Fabiola se encarga de... *Fabiola is in charge of...*
Estoy encargado/a de... *I'm in charge of...*
Diana está a cargo de... *Diana is in charge of...*
Estoy a cargo de... *I'm in charge of...*

Talking about your impressions
¿Qué te pareció Mariela? *What did you think of Mariela?*
Me pareció... *I thought she was...*
Creo que es bella, talentosa e inteligente. *I think she's nice-looking, talented, and intelligent.*
Más allá de eso, no me impresiona para nada. *Beyond that, she doesn't impress me at all.*

Additional vocabulary
ansia *anxiety* — **ansioso/a** *anxious*
cuidado *care* — **cuidadoso/a** *careful*
mentira *lie* — **mentiroso/a** *lying*
talento *talent* — **talentoso/a** *talented*
el bienestar *well being*
la farándula *entertainment*
han criado *have raised*
el mercadeo *marketing*
querrás *you will want*
quepamos *we fit*

Apuntes culturales En Estados Unidos es común que la gente cambie de ciudad o de estado por motivos de trabajo o para estudiar en la universidad, algo que no ocurre con tanta frecuencia en Latinoamérica o España. En los países hispanos puede ser más fácil conservar las amistades del colegio. El hecho de vivir en la misma ciudad por mucho tiempo permite que la familia esté muy presente en la vida cotidiana. *¿Cuántas personas de tu familia están en otras ciudades por motivos laborales?*

6 *seis* — Lección 1 — *siete* 7

Personajes The photo-based conversations take place among a cast of recurring characters—six people who work for the magazine *Facetas* in Mexico City.

VENTANAS Video The **Fotonovela** episodes appear in the textbook's video program. To learn more about the video, turn to pages xxi and xxii in this at-a-glance tour.

Conversations The engaging conversations incorporate vocabulary from the **Contextos** section and preview grammar structures you will study in the **Estructura** section in a comprehensible context.

Apuntes culturales A short paragraph provides important cultural information related to the **Fotonovela**.

Expresiones útiles New, active words and expressions are organized by language or grammatical function, so you can concentrate on using them for real-life, practical purposes.

COMPRENSIÓN & AMPLIACIÓN

reinforce and expand upon the **Fotonovela.**

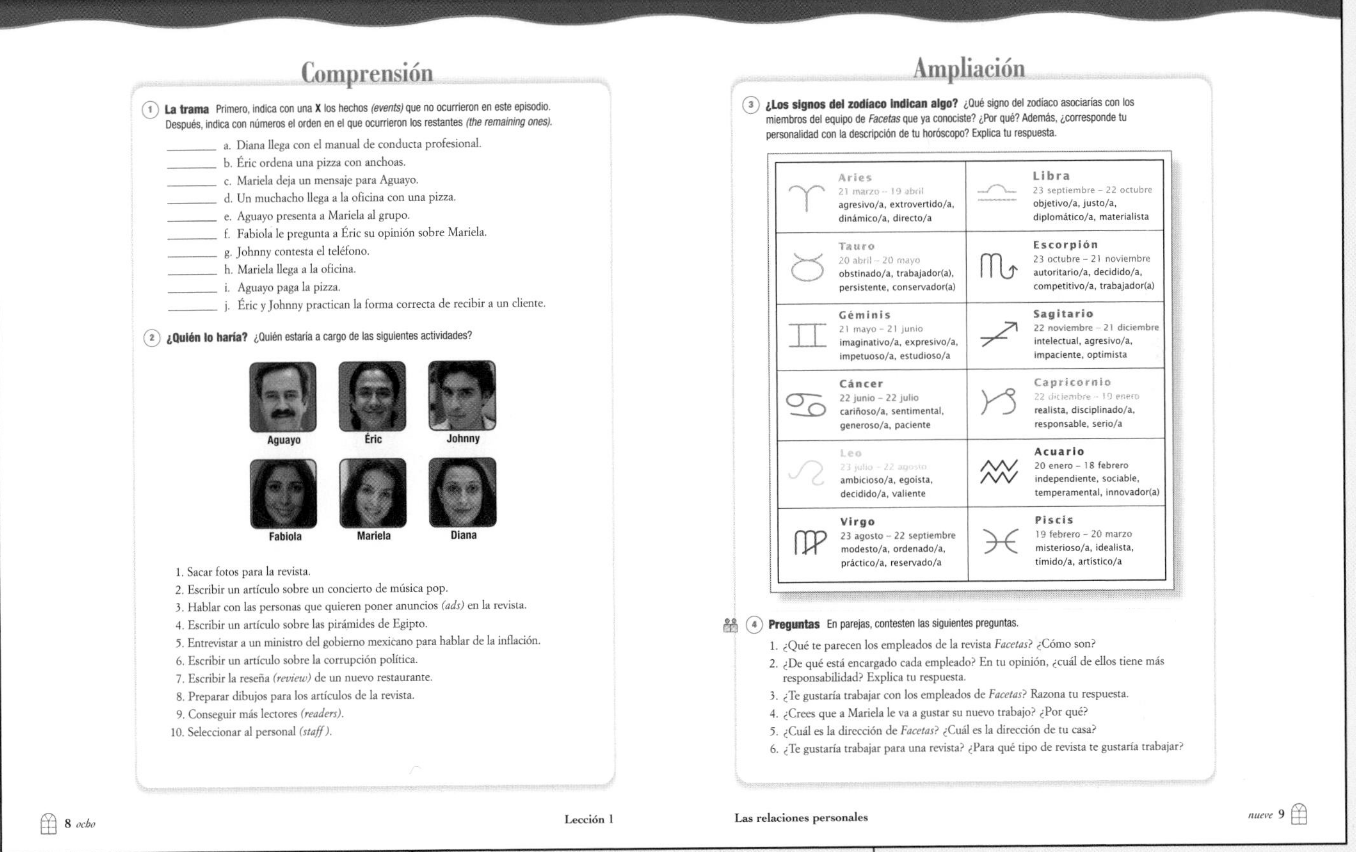

Comprensión

(1) **La trama** Primero, indica con una **X** los hechos *(events)* que no ocurrieron en este episodio. Después, indica con números el orden en el que ocurrieron los restantes *(the remaining ones).*

_______ a. Diana llega con el manual de conducta profesional.
_______ b. Éric ordena una pizza con anchoas.
_______ c. Mariela deja un mensaje para Aguayo.
_______ d. Un muchacho llega a la oficina con una pizza.
_______ e. Aguayo presenta a Mariela al grupo.
_______ f. Fabiola le pregunta a Éric su opinión sobre Mariela.
_______ g. Johnny contesta el teléfono.
_______ h. Mariela llega a la oficina.
_______ i. Aguayo paga la pizza.
_______ j. Éric y Johnny practican la forma correcta de recibir a un cliente.

(2) **¿Quién lo haría?** ¿Quién estaría a cargo de las siguientes actividades?

Aguayo Éric Johnny
Fabiola Mariela Diana

1. Sacar fotos para la revista.
2. Escribir un artículo sobre un concierto de música pop.
3. Hablar con las personas que quieren poner anuncios *(ads)* en la revista.
4. Escribir un artículo sobre las pirámides de Egipto.
5. Entrevistar a un ministro del gobierno mexicano para hablar de la inflación.
6. Escribir un artículo sobre la corrupción política.
7. Escribir la reseña *(review)* de un nuevo restaurante.
8. Preparar dibujos para los artículos de la revista.
9. Conseguir más lectores *(readers).*
10. Seleccionar al personal *(staff).*

Ampliación

(3) **¿Los signos del zodíaco indican algo?** ¿Qué signo del zodíaco asociarías con los miembros del equipo de *Facetas* que ya conociste? ¿Por qué? Además, ¿corresponde tu personalidad con la descripción de tu horóscopo? Explica tu respuesta.

Aries 21 marzo – 19 abril agresivo/a, extrovertido/a, dinámico/a, directo/a	**Libra** 23 septiembre – 22 octubre objetivo/a, justo/a, diplomático/a, materialista
Tauro 20 abril – 20 mayo obstinado/a, trabajador(a), persistente, conservador(a)	**Escorpión** 23 octubre – 21 noviembre autoritario/a, decidido/a, competitivo/a, trabajador(a)
Géminis 21 mayo – 21 junio imaginativo/a, expresivo/a, impetuoso/a, estudioso/a	**Sagitario** 22 noviembre – 21 diciembre intelectual, agresivo/a, impaciente, optimista
Cáncer 22 junio – 22 julio cariñoso/a, sentimental, generoso/a, paciente	**Capricornio** 22 diciembre – 19 enero realista, disciplinado/a, responsable, serio/a
Leo 23 julio – 22 agosto ambicioso/a, egoísta, decidido/a, valiente	**Acuario** 20 enero – 18 febrero independiente, sociable, temperamental, innovador(a)
Virgo 23 agosto – 22 septiembre modesto/a, ordenado/a, práctico/a, reservado/a	**Piscis** 19 febrero – 20 marzo misterioso/a, idealista, tímido/a, artístico/a

(4) **Preguntas** En parejas, contesten las siguientes preguntas.

1. ¿Qué te parecen los empleados de la revista *Facetas*? ¿Cómo son?
2. ¿De qué está encargado cada empleado? En tu opinión, ¿cuál de ellos tiene más responsabilidad? Explica tu respuesta.
3. ¿Te gustaría trabajar con los empleados de *Facetas*? Razona tu respuesta.
4. ¿Crees que a Mariela le va a gustar su nuevo trabajo? ¿Por qué?
5. ¿Cuál es la dirección de *Facetas*? ¿Cuál es la dirección de tu casa?
6. ¿Te gustaría trabajar para una revista? ¿Para qué tipo de revista te gustaría trabajar?

8 *ocho* Lección 1 Las relaciones personales *nueve* 9

Comprensión These exercises check your basic understanding of the **Fotonovela** conversations.

Ampliación Communicative activities take a step further, asking you to apply or react to the content in a personalized way.

EXPLORACIÓN

explores cultural topics introduced in Fotonovela.

1 EXPLORACIÓN

México D.F., una megametrópolis

Paseo de la Reforma

El Zócalo

Ruinas aztecas en el D.F.

Las oficinas de *Facetas* se encuentran en la capital de México, conocida como México D.F. (Distrito Federal). A continuación, vas a aprender por qué esta ciudad es una de las más importantes del mundo hispanohablante.

México D.F. es una verdadera megametrópolis. Hoy en día, es considerada la ciudad más grande de toda América Latina y una de las más grandes del mundo. Es la cuarta ciudad más populosa después de Tokio, Seúl y Nueva York. La ciudad atrae a miles de inmigrantes y turistas por ser el centro cultural, político y económico de México.

México D.F. fue construida sobre la antigua Tenochtitlán, capital del imperio azteca, la cual fue fundada en 1325 sobre un islote. En 1521, los conquistadores españoles al mando de Hernán Cortés, destruyeron esta majestuosa ciudad y fundaron lo que hoy es la moderna capital del país.

En el centro de la ciudad está la llamada Plaza de la Constitución, conocida también como El Zócalo. Durante el período azteca El Zócalo era el corazón de la ciudad, y hoy día aún sigue siéndolo. Alrededor de El Zócalo, se encuentran la Catedral Metropolitana y el Palacio Nacional, actual sede del gobierno mexicano. Es aquí donde tienen lugar las mayores celebraciones nacionales y los desfiles militares importantes.

El centro histórico de la ciudad, ubicado en los alrededores de El Zócalo, es un microcosmo de arte, monumentos, tiendas y magníficos restaurantes, bares y cantinas. La variada comida tradicional mexicana es servida en las antiguas fondas. Y si tienes ganas de ir de compras, ¡no te pierdas los centros comerciales y las boutiques!

Ciudades más grandes del mundo*	
1. Tokio (Japón)	34,5
2. Nueva York (EE.UU)	21,4
3. Seúl (Corea)	20,3
4. México D.F. (México)	19,6
5. Bombay (India)	19,0
6. São Paulo (Brasil)	18,5

*Población en millones de habitantes

Revistas para todos los gustos

Facetas, la revista para la cual trabajan los personajes de la **Fotonovela**, es una revista ficticia publicada en la Ciudad de México. En la vida real, sin embargo, existen centenares de revistas de todo tipo en los países de habla española.

¿Te interesan las revistas serias o prefieres relajarte hojeando una revista divertida? La oferta de revistas en español comprende desde las más generales, hasta las más especializadas. Incluso, muchas de las revistas que se publican en los Estados Unidos, como *Time, Newsweek* y *Vogue*, tienen versiones en español. A continuación vas a conocer algunas revistas importantes de Latinoamérica y España.

Si te gustan los chismes y estar al día con los últimos romances de tus estrellas favoritas, *Hola* es tu revista. Se publica en España, y se especializa en la farándula nacional e internacional. Aquí puedes leer sobre quién acompañó a tu actor/actriz preferido/a en esa ocasión especial, cómo iba vestida Penélope Cruz, o criticar a la presunta novia del príncipe Felipe.

Semana es una excelente revista colombiana de interés general, muy parecida a *Time* y *Newsweek*. En ella se publican excelentes artículos sobre política interna e internacional, economía, cultura y opinión. En su versión *on-line*, la sección titulada "Conexión Colombia" sirve para que los colombianos en el exterior se mantengan en contacto con su país.

Si, por el contrario, quieres enterarte de la actualidad socio-político-económica sin renunciar a sonreír y a divertirte, aquí tienes una original revista peruana. Con su estilo polémico, sarcástico e irónico, *Caretas* ataca sin pelos en la lengua la corrupción y denuncia abusos, engaños y delitos.

Coméntalo

Reúnete con varios compañeros/as de clase y conversa sobre los siguientes temas.

1. ¿Les gustaría visitar México D.F. ¿Por qué?
2. ¿Qué cosas les gustaría hacer mientras están de visita en México D.F.?
3. ¿Conoces alguna revista en español? Comparte tu experiencia leyendo esta revista con tus compañeros/as.
4. ¿Cuál de las tres revistas que se describen te parece que es la más interesante? Explica por qué.

10 *diez* Lección 1 Las relaciones personales *once* 11

Exploración Readings expand on cultural concepts presented in the **Fotonovela**.

Coméntalo Short boxes in **Exploración** allow students to react to the cultural content.

ESTRUCTURA

uses graphic design to facilitate learning Spanish grammar.

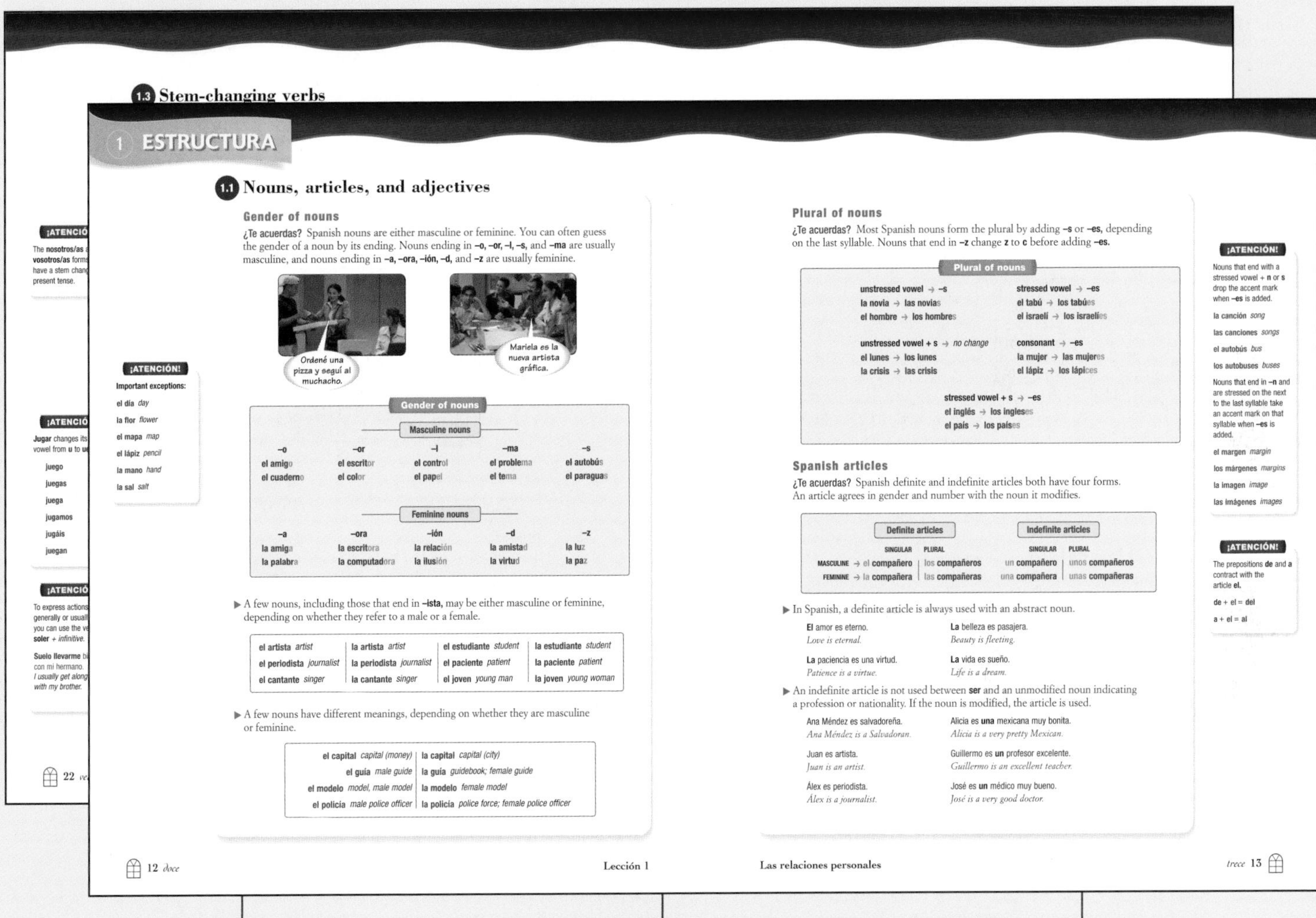

1.3 Stem-changing verbs

1 ESTRUCTURA

1.1 Nouns, articles, and adjectives

Gender of nouns

¿Te acuerdas? Spanish nouns are either masculine or feminine. You can often guess the gender of a noun by its ending. Nouns ending in **–o, –or, –l, –s,** and **–ma** are usually masculine, and nouns ending in **–a, –ora, –ión, –d,** and **–z** are usually feminine.

Ordené una pizza y seguí al muchacho.
Mariela es la nueva artista gráfica.

Gender of nouns

Masculine nouns

–o	–or	–l	–ma	–s
el amigo	el escritor	el control	el problema	el autobús
el cuaderno	el color	el papel	el tema	el paraguas

Feminine nouns

–a	–ora	–ión	–d	–z
la amiga	la escritora	la relación	la amistad	la luz
la palabra	la computadora	la ilusión	la virtud	la paz

▶ A few nouns, including those that end in **–ista,** may be either masculine or feminine, depending on whether they refer to a male or a female.

el artista *artist*	la artista *artist*	el estudiante *student*	la estudiante *student*
el periodista *journalist*	la periodista *journalist*	el paciente *patient*	la paciente *patient*
el cantante *singer*	la cantante *singer*	el joven *young man*	la joven *young woman*

▶ A few nouns have different meanings, depending on whether they are masculine or feminine.

el capital *capital (money)*	la capital *capital (city)*
el guía *male guide*	la guía *guidebook; female guide*
el modelo *model, male model*	la modelo *female model*
el policía *male police officer*	la policía *police force; female police officer*

¡ATENCIÓN!

Important exceptions:

el día *day*
la flor *flower*
el mapa *map*
el lápiz *pencil*
la mano *hand*
la sal *salt*

Plural of nouns

¿Te acuerdas? Most Spanish nouns form the plural by adding **–s** or **–es,** depending on the last syllable. Nouns that end in **–z** change **z** to **c** before adding **–es.**

Plural of nouns

unstressed vowel → –s
la novia → las novias
el hombre → los hombres

stressed vowel → –es
el tabú → los tabúes
el israelí → los israelíes

unstressed vowel + s → *no change*
el lunes → los lunes
la crisis → las crisis

consonant → –es
la mujer → las mujeres
el lápiz → los lápices

stressed vowel + s → –es
el inglés → los ingleses
el país → los países

¡ATENCIÓN!

Nouns that end with a stressed vowel + **n** or **s** drop the accent mark when **–es** is added.

la canción *song*
las canciones *songs*
el autobús *bus*
los autobuses *buses*

Nouns that end in **–n** and are stressed on the next to the last syllable take an accent mark on that syllable when **–es** is added.

el margen *margin*
los márgenes *margins*
la imagen *image*
las imágenes *images*

Spanish articles

¿Te acuerdas? Spanish definite and indefinite articles both have four forms. An article agrees in gender and number with the noun it modifies.

	Definite articles SINGULAR	Definite articles PLURAL	Indefinite articles SINGULAR	Indefinite articles PLURAL
MASCULINE	el compañero	los compañeros	un compañero	unos compañeros
FEMININE	la compañera	las compañeras	una compañera	unas compañeras

¡ATENCIÓN!

The prepositions **de** and **a** contract with the article **el.**

de + el = del
a + el = al

▶ In Spanish, a definite article is always used with an abstract noun.

El amor es eterno. *Love is eternal.*
La belleza es pasajera. *Beauty is fleeting.*
La paciencia es una virtud. *Patience is a virtue.*
La vida es sueño. *Life is a dream.*

▶ An indefinite article is not used between **ser** and an unmodified noun indicating a profession or nationality. If the noun is modified, the article is used.

Ana Méndez es salvadoreña. *Ana Méndez is a Salvadoran.*
Alicia es **una** mexicana muy bonita. *Alicia is a very pretty Mexican.*
Juan es artista. *Juan is an artist.*
Guillermo es **un** profesor excelente. *Guillermo is an excellent teacher.*
Álex es periodista. *Álex is a journalist.*
José es **un** médico muy bueno. *José is a very good doctor.*

12 *doce* Lección 1 Las relaciones personales *trece* 13

Charts and Diagrams Colorful, easy-to-understand charts and diagrams highlight key grammatical structures and forms, as well as important related vocabulary.

Graphics-intensive Design Photos from the **VENTANAS** Video Program link the lesson's video episode and **Fotonovela** section with the grammar explanations.

Grammar explanations Explanations are written in clear, comprehensible language for ready understanding and easy reference.

Student sidebars This feature calls attention to important grammar points related to the information you are studying.

ESTRUCTURA

provides activities for controlled practice and communication.

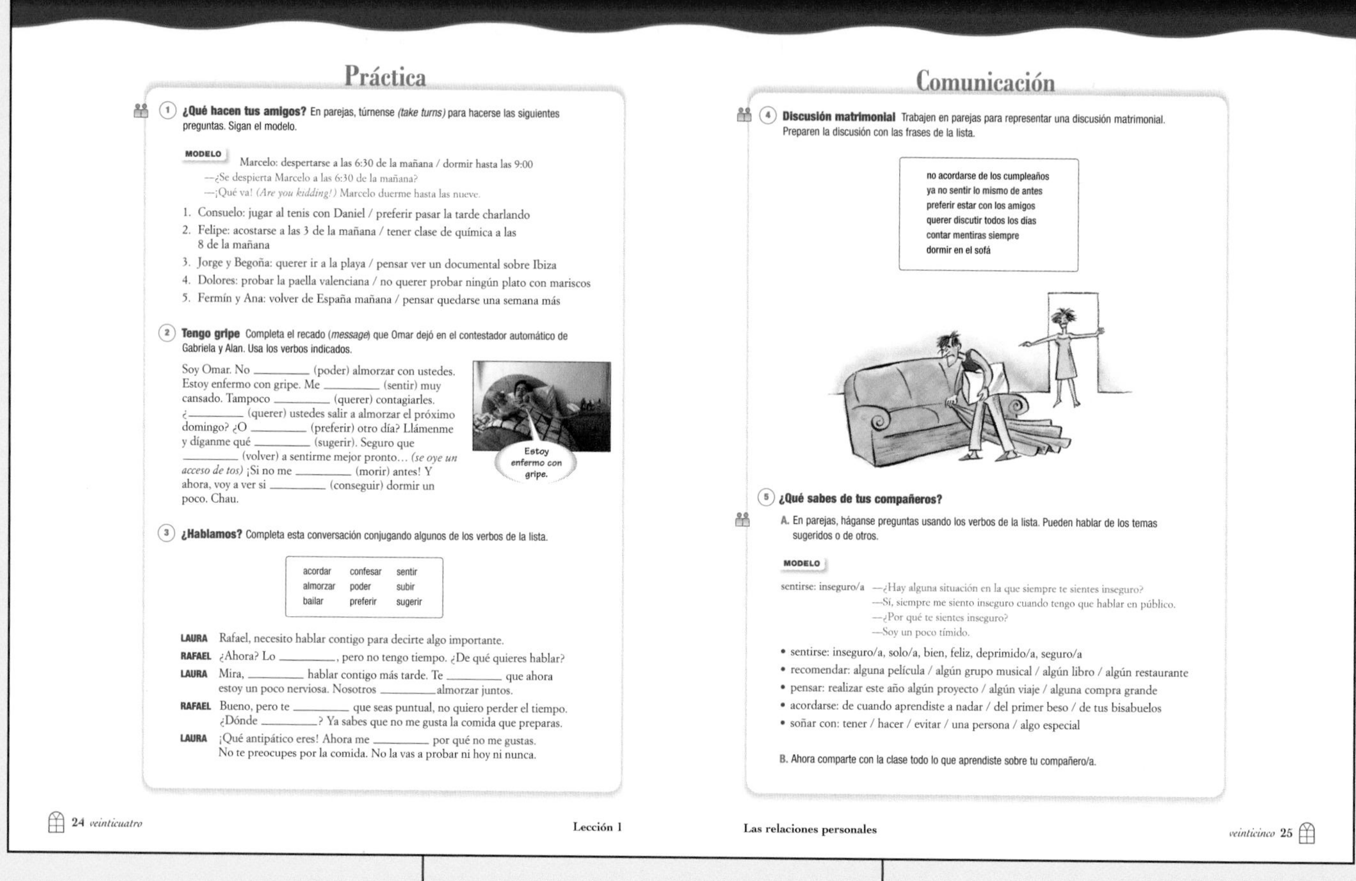

Práctica

1 ¿Qué hacen tus amigos? En parejas, túrnense *(take turns)* para hacerse las siguientes preguntas. Sigan el modelo.

MODELO Marcelo: despertarse a las 6:30 de la mañana / dormir hasta las 9:00
—¿Se despierta Marcelo a las 6:30 de la mañana?
—¡Qué va! *(Are you kidding!)* Marcelo duerme hasta las nueve.

1. Consuelo: jugar al tenis con Daniel / preferir pasar la tarde charlando
2. Felipe: acostarse a las 3 de la mañana / tener clase de química a las 8 de la mañana
3. Jorge y Begoña: querer ir a la playa / pensar ver un documental sobre Ibiza
4. Dolores: probar la paella valenciana / no querer probar ningún plato con mariscos
5. Fermín y Ana: volver de España mañana / pensar quedarse una semana más

2 Tengo gripe Completa el recado (*message*) que Omar dejó en el contestador automático de Gabriela y Alan. Usa los verbos indicados.

Soy Omar. No ________ (poder) almorzar con ustedes. Estoy enfermo con gripe. Me ________ (sentir) muy cansado. Tampoco ________ (querer) contagiarles. ¿________ (querer) ustedes salir a almorzar el próximo domingo? ¿O ________ (preferir) otro día? Llámenme y díganme qué ________ (sugerir). Seguro que ________ (volver) a sentirme mejor pronto… *(se oye un acceso de tos)* ¡Si no me ________ (morir) antes! Y ahora, voy a ver si ________ (conseguir) dormir un poco. Chau.

3 ¿Hablamos? Completa esta conversación conjugando algunos de los verbos de la lista.

acordar	confesar	sentir
almorzar	poder	subir
bailar	preferir	sugerir

LAURA Rafael, necesito hablar contigo para decirte algo importante.
RAFAEL ¿Ahora? Lo ________, pero no tengo tiempo. ¿De qué quieres hablar?
LAURA Mira, ________ hablar contigo más tarde. Te ________ que ahora estoy un poco nerviosa. Nosotros ________almorzar juntos.
RAFAEL Bueno, pero te ________ que seas puntual, no quiero perder el tiempo. ¿Dónde ________? Ya sabes que no me gusta la comida que preparas.
LAURA ¡Qué antipático eres! Ahora me ________ por qué no me gustas. No te preocupes por la comida. No la vas a probar ni hoy ni nunca.

Comunicación

4 Discusión matrimonial Trabajen en parejas para representar una discusión matrimonial. Preparen la discusión con las frases de la lista.

no acordarse de los cumpleaños
ya no sentir lo mismo de antes
preferir estar con los amigos
querer discutir todos los días
contar mentiras siempre
dormir en el sofá

5 ¿Qué sabes de tus compañeros?

A. En parejas, háganse preguntas usando los verbos de la lista. Pueden hablar de los temas sugeridos o de otros.

MODELO
sentirse: inseguro/a —¿Hay alguna situación en la que siempre te sientes inseguro?
—Sí, siempre me siento inseguro cuando tengo que hablar en público.
—¿Por qué te sientes inseguro?
—Soy un poco tímido.

- sentirse: inseguro/a, solo/a, bien, feliz, deprimido/a, seguro/a
- recomendar: alguna película / algún grupo musical / algún libro / algún restaurante
- pensar: realizar este año algún proyecto / algún viaje / alguna compra grande
- acordarse: de cuando aprendiste a nadar / del primer beso / de tus bisabuelos
- soñar con: tener / hacer / evitar / una persona / algo especial

B. Ahora comparte con la clase todo lo que aprendiste sobre tu compañero/a.

24 *veinticuatro* Lección 1 Las relaciones personales *veinticinco* 25

Práctica The first set of activities provide a wide range of directed exercises in contexts that combine current and previously learned vocabulary with the grammar point you are studying.

Conversación The second set of activities prompts creative expression using the lesson's grammar and vocabulary. These activities take place with a partner, in small groups, or with the entire class.

A conversar

develops your oral communication skills.

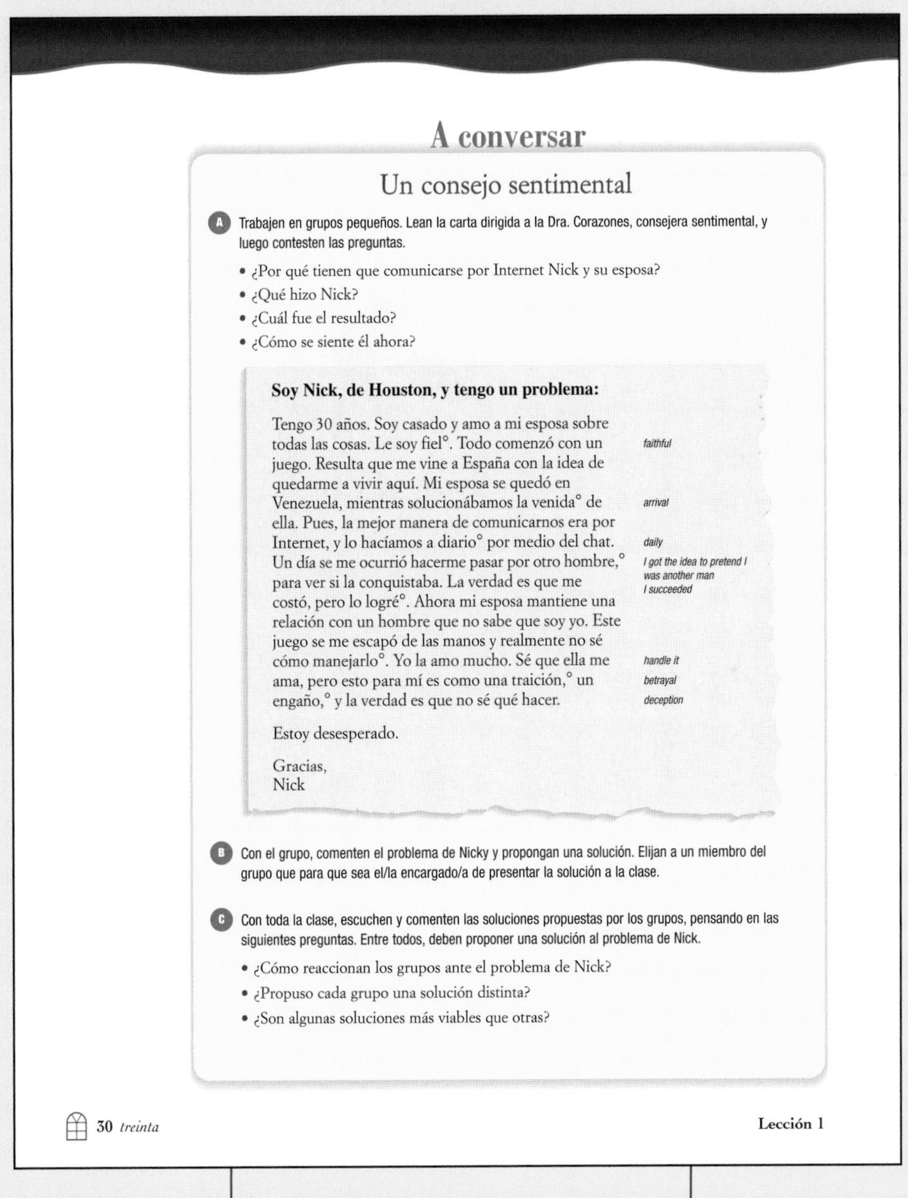

A conversar

Un consejo sentimental

A Trabajen en grupos pequeños. Lean la carta dirigida a la Dra. Corazones, consejera sentimental, y luego contesten las preguntas.

- ¿Por qué tienen que comunicarse por Internet Nick y su esposa?
- ¿Qué hizo Nick?
- ¿Cuál fue el resultado?
- ¿Cómo se siente él ahora?

Soy Nick, de Houston, y tengo un problema:

Tengo 30 años. Soy casado y amo a mi esposa sobre todas las cosas. Le soy fiel°. Todo comenzó con un juego. Resulta que me vine a España con la idea de quedarme a vivir aquí. Mi esposa se quedó en Venezuela, mientras solucionábamos la venida° de ella. Pues, la mejor manera de comunicarnos era por Internet, y lo hacíamos a diario° por medio del chat. Un día se me ocurrió hacerme pasar por otro hombre,° para ver si la conquistaba. La verdad es que me costó, pero lo logré°. Ahora mi esposa mantiene una relación con un hombre que no sabe que soy yo. Este juego se me escapó de las manos y realmente no sé cómo manejarlo°. Yo la amo mucho. Sé que ella me ama, pero esto para mí es como una traición,° un engaño,° y la verdad es que no sé qué hacer.

fiel° faithful; venida° arrival; a diario° daily; hacerme pasar por otro hombre° I got the idea to pretend I was another man; lo logré° I succeeded; manejarlo° handle it; traición° betrayal; engaño° deception

Estoy desesperado.

Gracias,
Nick

B Con el grupo, comenten el problema de Nicky y propongan una solución. Elijan a un miembro del grupo que para que sea el/la encargado/a de presentar la solución a la clase.

C Con toda la clase, escuchen y comenten las soluciones propuestas por los grupos, pensando en las siguientes preguntas. Entre todos, deben proponer una solución al problema de Nick.

- ¿Cómo reaccionan los grupos ante el problema de Nick?
- ¿Propuso cada grupo una solución distinta?
- ¿Son algunas soluciones más viables que otras?

30 *treinta* Lección 1

A conversar Step-by-step tasks and problem-solving situations engage you in discussion in pairs, small groups, or with the entire class.

Thematic readings and realia These texts serve as both springboards for discussion and frameworks to help you use language creatively.

Manos a la obra

further develops your language skills through a task-based project.

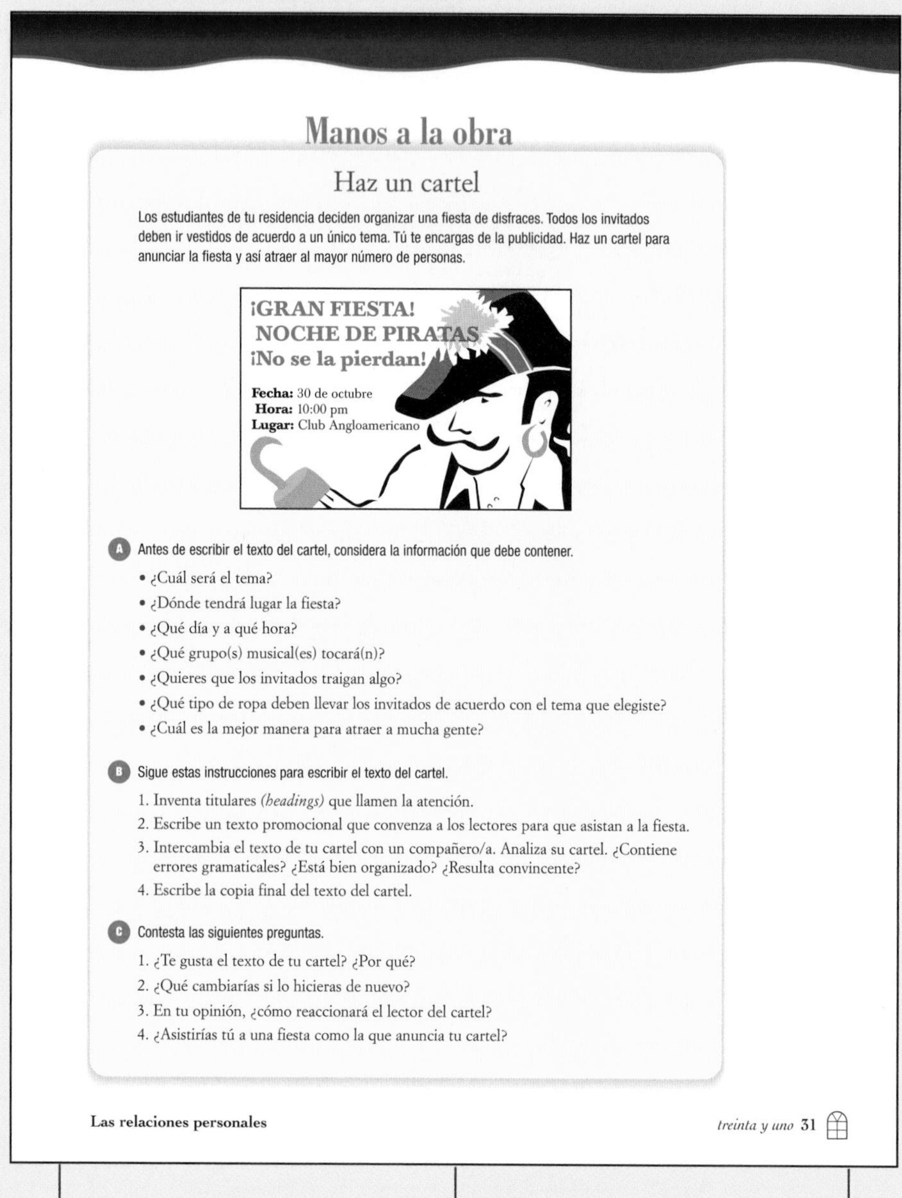

Manos a la obra

Haz un cartel

Los estudiantes de tu residencia deciden organizar una fiesta de disfraces. Todos los invitados deben ir vestidos de acuerdo a un único tema. Tú te encargas de la publicidad. Haz un cartel para anunciar la fiesta y así atraer al mayor número de personas.

¡GRAN FIESTA!
NOCHE DE PIRATAS
¡No se la pierdan!
Fecha: 30 de octubre
Hora: 10:00 pm
Lugar: Club Angloamericano

A Antes de escribir el texto del cartel, considera la información que debe contener.

- ¿Cuál será el tema?
- ¿Dónde tendrá lugar la fiesta?
- ¿Qué día y a qué hora?
- ¿Qué grupo(s) musical(es) tocará(n)?
- ¿Quieres que los invitados traigan algo?
- ¿Qué tipo de ropa deben llevar los invitados de acuerdo con el tema que elegiste?
- ¿Cuál es la mejor manera para atraer a mucha gente?

B Sigue estas instrucciones para escribir el texto del cartel.

1. Inventa titulares *(headings)* que llamen la atención.
2. Escribe un texto promocional que convenza a los lectores para que asistan a la fiesta.
3. Intercambia el texto de tu cartel con un compañero/a. Analiza su cartel. ¿Contiene errores gramaticales? ¿Está bien organizado? ¿Resulta convincente?
4. Escribe la copia final del texto del cartel.

C Contesta las siguientes preguntas.

1. ¿Te gusta el texto de tu cartel? ¿Por qué?
2. ¿Qué cambiarías si lo hicieras de nuevo?
3. En tu opinión, ¿cómo reaccionará el lector del cartel?
4. ¿Asistirías tú a una fiesta como la que anuncia tu cartel?

Las relaciones personales *treinta y uno* 31

Manos a la obra A hands-on project involves you in the creation of a tangible product such as a poster, brochure, or questionnaire.

Task-based A series of tasks takes you step-by-step through the project from conceptualization, to peer review, to a final self-analysis of the finished project.

Skill integration The section provides a relevant, real-world application of your language skills that brings into play reading, writing, and speaking skills.

ACTUALIDADES

develops reading and critical-thinking skills in the context of the lesson theme.

1 ACTUALIDADES

Antes de leer

Maitena Burundarena nació en Buenos Aires, Argentina, en 1962. Las tiras cómicas de esta excelente artista empezaron a aparecer en la revista ***Para Ti*** de Buenos Aires a principios de los noventa. Su trabajo, en la actualidad, se publica en los principales periódicos y revistas de muchos países. Esta tira cómica habla de la amistad.

¿Te llevas bien con tus amigos? ¿Te enojas alguna vez con ellos? ¿Por qué motivos?

Vocabulario

el afecto *affection*
la bronca *argument, telling someone off*
los celos *jealousy*
la madrina *godmother*
el odio *hatred*
el oído *hearing, hearsay*
pasarlo bomba *to have a great time, a blast*
la risa *laughter*
sonreír *to smile*
Te juro que... *I swear that...*

Después de leer

1. Prepara dos listas: una con las cosas negativas y otra con las positivas mencionadas en la tira cómica sobre la amistad.
2. ¿Hay alguna situación en la tira cómica que te recuerda algo que haya pasado en tu propia vida?
3. En parejas, elijan cada uno/a de ustedes una situación de la tira cómica y cuéntense una experiencia personal que esté relacionada con ella.
4. En parejas, discutan qué cualidades son importantes en un amigo, si consideran que la amistad entre personas del sexo opuesto es diferente y por qué.

32 *treinta y dos* Lección 1 Las relaciones personales *treinta y tres* 33

Antes de leer Background information and pre-reading questions set the stage for the text that follows.

Readings Selections from contemporary Spanish-language magazines and newspapers offer thought-provoking cultural insights and expose you to a variety of text types.

Después de leer This section checks your understanding of the reading and provides opportunities to examine and discuss your own opinions and experiences in relation to the topic of the reading.

VOCABULARIO

summarizes the active vocabulary in each lesson.

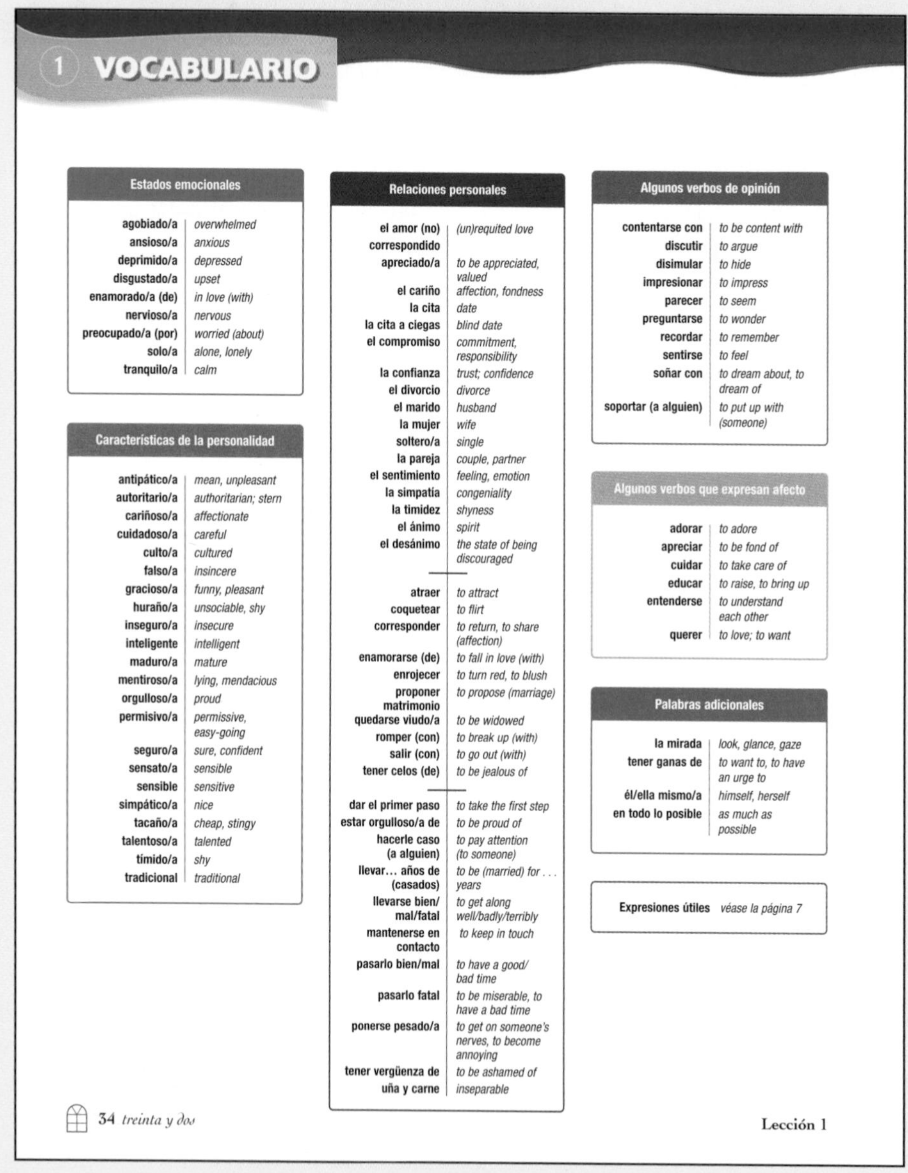

1 VOCABULARIO

Estados emocionales	
agobiado/a	*overwhelmed*
ansioso/a	*anxious*
deprimido/a	*depressed*
disgustado/a	*upset*
enamorado/a (de)	*in love (with)*
nervioso/a	*nervous*
preocupado/a (por)	*worried (about)*
solo/a	*alone, lonely*
tranquilo/a	*calm*

Características de la personalidad	
antipático/a	*mean, unpleasant*
autoritario/a	*authoritarian; stern*
cariñoso/a	*affectionate*
cuidadoso/a	*careful*
culto/a	*cultured*
falso/a	*insincere*
gracioso/a	*funny, pleasant*
huraño/a	*unsociable, shy*
inseguro/a	*insecure*
inteligente	*intelligent*
maduro/a	*mature*
mentiroso/a	*lying, mendacious*
orgulloso/a	*proud*
permisivo/a	*permissive, easy-going*
seguro/a	*sure, confident*
sensato/a	*sensible*
sensible	*sensitive*
simpático/a	*nice*
tacaño/a	*cheap, stingy*
talentoso/a	*talented*
tímido/a	*shy*
tradicional	*traditional*

Relaciones personales	
el amor (no) correspondido	*(un)requited love*
apreciado/a	*to be appreciated, valued*
el cariño	*affection, fondness*
la cita	*date*
la cita a ciegas	*blind date*
el compromiso	*commitment, responsibility*
la confianza	*trust; confidence*
el divorcio	*divorce*
el marido	*husband*
la mujer	*wife*
soltero/a	*single*
la pareja	*couple, partner*
el sentimiento	*feeling, emotion*
la simpatía	*congeniality*
la timidez	*shyness*
el ánimo	*spirit*
el desánimo	*the state of being discouraged*
atraer	*to attract*
coquetear	*to flirt*
corresponder	*to return, to share (affection)*
enamorarse (de)	*to fall in love (with)*
enrojecer	*to turn red, to blush*
proponer matrimonio	*to propose (marriage)*
quedarse viudo/a	*to be widowed*
romper (con)	*to break up (with)*
salir (con)	*to go out (with)*
tener celos (de)	*to be jealous of*
dar el primer paso	*to take the first step*
estar orgulloso/a de	*to be proud of*
hacerle caso (a alguien)	*to pay attention (to someone)*
llevar... años de (casados)	*to be (married) for . . . years*
llevarse bien/ mal/fatal	*to get along well/badly/terribly*
mantenerse en contacto	*to keep in touch*
pasarlo bien/mal	*to have a good/ bad time*
pasarlo fatal	*to be miserable, to have a bad time*
ponerse pesado/a	*to get on someone's nerves, to become annoying*
tener vergüenza de	*to be ashamed of*
uña y carne	*inseparable*

Algunos verbos de opinión	
contentarse con	*to be content with*
discutir	*to argue*
disimular	*to hide*
impresionar	*to impress*
parecer	*to seem*
preguntarse	*to wonder*
recordar	*to remember*
sentirse	*to feel*
soñar con	*to dream about, to dream of*
soportar (a alguien)	*to put up with (someone)*

Algunos verbos que expresan afecto	
adorar	*to adore*
apreciar	*to be fond of*
cuidar	*to take care of*
educar	*to raise, to bring up*
entenderse	*to understand each other*
querer	*to love; to want*

Palabras adicionales	
la mirada	*look, glance, gaze*
tener ganas de	*to want to, to have an urge to*
él/ella mismo/a	*himself, herself*
en todo lo posible	*as much as possible*

Expresiones útiles *véase la página 7*

34 *treinta y dos* — Lección 1

Video program

Fully integrated with your textbook, the **VENTANAS: Lengua** Student Text. Presented in the format of a situational comedy, the episodes portray the everyday lives and adventures of the owner and five employees of the lifestyle magazine *Revista Facetas* based in Mexico City.

The **Fotonovela** section in each textbook lesson is actually an abbreviated version of the dramatic episode featured in the video. Therefore, each **Fotonovela** section can be done before you see the corresponding video episode, after it, or as a section that stands alone in its own right.

Besides providing entertainment, the video serves as a useful learning tool. As you watch the episodes, you will observe the characters interacting in various situations and using real-world language that reflects the vocabulary and grammar you are studying. In addition, because language learning is an ongoing, cumulative process, you will find that the dramatic segments carefully combine new vocabulary and grammar with previously taught language as the video progresses.

The Cast

Here are the main characters you will meet when you watch the **VENTANAS** video:

Mariela Burgos

José Raúl Aguayo

Juan (Johnny) Medina

Diana González

Éric Vargas

Fabiola Ledesma

Video Synopses

Lección 1 *Bienvenida, Mariela*
The employees at *Facetas* discuss the appropriate way to greet a client. Mariela, a new employee, arrives at the office and meets the staff.

Lección 2 *¡Tengo los boletos!*
The *Facetas* employees discuss their free-time activities. Johnny tries to help Éric with his love life. Mariela talks about her plans to see a rock concert.

Lección 3 *¿Alguien desea ayudar?*
The employees discuss what happens in the office on a typical Monday.

Lección 4 *¡Buen viaje!*
Fabiola and Éric are going on a business trip. Diana gives them their plane tickets and other travel documents.

Lección 5 *¿Dulces? No, gracias.*
The employees discuss staying in shape.

Lección 6 *Cuidando a Bambi*
When Aguayo goes on vacation, Diana and the other employees take care of his pet fish.

Lección 7 *Necesito un aumento*
The staff celebrates the magazine's second anniversary, which brings back memories of past events.

Lección 8 *La rueda de prensa*
Tere Zamora, a prominent elected official, come to *Facetas* for an interview and press conference.

Lección 9 *¡O estás con ella o estás conmigo!*
Fabiola returns from an interview with the TV star Patricia Montero with some very interesting news.

Lección 10 *Unas pinturas… radicales*
Johnny explains to his co-workers how to critique a work of art.

Lección 11 *El poder de la tecnología*
A new hi-tech digital screen is delivered to *Facetas*.

Lección 12 *Esta noche o nunca*
The staff attends an award ceremony honoring the year's best journalists.

Student Ancillaries

Student Activities Manual

The Student Activities Manual consists of three parts: the Workbook, the Lab Manual, and the Video Manual. The Workbook activities provide additional practice of the vocabulary and grammar for each textbook lesson. The Lab Manual activities for each textbook lesson focus on pronunciation and building your listening comprehension skills in Spanish. The Video Manual includes previewing, while-viewing, and post-viewing activities to help you understand and explore further each module of the **VENTANAS** video.

Lab Audio Program

The Lab Audio Program contains the recordings to be used in conjunction with the activities of the Lab Manual. It comes in two versions: high-fidelity audio CDs or an audio CD-ROM containing compressed MP3 files that can be played in the CD-ROM drive of your computer.

Video Program

This text-specific video includes twelve dramatic episodes done in the style of a situational comedy that are fully integrated with the lessons in your textbook.

Video & Interactive CD-ROM

Free-of-charge with each copy of **VENTANAS**, this dual-platform CD-ROM provides useful reference tools and highly interactive, visually captivating multimedia materials and activities. Also included is the complete Video Program with videoscripts and enhanced navigation tools.

Web Site (vistahigherlearning.com)

The **VENTANAS** Web site, accessed through **vistahigherlearning.com,** supports you and your instructor with a wide range of online resources—additional activities, cultural information and links, teaching suggestions, lesson plans, course syllabi, and more—that directly correlate to your textbook and go beyond it.

Instructor Ancillaries

In addition to the student ancillaries, all of which are available to the instructor, the following supplements are also available.

Instructor's Annotated Edition

The Instructor's Annotated Edition (IAE) provides a wealth of information designed to support classroom teaching. The IAE contains answers to exercises overprinted on the page, cultural information, suggestions for implementing and extending student activities, supplemental activities, and cross-references to student and instructor ancillaries.

Instructor's Resource Manual

The Instructor's Resource Manual contains the written transcript of the audio recordings of the Lab Audio Program, the videoscript for the **VENTANAS** Video Program, English translations of the **Fotonovela** conversations, additional activities for **VENTANAS: Lengua**, and additional Instructor annotations for **VENTANAS: Lecturas.**

Students Activities Manual Answer Key

This component includes answer keys for all workbook, lab, and video activities in the Student Activities Manual with discrete answers.

Testing Program with Audio CD

The Testing Program contains a quiz for each of the textbook's twelve lessons and exams for Lessons 1–3, 4–6, 7–9, and 10–12. All quizzes and exams include sections on listening comprehension, vocabulary, grammar, and communication. Reading sections are also provided. Listening scripts, answer keys, and an audio CD of the listening sections are also included.

Test Files CD-ROM for Windows® and Macintosh®

This CD-ROM contains the quizzes, exams, listening scripts, and answer keys of the printed Testing Program as Microsoft Word® files, so instructors can readily customize the tests and exams for their courses.

VENTANAS: Lecturas

This companion reader focuses on developing your reading and critical-thinking skills.

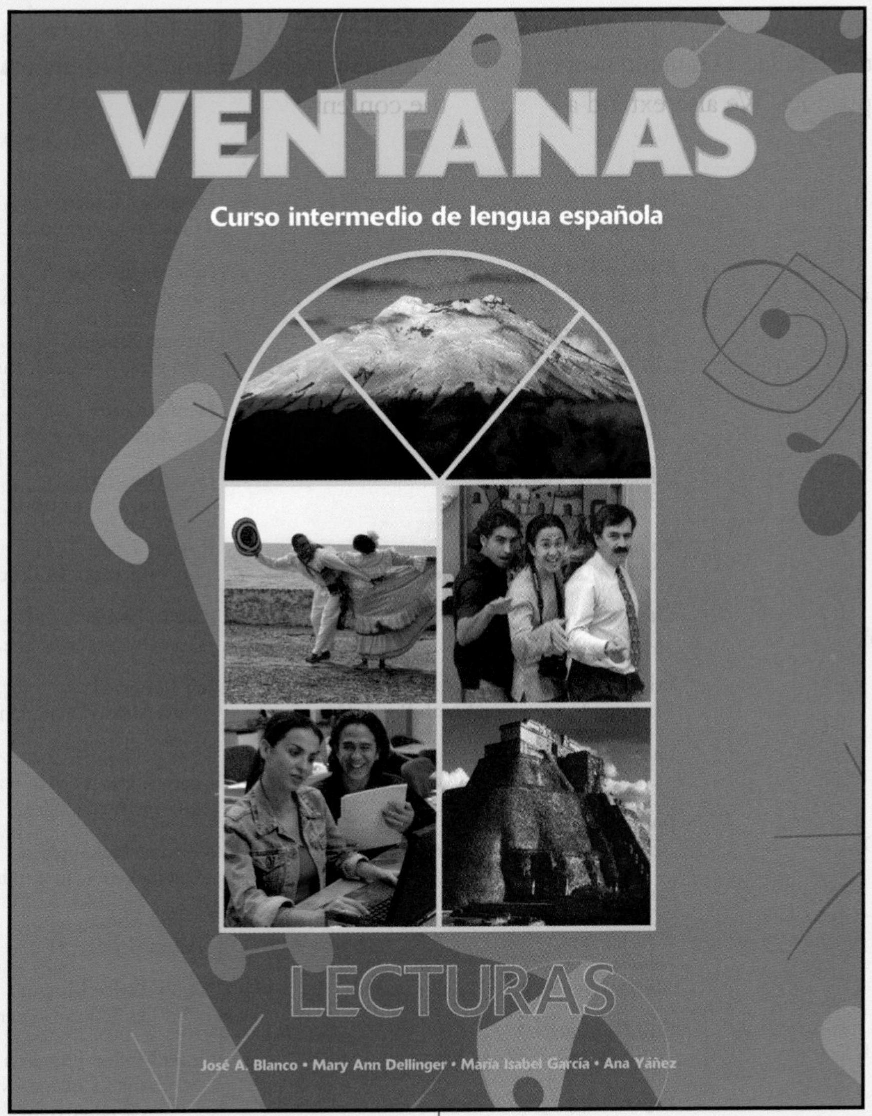

VENTANAS: Lecturas Twelve lessons correspond thematically to **VENTANAS: Lengua** and offer a two-part lesson structure, pairing literary and cultural selections. **Literatura** presents two literay readings (one long and one short). **Cultura** also includes two readings: profile of a notable Spanish-speaker and a longer article.

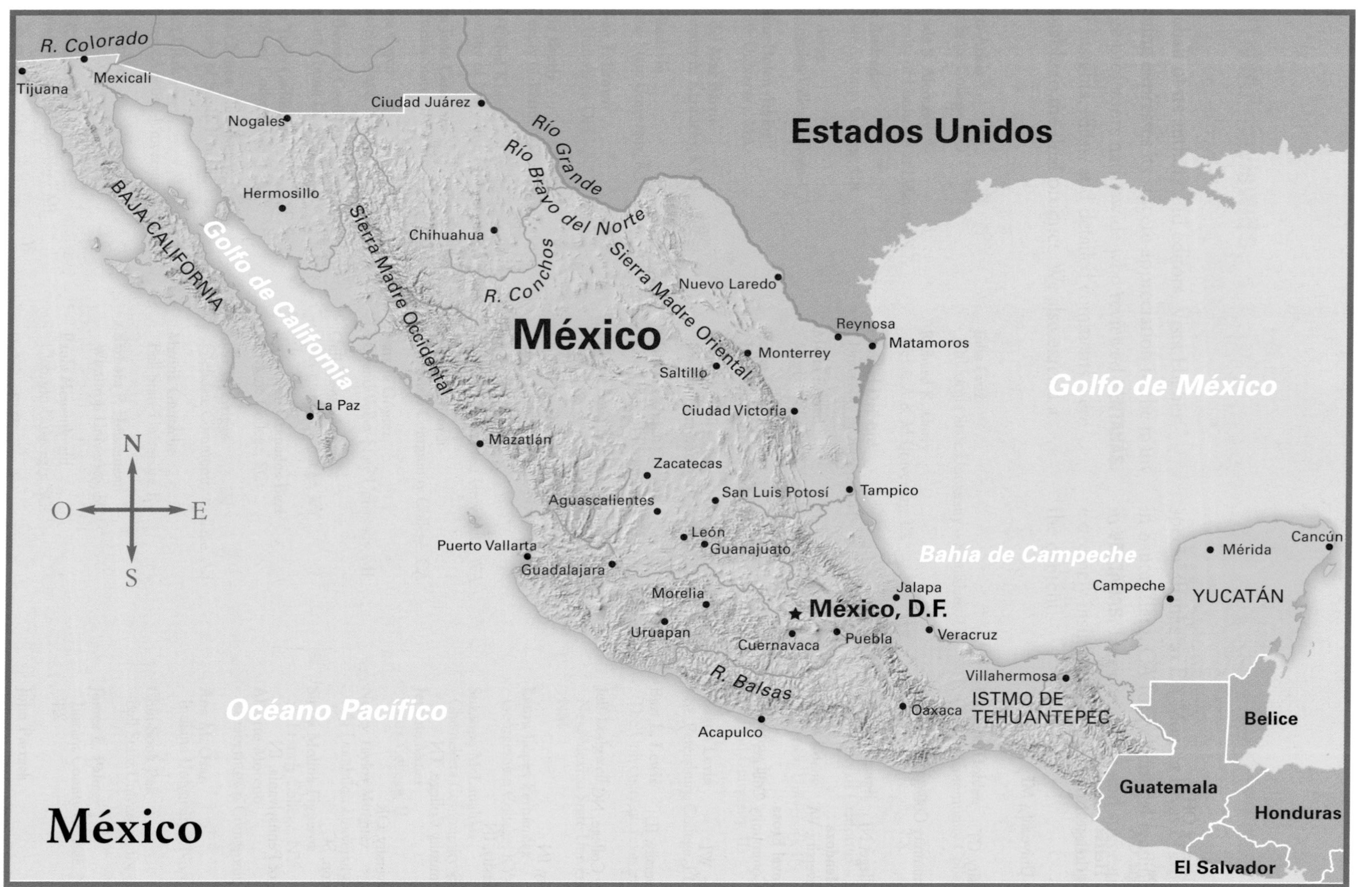

México
Estados Unidos
R. Colorado
Tijuana
Mexicali
Nogales
Ciudad Juárez
Río Grande
Río Bravo del Norte
Hermosillo
Chihuahua
BAJA CALIFORNIA
Golfo de California
Sierra Madre Occidental
R. Conchos
Sierra Madre Oriental
Nuevo Laredo
Reynosa
Matamoros
Monterrey
Saltillo
Ciudad Victoria
La Paz
Mazatlán
Golfo de México
N
O
E
S
Zacatecas
San Luis Potosí
Tampico
Aguascalientes
León
Guanajuato
Puerto Vallarta
Guadalajara
Bahía de Campeche
Mérida
Cancún
Campeche
YUCATÁN
Jalapa
México, D.F.
Morelia
Uruapan
Cuernavaca
Puebla
Veracruz
Villahermosa
R. Balsas
Oaxaca
ISTMO DE TEHUANTEPEC
Belice
Océano Pacífico
Acapulco
Guatemala
Honduras
El Salvador
México

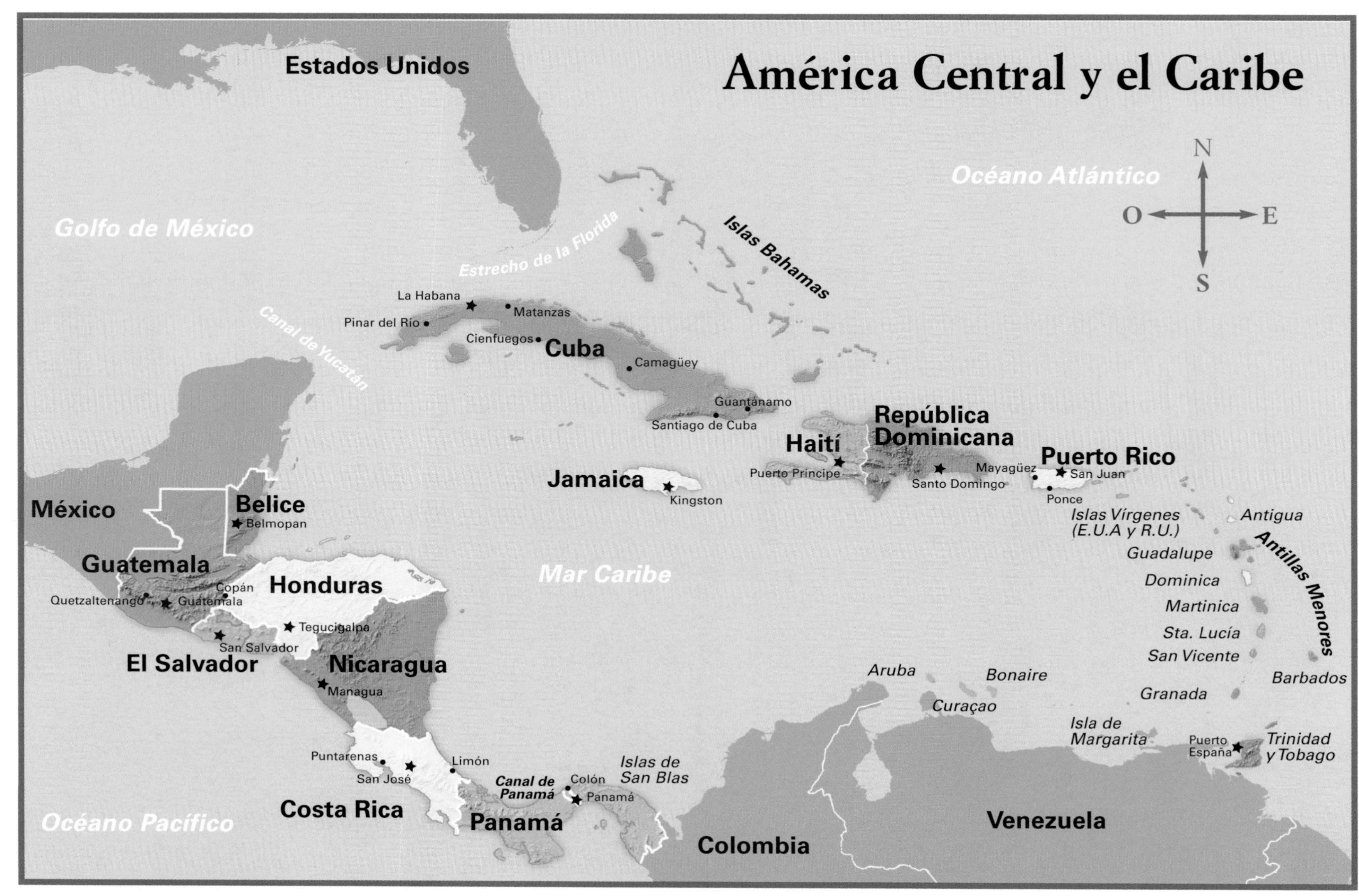
América Central y el Caribe
N
O
E
S
Estados Unidos
Golfo de México
Océano Atlántico
Estrecho de la Florida
Canal de Yucatán
Islas Bahamas
La Habana
Matanzas
Pinar del Río
Cienfuegos
Cuba
Camagüey
Guantánamo
Santiago de Cuba
Haití
República Dominicana
Puerto Príncipe
Santo Domingo
Puerto Rico
Mayagüez
San Juan
Ponce
Jamaica
Kingston
México
Belice
Belmopan
Guatemala
Copán
Quetzaltenango
Guatemala
Honduras
Tegucigalpa
San Salvador
El Salvador
Nicaragua
Managua
Mar Caribe
Islas Vírgenes (E.U.A y R.U.)
Antigua
Antillas Menores
Guadalupe
Dominica
Martinica
Sta. Lucía
San Vicente
Barbados
Granada
Aruba
Bonaire
Curaçao
Isla de Margarita
Puerto España
Trinidad y Tobago
Puntarenas
San José
Limón
Canal de Panamá
Colón
Panamá
Islas de San Blas
Costa Rica
Océano Pacífico
Colombia
Venezuela

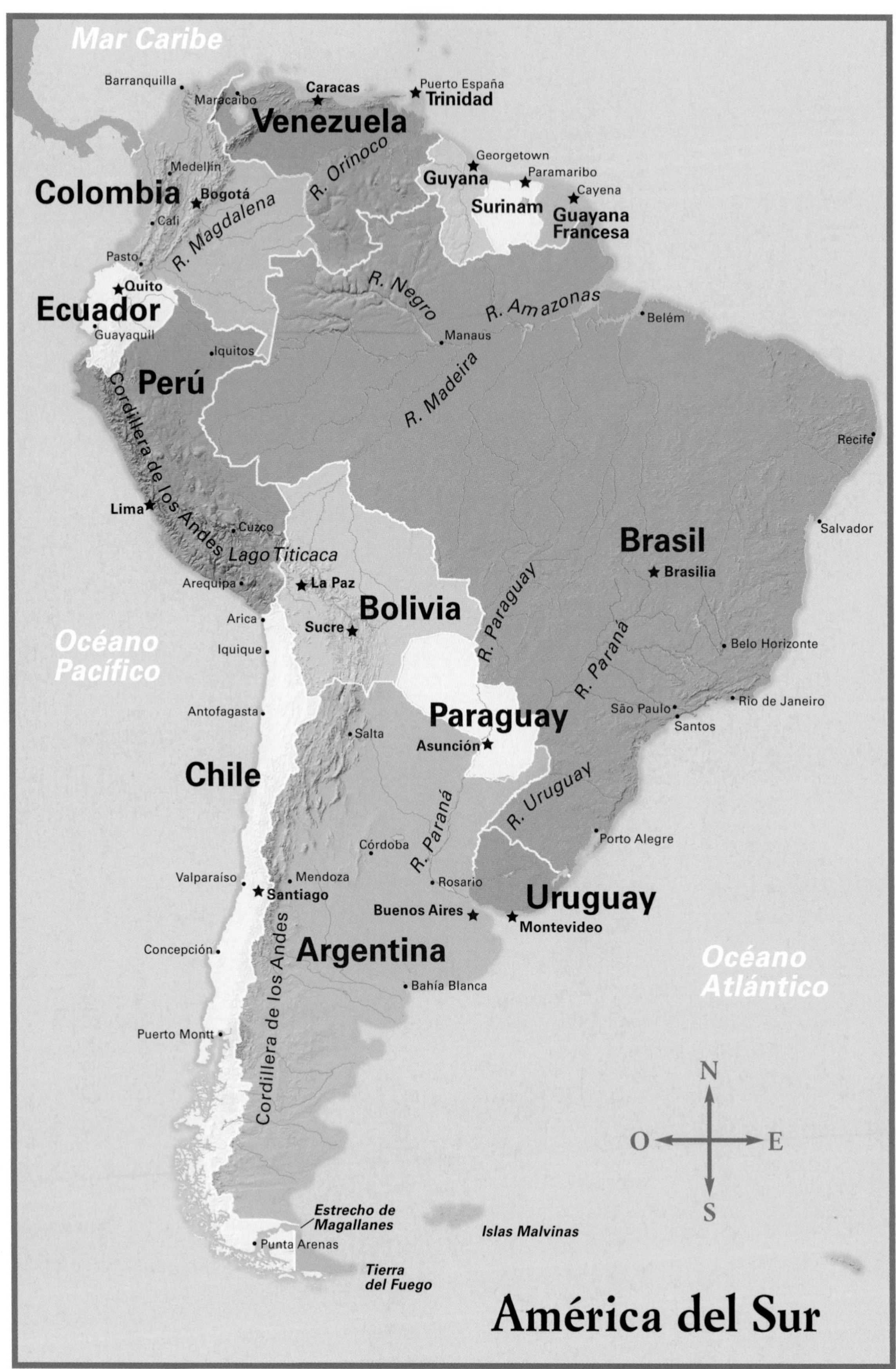
Mar Caribe
Barranquilla
Maracaibo
Caracas
Puerto España
Trinidad
Venezuela
R. Orinoco
Georgetown
Paramaribo
Cayena
Guyana
Surinam
Guayana Francesa
Medellín
Colombia
Bogotá
Cali
R. Magdalena
Pasto
Quito
Ecuador
Guayaquil
R. Negro
R. Amazonas
Belém
Manaus
Iquitos
Perú
R. Madeira
Recife
Cordillera de los Andes
Lima
Cuzco
Lago Titicaca
Salvador
Brasil
Brasilia
Arequipa
La Paz
Bolivia
Arica
Sucre
R. Paraguay
Océano Pacífico
Iquique
R. Paraná
Belo Horizonte
Antofagasta
Paraguay
São Paulo
Rio de Janeiro
Santos
Salta
Asunción
Chile
R. Uruguay
R. Paraná
Córdoba
Porto Alegre
Valparaíso
Mendoza
Rosario
Santiago
Uruguay
Buenos Aires
Montevideo
Concepción
Argentina
Océano Atlántico
Bahía Blanca
Puerto Montt
Cordillera de los Andes
N
O
E
S
Estrecho de Magallanes
Islas Malvinas
Punta Arenas
Tierra del Fuego
América del Sur

España
Mar Cantábrico
Océano Atlántico
Mar Mediterráneo
Estrecho de Gibraltar
Portugal
Andorra
Marruecos
Pirineos
GALICIA
ASTURIAS
CANTABRIA
PAÍS VASCO
NAVARRA
LA RIOJA
CATALUÑA
ARAGÓN
CASTILLA-LEÓN
CASTILLA-LA MANCHA
COMUNIDAD VALENCIANA
EXTREMADURA
ANDALUCÍA
Sierra Morena
Sierra Nevada
Serra da Estrela
Islas Baleares
Menorca
Mallorca
Ibiza
Formentera
Palma
Madrid
Lisboa
La Coruña
Pontevedra
Vigo
Braga
Oporto
Coimbra
Setúbal
Avilés
Gijón
Oviedo
Santander
San Sebastián
Pamplona
Burgos
Palencia
Valladolid
Zamora
Salamanca
Ávila
Segovia
Toledo
Cáceres
Badajoz
Zaragoza
Lérida
Barcelona
Tarragona
Valencia
Alicante
Albacete
Murcia
Cartagena
Jaén
Córdoba
Sevilla
Huelva
Cádiz
Granada
Almería
Málaga
Algeciras
Gibraltar (R.U.)
Ceuta (Esp.)
Melilla (Esp.)
N
O
E
S

Las relaciones personales 1

Communicative Goals

You will expand your ability to...

- describe in the present
- narrate in the present
- express personal relationships

Las relaciones personales

Instructional Resources

WB, LM, CD-ROM, WB/LM/VM Answer Key

Note: WB = Workbook, LM = Lab Manual, VM = Video Manual, and TS/VS = Tapescript/Videoscript.

Suggestion: Have students read the section title and look at the photos. Ask them to describe the people in the photos and guess what the relationship is between them.

Suggestion: Point out that the boldfaced words and expressions in the paragraphs are new active vocabulary as well as the vocabulary in the lists.

Demasiado tímido

Los dos intercambian **miradas** de vez en cuando. Él se **pregunta** si ella está **coqueteando** con él. Él no puede **disimular** su **timidez. Enrojece** cuando ella lo mira. Ella **se pregunta** si él **dará el primer paso** o si **ella misma** tendrá que hacerlo.

Nadie la comprende

No **se entiende** con sus padres. Ellos están muy **preocupados por** ella. Su padre está **disgustado** porque no **soporta** al chico **con** quien **sale**. Quiere que **rompa con** él enseguida.

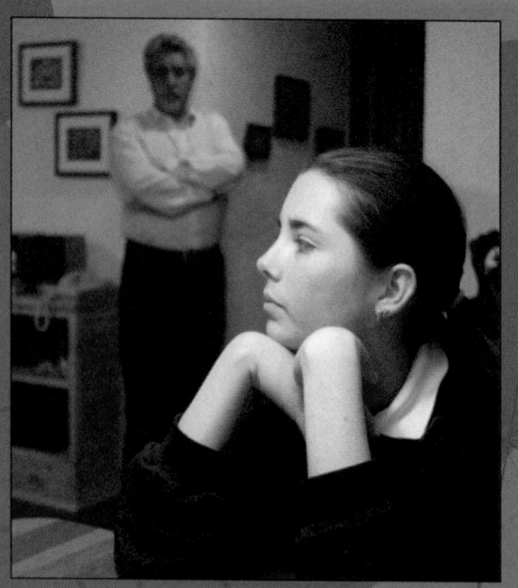

Comprehension Check: 1. En tu opinión ¿quién va a dar el primer paso, la chica o el chico? Explica. 2. ¿Por qué está el padre disgustado con su hija? (Porque no soporta al chico con quien sale.) 3. ¿Tienen el hombre y la mujer un matrimonio feliz o infeliz? ¿Cómo lo sabes? (Feliz porque llevan más de 50 años de casados y están más enamorados que nunca.) 4. ¿Por qué a veces se siente el padre agobiado? (Porque quiere cuidar bien a su hija, pero tiene muchos compromisos.)

Suggestion: Ask students personalized questions using the new vocabulary.

Inseparables

Llevan más de cincuenta **años de casados** y **se llevan** muy **bien**. Están más **enamorados** que nunca. Se conocieron en **una cita a ciegas** y desde entonces son **uña y carne**. Todavía **recuerdan** la noche en que él **le propuso matrimonio**. Ella tiene miedo de **quedarse viuda**. No sabría qué hacer sin su **pareja**. **Se sentiría** muy **sola**.

Padre divorciado

Después del divorcio, vive solo con su hija. A veces **se siente agobiado**. Quiere **cuidar** bien a su hija y **educarla** para que sea feliz, pero tiene muchos **compromisos**. Sus padres **adoran** a su nieta y lo ayudan a **cuidarla en todo lo posible**. Tal vez un día se vuelva a **enamorar**.

Suggestion: Point out character traits that are cognates or have students identify these words in the lists and paragraphs.

Las relaciones personales

(no) hacerle caso a alguien	*(not) to pay attention to someone*
mantenerse en contacto	*to stay in touch*
pasarlo bien/mal/fatal	*to have a good/bad/terrible time*
ponerse pesado/a	*to become tedious*
tener celos de	*to be jealous of*
tener vergüenza de	*to be ashamed/embarrassed of*
la confianza	*confidence*
el marido	*husband*
la mujer	*wife*
soltero/a	*single*

El afecto

apreciar	*to be fond of*
atraer	*to attract*
corresponder	*to be requited*
enamorarse de	*to fall in love with*
querer	*to love; to want*
amor (no) correspondido	*(un)requited love*
el ánimo	*spirit*
el cariño	*affection*
el desánimo	*the state of being discouraged*
el sentimiento	*feeling, emotion*
la simpatía	*congeniality*
apreciado/a	*appreciated; valued*

La personalidad

antipático/a	*disagreeable, unpleasant*
autoritario/a	*authoritarian, stern*
deprimido/a	*depressed*
falso/a	*insincere*
huraño/a	*unsociable, shy*
inseguro/a	*uncertain, insecure*
nervioso/a	*nervous*
orgulloso/a	*proud*
permisivo/a	*permissive, easy-going*
seguro/a	*sure, secure*
simpático/a	*nice*
tacaño/a	*stingy, cheap*
tradicional	*traditional*
tranquilo/a	*calm*

La opinión

contentarse con	*to be content with*
discutir	*to argue*
estar orgulloso/a de	*to be proud of*
sentirse	*to feel*
soñar con	*to dream about*
tener ganas de	*to feel like*

Práctica

① Ask students to provide sentences with the defined words.

① Give students additional words to define from the vocabulary. Ex: **el marido, el cariño,** and **soltero**

1 **Definiciones** Indica la palabra que corresponde a cada definición.

a. apreciar
b. cita
c. cuidar
d. deprimido/a
e. distinto/a
f. educar
g. huraño/a
h. pareja
i. timidez

_b_ 1. Compromiso entre dos o más personas sobre el lugar, la fecha y la hora en que deberán encontrarse.
_d_ 2. Que sufre de depresión, tristeza o desánimo.
_f_ 3. Enseñar a una persona o a un animal a comportarse según ciertas normas.
_e_ 4. Que no es igual, que tiene otras cualidades o características.
_h_ 5. Conjunto formado por dos personas o cosas que se complementan o son semejantes como, por ejemplo, hombre y mujer.
_a_ 6. Estimar o reconocer el valor de algo o de alguien.

② To check comprehension, have students identify the twins by asking questions. **Ex: ¿Quién es sincero? (don Paco) ¿Quién es tradicional? (doña Paquita) ¿Quién es irresponsable? (doña Paquita)**

Teaching Option: Ask students to write five adjectives or characteristics that describe the ideal friend or parent. Then, in pairs, have students explain which characteristics the person should have and why they chose those traits.

2 **Contrarios** Don Paco y doña Paquita son gemelos *(twins)*, pero tienen personalidades muy distintas. Aquí tienes algunas descripciones de los gemelos. Completa las descripciones con el adjetivo correspondiente a doña Paquita.

MODELO

Don Paco siempre es muy responsable, pero doña Paquita es...
Don Paco siempre es muy responsable, pero doña Paquita es irresponsable.

1. Don Paco es un hombre sincero, pero doña Paquita es... *falsa.*
2. Don Paco es muy generoso con su dinero, pero doña Paquita es... *tacaña.*
3. No sabes lo sociable que es don Paco, pero doña Paquita es... *huraña.*
4. Don Paco era permisivo con sus hijos, pero doña Paquita era... *autoritaria.*
5. Don Paco siempre ha sido tranquilo, pero doña Paquita es... *nerviosa.*
6. Todos piensan que don Paco es moderno, pero que doña Paquita es... *tradicional.*
7. ¡Qué simpático es don Paco! Pero, doña Paquita es tan... *antipática.*

Comunicación

③ ¿Cómo eres?

A. Contesta las preguntas del test.

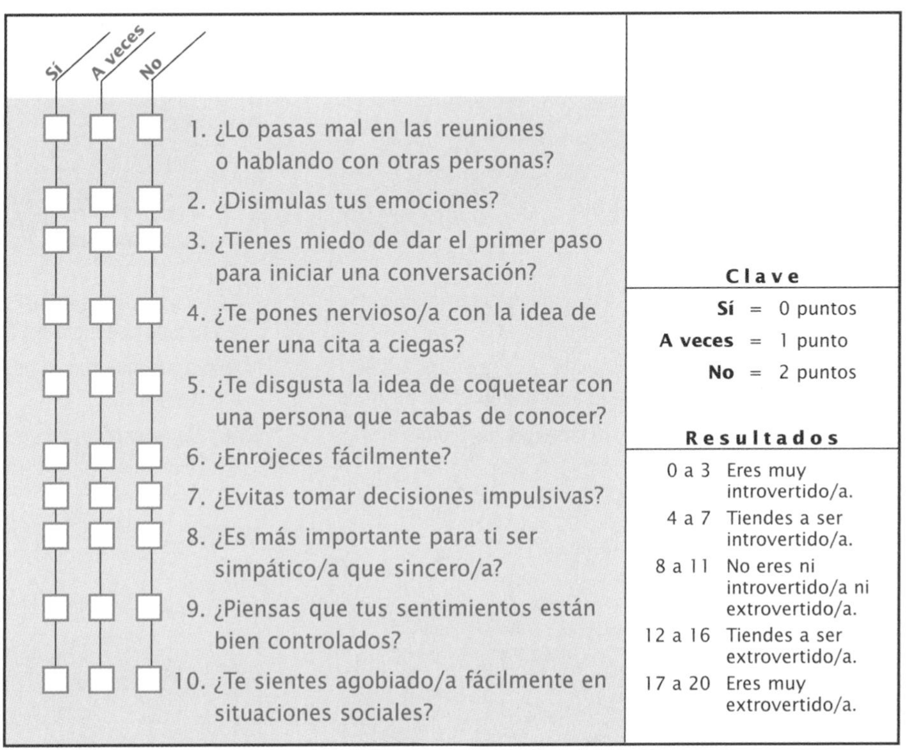

Sí	A veces	No		
☐	☐	☐	1. ¿Lo pasas mal en las reuniones o hablando con otras personas?	
☐	☐	☐	2. ¿Disimulas tus emociones?	
☐	☐	☐	3. ¿Tienes miedo de dar el primer paso para iniciar una conversación?	
☐	☐	☐	4. ¿Te pones nervioso/a con la idea de tener una cita a ciegas?	
☐	☐	☐	5. ¿Te disgusta la idea de coquetear con una persona que acabas de conocer?	
☐	☐	☐	6. ¿Enrojeces fácilmente?	
☐	☐	☐	7. ¿Evitas tomar decisiones impulsivas?	
☐	☐	☐	8. ¿Es más importante para ti ser simpático/a que sincero/a?	
☐	☐	☐	9. ¿Piensas que tus sentimientos están bien controlados?	
☐	☐	☐	10. ¿Te sientes agobiado/a fácilmente en situaciones sociales?	

Clave

Sí	= 0 puntos
A veces	= 1 punto
No	= 2 puntos

Resultados

0 a 3	Eres muy introvertido/a.
4 a 7	Tiendes a ser introvertido/a.
8 a 11	No eres ni introvertido/a ni extrovertido/a.
12 a 16	Tiendes a ser extrovertido/a.
17 a 20	Eres muy extrovertido/a.

B. Ahora suma *(add up)* los puntos. ¿Cuál es el resultado del test? ¿Estás de acuerdo? Explica tu respuesta.

③ Have students do this exercise in pairs as an interview and report the final results to the class.

③ Have students add at least two of their own questions using the lesson vocabulary, and revise the scoring.

④ Problemas y consejos

A. En parejas, lean las siguientes situaciones y elijan una. Tienen que añadir más detalles a la situación que eligieron. ¿Quiénes son los personajes? ¿Cuál es su relación? ¿Dónde se encuentran? ¿Cuánto tiempo llevan juntos? ¿Cuándo se originó el problema?

1. Intercambian miradas. Él se pregunta si ella está coqueteando con él.
2. Quiere mucho a su marido/mujer, pero él/ella es muy pesado/a. Tiene celos de todo el mundo. Él/ella no soporta los celos de su pareja.
3. Hacen una buena pareja, pero él nunca le va a proponer matrimonio.
4. Se conocieron en una cita a ciegas y se llevaron fatal.
5. Se quieren, pero siempre están discutiendo por cualquier cosa.

B. Ahora, cada pareja debe presentar su situación al resto de la clase para que sus compañeros les den un consejo. ¿Tiene solución el problema? ¿Habría *(could there be)* más de una solución?

④ If class time is limited, then have students perform their role plays in small groups or have them write their dialogues and hand them in.

④ Have students judge the role plays in categories such as "most realistic," "most original," "funniest" and so on.

1 FOTONOVELA

Los empleados de *Facetas* hablan de cómo recibir a un cliente. Mariela, una nueva empleada, llega a la oficina.

JOHNNY *(al teléfono)* Revista *Facetas*... *(dirigiéndose a Diana)* Es para Aguayo.

FABIOLA Está en el baño.

JOHNNY *(al teléfono)* En estos momentos está en el baño.

DIANA ¡No! Di que está reunido con un cliente.

JOHNNY Jefe, tiene un mensaje de Mariela Burgos.

AGUAYO Gracias... Es la nueva artista gráfica. Viene a reunirse con nosotros.

FABIOLA No creo que quepamos en el baño.

DIANA *(repartiendo libretas)* Éste es el manual de conducta profesional.

FABIOLA Página tres: «Cómo recibir a un cliente».

ÉRIC *(Se levanta.)* ¿Quieren una demostración? Johnny, tú eres el cliente.

JOHNNY ¿Qué tipo de cliente soy?

En la oficina central... Entra el muchacho de la pizza.

JOHNNY ¿Alguien ordenó pizza?

MUCHACHO ¿Éste es el 714 de la avenida Juárez...?

MARIELA *(interrumpe)* ¿Oficina uno, revista *Facetas*?... Soy Mariela. No sabía llegar, así que ordené una pizza y seguí al muchacho.

JOHNNY ¡Bienvenida!

En la sala de conferencias...

AGUAYO Él es Éric, nuestro fotógrafo.

ÉRIC ¿Qué tal?

AGUAYO Fabiola se encarga de las secciones de viajes, economía, turismo y farándula.

FABIOLA Mucho gusto.

AGUAYO Johnny escribe las secciones de arte, comida, bienestar y política.

JOHNNY Hola.

AGUAYO Y Diana está a cargo de las ventas y el mercadeo.

Instructional Resources
VM, Video, CD-ROM, IRM, WB/LM/VM Answer Key

Video Synopsis:
- The *Facetas* magazine employees discuss appropriate ways of greeting clients.
- Mariela, the new graphic designer, arrives at the office.
- Éric gives Fabiola his impression of Mariela.
- See **IRM** for more details.

Preview:
Have students quickly scan the Fotonovela and make a list of the cognates they find. Ask them to predict what this episode is about based on the visuals and the cognates.

Personajes

AGUAYO

ÉRIC

JOHNNY

FABIOLA

MUCHACHO DE LA PIZZA

MARIELA

DIANA

4

ÉRIC Ya sé. Eres un millonario que viene a comprar la revista.

JOHNNY Perfecto. Soy el magnate dominicano Juan Medina.

ÉRIC Bienvenido a *Facetas*, señor Medina. Bienvenido.

Se abrazan.

5

Luego, en la cocina...

AGUAYO Hay que ser cuidadoso al contestar el teléfono.

JOHNNY Querrás decir mentiroso.

ÉRIC Odio ser formal.

FABIOLA Es lindo abrazar a la gente Éric, pero esto es una oficina, no un partido de fútbol.

9

DIANA Me han hablado tanto de ti, que estoy ansiosa por conocer tu propia versión.

MARIELA Tengo veintidós años, soy de Monterrey, estudio en la UNAM y vengo de una familia grande. En cincuenta años de matrimonio mis padres han criado a nueve hijos y veinte nietos.

10

Fabiola y Éric se quedan hablando a solas.

FABIOLA Te estoy hablando de Mariela. ¿Qué te pareció?

ÉRIC Creo que es bella, talentosa e inteligente. Más allá de eso, no me impresiona para nada.

Expresiones útiles

Talking about responsibilities

Fabiola se encarga de...
Fabiola is in charge of...

Estoy encargado/a de...
I'm in charge of...

Diana está a cargo de...
Diana is in charge of...

Estoy a cargo de...
I'm in charge of...

Talking about your impressions

¿Qué te pareció Mariela?
What did you think of Mariela?

Me pareció...
I thought she was...

Creo que es bella, talentosa e inteligente.
I think she's nice-looking, talented, and intelligent.

Más allá de eso, no me impresiona para nada.
Beyond that, she doesn't impress me at all.

Additional vocabulary

ansia *anxiety* — **ansioso/a** *anxious*
cuidado *care* — **cuidadoso/a** *careful*
mentira *lie* — **mentiroso/a** *lying*
talento *talent* — **talentoso/a** *talented*
el bienestar *well being*
la farándula *entertainment*
han criado *have raised*
el mercadeo *marketing*
querrás *you will want*
quepamos *we fit*

Suggestion: Point out that words and expressions in **Expresiones útiles** are considered active vocabulary.

Suggestion: Play the first half of this video module and ask the class to describe what they saw and what will happen in the second half. Play the entire video module and have the class summarize the plot.

Apuntes culturales En Estados Unidos es común que la gente cambie de ciudad o de estado por motivos de trabajo o para estudiar en la universidad, algo que no ocurre con tanta frecuencia en Latinoamérica o España. En los países hispanos puede ser más fácil conservar las amistades del colegio. El hecho de vivir en la misma ciudad por mucho tiempo permite que la familia esté muy presente en la vida cotidiana. *¿Cuántas personas de tu familia están en otras ciudades por motivos laborales?*

Comprensión

① Have students invent one or two events that might precede or follow those listed.

1 La trama Primero, indica con una **X** los hechos *(events)* que no ocurrieron en este episodio. Después, indica con números el orden en el que ocurrieron los restantes *(the remaining ones).*

___3___ a. Diana llega con el manual de conducta profesional.
___X___ b. Éric ordena una pizza con anchoas.
___2___ c. Mariela deja un mensaje para Aguayo.
___5___ d. Un muchacho llega a la oficina con una pizza.
___7___ e. Aguayo presenta a Mariela al grupo.
___8___ f. Fabiola le pregunta a Éric su opinión sobre Mariela.
___1___ g. Johnny contesta el teléfono.
___6___ h. Mariela llega a la oficina.
___X___ i. Aguayo paga la pizza.
___4___ j. Éric y Johnny practican la forma correcta de recibir a un cliente.

② To practice the present tense, tell students to respond in complete sentences.

2 ¿Quién lo haría? ¿Quién estaría a cargo de las siguientes actividades?

1. Sacar fotos para la revista. *Éric*
2. Escribir un artículo sobre un concierto de música pop. *Fabiola*
3. Hablar con las personas que quieren poner anuncios *(ads)* en la revista. *Diana*
4. Escribir un artículo sobre las pirámides de Egipto. *Fabiola*
5. Entrevistar a un ministro del gobierno mexicano para hablar de la inflación. *Fabiola*
6. Escribir un artículo sobre la corrupción política. *Johnny*
7. Escribir la reseña *(review)* de un nuevo restaurante. *Johnny*
8. Preparar dibujos para los artículos de la revista. *Mariela*
9. Conseguir más lectores *(readers)*. *Diana*
10. Seleccionar al personal *(staff)*. *Aguayo*

Ampliación

3 **¿Los signos del zodíaco indican algo?** ¿Qué signo del zodíaco asociarías con los miembros del equipo de *Facetas* que ya conociste? ¿Por qué? Además, ¿corresponde tu personalidad con la descripción de tu horóscopo? Explica tu respuesta.

Aries 21 marzo – 19 abril agresivo/a, extrovertido/a, dinámico/a, directo/a	**Libra** 23 septiembre – 22 octubre objetivo/a, justo/a, diplomático/a, materialista
Tauro 20 abril – 20 mayo obstinado/a, trabajador(a), persistente, conservador(a)	**Escorpión** 23 octubre – 21 noviembre autoritario/a, decidido/a, competitivo/a, trabajador(a)
Géminis 21 mayo – 21 junio imaginativo/a, expresivo/a, impetuoso/a, estudioso/a	**Sagitario** 22 noviembre – 21 diciembre intelectual, agresivo/a, impaciente, optimista
Cáncer 22 junio – 22 julio cariñoso/a, sentimental, generoso/a, paciente	**Capricornio** 22 diciembre – 19 enero realista, disciplinado/a, responsable, serio/a
Leo 23 julio – 22 agosto ambicioso/a, egoísta, decidido/a, valiente	**Acuario** 20 enero – 18 febrero independiente, sociable, temperamental, innovador(a)
Virgo 23 agosto – 22 septiembre modesto/a, ordenado/a, práctico/a, reservado/a	**Piscis** 19 febrero – 20 marzo misterioso/a, idealista, tímido/a, artístico/a

4 **Preguntas** En parejas, contesten las siguientes preguntas.

1. ¿Qué te parecen los empleados de la revista *Facetas*? ¿Cómo son?
2. ¿De qué está encargado cada empleado? En tu opinión, ¿cuál de ellos tiene más responsabilidad? Explica tu respuesta.
3. ¿Te gustaría trabajar con los empleados de *Facetas*? Razona tu respuesta.
4. ¿Crees que a Mariela le va a gustar su nuevo trabajo? ¿Por qué?
5. ¿Cuál es la dirección de *Facetas*? ¿Cuál es la dirección de tu casa?
6. ¿Te gustaría trabajar para una revista? ¿Para qué tipo de revista te gustaría trabajar?

3 Have students look up their horoscopes in Spanish on the Internet. Ask them whether they read their horoscopes every day and if they believe them. Encourage students to explain their answers.

3 Have students guess what the zodiac sign is for some famous people based on their personalities and character traits. Ex. George W. Bush, Shakira, Britney Spears, Tiger Woods, and Ricky Martin. Then have them verify their answers using the Internet or another source.

4 Have students use the Internet to find the names of some popular magazines in the Spanish-speaking world. Tell them to jot down the type of each magazine and where it is published.

México D.F., una megametrópolis

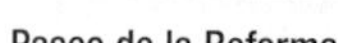
Paseo de la Reforma

El Zócalo

Ruinas aztecas en el D.F.

Las oficinas de ***Facetas*** se encuentran en la capital de México, conocida como México D.F. (Distrito Federal). A continuación, vas a aprender por qué esta ciudad es una de las más importantes del mundo hispanohablante.

México D.F. es una verdadera megametrópolis. Hoy en día, es considerada la ciudad más grande de toda América Latina y una de las más grandes del mundo. Es la cuarta ciudad más populosa después de Tokio, Seúl y Nueva York. La ciudad atrae a miles de inmigrantes y turistas por ser el centro cultural, político y económico de México.

Ciudades más grandes del mundo*	
1. Tokio (Japón)	34,5
2. Nueva York (EE.UU)	21,4
3. Seúl (Corea)	20,3
4. México D.F. (México)	19,6
5. Bombay (India)	19,0
6. São Paulo (Brasil)	18,5

*Población en millones de habitantes

México D.F. fue construida sobre la antigua Tenochtitlán, capital del imperio azteca, la cual fue fundada en 1325 sobre un islote. En 1521, los conquistadores españoles al mando de Hernán Cortés, destruyeron esta majestuosa ciudad y fundaron lo que hoy es la moderna capital del país.

En el centro de la ciudad está la llamada Plaza de la Constitución, conocida también como El Zócalo. Durante el período azteca El Zócalo era el corazón de la ciudad, y hoy día aún sigue siéndolo. Alrededor de El Zócalo, se encuentran la Catedral Metropolitana y el Palacio Nacional, actual sede del gobierno mexicano. Es aquí donde tienen lugar las mayores celebraciones nacionales y los desfiles militares importantes.

El centro histórico de la ciudad, ubicado en los alrededores de El Zócalo, es un microcosmo de arte, monumentos, tiendas y magníficos restaurantes, bares y cantinas. La variada comida tradicional mexicana es servida en las antiguas fondas. Y si tienes ganas de ir de compras, ¡no te pierdas los centros comerciales y las boutiques!

Revistas para todos los gustos

Facetas, la revista para la cual trabajan los personajes de la **Fotonovela**, es una revista ficticia publicada en la Ciudad de México. En la vida real, sin embargo, existen centenares de revistas de todo tipo en los países de habla española.

¿Te interesan las revistas serias o prefieres relajarte hojeando una revista divertida? La oferta de revistas en español comprende desde las más generales, hasta las más especializadas. Incluso, muchas de las revistas que se publican en los Estados Unidos, como *Time, Newsweek* y *Vogue*, tienen versiones en español. A continuación vas a conocer algunas revistas importantes de Latinoamérica y España.

Si te gustan los chismes y estar al día con los últimos romances de tus estrellas favoritas, *Hola* es tu revista. Se publica en España, y se especializa en la farándula nacional e internacional. Aquí puedes leer sobre quién acompañó a tu actor/actriz preferido/a en esa ocasión especial, cómo iba vestida Penélope Cruz, o criticar a la presunta novia del príncipe Felipe.

Semana es una excelente revista colombiana de interés general, muy parecida a *Time* y *Newsweek*. En ella se publican excelentes artículos sobre política interna e internacional, economía, cultura y opinión. En su versión *on-line*, la sección titulada "Conexión Colombia" sirve para que los colombianos en el exterior se mantengan en contacto con su país.

Si, por el contrario, quieres enterarte de la actualidad socio-político-económica sin renunciar a sonreír y a divertirte, aquí tienes una original revista peruana. Con su estilo polémico, sarcástico e irónico, *Caretas* ataca sin pelos en la lengua la corrupción y denuncia abusos, engaños y delitos.

Coméntalo

Reúnete con varios compañeros/as de clase y conversa sobre los siguientes temas.

1. ¿Les gustaría visitar México D.F. ¿Por qué?
2. ¿Qué cosas les gustaría hacer mientras están de visita en México D.F.?
3. ¿Conoces alguna revista en español? Comparte tu experiencia leyendo esta revista con tus compañeros/as.
4. ¿Cuál de las tres revistas que se describen te parece que es la más interesante? Explica por qué.

1.1 Nouns, articles, and adjectives

Instructional Resources
WB, LM, CD-ROM, WB/LM/VM Answer Key

Suggestion: Remind students that nouns ending in **–e** can be either masculine or feminine. Ex: **el mensaje, el magnate, la gente.**

¡ATENCIÓN!

Important exceptions:

el día *day*
la flor *flower*
el mapa *map*
el lápiz *pencil*
la mano *hand*
la sal *salt*

Suggestion: Point out that the days of the week, months, and seasons are all masculine, except for **la primavera.**

Gender of nouns

¿Te acuerdas? Spanish nouns are either masculine or feminine. You can often guess the gender of a noun by its ending. Nouns ending in **–o, –or, –l, –s,** and **–ma** are usually masculine, and nouns ending in **–a, –ora, –ión, –d,** and **–z** are usually feminine.

Ordené una pizza y seguí al muchacho.

Mariela es la nueva artista gráfica.

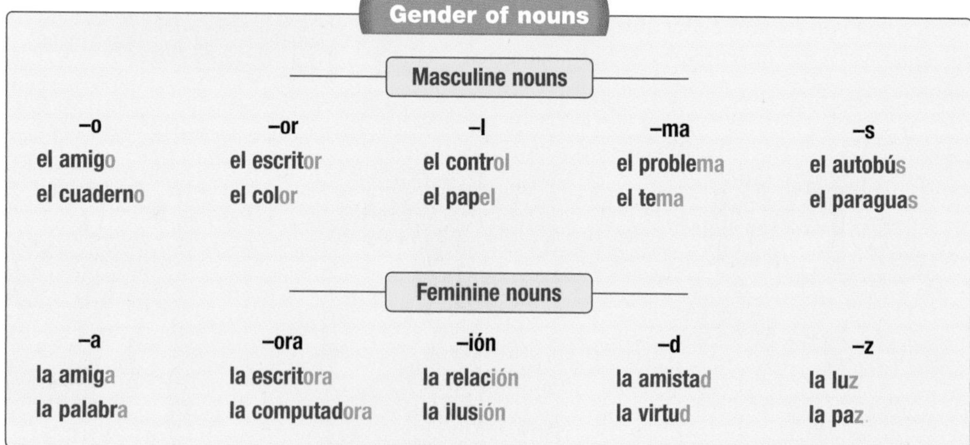

Gender of nouns

Masculine nouns

–o	–or	–l	–ma	–s
el amigo	el escritor	el control	el problema	el autobús
el cuaderno	el color	el papel	el tema	el paraguas

Feminine nouns

–a	–ora	–ión	–d	–z
la amiga	la escritora	la relación	la amistad	la luz
la palabra	la computadora	la ilusión	la virtud	la paz

▶ A few nouns, including those that end in **–ista,** may be either masculine or feminine, depending on whether they refer to a male or a female.

el artista *artist*	**la artista** *artist*	**el estudiante** *student*	**la estudiante** *student*
el periodista *journalist*	**la periodista** *journalist*	**el paciente** *patient*	**la paciente** *patient*
el cantante *singer*	**la cantante** *singer*	**el joven** *young man*	**la joven** *young woman*

▶ A few nouns have different meanings, depending on whether they are masculine or feminine.

el capital *capital (money)*	**la capital** *capital (city)*
el guía *male guide*	**la guía** *guidebook; female guide*
el modelo *model, male model*	**la modelo** *female model*
el policía *male police officer*	**la policía** *police force; female police officer*

Plural of nouns

¿Te acuerdas? Most Spanish nouns form the plural by adding **–s** or **–es,** depending on the last syllable. Nouns that end in **–z** change **z** to **c** before adding **–es.**

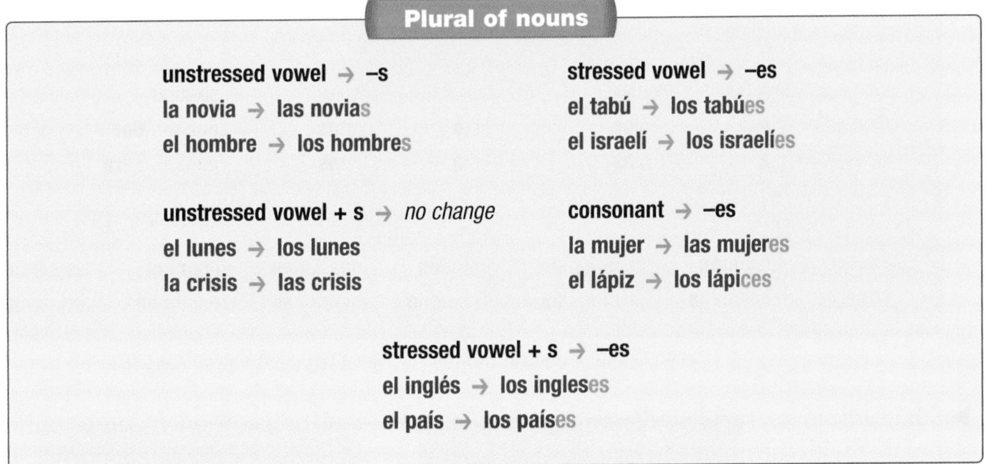

Plural of nouns

unstressed vowel → –s	**stressed vowel → –es**
la novia → las novias	**el tabú → los tabúes**
el hombre → los hombres	**el israelí → los israelíes**
unstressed vowel + s → *no change*	**consonant → –es**
el lunes → los lunes	**la mujer → las mujeres**
la crisis → las crisis	**el lápiz → los lápices**

stressed vowel + s → –es
el inglés → los ingleses
el país → los países

Spanish articles

¿Te acuerdas? Spanish definite and indefinite articles both have four forms. An article agrees in gender and number with the noun it modifies.

	Definite articles		Indefinite articles	
	SINGULAR	PLURAL	SINGULAR	PLURAL
MASCULINE →	el compañero	los compañeros	un compañero	unos compañeros
FEMININE →	la compañera	las compañeras	una compañera	unas compañeras

▶ In Spanish, a definite article is always used with an abstract noun.

El amor es eterno.
Love is eternal.

La belleza es pasajera.
Beauty is fleeting.

La paciencia es una virtud.
Patience is a virtue.

La vida es sueño.
Life is a dream.

▶ An indefinite article is not used between **ser** and an unmodified noun indicating a profession or nationality. If the noun is modified, the article is used.

Ana Méndez es salvadoreña.
Ana Méndez is a Salvadoran.

Alicia es **una** mexicana muy bonita.
Alicia is a very pretty Mexican.

Juan es artista.
Juan is an artist.

Guillermo es **un** profesor excelente.
Guillermo is an excellent teacher.

Álex es periodista.
Álex is a journalist.

José es **un** médico muy bueno.
José is a very good doctor.

¡ATENCIÓN!

Nouns that end with a stressed vowel + **n** or **s** drop the accent mark when **–es** is added.

la canción *song*

las canciones *songs*

el autobús *bus*

los autobuses *buses*

Nouns that end in **–n** and are stressed on the next to the last syllable take an accent mark on that syllable when **–es** is added.

el margen *margin*

los márgenes *margins*

la imagen *image*

las imágenes *images*

¡ATENCIÓN!

The prepositions **de** and **a** contract with the article **el.**

de + el = del

a + el = al

Suggestion: Point out that unlike English, Spanish has only two contractions: **al** and **del**. Remind students that **él** does not contract with **de** because it is a subject pronoun.
Ex: **Diana está encargada del mercadeo. El manual es de él.**

Práctica

① Ask students to write their sentences on a sheet of paper and then exchange them with a partner. As a class compare sentences that contain the same elements.

1 **¿Qué hacen los amigos?** Escribe cinco oraciones completas usando los sujetos y los verbos de las siguientes columnas.

Sujetos	Verbos
yo	compartir
tú	creer
un(a) buen(a) amigo/a	deber
nosotros/as	desear
los malos amigos	enseñar
	explicar
	prestar

1. ______
2. ______
3. ______
4. ______
5. ______

② Ask students to work in pairs and make a short list of what they and their partner do differently. Have them share their lists with the class and model their sentences after the exercise.

2 **¿Qué hace Raúl?** A Raúl le gusta hacer todo diferente. Primero, lee lo que hacen sus amigos, y luego indica lo que él haría. Usa las palabras la lista.

bajo/a	nunca
barato/a	siempre
bien	ya

MODELO Luisa siempre sale por las noches. Pues yo…
Luisa siempre sale por las noches. Pues yo nunca salgo por las noches.

1. Gilberto siempre conduce muy bien. Pues yo… *Pues yo siempre muy mal.*
2. Ana todavía no conoce a los vecinos. Pues yo… *Pues yo ya conozo a los vecinos.*
3. Felipe casi siempre trae su almuerzo. Pues yo… *Pues yo casi nunca traigo mi almuerzo.*
4. Mis compañeros ven la televisión todas las noches. Pues yo… *Pues yo nunca veo la televisión.*
5. José nunca da buenos consejos. Pues yo… *Pues yo siempre doy buenos conejos.*
6. Mi novia siempre me corrige cuando hablo. Pues yo… *Pues yo nunca la corrijo cuando ella habla.*
7. Los vecinos siempre ponen la radio muy alta. Pues yo… *Pues yo siempre pongo la radio muy baja.*
8. Mi novia siempre escoge los restaurantes más caros. Pues yo… *Pues yo siempre escojo los restaurantes más baratos.*

3 **Un apartamento infernal** Beto tiene quejas *(complaints)* de su apartamento. Completa sus declaraciones con los siguientes verbos.

caber	**estar**	**ir**	**ser**
dar	**hacer**	**oír**	**tener**

Mi apartamento *está* en el quinto piso. El edificio no *tiene* ascensor y para llegar al apartamento, *tengo* que subir cinco pisos. El apartamento es tan pequeño que mis cosas no *caben* en él. Las paredes *son* muy delgadas. A todas horas *oigo* la radio o la televisión de algún vecino. El apartamento sólo *tiene* una ventana que *da* a la pared de otro edificio y, por eso, el apartamento siempre *está* oscuro. ¡*Voy* a buscar otro apartamento!

Comunicación

4 ¿Qué haces? En parejas, háganse preguntas basadas en los siguientes temas o en otros que les parezcan interesantes.

1. salir / con amigos todas las noches
2. decir / mentiras
3. obedecer / las señales de tráfico
4. conducir / después de beber bebidas alcohólicas
5. tener / miedo de ser antipático/a con los amigos
6. dar / consejos sobre asuntos / que no conocer bien
7. venir / a clase tarde con frecuencia
8. escoger / el regalo perfecto para el cumpleaños de tu novio/a
9. corregir / los errores en las composiciones de los compañeros
10. traer / un diccionario a la clase de español

④ Encourage students to add at least one topic to the list. Ask them to share their partner's statements with the class.

5 ¿Estás de acuerdo? En parejas, completen las oraciones con los verbos indicados. Luego, comenten si están de acuerdo o no con cada afirmación y por qué.

decir	**sobrevivir**
exigir	**tener**
saber	**valer**
ser	

1. Los buenos amigos siempre ___dicen___ la verdad, aunque *(although)* esto nos hace daño a veces.
2. Un buen amigo nunca ___exige___ dinero prestado a otro amigo.
3. Los amigos nunca ___son___ buenos socios *(partners)* en un negocio.
4. Un buen amigo ___vale___ más que un millón de dólares.
5. Se puede ___saber___ cómo es una persona por los amigos que ___tiene___.
6. Las amistades no ___sobreviven___ las separaciones largas.

⑤ Ask each pair to work with another pair to form groups of four. Have them compare their opinions.

6 ¿Cómo son tus amigos?

A. Describe a un(a) buen(a) amigo/a tuyo/a. ¿Cómo es? ¿Está de acuerdo contigo en todo? ¿Siempre se ríe de los chistes que le cuentas? ¿Se divierten ustedes siempre cuando están juntos? ¿Siempre sigue tus consejos? ¿Te miente a veces? ¿Te pide dinero? ¿Ustedes se quieren?

B. Luego, con cinco compañeros, comparte tu descripción. Juntos, escriban una lista con cinco cosas que los buenos amigos hacen con frecuencia y cinco cosas que no hacen casi nunca. ¿Coincidieron los grupos en las acciones que eligieron?

Instructional Res
WB, LM, CD-ROM
WB/LM/VM Answ

Suggestion: Revi difference betwee stem and a verb e

¡ATENCIÓ

The **nosotros/as** **vosotros/as** form have a stem chan present tense.

Suggestion: Rem students that ster changing verbs a sometimes called verbs. Demonstra writing a full conj on the board and the shoe around t with stem change

¡ATENCI

Jugar changes it vowel from **u** to u

juego
juegas
juega
jugamos
jugáis
juegan

¡ATENCI

To express action generally or usua you can use the v **soler** + *infinitive*

Suelo llevarme b con mi hermano.
I usually get alon with my brother.

① Check student work by asking open-ended questions about the information contained in the exercise. Ex: **¿Por qué no se acuesta Felipe tarde? ¿Qué quieren hacer Jorge y Begoña?**

② Change the narrative from first-person singular to first-person plural. Begin the narrative: **Soy Omar. Elena y yo no podemos...**

③ Give students a few minutes to complete the exercise individually. Then go over the answers as a whole group.

Práctica

1 **¿Qué hacen tus amigos?** En parejas, túrnense *(take turns)* para hacerse las siguientes preguntas. Sigan el modelo.

MODELO
Marcelo: despertarse a las 6:30 de la mañana / dormir hasta las 9:00
—¿Se despierta Marcelo a las 6:30 de la mañana?
—¡Qué va! *(Are you kidding!)* Marcelo duerme hasta las nueve.

1. Consuelo: jugar al tenis con Daniel / preferir pasar la tarde charlando
2. Felipe: acostarse a las 3 de la mañana / tener clase de química a las 8 de la mañana
3. Jorge y Begoña: querer ir a la playa / pensar ver un documental sobre Ibiza
4. Dolores: probar la paella valenciana / no querer probar ningún plato con mariscos
5. Fermín y Ana: volver de España mañana / pensar quedarse una semana más

2 **Tengo gripe** Completa el recado (*message*) que Omar dejó en el contestador automático de Gabriela y Alan. Usa los verbos indicados.

Soy Omar. No *puedo* (poder) almorzar con ustedes. Estoy enfermo con gripe. Me *siento* (sentir) muy cansado. Tampoco *quiero* (querer) contagiarles. ¿*Quieren* (querer) ustedes salir a almorzar el próximo domingo? ¿O *prefieren* (preferir) otro día? Llámenme y díganme qué *sugieren* (sugerir). Seguro que *vuelvo* (volver) a sentirme mejor pronto… *(se oye un acceso de tos)* ¡Si no me *muero* (morir) antes! Y ahora, voy a ver si *consigo* (conseguir) dormir un poco. Chau.

3 **¿Hablamos?** Completa esta conversación conjugando algunos de los verbos de la lista.

acordar	confesar	sentir
almorzar	poder	subir
bailar	preferir	sugerir

LAURA Rafael, necesito hablar contigo para decirte algo importante.
RAFAEL ¿Ahora? Lo *siento*, pero no tengo tiempo. ¿De qué quieres hablar?
LAURA Mira, *prefiero* hablar contigo más tarde. Te *confieso* que ahora estoy un poco nerviosa. Nosotros *podemos* almorzar juntos.
RAFAEL Bueno, pero te *sugiero* que seas puntual, no quiero perder el tiempo. ¿Dónde *almorzamos*? Ya sabes que no me gusta la comida que preparas.
LAURA ¡Qué antipático eres! Ahora me *acuerdo* por qué no me gustas. No te preocupes por la comida. No la vas a probar ni hoy ni nunca.

Comunicación

4 **Discusión matrimonial** Trabajen en parejas para representar una discusión matrimonial. Preparen la discusión con las frases de la lista.

no acordarse de los cumpleaños
ya no sentir lo mismo de antes
preferir estar con los amigos
querer discutir todos los días
contar mentiras siempre
dormir en el sofá

④ Ask for volunteers to give a dramatization of their discussion for the class.

5 **¿Qué sabes de tus compañeros?**

A. En parejas, háganse preguntas usando los verbos de la lista. Pueden hablar de los temas sugeridos o de otros.

MODELO

sentirse: inseguro/a —¿Hay alguna situación en la que siempre te sientes inseguro?
—Sí, siempre me siento inseguro cuando tengo que hablar en público.
—¿Por qué te sientes inseguro?
—Soy un poco tímido.

- sentirse: inseguro/a, solo/a, bien, feliz, deprimido/a, seguro/a
- recomendar: alguna película / algún grupo musical / algún libro / algún restaurante
- pensar: realizar este año algún proyecto / algún viaje / alguna compra grande
- acordarse: de cuando aprendiste a nadar / del primer beso / de tus bisabuelos
- soñar con: tener / hacer / evitar / una persona / algo especial

B. Ahora comparte con la clase todo lo que aprendiste sobre tu compañero/a.

⑤ Introduce the activity, take a short survey about acquaintances within the class. Ex: **¿A cuántos compañeros conoces de tu clase de español del año pasado? ¿Cuántos compañeros están en otras clases contigo?** etc. Keep a tally on the board.

Instructional Resources
WB, LM, CD-ROM, WB/LM/VM Answer Key

Suggestion: Ask if students remember the different uses of **ser** and **estar** before going over the grammar explanation.

1.4 Ser and estar

¿Te acuerdas? **Ser** and **estar** are both translated as *to be*, but they are not interchangeable. **Ser** is used in certain specific cases, **estar** in others.

Uses of *ser*

Nationality and place of origin	**Mi amiga es uruguaya.** **Soy de la Florida.**
Profession or occupation	**El Sr. López es periodista.** **La Sra. López es psiquiatra.**
Characteristics of people, animals, and things	**Los ratones son pequeños.** **El clima de Miami es caluroso.**
Generalizations	**La amistad es importante.** **Las relaciones personales son complejas.**
Possession	**Esta maleta vieja es de mis abuelos.** **La guitarra es del tío Guillermo.**
Material of composition	**El suéter es de pura lana.** **La llave es de metal.**
Time, date, or season	**Son las doce de la mañana.** **¡Ya es otoño!**
Where and when an event takes place	**La fiesta es en el apartamento de Carlos.** **La fiesta es el sábado a las nueve.**

Uses of *estar*

Location or spatial relationships	**La clínica está en la próxima calle.** **El libro de poemas está en la mesa.**
Health	**¿Cómo estás?** **Estoy enfermo.**
Physical states and conditions	**Todas las ventanas están limpias.** **Daniel está muy cansado hoy.**
Emotional states	**¿Marisa está contenta con Javier?** **No, está aburrida.**
Certain weather expressions	**Está nublado.** **Está despejado.**
On-going actions (progressive tenses)	**El pastelero está haciendo un pastel delicioso.** **Paula está escribiendo invitaciones para su boda.**
Results of actions (past participles)	**La ventana está rota.** **La tienda está cerrada.**

Ser and *estar* with adjectives

¿Te acuerdas? Both **ser** and **estar** can be used with many descriptive adjectives, but in each case the meaning is different.

Julio **es alto.**
Julio is tall. (that is, a tall person)

Dolores **es alegre.**
Dolores is cheerful. (that is, a cheerful person)

—¡Ay, qué **alto estás,** Andrés!
How tall you're getting, Andrés!

—¡Uf! El jefe **está alegre** hoy. ¿Qué le pasa?
The boss is cheerful today. What's up?

▶ **Ser** is usually used with adjectives to describe inherent, expected qualities. **Estar** is usually used with adjectives to describe temporary or changeable conditions, or a change in appearance or condition.

▶ Some adjectives have different meanings depending on whether they are used with **ser** or **estar.**

Ser and *estar* with adjectives	
ser + adjectives	**estar** + adjectives
La clase de contabilidad es aburrida. *The accounting class is boring.*	Estoy aburrida **con la clase.** *I am bored with the class.*
Ese chico es listo. *That boy is smart.*	Estoy listo **para todo.** *I'm ready for anything.*
Don Quijote fue loco **y** sabio **al mismo tiempo.** *Don Quijote was mad and wise at the same time.*	¿Estás loco? **¡No podemos hacer eso!** *Are you kidding? We can't do that!*
La actriz es mala. *The actress is bad.*	**La actriz** está mala. *The actress is ill.*
El coche es seguro. *The car is safe.*	**Juana no** está segura **de la noticia.** *Juana isn't sure of the news.*
Los aguacates son verdes. *Avocados are green.*	**Esta banana** está verde. *This banana is not ripe.*
Javier es **muy** vivo. *Javier is very lively.*	**¿Todavía** está vivo **el autor?** *Is the author still living?*
Lourdes es **una mujer muy** guapa. *Lourdes is a very attractive woman.*	**Manuel** está **muy** guapo **hoy.** *Manuel looks great today.*

¡ATENCIÓN!

Estar, not **ser**, is used with **muerto/a.**

Bécquer, el autor de las *Rimas*, está muerto.
Bécquer, the author of Rimas, *is dead.*

Práctica

① Have students interchange the forms of **ser** and **estar** with some of the items in the first column Ex: **La iglesia es grande.** Make up new endings for each entry.

¡ATENCIÓN!

Yucatecan Dishes

el pipián *a dish made with a sauce of toasted ground pumpkin seeds and chiles*

la cochinita pibil *spicy pork stew*

tikin xic *marinated fish dish*

① **La boda de Emilio y Jimena** Empareja cada frase de la primera columna con la terminación más lógica de la segunda.

1. La boda es _f_
2. La iglesia está _c_
3. El cielo está _h_
4. La madre de Emilio está _e_
5. El padre de Jimena está _b_
6. En mi opinión, las bodas son _g_
7. Todos los invitados están _d_
8. El mariachi que toca en la boda es _a_

a. de la Ciudad de México.
b. deprimido por los gastos.
c. en la avenida Justo Contreras.
d. esperando a que entren la novia *(bride)* y su padre.
e. contenta con la novia.
f. a las tres de la tarde.
g. muy divertidas.
h. totalmente despejado.

② Before asking students to do the activity, initiate a discussion about the picture using **ser** and **estar** to solicit answers from the class regarding the couple shown.

② **La luna de miel** Completa el párrafo en el que se describe la luna de miel *(honeymoon)* de Jimena y Emilio. Usa formas de **ser** y **estar.**

Emilio y Jimena van a pasar su luna de miel en Cancún. Cancún ___*es*___ un lugar precioso. La isla de Cancún ___*está*___ cerca de la costa de Yucatán. Hoy día la isla ___*está*___ conectada al continente por un puente. El clima ___*es*___ tropical. Casi siempre ___*está*___ despejado. Jimena ___*es*___ entusiasta de la natación y el esquí acuático. Ella ___*está*___ dispuesta *(inclined)* a pasar toda la semana en la playa. Emilio, por su parte, ___*está*___ interesado en la cultura maya. Quiere visitar las ruinas. En Cancún ___*es*___ casi obligatorio que los turistas visiten las ruinas mayas que ___*están*___ a unos kilómetros de la isla. A los dos les gustaría probar la comida maya. Cada día van a probar un plato diferente. Algunos de los platos típicos que piensan probar ___*son*___ el pipián, la cochinita pibil y el tikin xic. Después de pasar una semana en Cancún, la pareja va a ___*estar*___ cansada pero muy contenta.

Comunicación

 3 **Entrevista**

A. En parejas, miren las fotos de las cuatro personalidades latinas y lean las descripciones que las acompañan.

Jennifer López es una actriz y cantante de origen puertorriqueño. Actuó en la película *La familia* y desempeñó el papel principal en la película musical *Selena*. Además de ser talentosa, tiene fama de ser ambiciosa y competitiva.

Enrique Iglesias nació en Madrid pero se crió en Miami. Aunque quería ser cantante desde los 16 años, nunca le confió su ambición a su padre, el cantante Julio Iglesias. Su primer disco tuvo un gran éxito y ha ganado varios premios. Canta tanto en inglés como en español.

El beisbolista dominicano Sammy Sosa se hizo famoso por competir en 1998 con Mark McGuire para superar el récord de bateo. Es uno de los mejores bateadores de las Grandes Ligas. La Fundación Sammy Sosa, establecida por él, ayuda a los niños pobres de la República Dominicana.

Celia Cruz nació en La Habana, Cuba, y ha desarrollado una magnífica carrera musical cantando salsa. Ha llegado a ser conocida como «la reina de la salsa». A pesar de su fama mundial, Celia Cruz es muy humilde. Su mayor deseo es poder regresar a Cuba para visitar la tumba de su madre.

B. Ahora, preparen una entrevista imaginaria con una de estas personalidades. Escriban diez preguntas, usando los verbos **ser** y **estar** al menos cinco veces. Para la entrevista, pueden usar información que no está en las descripciones. Después de responder a todas las preguntas, presenten la entrevista ante la clase, haciendo uno/a el papel de la personalidad y el/la otro/a el del/de la entrevistador(a).

③ Model the activity by conducting an imaginary interview with a different Spanish-speaking artist such as Antonio Banderas or Penélope Cruz. Move from left to right as you assume the two roles.

Expansion: Ask students whether or not they read advice columns in newspapers or magazines. Then have them discuss the types of problems people write about in these columns and whether they would follow advice given by a person like Dra. Corazones.

A conversar

Un consejo sentimental

A Trabajen en grupos pequeños. Lean la carta dirigida a la Dra. Corazones, consejera sentimental, y luego contesten las preguntas.

- ¿Por qué tienen que comunicarse por Internet Nick y su esposa?
- ¿Qué hizo Nick?
- ¿Cuál fue el resultado?
- ¿Cómo se siente él ahora?

Soy Nick, de Houston, y tengo un problema:

Tengo 30 años. Soy casado y amo a mi esposa sobre todas las cosas. Le soy fiel°. Todo comenzó con un juego. Resulta que me vine a España con la idea de quedarme a vivir aquí. Mi esposa se quedó en Venezuela, mientras solucionábamos la venida° de ella. Pues, la mejor manera de comunicarnos era por Internet, y lo hacíamos a diario° por medio del chat. Un día se me ocurrió hacerme pasar por otro hombre,° para ver si la conquistaba. La verdad es que me costó, pero lo logré°. Ahora mi esposa mantiene una relación con un hombre que no sabe que soy yo. Este juego se me escapó de las manos y realmente no sé cómo manejarlo°. Yo la amo mucho. Sé que ella me ama, pero esto para mí es como una traición,° un engaño,° y la verdad es que no sé qué hacer.

fiel° faithful; venida° arrival; a diario° daily; se me ocurrió hacerme pasar por otro hombre° I got the idea to pretend I was another man; lo logré° I succeeded; manejarlo° handle it; traición° betrayal; engaño° deception

Estoy desesperado.

Gracias,
Nick

B Con el grupo, comenten el problema de Nicky y propongan una solución. Elijan a un miembro del grupo que para que sea el/la encargado/a de presentar la solución a la clase.

C Con toda la clase, escuchen y comenten las soluciones propuestas por los grupos, pensando en las siguientes preguntas. Entre todos, deben proponer una solución al problema de Nick.

- ¿Cómo reaccionan los grupos ante el problema de Nick?
- ¿Propuso cada grupo una solución distinta?
- ¿Son algunas soluciones más viables que otras?

Manos a la obra

Suggestion: See the VENTANAS IRM for teaching suggestions.

Haz un cartel

Los estudiantes de tu residencia deciden organizar una fiesta de disfraces. Todos los invitados deben ir vestidos de acuerdo a un único tema. Tú te encargas de la publicidad. Haz un cartel para anunciar la fiesta y así atraer al mayor número de personas.

¡GRAN FIESTA!
NOCHE DE PIRATAS
¡No se la pierdan!
Fecha: 30 de octubre
Hora: 10:00 pm
Lugar: Club Angloamericano

A Antes de escribir el texto del cartel, considera la información que debe contener.

- ¿Cuál será el tema?
- ¿Dónde tendrá lugar la fiesta?
- ¿Qué día y a qué hora?
- ¿Qué grupo(s) musical(es) tocará(n)?
- ¿Quieres que los invitados traigan algo?
- ¿Qué tipo de ropa deben llevar los invitados de acuerdo con el tema que elegiste?
- ¿Cuál es la mejor manera para atraer a mucha gente?

B Sigue estas instrucciones para escribir el texto del cartel.

1. Inventa titulares *(headings)* que llamen la atención.
2. Escribe un texto promocional que convenza a los lectores para que asistan a la fiesta.
3. Intercambia el texto de tu cartel con un compañero/a. Analiza su cartel. ¿Contiene errores gramaticales? ¿Está bien organizado? ¿Resulta convincente?
4. Escribe la copia final del texto del cartel.

C Contesta las siguientes preguntas.

1. ¿Te gusta el texto de tu cartel? ¿Por qué?
2. ¿Qué cambiarías si lo hicieras de nuevo?
3. En tu opinión, ¿cómo reaccionará el lector del cartel?
4. ¿Asistirías tú a una fiesta como la que anuncia tu cartel?

Antes de leer

Maitena Burundarena nació en Buenos Aires, Argentina, en 1962. Las tiras cómicas de esta excelente artista empezaron a aparecer en la revista ***Para Ti*** de Buenos Aires a principios de los noventa. Su trabajo, en la actualidad, se publica en los principales periódicos y revistas de muchos países. Esta tira cómica habla de la amistad.

¿Te llevas bien con tus amigos? ¿Te enojas alguna vez con ellos? ¿Por qué motivos?

Vocabulario

el afecto *affection*
la bronca *argument, telling someone off*
los celos *jealousy*
la madrina *godmother*
el odio *hatred*
el oído *hearing, hearsay*
pasarlo bomba *to have a great time, a blast*
la risa *laughter*
sonreír *to smile*
Te juro que... *I swear that...*

Instructional Resource
Website

Variación léxica: Point out this lexical item: **tiras (cómicas)** *(Arg.)* **tebeos** *(Esp.);* **dibujos cómicos; caricaturas** *(Méx. y EE.UU)*

Suggestion: For additional literary and cultural readings on the lesson theme, see the corresponding lesson in **Ventanas: Lecturas.**

Una amiga: alguna cosa

más que carne y uña

Después de leer

1. Prepara dos listas: una con las cosas negativas y otra con las positivas mencionadas en la tira cómica sobre la amistad.

2. ¿Hay alguna situación en la tira cómica que te recuerda algo que haya pasado en tu propia vida?

3. En parejas, elijan cada uno/a de ustedes una situación de la tira cómica y cuéntense una experiencia personal que esté relacionada con ella.

4. En parejas, discutan qué cualidades son importantes en un amigo, si consideran que la amistad entre personas del sexo opuesto es diferente y por qué.

Suggestion: As a prereading activity, have students look at the words at the top of each frame of the comic strip and ask: **¿Qué expresan o representan estas palabras? (los sentimientos o situaciones entre amigos)** Ask them how it portrays the sentiments or circumstances. Have them describe the characters and their actions.

Expansion: Have students choose a sentiment or situation and draw a related cartoon. Working in groups, each person shows the cartoon to the other students, who guess what it portrays.

Estados emocionales

agobiado/a	*overwhelmed*
ansioso/a	*anxious*
deprimido/a	*depressed*
disgustado/a	*upset*
enamorado/a (de)	*in love (with)*
nervioso/a	*nervous*
preocupado/a (por)	*worried (about)*
solo/a	*alone, lonely*
tranquilo/a	*calm*

Características de la personalidad

antipático/a	*mean, unpleasant*
autoritario/a	*authoritarian; stern*
cariñoso/a	*affectionate*
cuidadoso/a	*careful*
culto/a	*cultured*
falso/a	*insincere*
gracioso/a	*funny, pleasant*
huraño/a	*unsociable, shy*
inseguro/a	*insecure*
inteligente	*intelligent*
maduro/a	*mature*
mentiroso/a	*lying, mendacious*
orgulloso/a	*proud*
permisivo/a	*permissive, easy-going*
seguro/a	*sure, confident*
sensato/a	*sensible*
sensible	*sensitive*
simpático/a	*nice*
tacaño/a	*cheap, stingy*
talentoso/a	*talented*
tímido/a	*shy*
tradicional	*traditional*

Instructional Resource
Tests

Relaciones personales

el amor (no) correspondido	*(un)requited love*
apreciado/a	*to be appreciated, valued*
el cariño	*affection, fondness*
la cita	*date*
la cita a ciegas	*blind date*
el compromiso	*commitment, responsibility*
la confianza	*trust; confidence*
el divorcio	*divorce*
el marido	*husband*
la mujer	*wife*
soltero/a	*single*
la pareja	*couple, partner*
el sentimiento	*feeling, emotion*
la simpatía	*congeniality*
la timidez	*shyness*
el ánimo	*spirit*
el desánimo	*the state of being discouraged*

atraer	*to attract*
coquetear	*to flirt*
corresponder	*to return, to share (affection)*
enamorarse (de)	*to fall in love (with)*
enrojecer	*to turn red, to blush*
proponer matrimonio	*to propose (marriage)*
quedarse viudo/a	*to be widowed*
romper (con)	*to break up (with)*
salir (con)	*to go out (with)*
tener celos (de)	*to be jealous of*

dar el primer paso	*to take the first step*
estar orgulloso/a de	*to be proud of*
hacerle caso (a alguien)	*to pay attention (to someone)*
llevar... años de (casados)	*to be (married) for . . . years*
llevarse bien/ mal/fatal	*to get along well/badly/terribly*
mantenerse en contacto	*to keep in touch*
pasarlo bien/mal	*to have a good/ bad time*
pasarlo fatal	*to be miserable, to have a bad time*
ponerse pesado/a	*to get on someone's nerves, to become annoying*
tener vergüenza de	*to be ashamed of*
uña y carne	*inseparable*

Algunos verbos de opinión

contentarse con	*to be content with*
discutir	*to argue*
disimular	*to hide*
impresionar	*to impress*
parecer	*to seem*
preguntarse	*to wonder*
recordar	*to remember*
sentirse	*to feel*
soñar con	*to dream about, to dream of*
soportar (a alguien)	*to put up with (someone)*

Algunos verbos que expresan afecto

adorar	*to adore*
apreciar	*to be fond of*
cuidar	*to take care of*
educar	*to raise, to bring up*
entenderse	*to understand each other*
querer	*to love; to want*

Palabras adicionales

la mirada	*look, glance, gaze*
tener ganas de	*to want to, to have an urge to*
él/ella mismo/a	*himself, herself*
en todo lo posible	*as much as possible*

Expresiones útiles *véase la página 7*

Las diversiones

2

Communicative Goals

You will expand your ability to...

- express actions in progress
- avoid redundancy
- describe your daily routine and activities
- express personal likes and dislikes

Contextos

páginas 36-39

- Los deportes
- Los pasatiempos
- Las actividades de recreo
- Los lugares de recreo

Fotonovela

páginas 40-43

- *¡Tengo los boletos!:* Los empleados de la revista *Facetas* hablan de las diversiones, Johnny trata de ayudar a Éric. Mariela habla de sus planes.

Exploración

páginas 44-45

- El nuevo rock latino
- ¿Quién da el primer paso?

Estructura

páginas 46-63

- Progressive forms
- Object pronouns
- Reflexive verbs
- **Gustar** and similar verbs

Actualidades

páginas 64-65

- **Test:** *¿Aprovechas bien el tiempo?*

Las diversiones

Mejor en casa

Finalmente ella decidió no ir al **concierto**. La **entrada** era demasiado cara y su **asiento** estaba muy lejos del **escenario**. Prefiere poner un **disco compacto** y escuchar tranquilamente el **recital** de su **grupo musical** favorito.

Instructional Resources

WB, LM, CD-ROM, WB/LM/VM Answer Key

Suggestion: Ask students to choose the image with which they most identify and explain their choice to a partner. Have a few volunteers tell the class what they heard from their partner.

Comprehension Check: ¿Cierto o falso?
1. La mujer prefiere escuchar los conciertos en el teatro. (falso)
2. Jorgees una persona muy activa. (falso)
3. Roberto es una persona muy popular. (cierto) 4. Micaela tiene mucho interés en los deportes. (falso)

Desde la ventana

Jorge pasa horas enteras viendo el **maratón** desde su ventana. **Le entretiene** ver a los **atletas** corriendo hacia la **meta** uno tras otro. **A él no le gusta** mucho ir al **gimnasio** y hace años que no va al **club deportivo.** Desde su ventana **aprovecha** para practicar **atletismo** sentado en una silla.

Un chico popular

Roberto tiene muchos amigos. En el **bar** todos lo conocen. Nunca paga su **boleto** cuando va a la **discoteca.** Pero hoy está **haciendo cola,** por primera vez en su vida, para entrar al **zoológico** con su hermano pequeño. Van a **disfrutar** juntos de una tarde en el zoológico.

Prefiere el teatro

A Micaela le **aburre** la **Copa del Mundo.** Es lo único que pasan en las **cadenas de televisión.** A su alrededor todos **festejan** cuando su **equipo marca** un **gol.** Todos **gritan** y se quejan del **árbitro.** A ella le parece más **divertido** el **teatro.**

Expansion: Have students work in small groups to write brief definitions for one word in each of the four vocabulary lists. Ask each group to read the definitions and have the class guess the words.

Los deportes

el campeón/ la campeona	*champion*
el/la entrenador(a)	*trainer*
las olimpiadas	*olympics*
el torneo	*tournament*
la victoria	*victory*
aplaudir	*to applaud*
empatar	*to tie (games)*
vencer	*to defeat*

Los pasatiempos

la afición	*love, liking, hobby*
el ajedrez	*chess*
la apuesta	*bet*
el canal de televisión	*television channel*
el/la coleccionista	*collector*
el dominó	*dominoes*
la lotería	*lottery*
el ocio	*leisure*
apostar	*to bet*
coleccionar	*to collect*
ser aficionado/a	*to be a fan of*

Actividades de recreo

el billar	*pool*
el/la cantante	*singer*
el conjunto (musical)	*(musical) ensemble*
el estreno	*premiere; debut*
la función	*(movie; theater) performance*
el paseo	*stroll*
el picnic	*picnic*
el repertorio	*repertoire*
bailar	*to dance*
brindar	*to toast*
dar un paseo	*to take a stroll/walk*
ir de copas	*to go have a drink*
reunirse	*to get together*
salir (a comer)	*to go out (to eat)*

Lugares de recreo

la feria	*fair*
el boliche	*bowling*
el cine	*movie theater*
el club (nocturno)	*(night) club*
el espectáculo	*show*
el festival	*festival*
el parque de atracciones	*amusement park*
la sala de conciertos	*concert hall*
la taquilla	*box office*
el circo	*circus*

Práctica

① Ask students to name other appropriate activities for the people listed. Ex: **A Susanita también le divierte jugar con sus amigas en el parque.**

① **A divertirse** A distintas edades a casi todos nos gusta hacer ciertas cosas. ¿Qué crees que les divierte más a estas personas? Hay dos actividades que no necesitas para completar la actividads.

_g_ 1. Susanita, 11 años	a. Dibujar en las paredes
_c_ 2. José, 70 años	b. Bailar en la discoteca
_e_ 3. Carlos, 45 años	c. Jugar al dominó en la plaza
_b_ 4. Maribel, 21 años	d. Empatar al fútbol
_a_ 5. Magdalena, 2 años	e. Salir a comer con su familia
	f. Hacer cola
	g. Ir al parque de atracciones

② Have students compose Elena's responses to each of Miguel's suggestions.

② **Me gustas** Miguel quiere invitar a Elena a salir. Como él es muy inseguro, supone que ella le dirá que no a todo lo que le proponga. Completa las preguntas de Miguel con las palabras de la lista. Hay dos palabras que no se necesitan para completar la actividad.

aplaudir	cine	entiendo	grupo musical	salir
boliche	coleccionista	función	sala de conciertos	zoológico

1. ¿Quieres ir a jugar al _boliche_?
2. ¿Prefieres ir al _cine_ a ver una película romántica? Hay una _función_ a las 7, otra a las 9 y otra a las 11…
3. ¿Te gustaría ir a la _sala de conciertos_? Hoy toca mi _grupo musical_ favorito.
4. ¿O prefieres ir al _zoológico_ a ver cómo dan de comer a los leones?
5. Elena, ¿tú quieres _salir_ conmigo? ¿No? Ya _entiendo_.

③ Have students work in groups of four to develop a list of the five best local attractions. One representative from each group might then write the list on the board.

③ **Lo mejor** En un periódico local ha aparecido una lista con las mejores diversiones de la ciudad. Complétala con las siguientes palabras. Hay dos palabras que no se necesitan para completar la actividad.

apuesta	espectáculo	grupo musical	picnic
billar	gimnasio	parque de atracciones	sala de conciertos

Músculos: Mejor _gimnasio_

Grease on Ice: Mejor _espectáculo_ sobre hielo

Los mariachis de Jalisco: Mejor _grupo musical_ en vivo

Parque Central: Mejor parque para ir de _picnic_

La gran montaña rusa *(roller coaster)*: Mejor _parque de atracciones_

Teatro San Martín: Mejor _sala de conciertos_

Comunicación

4 **Diversiones** Trabajen en parejas.

A. Primero, sin consultar con tu compañero/a, señala las actividades que crees que le gustan.

- ☐ Jugar al ajedrez
- ☐ Practicar deportes en un club
- ☐ Ir al estreno de una película
- ☐ Ver el canal musical en televisión
- ☐ Escuchar música rock
- ☐ Ir de copas
- ☐ Jugar a la lotería
- ☐ Bailar en una discoteca
- ☐ Coleccionar estampillas
- ☐ Salir a cenar con los amigos

B. Ahora habla con tu compañero/a para confirmar tus predicciones. Sigue el modelo.

MODELO

Creo que te gusta jugar al ajedrez.
—Es verdad, juego siempre que puedo. /—Te equivocas, me aburre. ¿Y a ti?

4 Ask students at random about their partner's favorite activities.

5 **La ciudad ideal** Imagina que puedes vivir en cualquier ciudad: ¿qué cosas te gustaría que tuviera?

A. Primero, indica con una puntuación *(score)* del 1 al 8 qué consideras importante y qué no.

_____ Bar _____ Circo _____ Club nocturno _____ Discoteca
_____ Gimnasio _____ Museo _____ Sala de conciertos _____ Zoológico

B. En grupos de cuatro, sumen las puntuaciones. ¿Cuál es el resultado? ¿Por qué creen que se dio ese resultado?

C. Ahora comparen su resultado con el de otros grupos de la clase. ¿Coinciden?

5 Having students work with the same group, ask them to think of three cities that might fulfill the requirements set forth by the class in step C. Compare the answers.

6 **Un día libre** Tienes un día libre y te gustaría aprovecharlo hasta el último minuto.

A. A partir de la información de los recortes *(clippings)* de prensa, planea qué cosas quieres hacer por la mañana, por la tarde y por la noche.

Televisión
8:00 El entrenador Leonardo Picos cuenta sus secretos
11:00 Noticias por la mañana
15:00 Copa del Mundo: Francia-Brasil
18:00 Recital de Maná. En vivo desde Lima.

Circo de los Hermanos Trapecio
Todos los días, 2 espectaculares funciones (2 y 5 p.m.)

Parque de la Ciudad: abierto de 8 a.m. a 8 p.m.

Cine
7 y 9 p.m. El regreso de los zombis
2 y 11 p.m. "Todo sobre mi madre"

Teatro
¡Últimas funciones!
7 p.m. Romeo y Julieta

Club nocturno El Tropezón
Hoy, desde las 9... ¡Salsa en vivo!

Bar La casa latina:
Los mejores tragos de la ciudad.
Abierto hasta las 2.

Gimnasio "En forma"
Abierto de 9 a 23

B. Con otros/as dos compañeros/as, decidan qué actividades podrían hacer juntos.

C. Una vez que hayan planeado su día, cuéntenle al resto de la clase lo que piensan hacer. ¿Va a encontrarse su grupo con algún otro?

2 FOTONOVELA

Los empleados de *Facetas* hablan de las diversiones. Johnny trata de ayudar a Éric. Mariela habla de sus planes.

JOHNNY ¿Y a ti? ¿Qué te pasa?

ÉRIC Estoy deprimido.

JOHNNY Anímate, es fin de semana.

ÉRIC A veces me siento solo e inútil.

JOHNNY ¿Solo? No, hombre, yo estoy aquí; pero inútil…

ÉRIC No tienes idea de lo que es vivir solo.

JOHNNY No, pero me lo estoy imaginando. El problema de vivir solo es que siempre te toca lavar los platos.

ÉRIC Las chicas piensan que soy aburrido.

JOHNNY No seas pesimista.

ÉRIC Soy un optimista con experiencia. Lo he intentado todo: el cine, la discoteca, el teatro… Nada funciona.

JOHNNY Tienes que contarles chistes. Si las haces reír, ¡boom! Se enamoran.

ÉRIC ¿De veras?

JOHNNY Seguro.

Mariela viene a hablar con ellos.

FABIOLA ¿Conseguiste qué?

MARIELA Los últimos boletos para el concierto de rock de esta noche.

FABIOLA ¿Cómo se llama el grupo?

MARIELA Distorsión.

Luego, en el escitorio de Diana…

ÉRIC Diana, ¿te puedo contar un chiste?

DIANA Estoy algo ocupada.

ÉRIC Es que se lo tengo que contar a una mujer.

DIANA Hay dos mujeres más en la oficina.

ÉRIC Temo que se rían cuando se lo cuente.

DIANA ¡Es un chiste!

ÉRIC Temo que se rían de mí y no del chiste.

DIANA ¿Qué te hace pensar que yo me voy a reír del chiste y no de ti?

ÉRIC No sé. Tú eres una persona seria.

DIANA ¿Y por qué se lo tienes que contar a una mujer?

ÉRIC Es un truco para conquistarlas.

Diana se ríe muchísimo.

Instructional Resources
VM, Video, CD-ROM, IRM, WB/LM/VM Answer Key

Video Synopsis:

- Johnny cheers Éric up by suggesting humor to attract women.
- Mariela is thrilled because she obtained tickets to a rock concert.
- Diana laughs out loud when Éric explains that his joke is meant to attract women.
- Mariela intends to remove the guitarist's shirt at the rock concert.
- Éric rips open his shirt and scatters buttons all over the floor.
- See IRM for more details.

Preview: Have students predict what will happen based on the video stills.

¿Quién da el primer paso?

¿Amigos o novios?

En este episodio de *Facetas*, Johnny le enseña a Éric cómo conseguir una cita. Aquí tienes algunos consejos para saber cómo comportarte en una situación romántica.

Imagina que estás en un país hispano. Acabas de conocer a una persona interesante y quieres salir con ella. ¿Cómo vas a pedirle una cita? ¿Quién tiene que dar el primer paso? Aquí tienes unos simples consejos.

1. En Hispanoamérica ya no hay reglas fijas para salir con alguien. No se puede dar una regla común, pues, la personalidad y la situación de cada uno determinarán en parte su conducta en una cita. Pero, en general, te podemos aconsejar lo siguiente:
2. Ten en cuenta que el hombre ya no toma siempre la iniciativa. Si eres un hombre, puedes invitar a la muchacha al cine o a cenar a un restaurante, dependiendo de tu situación económica.
3. ¿Bailas bien? Practica, pues es muy común salir a bailar como parte del ritual de conquista.
4. No vayas demasiado deprisa ni seas impaciente, porque crear una relación afectiva estable requiere su tiempo.
5. Averigua lo que le gusta hacer a esa persona para organizar algo divertido en la próxima cita. Pregúntale: “Oye, ¿qué vas a hacer el sábado? Podríamos ir juntos a ver una película y luego a cenar. ¿Qué te parece?” Así de fácil.
6. Intenta ser natural y espontáneo/a, no trates de ser otra persona. Sé tú mismo/a. La sinceridad siempre impresiona.
7. No te desanimes si la cosa no funciona, otra vez será. Siempre hay ocasiones para conocer nuevas personas y encontrar a tu “media naranja”.

Coméntalo

Reúnete con varios compañeros/as de clase y conversa sobre los siguientes temas.

1. ¿Creen que hay alguna diferencia en la forma de conquistar en diferentes culturas? Si creen que sí, ¿en qué consisten?
2. ¿Creen que el hombre debe tomar la iniciativa? ¿Por qué?
3. Últimamente hay muchos músicos y cantantes latinos que están en el mercado norteamericano, ¿pueden nombrar algunos? ¿Les gusta su música?
4. ¿Por qué crees que cada vez se oye más música en español?

2 ESTRUCTURA

NATIONAL
comparisons
STANDARDS

Instructional Resources
WB, LM, CD-ROM
WB/LM/VM Answer Key

2.1 Progressive forms

The present progressive

¿Te acuerdas? The present progressive narrates an action in progress. It is formed with the present tense of **estar** and the present participle (**el gerundio**) of the main verb.

Éric **está sacando** una foto.
Éric is taking a photo.

Aguayo **está bebiendo** café.
Aguayo is drinking coffee.

Fabiola **está escribiendo** el artículo.
Fabiola is writing the article.

¿Lo hiciste tú?

Sólo lo estoy sirviendo.

Suggestion: Remind students that the present participle in English is [*verb*]**+-ing**.

▶ The present participle of regular **–ar, –er,** and **–ir** verbs is formed as follows:

INFINITIVE	STEM	ENDING	PRESENT PARTICIPLE
bailar	**bail–**	–ando	**bail**ando
comer	**com–**	–iendo	**com**iendo
aplaudir	**aplaud–**	–iendo	**aplaud**iendo

▶ Stem-changing verbs that end in **–ir** also change their stem vowel when they form the present participle.

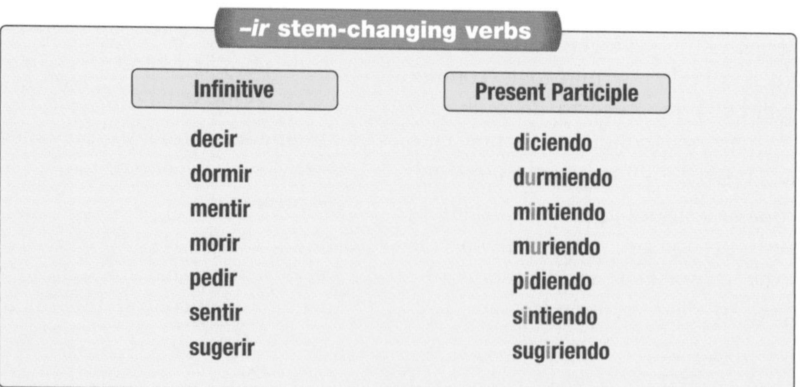
–ir stem-changing verbs

Infinitive	Present Participle
decir	diciendo
dormir	durmiendo
mentir	mintiendo
morir	muriendo
pedir	pidiendo
sentir	sintiendo
sugerir	sugiriendo

▶ **Ir, poder, reír, ser** and **sonreír** have irregular present participles (**yendo, pudiendo, riendo, siendo, sonriendo**). **Ir** and **poder** are seldom used in the present progressive.

Marisa está **sonriendo** todo el rato.
Marisa is smiling all the time.

Maribel está **siendo** muy divertida.
Maribel is being a lot of fun.

Present participles with *-yendo* ending

INFINITIVE	STEM	ENDING	PRESENT PARTICIPLE
construir	constru–	–yendo	construyendo
leer	le–	–yendo	leyendo
oír	o–	–yendo	oyendo
traer	tra–	–yendo	trayendo

- When the stem of an **–er** or **–ir** verb ends in a vowel, the **–i–** of the present participle ending changes to **–y–**, and the participle ending is **–yendo**.
- The present progressive with **estar** is used less than its equivalent in English. In Spanish, it emphasizes that an action is *in progress.*

ACTION OVER A PERIOD OF TIME

Lourdes estudia economía.
Lourdes is studying economics.

ACTION IN PROGRESS

Ahora mismo, Lourdes **está haciendo** cola en el teatro.
Right now, Lourdes is waiting in line at the theater.

Other verbs with the present participle

¿Te acuerdas? Spanish expresses various shades of progressive action by using verbs such as **seguir, ir, venir,** and **andar** with the present participle.

- **Seguir** with the present participle expresses the idea of *to keep doing something.*

Emilio **sigue hablando** de sus vacaciones.
Emilio keeps talking about his vacation.

Mercedes **sigue comprando** discos de Shakira.
Mercedes keeps buying Shakira's albums.

- **Ir** with the present participle indicates a gradual or repeated process. It often conveys the English idea of *more and more.*

Cada día que pasa **voy disfrutando** más de esta clase.
I'm enjoying this class more and more every day.

Ana y Juan **van acostumbrándose** al horario.
Ana and Juan are getting more and more used to the schedule.

- **Venir** with present participle indicates a gradual action that accumulates or increases over time.

Hace años que **viene diciendo** cuánto le gusta el béisbol.
He's been saying how much he likes baseball for years.

Vengo insistiendo en lo mismo desde el principio.
I have been insisting on the same thing from the beginning.

- **Andar** with the participle conveys the idea of *going around doing something* or of *always doing something.*

José siempre **anda quejándose** de eso.
José is always complaining about that.

Román **anda buscando** un asiento.
Román wanders around looking for a seat.

¡ATENCIÓN!

Other tenses may have progressive forms as well. These tenses emphasize that an action was/will be in progress.

PAST (pp. 78-79)
Estuve buscándola toda la tarde.
I was looking for her all afternoon.

FUTURE (pp.170-171)
Muy pronto estaré terminando el proyecto.
I'll be finishing the project very soon.

Suggestion: Ask students to identify the two verbs with first-person changes, the irregular verb, and the regular verb of the four listed.

Práctica

① Model the activity by having a volunteer complete the first sentence.

1 **Una conversación telefónica** Daniel es nuevo en la ciudad y no sabe cómo llegar al estadio de fútbol. Decide llamar a su ex novia Alicia para que le explique cómo encontrarlo. Completa el diálogo con la forma del gerundio *(present participle)* correspondiente al verbo entre paréntesis.

ALICIA ¿Aló?

DANIEL Hola Alicia, soy Daniel; estoy buscando el estadio de fútbol y necesito que me ayudes... Llevo _*caminando*_ (caminar) más de media hora por el centro y sigo perdido.

ALICIA ¿Dónde estás?

DANIEL No estoy muy seguro, no encuentro el nombre de la calle. Pero estoy _*viendo*_ (ver) un centro comercial a mi izquierda y más allá parece que están _*construyendo*_ (construir) un estadio de fútbol. _*Hablando*_ (hablar) de fútbol, ¿dónde tengo mis tickets? ¡He perdido mis entradas!

ALICIA Madre mía, ¡sigues _*siendo*_ (ser) un desastre...! Algún día te va a pasar algo serio.

DANIEL Siempre andas _*pensando*_ (pensar) lo peor.

ALICIA Y tú siempre estás _*olvidándote*_ (olvidarse) de todo.

DANIEL Ya estamos _*discutiendo*_ (discutir) otra vez.

② Use the present progressive to ask open-ended questions about the pictures. Ex: **¿Cón quién se está casando el Sr. Soto?**

2 **Organizar un festival** El señor Ramírez es un director de espectáculos muy despistado *(absent-minded)*. Ahora quiere organizar un festival, y todos los artistas que quiere contratar están ocupados. Su secretario le está contando lo que hacen en esos momentos. En parejas, dramaticen la situación: el Sr. Ramírez hace preguntas y el secretario responde. En las preguntas y en las respuestas, utilicen formas de gerundio *(present participle)*.

MODELO

Elga Navarro / descansar
Elga Navarro está descansando en una clínica.

1. Juliana Paredes / bailar

2. Emilio Soto / casarse

3. Aurora Gris / recoger un premio

4. Héctor Rojas / jugar a las cartas

Comunicación

3 **Una cita** Trabajen en parejas para concertar *(agree on)* una cita. Aquí tienen sus agendas. Representen una conversación en la que intentan buscar una hora del día en la que pueden verse. Sigan el modelo.

MODELO

Alexa —¿Nos vemos a las diez de la mañana para desayunar?
Guille —No puedo, voy a estar durmiendo. ¿Qué te parece a las 12?
Alexa —Es imposible porque …

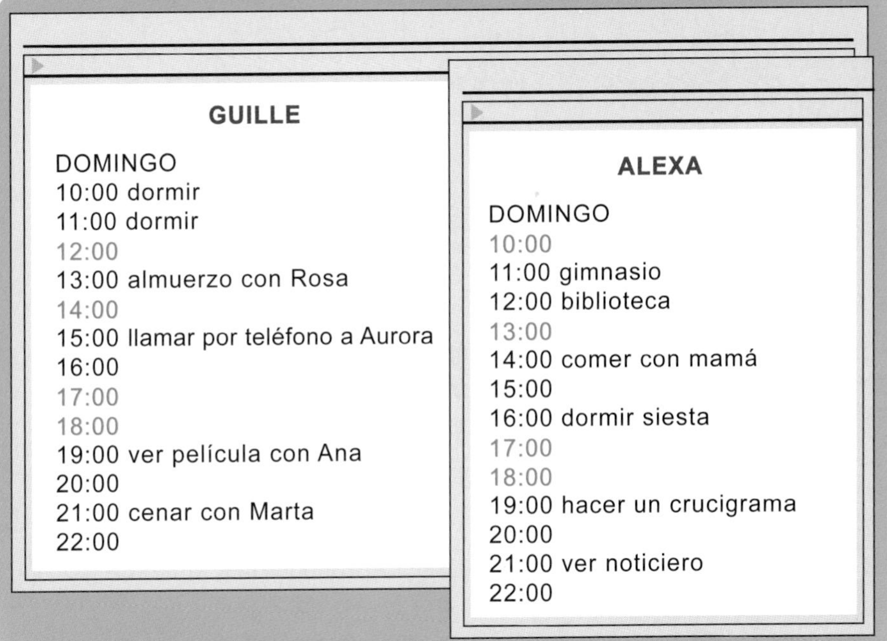

GUILLE
DOMINGO
10:00 dormir
11:00 dormir
12:00
13:00 almuerzo con Rosa
14:00
15:00 llamar por teléfono a Aurora
16:00
17:00
18:00
19:00 ver película con Ana
20:00
21:00 cenar con Marta
22:00
ALEXA
DOMINGO
10:00
11:00 gimnasio
12:00 biblioteca
13:00
14:00 comer con mamá
15:00
16:00 dormir siesta
17:00
18:00
19:00 hacer un crucigrama
20:00
21:00 ver noticiero
22:00

4 **Excusas** En parejas, tienen que representar una conversación telefónica. Uno/a de ustedes llama al/a la otro/a para invitarlo/a a salir. El plan es muy aburrido, así que tienen que inventarse excusas para no ir.

③ Pair up the students. Each pair will choose a famous person and write a description of his/her plans for the near future. The rest of the class will guess the identity of the person. The pair with the best description wins.

④ Initiate a class discussion about the strangest or funniest excuses the students have ever given or heard. Begin by giving an example of your own.

Instructional Resources
WB, LM, CD-ROM
WB/LM/VM Answer Key

Suggestion: Briefly review the differences between a direct object and an indirect object.

2.2 Object pronouns

¿Te acuerdas? Pronouns are words that take the place of nouns. They may be indirect objects or direct objects.

INDIRECT OBJECT	DIRECT OBJECT
Carla siempre **me** da boletos para el circo.	Ella **los** consigue gratis.
Carla always gives **me** *tickets to the circus.*	*She gets* **them** *for free.*

Object pronouns

Indirect Object	Direct Object
Singular Forms	
me	me
te	te
le	lo/la
Plural Forms	
nos	nos
os	os
les	los/las

Position of object pronouns

- In affirmative sentences, object pronouns appear before the conjugated verb. In negative sentences, the pronoun is placed between **no** and the verb.

INDIRECT OBJECT	DIRECT OBJECT
Pablo no **nos** llama por teléfono.	Siempre **los** veo en los partidos de fútbol.
No **nos** quiere llevar al concierto.	Nunca **los** saludo.

- When the verb is an infinitive construction, object pronouns may either be attached to the infinitive or placed before the conjugated verb.

INDIRECT OBJECT	DIRECT OBJECT
Debes pedir**le** el dinero de la apuesta.	Voy a hacer**lo** enseguida.
Le debes pedir el dinero de la apuesta.	**Lo** voy a hacer enseguida.

- When the verb is progressive, object pronouns may either be attached to the present participle or placed before the conjugated verb.

INDIRECT OBJECT	DIRECT OBJECT
Está dándo**les** los discos.	Está buscándo**las** por el parque.
Les está dando los discos.	**Las** está buscando por el parque.

Double object pronouns

▶ When both indirect and direct object pronouns are used in a sentence, the indirect object pronoun precedes the direct object pronoun.

Me mandaron **los boletos** por correo urgente.
Te exijo **una respuesta** ahora.

Me los mandaron por correo urgente.
Te la exijo ahora.

▶ **Le** and **les** change to **se** when they are used with **lo, los, la,** or **las.**

Le da **los libros.**
Le enseña **las invitaciones** a Elena.

Se los da.
Se las enseña.

Prepositional pronouns

Prepositional pronouns	
mí *me, myself*	**nosotros/as** *us, ourselves*
ti *you, yourself*	**vosotros/as** *you, yourselves*
Ud. *you, yourself*	**Uds.** *you, yourselves*
él *him, it*	**ellos** *them*
ella *her, it*	**ellas** *them*
sí *himself, herself, itself*	**sí** *themselves*

▶ Except for **mí, ti,** and **sí** these pronouns are the same as the subject pronouns.

—Me encanta ir de compras.
—A **mí** también, pero no tengo dinero.
—¡A **mí** no me queda un centavo!
—A **nosotros** nos queda dinero.

▶ When a third person subject refers to himself, herself, or itself, the pronoun **sí** is used. In this case, the adjective **mismo/a** is usually added to clarify the object.

José se lo regala a **él.**
José gave it to him (someone else).

José se lo regala a **sí mismo.**
José gave it to himself.

▶ When **mí**, **ti**, and **sí** are used with **con**, they become **conmigo**, **contigo**, and **consigo**.

¿Quieres ir **conmigo** al museo?
Do you want to go to the museum with me?

Laura siempre lleva su computadora portátil **consigo.**
Laura always brings her laptop with her.

¡ATENCIÓN!

When object pronouns are attached to infinitives, participles, or commands, a written accent is often required to maintain proper word stress.

INFINITIVE
cantármela

PRESENT PARTICIPLE
escribiéndole

COMMAND
acompáñeme

For more information on commands, see pages 150-151.

Práctica

① Model the exercise by going around the room and commenting on different students as in the exercise. Ex: **Siempre veo a Joe en el café estudiantil. Lo veo a él y a su novia.**

① Dos buenas amigas

Dos amigas, Rosa y Marina, están en un bar hablando de unos conocidos. Selecciona las personas de la lista que corresponden con el pronombre que está subrayado *(underlined).*

a Antoñito
a Antoñito y Maite
a Maite
a mí
a nosotras
a ti
a ustedes

ROSA Siempre lo[1] veo bailando en la discoteca Club 49.

MARINA ¿Te[2] saluda?

ROSA Nunca. Yo creo que no me[3] saluda porque tiene miedo de que se lo diga a su novia.

MARINA ¿Su novia? Hace siglos que no sé nada de ella. Un día de éstos la[4] tengo que llamar.

ROSA ¿Quieres que los[5] invitemos a ir con nosotros a la fiesta del viernes?

MARINA Sí. Es una buena idea. A ver qué nos[6] dice Antoñito de su afición a las discotecas.

1. *a Antoñito*
2. *a ti*
3. *a mí*
4. *a Maite*
5. *a Antoñito y Maite*
6. *a nosotras*

② Pair up the students. Have them write a list of five suggestions they would make about you to future students. Then ask different students to read their suggestions aloud.

② Una fiesta muy ruidosa

Martín y Luisa han organizado una fiesta muy ruidosa *(noisy)* en su casa y un vecino ha llamado a la policía. El policía les aconseja lo que deben hacer y lo que no, para no tener más problemas. Reescribe los consejos cambiando las palabras subrayadas por los pronombres de complemento directo e indirecto adecuados.

1. Traten amablemente a la policía. *Trátenla amablemente.*
2. Me tienen que enseñar las cédulas de identidad. *Me las tienen que enseñar.*
3. Tienen que pedirle perdón a sus vecinos. *Tienen que pedírselo.*
4. No pueden contratar a un grupo musical sin permiso. *No pueden contratarlo sin permiso.*
5. Tienen que poner la música muy baja. *Tienen que ponerla muy baja.*
6. No pueden organizar fiestas nunca más. *No pueden organizarlas nunca más.*

③ Have the students rewrite the dialogue as a narrative.

③ Una pareja menos

Completa las frases con una de las siguientes expresiones: **conmigo, contigo, consigo**.

ANTOÑITO Ya estamos otra vez. *Contigo* siempre tengo problemas.

MAITE ¿Qué te crees tú? ¿Que yo siempre me divierto *contigo*?

ANTOÑITO Tú eres la que siempre quiere ir *conmigo* a la discoteca.

MAITE Eso no es verdad. A mí no me gusta salir *contigo*. Ni loca.

ANTOÑITO No te preocupes. Muchas chicas quieren estar *conmigo*. Siempre veo a Rosa en el Club 49. A ella seguro que le gusta.

MAITE ¿A Rosa? A ella no le gusta ni estar *consigo* misma. Es una falsa.

Comunicación

4 **Perspectivas** Quino es un conocidísimo dibujante argentino. En esta historieta nos cuenta algo que les ocurre a un abuelo y a su nieto. En las oraciones aparecen pronombres directos e indirectos. Escribe otra vez esas frases reemplazando estos pronombres por el nombre al que sustituyen. Luego, en parejas, expliquen lo que ocurre en las imágenes. Utilicen pronombres directos e indirectos.

④ To provide a visual aid, have students underline the object pronouns and draw a line from the pronoun to the person or object it refers to.

* *galloped with tireless spirit through each and every corner of this land...*

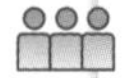

5 **Los Simpson** Es fin de semana y la familia Simpson, compuesta por Homero, Marge, Bart, Lisa y Maggie Simpson, está pasando el día en un zoológico. Trabajen en grupos para representar una conversación entre los miembros de la familia. Utilicen la mayor cantidad posible de pronombres.

⑤ Make sure each student writes down the conversation. Then circulate the papers from group to group, having the students read each other's conversations.

Instructional Resources
WB, LM, CD-ROM
WB/LM/VM Answer Key

Suggestion: Remind students that reflexive verbs are much less common in English. Give some examples.

2.3 Reflexive verbs

¿Te acuerdas? In a reflexive construction, the subject of the verb both performs and receives the action o In other words, the action of the verb is reflected back to the subject. Reflexive verbs always use reflexive pronouns **(me, te, se, nos, os, se)**.

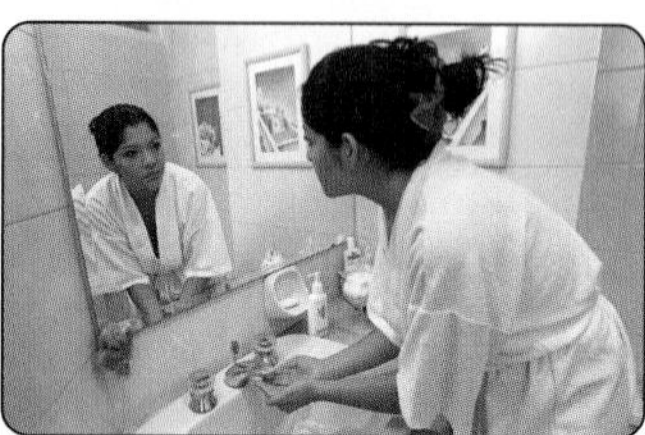

REFLEXIVE VERB

Elena **se lava** la cara.

VERB

Elena **lava** los platos.

Reflexive verbs

lavarse
to wash (oneself)

yo	**me lavo**
tú	**te lavas**
él/ella/Ud.	**se lava**
nosotros/as	**nos lavamos**
vosotros/as	**os laváis**
ellos/ellas/Uds.	**se lavan**

- Many of the verbs used to describe daily routines and personal care in Spanish are reflexive.

acostarse *to go to bed*	**dormirse** *to go to sleep*	**peinarse** *to comb (one's hair)*
afeitarse *to shave*	**ducharse** *to take a shower*	**ponerse** *to put on (clothing)*
bañarse *to take a bath*	**lavarse** *to wash (oneself)*	**secarse** *to dry off*
cepillarse *to brush (one's hair)*	**levantarse** *to get up*	**quitarse** *to take off (clothing)*
despertarse *to wake up*	**maquillarse** *to put on makeup*	**vestirse** *to get dressed*

Jorge **se quita** la camisa.

Raquel **se cepilla** los dientes.

- In Spanish, most transitive verbs can be used as reflexive verbs to indicate that the subject of the verb performs the action to or for himself or herself. When this occurs, the reflexive verbs have different meanings than their non-reflexive counterparts.

Félix divierte a los invitados con sus chistes.
Félix amuses the guests with his jokes.

Ana acuesta a los niños antes de la fiesta.
Ana puts the children to bed before the party.

Félix **se divierte** en la fiesta.
Félix has fun at the party.

Ana siempre **se acuesta** tarde.
Ana always goes to bed late.

¡ATENCIÓN!

A transitive verb is one that takes a direct object.

Mariela compró dos boletos.
Mariela bought two tickets.

Johnny contó un chiste.
Johnny told a joke.

▶ Many verbs change meaning when they are used with a reflexive pronoun.

aburrir *to bore*	**aburrirse** *to be bored*
acordar *to agree*	**acordarse (de)** *to remember*
comer *to eat*	**comerse** *to eat up*
dormir *to sleep*	**dormirse** *to fall asleep*
ir *to go*	**irse (de)** *to go away (from)*
llevar *to carry*	**llevarse** *to carry away*
mudar *to change*	**mudarse** *to move (change residence)*
poner *to put*	**ponerse** *to put on (clothing)*
quitar *to take away*	**quitarse** *to take off (clothing)*

¡ATENCIÓN!

When used with infinitives and present participles, reflexive pronouns follow the same rules of placement as object pronouns. For information see pages 50-51.

▶ Some Spanish verbs and expressions are always reflexive, even though their English equivalents may not be. Many of these are followed by the prepositions **a, de,** and **en.**

acercarse (a) *to approach*	**fijarse (en)** *to take notice (of)*
arrepentirse (de) *to repent (of)*	**morirse (de)** *to die (of)*
atreverse (a) *to dare (to)*	**olvidarse (de)** *to forget (about)*
convertirse (en) *to become*	**preocuparse (de)** *to worry (about)*
darse cuenta (de) *to realize*	**quejarse (de)** *to complain (about)*
enterarse (de) *to find out (about)*	**sorprenderse (de)** *to be surprised (about)*

▶ In the plural, reflexive verbs can express reciprocal actions, that is, actions done *to one another* or *to each other.*

Los dos **se miran** a través del salón de clases.
The two look at each other across the classroom.

Luis y Lola **se saludan** al entrar en el salón.
Luis and Lola greet one another when they enter the classroom.

▶ *To get* or *become* is frequently expressed in Spanish by the reflexive verb **ponerse** + *[adjective].*

¡Vamos a esperar un poco! Me estoy **poniendo nervioso**.
Let's wait a little. I'm getting nervous.

Pilar se **pone muy roja** delante de Carlos.
*Pilar really blushes (**lit.** becomes very red) in front of Carlos.*

Práctica

① As a warm-up, ask students about their schedules using reflexive verbs and soliciting time of day. Ex: **Tú y tus compañeros de cuarto, ¿a qué hora se levantan?**

1 **Los lunes por la mañana** Completa el siguiente párrafo sobre lo que hacen Carlos y Elena los lunes por la mañana. Utiliza la forma correcta de estos verbos reflexivos.

acostarse	ducharse	mudarse	secarse
afeitarse	irse	quitarse	vestirse
despertarse	levantarse	romperse	

Los domingos por la noche, Carlos y Elena ___*se acuestan*___ (1) tarde y por la mañana tardan mucho en ___*despertarse*___ (2). Carlos es el que ___*se levanta*___ (3) primero, ___*se quita*___ (4) el pijama y ___*se ducha*___ (5) con agua fría. Después de unos minutos, entra en el cuarto de baño Elena, y Carlos ___*se afeita*___ (6) la barba. Mientras Elena termina de ducharse y de ___*secarse*___ (7) el pelo, Carlos prepara el desayuno. Después los dos van a la habitación, ___*se visten*___ (8) con ropa elegante y ___*se van*___ (9) a sus trabajos.

② Sylvia's grandfather is 113 years old. Have students describe his Saturday schedule.

2 **Todos los sábados**

A. En parejas, describan, según los dibujos, la rutina que sigue Silvia todos los sábados.

A las 9:00 Silvia se levanta.

A las 10:00 se baña.

A las 10:45 se viste.

A las 11:50 se maquilla.

B. Imaginen cómo sigue el sábado de Silvia. Utilicen verbos reflexivos.

Comunicación

(3) **¿Y tú?** En parejas, túrnense para hacerse las siguientes preguntas. Contesten con oraciones completas.

1. ¿A qué hora te despiertas normalmente los sábados por la mañana? ¿Por qué?
2. ¿Te duermes en las clases?
3. ¿A qué hora te acuestas normalmente los fines de semana?

4. ¿Qué te pones para salir los fines de semana? ¿Y tus amigos?
5. ¿Cuándo te vistes elegantemente?
6. ¿Te diviertes cuando vas a una discoteca?

7. ¿De qué se quejan tus amigos normalmente?
8. ¿Conoces a alguien que se preocupe constantemente por todo?
9. ¿Te arrepientes a menudo de las cosas que haces?

(3) Call on different students to report their partner's responses.

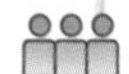

(4) **En un café** Imagina que estás en un café y que ves a tu antiguo/a novio/a besándose con alguien a quien no conoces. ¿Qué haces? Trabajen en grupos de tres para representar la escena. Utilicen cuatro verbos de la lista como mínimo.

acercarse	convertirse	olvidarse
acordarse	darse cuenta	preocuparse
arrepentirse	enterarse	quejarse
atreverse	irse	sorprenderse

(4) Before doing the activity, review the verbs using TPR. Ask students to respond to your verbal cue. Ex: **acordarse** (students tap the side of their heads remembering).

Instructional Resources
WB, LM, CD-ROM
WB/LM/VM Answer Key

Suggestions: Ask for volunteers to give examples of other verbs that follow the pattern of **gustar.**

2.4 *Gustar* and similar verbs

Using the verb gustar

¿Te acuerdas? The most common way to express likes and dislikes in Spanish is with the verb **gustar.** Many verbs of opinion follow the pattern of **gustar.**

Me encanta el grupo Distorsión.

No me gusta nada la música rock.

▶ Though **gustar** is translated *to like* in English, its literal meaning is *to please.* **Gustar** is normally preceded by an indirect object pronoun indicating *the person who is pleased.* It is followed by a noun indicating *the thing that pleases.*

INDIRECT OBJECT PRONOUN	SUBJECT	
Me *I*	**gusta** *like*	**la película.** *the movie. (literally: The movie pleases me.)*
¿Te *Do you*	**gustan** *like*	**los conciertos de rock?** *rock concerts? (literally: Do rock concerts please you?)*

▶ Because *the thing that pleases* is the subject, **gustar** agrees in person and number with it. Most commonly the subject is third person singular or plural.

SINGULAR SUBJECT	PLURAL SUBJECT
Nos gust**a** el fútbol.	Me gust**an** los discos de Fito Páez.
We like soccer.	*I like Fito Páez' albums.*

▶ **Gustar** may be followed by an infinitive. The singular form of **gustar** is used even if there is more than one infinitive.

No **nos gusta llegar** tarde.

Les gusta cantar y **bailar.**

▶ **Me gustaría...** is frequently used to express a softened request.

¿Te gustaría ver esa película?
Would you like to see that movie?

Me gustaría una ensalada, por favor.
I would like a salad, please.

Verbs like *gustar*

Verbs like *gustar*

aburrir *to bore*

caer bien/mal *to (not) get along well with; to (not) suit*

disgustar *to upset*

doler *to hurt; to ache*

encantar *to like very much; to love (inanimate objects)*

faltar *to lack; to need*

fascinar *to fascinate; to love (inanimate objects)*

importar *to be important to; to matter*

interesar *to be interesting to; to interest*

molestar *to bother; to annoy*

preocupar *to worry*

quedar *to be left over; to fit (clothing)*

Me fascina el cine.
I love the movies.

A Felipe **le disgusta** esa situación.
That situation upsets Felipe.

¿**Te molesta** si voy contigo?
Will it bother you if I come along?

Me duele la muela.
My tooth hurts.

▶ The construction **a** + [*prepositional pronoun*] or **a** + [*noun*] can be used to emphasize who is pleased, bothered, etc.

A ella no le gusta bailar, pero **a él** sí.
She doesn't like to dance, but he does.

A Felipe le molesta ir de compras.
Shopping bothers Felipe.

▶ **Faltar** and **quedar** express what someone lacks or has left. Also, **quedar** is used to talk about how clothing fits or looks on someone.

Le falta dinero.
He's short of money

Nos quedan cinco libros.
We have five books left.

Me faltan dos pesos.
I need two pesos.

La falda **te queda** bien
The skirt fits you well.

¿Qué te hace falta en la vida?
Discoteca Paladio

Práctica

① Name a cartoon character. Have students make comments about his/her likes and dislikes using verbs like **gustar**. (Ex: **Olivia. Le encanta Popeye. Le molesta Bluto.**)

1 **Completar** Miguel y César son compañeros de cuarto y tienen algunos problemas. Hoy se han reunido para discutirlos. Completa las frases con la forma correcta del verbo entre paréntesis.

MIGUEL Mira, César, ___*me encanta*___ (encantar) vivir contigo, pero la verdad es que ___*me preocupan*___ (preocupar) algunas cosas.

CÉSAR De acuerdo. A mí también ___*me disgustan*___ (disgustar) algunas cosas de ti.

MIGUEL Bueno, para empezar no ___*me gusta*___ (gustar) que pongas la música tan alta cuando vienen tus amigos. Tus amigos ___*me caen*___ (caer) muy bien pero, a veces, hacen mucho ruido y no me dejan dormir.

CÉSAR Sí claro, lo entiendo. Pues mira, Miguel, a mí ___*me molesta*___ (molestar) que no laves los platos después de comer. Además, tampoco bajas la basura.

MIGUEL Es verdad. Pues... vamos a intentar cambiar esas cosas. ¿Te parece?

CÉSAR ___*Me encanta*___ (encantar) la idea. Yo bajo la música cuando vengan mis amigos y tú lavas los platos y sacas la basura más a menudo.

② Take a survey of the students' answers and write the results on the board.

2 **¿Qué te gusta?** En parejas, pregúntense si les gustan o no las siguientes cosas.

Jennifer López	dormir los fines de semana
salir con tus amigos	la música *house*
las películas de misterio	los discos de Britney Spears
practicar algún deporte	ir a discotecas
Benicio del Toro	las películas extranjeras

③ Compare students' weekday activities with what they would like to do. Ex: **Los lunes tienes clase. ¿Qué te encantaría hacer en vez de ir a clase?** (Note: You may have to review the meaning of **en vez de.**)

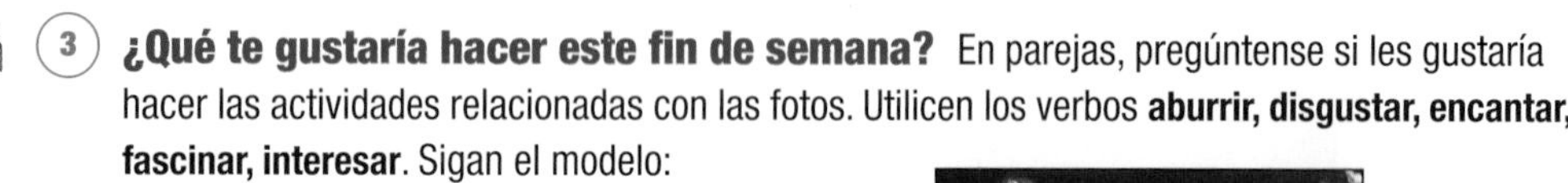

3 **¿Qué te gustaría hacer este fin de semana?** En parejas, pregúntense si les gustaría hacer las actividades relacionadas con las fotos. Utilicen los verbos **aburrir, disgustar, encantar, fascinar, interesar**. Sigan el modelo:

MODELO

—¿Te gustaría ir al parque de atracciones?
—Sí, me encantaría.

1. 

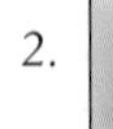

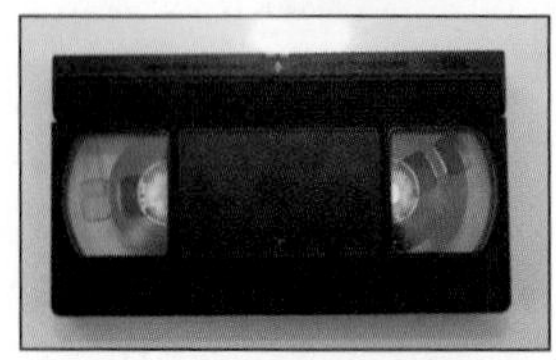

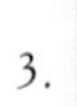

4. 

5. 

6. 

Comunicación

4 **Extrañas aficiones** Trabajen en grupos pequeños. Miren las ilustraciones e imaginen qué les gusta, interesa o molesta a estas personas.

④ Model the activity by doing the first illustration as a class.

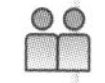

5 **Preguntar** En parejas, utilicen el modelo para preguntarse, por turnos, sobre los siguientes temas.

MODELO a tu padre/ fascinar
—¿Qué crees que le fascina a tu padre?
—Pues, no sé. Creo que le fascina dormir.

1. al presidente / preocupar
2. a tu hermano/a / encantar
3. a ti/ gustar hacer los fines de semana
4. a tus padres / gustar
5. a tu profesor(a) de español / disgustar
6. a tu mejor amigo/a / importar
7. a tu novio/a / molestar
8. a tu compañero/a de clase / disgustar

⑤ Call on different students to give their partners' response. Ex: **Según tu compañero/a al presidente del gobierno, ¿qué le preocupa?** Then follow up with the same question to another student. **¿Están ustedes de acuerdo?**

Antes de leer

Con este test puedes descubrir si aprovechas bien el tiempo. ¿Crees que lo aprovechas?

Vocabulario

el bullicio *hurly-burly*
el horario *schedule*
atrasar *to delay*

Instructional Resource Website

Suggestion: For additional literary and cultural readings on the lesson theme, see the corresponding lesson in **Ventanas: Lecturas.**

¿Aprovechas bien el tiempo?

¿Cómo organizas tu día? ¿Consideras que pierdes mucho el tiempo o, por el contrario, lo aprovechas bien? Este test te permitirá descubrirlo.

1 Por fin llega el fin de semana. ¿Cómo lo aprovechas?

A No permites que te molesten y te dedicas a dormir todo el día.
B Todo tu afán° consiste en la limpieza de la casa, la tintorería, la compra...
C El fin de semana está hecho para disfrutar. Planeas alguna salida lúdica°.

2 ¿Qué horario de trabajo preferirías?

A De 8:00 a 15:00 h. Te permite comer en casa y pasar la tarde en familia.
B De 9:30 a 17:30 h. Este horario te permite dar un paseo después de comer.
C De 7:00 a 14:00 h. Con este horario te comes cualquier cosa en la oficina y después puedes ir de compras salir con los niños, la casa...

3 ¿Adónde vas a ir de vacaciones este año?

A A tomar un viaje organizado de los que no te has de preocupar de nada.
B A un lugar tranquilo donde el relax y la lectura sean tus fieles compañeros.
C Adonde haya diversión y bullicio° y se pueda dormir en la playa mientras tomas el sol.

4 ¿Qué tipo de lectura prefieres?

A Novelas, libros de aventura... que te distraigan de los problemas y tensiones.
B Filosofía, temas científicos, aprovechas el tiempo aprender y aclarar conceptos.
C No te interesa demasiado la lectura de libros, prefieres revistas de ocio o entretenerte con la televisión, el cine...

5 En el trabajo ocurre una avería° de luz y no puedes seguir trabajando: tienes tres horas de "descanso". ¿Qué harías?

A Aprovechas para hacer aquellas cosas para las que normalmente no tienes tiempo, como revisar el correo...
B Te dedicas a las "relaciones públicas" con los compañeros. Hay que estar al día.
C Lees la prensa o el libro que llevas en el bolso.

6 En la oficina te han pedido que hagas un trabajo extra. ¿Cómo te organizas?

A Pierdes el tiempo pensando cómo vas a organizarte para poder hacerlo todo.

B No dudas en el orden, primero el más atrasado°. Como irás más rápido podrás con todo.

C Empiezas por el más atrasado. Te agobia° que esté atrasado.

7 ¿Dedicas tu tiempo libre a alguna afición?

A No tengo tiempo libre, por tanto es imposible.

B Es importante tener cada día un rato libre para dedicarlo a alguna afición.

C En el fin de semana dejo algún tiempo para dedicarlo a alguno de mis hobbies.

8 ¿Te agobia a veces la sensación de no aprovechar el tiempo?

A Sí, con frecuencia creo que no aprovecho el tiempo.

B No me planteo si aprovecho o no el tiempo, intento vivir el día a día sin más.

C Me parece una tontería preocuparse por eso.

9 ¿Cuántas horas duermes cada día?

A Duermo seis horas diarias y el fin de semana un poco más. Es suficiente.

B Para mí son indispensables ocho horas diarias, si no, no hay quien me aguante°. Si puedo el fin de semana hago la siesta.

C Dormir es un placer. Aprovecho todas las horas que puedo para dormir. Me encanta hacer la siesta.

10 ¿Para qué encuentras siempre tiempo?

A Para hacer algún ejercicio, aunque sólo sea pasear.

B Para ir de copas con los amigos o ir a alguna exposición, a un concierto o al cine.

C Para sentarme en el sofá y relajarme delante de mi programa de televisión favorito.

VALORACIÓN

	A	B	C
1	0	10	5
2	5	0	10
3	10	5	0
4	5	10	0
5	10	0	5
6	0	5	10
7	0	5	10
8	0	5	10
9	10	5	0
10	10	5	0

TOTALES

81 A 100:
Quieres aprovechar tanto el tiempo que lo único que consigues es agobiarte. La clave está en la organización: tienes que aprender a organizarte mejor.

21 A 80:
Verdaderamente eres una persona que aprovecha cada minuto para hacer alguna cosa. Pero, ¿inviertes algún tiempo en ti?

0 A 20:
Eres un poco voluble y te cuesta organizarte. No te importa el valor del tiempo pero sí el del ocio.

Después de leer

1. ¿Estás de acuerdo con el resultado del test? ¿Por qué?

2. ¿Crees que es importante aprovechar el tiempo? ¿Por qué?

3. En grupos, intenten recordar películas, obras literarias o canciones que hablen de la vida y del tiempo con el mensaje de que hay que "vivir el momento" *(seize the day).* ¿Están de acuerdo? ¿Por qué? Tomen nota de sus opiniones, y luego compártanlas con la clase.

Suggestion: As a pre-reading activity, ask students if they often take quizzes in magazines or on-line. What have their experiences been?

avería	*breakdown*
afán	*effort*
Te agobia	*It gets you down that*
lúdica, salida…	*pleasant outing*
aguante, No…	*Nobody can stand me.*

2 VOCABULARIO

Los deportes y términos afines

el/la árbitro	*referee*
el/la atleta	*athelete*
el atletismo	*track-and-field events*
el campeón/ la campeona	*champion*
el club deportivo	*sports club*
la Copa del Mundo	*World Cup*
el/la entrenador(a)	*trainer*
el equipo	*team*
el gimnasio	*gymnasium*
el maratón	*marathon*
las olimpiadas	*olympics*
el torneo	*tournament*
la victoria	*victory*
empatar	*to tie (games)*
marcar (un gol/ un punto)	*to score (a goal/ a point)*
vencer	*to defeat*

La vida nocturna

el bar	*bar*
el billar	*pool*
el boleto	*admission ticket*
el bullicio	*hurly burly*
el/la cantante	*singer*
el club (nocturno)	*(night) club*
el concierto	*concert*
el conjunto (musical)	*(musical) group, band*
la discoteca	*discotheque*
el grupo (musical)	*(musical) group*
divertido	*fun*

Instructional Resource
- Tests

La vida social (verbos)

aburrirse	*to be bored*
aplaudir	*to applaud*
aprovechar	*to make good use of; to take advantage of*
atrasar	*to delay*
bailar	*to dance*
brindar	*to make a toast*
festejar	*to celebrate*
disfrutar	*to enjoy*
divertirse	*to have fun; to enjoy oneself*
entretenerse	*to amuse oneself*
estar relacionado/a	*to have good connections*
gustar	*to like*
hacer cola	*to wait in line*
ir de copas	*to go have a drink*
poner un disco compacto	*to play a CD*
reunirse	*to get together; to gather*
salir (a comer)	*to go out (to eat)*

El teatro

el asiento	*seat*
la entrada	*admission ticket*
el escenario	*scenery; stage*
el espectáculo	*show*
el estreno	*premiere; debut*
la función	*(movie; theater) performance*
la obra de teatro	*play (theater)*
el recital	*recital*
el repertorio	*repertoire*
la sala de conciertos	*concert hall*
la taquilla	*box office*

Lugares de diversión

el circo	*circus*
el cine	*movie theater*
la feria	*fair*
el festival	*festival*
el parque de atracciones	*amusement park*
el zoológico	*zoo*

Los pasatiempos y términos afines

la afición	*love, liking, hobby*
el ajedrez	*chess*
la apuesta	*bet*
el boliche	*bowling*
las cadenas de televisión	*television network*
el canal de televisión	*television channel*
el/la coleccionista	*collector*
el dominó	*dominoes*
el horario	*schedule*
la lotería	*lottery*
el ocio	*leisure*
el paseo	*stroll*
el picnic	*picnic*
apostar	*to bet*
coleccionar	*to collect*
dar un paseo	*take a stroll/walk*
ser aficionado/a	*to be a fan of*

Expresiones útiles *véase la página 41.*

La vida diaria

3

Communicative Goals

You will expand your ability to...

- narrate in the past
- express completed past actions
- express habitual or ongoing past events and conditions
- describe how, when, and where actions take place

La vida diaria

Cálculos

Camila **fue de compras** al **supermercado,** decidida a gastar lo menos posible. Buscó **gangas** y **eligió** productos **baratos**. Para **lograr** gastar poco, esta vez sólo llevó **dinero en efectivo. Dejó** en su casa **la tarjeta de crédito.** Lamentablemente, tampoco trajo la calculadora…

Instructional Resources
WB, LM, CD-ROM, WB/LM/VM Answer Key

Suggestion: Have students look at the pictures and read the text for each. Point out the money the woman is holding. Ask students to guess what country she is from.

Suggestion: Ask volunteers to describe the appearance of the young man in the second photo. Have them explain whether his appearance corresponds to the title and why.

Comprehension Check: 1. ¿Dónde está esta chica y qué piensa hacer? (En el supermercado. Va de compras.) 2. ¿Cómo se viste este chico? Expliquen. (No es elegante. No se arregla nunca para salir.) 3. ¿Por qué duerme este hombre? (Está cansado.) ¿Qué tiene en la mano? (Una escoba) ¿Qué hizo con la escoba? (Barrió el piso.) 4. ¿Quién invitó a quién? (Carlos invitó a su novia.) ¿Por qué no come la chica? (Se extrañó de que Carlos cocinara y no se atrevió a comer.)

Suggestion: Personalize the new vocabulary by asking questions such as: **¿Es la limpieza una pesadilla para ti? ¿Barres con escoba o pasas la aspiradora? ¿Cocinas o sales a comer con frecuencia? ¿Eres rebelde y te pones ropa extravagante? Explica.**

El rebelde

De niño le enseñaron a taparse la boca al **bostezar**, a **masticar** con la boca cerrada y a atender su **aseo personal.** A sus padres **les asombra** la ropa que se pone, pues ahora no **se arregla** nunca para salir. **¡Qué pena!** En realidad él se viste así **a propósito.**

La escoba, mi enemiga

Para Juan, **hacer la limpieza** de su **espacioso apartamento suele** ser una **pesadilla.** Hoy se dedicó el día entero a **limpiarlo: quitó el polvo** de los **muebles, pasó la aspiradora, barrió** el piso, el **balcón** y la **escalera.** Ahora la pesadilla ha terminado, pero está tan cansado que se ha quedado dormido junto a su enemiga, la **escoba.**

A comer

Carlos invitó a su novia a cenar y decidió **cocinar** un plato especial para ella. Tuvo que **freír** cebollas, **hervir** pescado y **calentar** unos frijoles **congelados.** Cuando su novia llegó y lo vio cocinando por primera vez en tres años, **se extrañó** tanto que no **se atrevió** a comer. Carlos, apenado pero **hambriento,** disfrutó solo de su cena.

La casa y los electrodomésticos

el buzón	*mailbox*
el foco	*lightbulb*
el hogar	*home; fireplace*
los quehaceres	*chores*
apagar	*to turn off*
colgar (ue)	*to hang*
encender	*to turn on*
lavar	*to wash*
levantar	*to pick up*
tocar el timbre	*to ring the doorbell*

Las compras

el centro comercial	*mall*
el reembolso	*refund*
el vestidor	*fitting room*
seleccionar	*to select; to pick out*
auténtico/a	*real; genuine*
costoso/a	*costly; expensive*

Acciones y percepciones

el asombro	*amazement; astonishment*
la soledad	*solitude; loneliness*
averiguar	*to find out; to check*
cuidarse	*to take care of oneself*
gozar de algo	*to enjoy something*
asombroso/a	*astonishing*

La vida diaria

el asunto	*matter; topic*
la costumbre	*custom; habit*
el propósito	*purpose*
el ruido	*noise*
cotidiano/a	*everyday*
por casualidad	*by accident; by chance*

Suggestion: Point out to students that most English words ending in **–ty** end in **–dad** in Spanish and that their gender is feminine. Ex: personality → **la personalidad.**

Variación léxica: Point out that the expression **tocar el timbre** translates directly to the English *ring the doorbell* and is used in most Spanish-speaking countries. In some countries, such as Mexico and Spain, **tocar la puerta** or **llamar a la puerta** are more common.

Variación léxica: Point out the following lexical item: **foco** → **ampolleta** *(Chil.)*; **bombilla** *(Sp.)*; **bombillo** *(Guat. Mex.)*

Práctica

① Ask students to personalize the sentences by expressing them in the first person present, negative or affirmative.

1 Los trabajos de la casa Completa las siguientes oraciones con los verbos de la lista. Hay dos verbos que no se usan.

averiguar	cocinar	extrañar	lavar
barrer	colgarla	pasar	quitar

a. *Barrer* la cocina, el balcón y el pasillo.
b. *Pasar* la aspiradora por el resto de la casa.
c. *Cocinar* los camarones antes de que vengan los invitados.
d. *Quitar* el polvo de los muebles.
e. *Lavar* la ropa que está sobre el sofá y *colgarla* en su lugar.

② Have students identify the following statements as true or false. **1. El hermano pequeño no habla. (falso) 2. El muchacho contesta todas las preguntas. (cierto) 3. El hermano pequeño quiere ayudar. (cierto) 4. El muchacho y su hermano van a freír un juguete. (falso) 5. El cuadro de Picasso es auténtico. (falso)**

2 El preguntón Estás cuidando a tu hermano pequeño y él te está haciendo muchas preguntas. Contéstale con frases completas.

1. ¿Puedo comerme este pedazo de papel?
   No, no puedes comerte este pedazo de papel.
2. ¿Es importante el aseo personal?
   Sí, el aseo personal es importante.
3. ¿Las escaleras se barren de abajo para arriba?
   No, las escaleras se barren de arriba para abajo.
4. ¿Puedo freír este juguete para ver qué pasa?
   No, no puedes freír este juguete para ver qué pasa.
5. ¿Te puedo ayudar con los quehaceres de la casa?
   Sí, puedes ayudarme con los quehaceres de la casa.
6. ¿Es auténtico ese cuadro de Picasso colgado en la pared?
   No, no es auténtico ese cuadro de Picasso colgado en la pared.

③ In pairs, have students create a short dialogue based on the paragraph. Encourage them to use as many words from the list as possible.

③ Have students act their dialogues out for the class.

Teaching Option: Remind students that the ending **–la** in **colgarla, apagarla,** and **masticarla** is a direct object pronoun.

3 Un día agitado Completa el siguiente párrafo con las palabras de la lista. Hay dos palabras que no se usan.

Esa mañana me desperté muy tarde. Tomé un poco de café, me comí una tostada casi sin *masticarla* y salí a la calle. Cuando iba para la oficina, empecé a pensar que la cafetera estaba encendida. No *me atreví* a dejarla así, entonces regresé para *apagarla*. Al entrar al apartamento pasé frente a un espejo y noté, con *asombro*, que me había maquillado sólo la mitad *(half)* derecha de la cara. *Me arreglé* muy rápido y, por fin, *logré* salir a la calle, con la extraña sensación de que me estaba olvidando de algo.

apagarla
asombro
costumbre
encendí
logré
masticarla
me arreglé
me atreví

Comunicación

4 La rutina diaria

A. Imaginemos cómo era la rutina diaria de estas personas durante el año pasado. En grupos de cuatro, cada uno de ustedes elige uno de los siguientes personajes:

Elia, nació en 1921	**Ana, nació en el año 1982**
Esteban, nació en el año 1940	**Carlos, nació en el año 2000**

B. Ahora imaginen qué cosas hace su personaje en un día cualquiera y cuéntenle a los demás su experiencia. Los que escuchan deben hacer preguntas para obtener más información. Encontrarán palabras y expresiones útiles en el banco de palabras.

MODELO Esteban: Me levanto muy temprano y voy directamente a jugar al golf.
Compañero: ¿Y no te aburres?
Esteban: No, me encanta jugar al golf.

acostarse	cepillarse el pelo	leer el periódico
afeitarse	ir en carro	ponerse lentes de contacto
salir al aire libre	ducharse	ir al/a la psicólogo/a
aliviar el estrés	ir al/a la dentista	hacer gimnasia
almorzar	enviar una carta	ir a caballo *(to ride a horse)*

5 Todos los días

A. Ordena los siguientes placeres cotidianos de acuerdo a cuánto los disfrutas:

_____ ir de compras
_____ arreglarte para salir
_____ comer con mucha hambre
_____ disfrutar de un día de sol
_____ recibir una nueva tarjeta de crédito
_____ ir a dormir estando muy cansado/a

B. Compara tus respuestas con las de tu compañero/a. ¿Qué es lo que más disfrutan?

MODELO —A mí lo que más me gusta es comer cuando tengo mucha hambre.
—A mí también. ¿Qué sigue en tu lista? Yo prefiero ir de compras.

C. Compartan su respuesta con el resto de la clase. ¿Hay algo que les guste mucho a todos? ¿Cuál es el gran placer cotidiano de la clase?

6 En busca de un compañero de cuarto

A. Has decidido compartir un apartamento con otra persona. Para llevarte bien con tu futuro compañero/a de apartamento, debes decirle qué esperas de él/ella. Ordena los temas que quieres comentar, del más al menos importante.

☐ las fiestas ☐ la tranquilidad ☐ el orden ☐ la limpieza ☐ la música

NATIONAL communication STANDARDS

(4) Have students ask each other their date of birth. You may lead with an example: **Yo nací en 1965, ¿y tú?**

(4) Write the following on the board: **acostarse, afeitarse, almorzar, leer el periódico, ducharse, llegar a la universidad.** Have students use them as they describe their daily routine.

(5) Have students categorize the expressions into **pequeños placeres** and **inconvenientes.** Ask volunteers to give reasons for their choices.

(6) In pairs, have students ask each other what they like to do.

(6) Have students write their dialogues and act them out for the class. **Teaching Option:** Review the verb **gustar.** Write the following forms on the board and have students complete the sentences.

1. **Me gusta**
2. **No me gusta**
3. **Me gustan**
4. **¿Te gusta?**

3 FOTONOVELA

Los empleados de *Facetas* comentan los sucesos en la oficina un lunes típico.

1

FABIOLA Odio los lunes.

DIANA Cuando tengas tres hijos, un marido y una suegra, odiarás los fines de semana.

FABIOLA ¿Discutes a menudo con tu familia?

DIANA Siempre tenemos discusiones, la mitad las ganan mis hijos y mi esposo… Mi suegra gana la otra mitad.

2

FABIOLA ¿Te ayudan con las tareas del hogar?

DIANA Ayudan, pero casi no hay tiempo para nada. Hoy tengo que ir de compras con la mayor de mis hijas.

FABIOLA ¿Y por qué no va ella sola?

DIANA Hay tres grupos que gastan el dinero ajeno, Fabiola: los políticos, los ladrones y los hijos… Los tres necesitan supervisión.

3

FABIOLA Tengan cuidado en las tiendas. Hace dos meses andaba de compras, y me robaron la tarjeta de crédito.

DIANA ¿Y fuiste a la policía?

FABIOLA No.

DIANA: ¿Lo dices así, tranquilamente? Te van a arruinar.

FABIOLA No creas. El que me la robó la usa menos que yo.

6

FABIOLA Tengo una agenda muy llena para el almuerzo.

DIANA Yo tengo una reunión con un cliente.

7

ÉRIC Tengo que… Tengo que ir al banco. Sí. Voy a pedir un préstamo.

JOHNNY Yo tengo que ir al dentista. No voy desde la última vez… Necesito una limpieza.

Aguayo y Mariela se quedan solos.

8

Diana regresa del almuerzo con unos dulces.

DIANA Les traje unos dulces para premiar su esfuerzo.

AGUAYO Gracias. Los probaría todos, pero estoy a dieta.

DIANA ¡Qué bien! Yo también estoy a dieta.

MARIELA ¡Pero si estás comiendo!

DIANA Sí, pero sin ganas.

Instructional Resources
VM, Video, CD-ROM, IRM, WB/LM/VM Answer Key

Video Synopsis:
- Aguayo is full of energy, but Fabiola is exhausted.
- Aguayo is trying to get a vacuum cleaner to work.
- The vacuum cleaner starts running after Mariela kicks it.
- Aguayo tries in vain to recruit everyone to help him vacuum the office.
- Diana brings back pastries, and Fabiola and Johnny fight over the last two.
- Éric finds a mound of dust, stashed there by Mariela, in his desk drawer.
- See IRM for more details.

Personajes

AGUAYO

ÉRIC

JOHNNY

FABIOLA

MARIELA

DIANA

En la oficina de Aguayo...

MARIELA ¿Necesita ayuda?

AGUAYO No logro hacer que funcione.

MARIELA Creo que Diana tiene una pequeña caja de herramientas.

AGUAYO ¡Cierto!

Más tarde, en la cocina...

AGUAYO El señor de la limpieza dejó un recado diciendo que estaba enfermo. Voy a pasar la aspiradora a la hora del almuerzo. Si alguien desea ayudar...

Fabiola y Johnny llegan a la oficina. Mariela está terminando de limpiar.

MARIELA Si gustan, quedan dos dulces en la cocina. Están riquísimos... *(Habla para sí misma refiriéndose a la botella de aerosol.)* Y no hubiera sido mala idea echarles un poco de esto.

Johnny y Fabiola vuelven de la cocina.

JOHNNY Qué descortés eres, Fabiola. Si yo hubiera llegado primero, te habría dejado el dulce grande a ti.

FABIOLA ¿De qué te quejas, entonces? Tienes lo que querías y yo también.

Expresiones útiles

Agreeing or disagreeing with a prior statement

Lo mismo digo yo. *The same here.*

¡Cierto! *Sure!*

¡Por supuesto! *Of course!*

¡Cómo no! *Of course!*

No creas. *Don't you believe it.*

¡Qué va! *Of course not!*

¡Ni modo! *Too bad!*

Expressing strong dislikes

¡Odio... ! *I hate...!*

¡No me gusta nada... ! *I don't like . . . at all!*

Detesto... *I detest...*

No soporto... *I can't stand...*

Estoy harto/a de... *I am fed up with...*

Additional vocabulary

ajeno *somebody else's*

andar *to be (doing something), to walk*

caja de herramientas *toolbox*

ladrón/ladrona *thief*

la mitad *half*

premiar *to give a prize*

quejarse *to complain*

Apuntes culturales Los horarios de las tiendas, correos y bancos de los países de habla hispana son diferentes a los de los Estados Unidos. Los bancos suelen abrir de las diez de la mañana a las tres de la tarde, y no abren los sábados. Siguiendo la tradición de la siesta, muchas tiendas cierran para el almuerzo, abren a las cuatro o cinco y cierran muy tarde. Con las vacaciones sucede algo curioso. Como todos suelen tomar vacaciones al mismo tiempo, hay meses en que la actividad de todo un país o ciudad disminuye. *En tu opinión ¿qué establecimiento tiene el horario de atención más inapropiado?*

Preview: Ask **¿Quién es?** and have students identify the characters based on the video stills. In small groups, have them scan the captions and discuss each character's attitude, based on their facial expressions. **Suggestion:** Using the **Expresiones útiles,** have students determine who said what.

Comprensión

① Have students write three sentences using the same structure with variations in vocabulary.

1 Relacionar Escribe oraciones que conecten las frases de las dos columnas usando **porque.**

1. Diana odia los fines de semana... *f*
2. Diana quiere ir de compras con su hija... *e*
3. Fabiola dice que tengan cuidado en las tiendas... *c*
4. Fabiola no fue a la policía... *b*
5. Aguayo pasará la aspiradora... *d*
6. Aguayo no prueba los dulces... *a*

a. está a dieta.
b. el ladrón usa la tarjeta de crédito menos que ella.
c. hace dos meses le robaron la tarjeta de crédito.
d. el señor que limpia está enfermo.
e. no quiere que gaste mucho dinero.
f. durante esos días discute mucho con su familia.

② Write the following definitions on the board and have students identify the family member: 1. **la madre de mi esposo** 2. **el prometido de Diana** 3. **los nietos de mi suegra.** Encourage students to provide other definitions of family members for partners to guess.

2 ¿Cierto o falso? Decide si lo que afirman las siguientes oraciones es **cierto** o **falso**. Corrige las oraciones falsas.

	Cierto	Falso
1. Fabiola tiene tres hijos, un marido y una suegra. *Diana tiene tres hijos, un marido y una suegra.*	☐	☑
2. A Fabiola le robaron la tarjeta de crédito.	☑	☐
3. Éric fue al banco por la mañana. *Éric tiene que ir al banco al mediodía.*	☐	☑
4. Aguayo probará los dulces más tarde. *Aguayo no probará los dulces porque está a dieta.*	☐	☑
5. Aunque está a dieta, Diana prueba los dulces.	☑	☐
6. Mariela echó un poco de aerosol a los dulces. *Mariela no le echó aerosol a los dulces, aunque le hubiera gustado hacerlo.*	☐	☑
7. Diana tiene una caja de herramientas.	☑	☐
8. Johnny le dejó el dulce grande a Fabiola. *Fabiola llegó antes que Johnny y ella eligió el dulce grande.*	☐	☑

③ Have students write five sentences on one of the following: a. **¿Qué haces el fin de semana?** b. **Actividades de la semana.**
Teaching Option: Have students use the Internet to find the different currencies in Spanish-speaking countries and their exchange rates.

3 Seleccionar Selecciona la oración más adecuada para reemplazar lo dicho por los personajes de la **Fotonovela**.

1. Odio los lunes.
   a. No soporto los lunes. *x* b. No detesto los lunes. c. Me gustan los lunes.
2. Tengo una agenda muy llena para el almuerzo
   a. Tengo un almuerzo. b. Tengo muchas tareas a la hora del almuerzo. *x* c. No tengo mi agenda.
3. Tienes lo que quieres.
   a. Tu deseo se cumplió. *x* b. Tienes razón. c. Te quiero.

Ampliación

4 **Razones falsas** Aguayo les pide a sus compañeros que lo ayuden a limpiar la oficina, pero ellos le dicen que no pueden y le mienten. ¿Qué preguntas puedes hacerles a éstos para descubrir sus mentiras? Escribe las preguntas. Después, en grupos de cinco, dramaticen la situación: uno/a de ustedes es Aguayo y los/las otros/as son los compañeros. Luego, cambien los papeles.

5 **Excusas** En parejas, escriban una excusa cortés y una respuesta descortés para evitar hacer lo que les piden.

MODELO En casa, la madre le pide a la hija: "Tienes que ir al banco a depositar el cheque."
Excusa cortés: "Lo siento, tengo que estudiar para un examen."
Respuesta descortés: "¡Detesto ir al banco! ¡No quiero ir!"

1. En la oficina, un compañero le pide a otro: "Por favor, responde el teléfono".
2. En la clase de español, un compañero le pregunta a otro: "¿Qué significa esa palabra?"
3. En casa, un hermano le pide a su hermana: "¿Llevas mi ropa al lavadero?"
4. En un restaurante, una amiga le pide a otra: "¿Puedes pagar mi café?"
5. En la calle, una persona le pregunta a otra la hora.
6. En la fábrica, un empleado le pide permiso al jefe para salir más temprano.

6 **Opinar** Trabajen en grupos. Discutan sobre las siguientes preguntas. Si es posible, den ejemplos de situaciones de la vida diaria.

1. ¿Debemos dar excusas falsas? ¿Por qué?
2. ¿Es mejor decir la verdad siempre? ¿Por qué?

7 **Acuerdos y desacuerdos** Johnny y Fabiola son amigos. En la columna de Fabiola están algunas respuestas que ella le dio a Johnny en el pasado. En parejas, discutan y escriban en la primera columna qué dijo Johnny probablemente para que Fabiola le contestara así. Comparen sus respuestas con las de otros/as compañeros/as.

 **JOHNNY**	 **FABIOLA**
1. ________________	a. —No creas, detesta ir al teatro.
2. ________________	b. —¡Por supuesto! Es el mejor.
3. ________________	c. —¡Cómo no! Lo voy a hacer con mucho gusto.
4. ________________	d. —¡Ni modo! No quiero ir contigo.
5. ________________	e. —Lo mismo digo yo.
6. ________________	f. —¡Qué va! A ella no le gusta.

4 To practice verb conjugations, ask students to write questions and answers in complete sentences.
Teaching Option: Have students work in small groups. In each, a volunteer plays the role of an appliance salesperson. The others must ask pertinent questions about the features and performance of each appliance.

5 In pairs, have students create and act out a phone conversation based on one of these situations. Students should use polite and impolite excuses.

6 Have volunteers read some of their examples and let the class decide which are the most and least reasonable.

7 Have students continue working in groups to write another set of sentences that might fit Maite's responses.
Variación léxica: Point out to students that the expression **¡Ni modo!,** becoming popular in this country, is a direct translation of the English "No way!" However, the customary Spanish expression is **¡Ni hablar!**

Instructional Resource IRM (general teaching suggestion)

De compras en las tiendas de departamentos

Los empleados de *Facetas* aprovechan la hora del almuerzo para hacer diligencias. Cuando necesitan comprar algo, van a las tiendas de departamentos porque son el mejor sitio para ir de compras cuando tienes poco tiempo.

Si quieres comprar un regalo original, y no tienes una idea clara de lo que buscas ni mucho tiempo a tu disposición, ¿adónde prefieres ir: a una tienda tradicional o a una tienda de departamentos? En éstas últimas, seguramente, encontrarás lo que buscabas.

En los países de habla hispana existen muchas tiendas de departamentos donde puedes encontrar realmente de todo. Además, puedes disfrutar de una excelente comida en un restaurante, planear tus vacaciones en la agencia de viajes e incluso ir a la peluquería y, todo esto, sin salir del edificio.

En general, estos establecimientos siguen el modelo estadounidense. La satisfacción y la fidelidad al cliente son lo primero; el servicio es excelente; la gran oferta de productos y el horario de apertura son más amplios que los de las tiendas tradicionales. El trato entre el cliente y el vendedor es, sin embargo, más impersonal y frío. La gran ventaja para el cliente es la comodidad, porque en un mismo sitio está todo lo que necesita. Al fin y al cabo, hoy día, la prioridad para muchos es el ahorro del tiempo.

Si estás en España, no te pierdas *El Corte Inglés*, el sitio de compras por excelencia, donde puedes pasarte un día entero sin darte cuenta. La atención al cliente es personalizada y el sistema de pago es flexible. En esta tienda de departamentos se venden muchos productos: ropa, comida, computadoras, libros, discos compactos, etc. Cuenta incluso con una fundación privada dedicada a actividades culturales y deportivas.

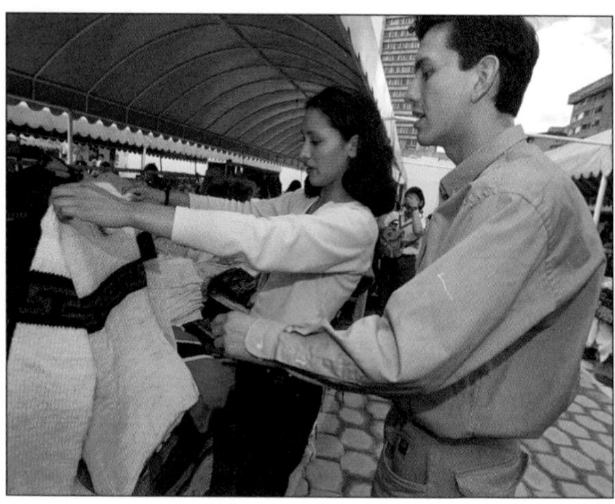
De compras

Si estás de viaje por Hispanoamérica, no dejes de visitar Falabella, la tienda de departamentos más grande de Suramérica, con sucursales en Chile, Argentina y Perú.

Hasta el 31 de octubre.
todas las novedades en menaje
Ahora en El Corte Inglés disfrutará equipando su cocina o su mesa con lo último en menaje. Todo lo que necesita para preparar y servir sus platos favoritos. Las piezas más resistentes. Los diseños más innovadores en baterías de cocina, sartenes, cristalerías, cuberterías... Con unos descuentos que no le sabrán a poco.
HASTA -50%
en mil ofertas de menaje de cocina y mesa
El Corte Inglés

Anuncio de El Corte Inglés

El almuerzo y sus horarios

Almuerzo con los amigos

Los empleados de *Facetas* tienen dos horas para almorzar. Aunque esta costumbre está cambiando, todavía algunas empresas en los países hispanos dan dos o tres horas a sus empleados para el almuerzo.

Los horarios del almuerzo varían de país a país. ¿Crees que puedes almorzar en España a las 12 del mediodía? Seguramente será muy difícil comer en un restaurante a esa hora. Allí el almuerzo se sirve entre la una y las tres de la tarde. En Argentina, Chile, Colombia y México, por otro lado, se almuerza generalmente entre las 12 y las 2 de la tarde.

Por lo general, se puede decir que en el mundo hispano las familias se siguen reuniendo para el almuerzo, pues éste es un buen momento para socializar. En muchos países, por ejemplo, los miembros de las familias suelen vivir cerca y se reúnen los fines de semana para almorzar.

- Aunque la costumbre de dormir una breve siesta se va perdiendo, debido al cambio de horarios de muchas empresas, todavía se mantiene con vigor en muchos países.
- Unos platos españoles que se están haciendo muy populares son las típicas tapas, que consisten en pequeños aperitivos hechos con una gran variedad de ingredientes.
- Un hábito muy común en México consiste en desayunar un café. Aproximadamente a las 11 de la mañana se come una buena ración de tacos. A esta comida se le llama almuerzo. La comida principal se da entre las 2 y las cuatro de la tarde.
- El ubicuo pan se sustituye por otros alimentos en muchas regiones hispanas. En Venezuela y Colombia, por ejemplo, muchas veces se reemplaza por las arepas, mientras que en México se acompaña la comida con las tortillas.

Coméntalo

Reúnete con varios compañeros/as de clase y conversa sobre los siguientes temas.

1. ¿Les gusta ir de compras?¿Por qué?
2. ¿Dónde prefieren comprar: en las tiendas tradicionales o en las tiendas de departamentos?
3. ¿Qué comidas típicas de los países hispanos conocen? Hagan una lista y compártanla con la clase.
4. ¿Les gustaría comer todos los días con la familia o los amigos? ¿Por qué?

3.1 The preterite tense

Instructional Resources
WB, LM, CD-ROM, WB/LM/VM Answer Key

Suggestion: Point out to students that the written accent in the preterite tense is important because it controls pronunciation and meaning.

Suggestion: Remind students that verbs that change the **c** and **g** to **qu** and **gu** do so to maintain the hard **k** and **g** sounds, in the infinitive.

Suggestion: Have students conjugate these verbs aloud to practice the semi-consonant **y** sound.

¿Te acuerdas? Spanish has two simple tenses to indicate actions in the past: the preterite and the imperfect. The preterite is used to describe actions or states that began or were completed at a definite time in the past.

▶ The preterite tense of regular verbs is formed by dropping the infinitive ending **(–ar, –er, –ir)** and adding personal endings. The endings of regular **–er** and **–ir** verbs are identical in the preterite tense.

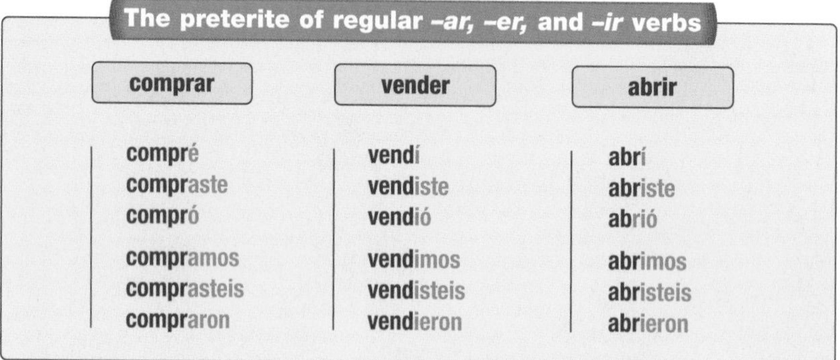

The preterite of regular *–ar, –er,* and *–ir* verbs

comprar	vender	abrir
compré	vendí	abrí
compraste	vendiste	abriste
compró	vendió	abrió
compramos	vendimos	abrimos
comprasteis	vendisteis	abristeis
compraron	vendieron	abrieron

▶ Verbs that end in **–car, –gar,** and **–zar** have a spelling change in the **yo** form of the preterite. Otherwise they are regular.

buscar	busc–	–qu–	yo busqué
llegar	lleg–	–gu–	yo llegué
empezar	empez–	–c–	yo empecé

▶ **Caer, creer, leer** and **oír** change **–i–** to **–y–** in the **él, ella,** and **usted** forms and in the **ellos, ellas,** and **ustedes** forms of the preterite. They also require a written accent on the **–i–** in all other forms.

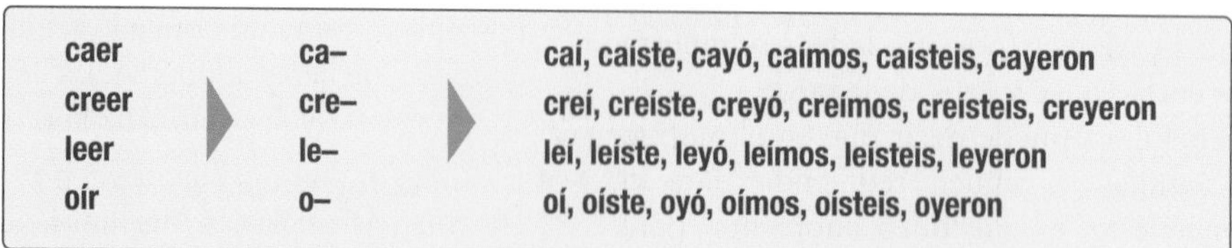

caer	ca–	caí, caíste, cayó, caímos, caísteis, cayeron
creer	cre–	creí, creíste, creyó, creímos, creísteis, creyeron
leer	le–	leí, leíste, leyó, leímos, leísteis, leyeron
oír	o–	oí, oíste, oyó, oímos, oísteis, oyeron

▶ Verbs with infinitives ending in **–uir** change **–i–** to **–y–** in the **él, ella,** and **usted** forms and in the **ellos, ellas,** and **ustedes** forms of the preterite.

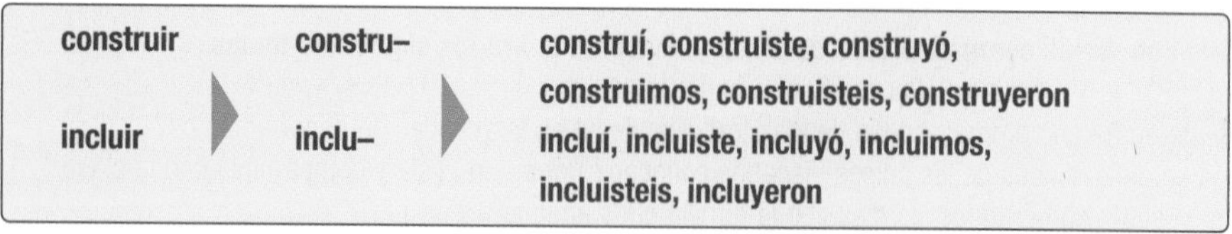

construir	constru–	construí, construiste, construyó, construimos, construisteis, construyeron
incluir	inclu–	incluí, incluiste, incluyó, incluimos, incluisteis, incluyeron

- Stem-changing **–ir** verbs also have a stem change in the **él, ella,** and **usted** form and in the **ellos, ellas,** and **ustedes** form of the preterite. Stem changing **–ar** and **–er** verbs are regular.

The preterite of *–ir* stem changing verbs

pedir		dormir	
pedí	pedimos	dormí	dormimos
pediste	pedisteis	dormiste	dormisteis
pidió	pidieron	durmió	durmieron

¡ATENCIÓN!

–ir stem-changing verbs include:

conseguir, consentir, hervir, morir, preferir, repetir, seguir, sentir, servir

Suggestion: Point out that **conducir, decir, traducir,** and **traer** drop the **i** of the preterite ending in **ellos, ellas,** and **ustedes** forms. Ex: **trajeron** (and not **trajieron).**

- A number of **–er** and **–ir** verbs have irregular preterite stems. Notice that none of these verbs takes a written accent on the preterite endings.

Preterite of irregular verbs

INFINITIVE	U-STEM	PRETERITE FORMS
andar	anduv–	anduve, anduviste, anduvo, anduvimos, anduvisteis, anduvieron
estar	estuv–	estuve, estuviste, estuvo, estuvimos, estuvisteis, estuvieron
haber	hub–	hube, hubiste, hubo, hubimos, hubisteis, hubieron
poder	pud–	pude, pudiste, pudo, pudimos, pudisteis, pudieron
poner	pus–	puse, pusiste, puso, pusimos, pusisteis, pusieron
saber	sup–	supe, supiste, supo, supimos, supisteis, supieron
tener	tuv–	tuve, tuviste, tuvo, tuvimos, tuvisteis, tuvieron
INFINITIVE	I-STEM	PRETERITE FORMS
hacer	hic–	hice, hiciste, hizo, hicimos, hicisteis, hicieron
querer	quis–	quise, quisiste, quiso, quisimos, quisisteis, quisieron
venir	vin–	vine, viniste, vino, vinimos, vinisteis, vinieron
INFINITIVE	J-STEM	PRETERITE FORMS
conducir	conduj–	conduje, condujiste, condujo, condujimos, condujisteis, condujeron
decir	dij–	dije, dijiste, dijo, dijimos, dijisteis, dijeron
traducir	traduj–	traduje, tradujiste, tradujo, tradujimos, tradujisteis, tradujeron
traer	traj–	traje, trajiste, trajo, trajimos, trajisteis, trajeron

¡ATENCIÓN!

Ser, ver, ir, and **dar** also have irregular preterites. The preterite forms of **ser** and **ir** are identical.

ser/ir
fui, fuiste, fue, fuimos, fuisteis, fueron

dar
di, diste, dio, dimos, disteis, dieron

ver
vi, viste, vio, vimos, visteis, vieron

- Notice that the stem of **decir (dij–)** not only ends in **j,** but the stem vowel **e** changes to **i.** In the **él, ella,** and **usted** form of **hacer (hizo), c** changes to **z** to maintain the pronunciation. Most verbs that end in **–cir** have **j**-stems in the preterite.
- **Ser, ir,** and **dar** also have irregular preterites. The preterite forms of **ser** and **ir** are identical.

Suggestion: You may wish to ask students to write several sentences to practice the preterite of the verbs **ir** and **ser.**

Práctica

① Students can exchange papers and correct each other's work. They should refer to the verb lists on previous pages.

1 **Quehaceres** Escribe la forma correcta del pretérito de los verbos indicados.

1. El sábado pasado mis compañeros de apartamento y yo ___*hicimos*___ (hacer) la limpieza semanal.
2. Jorge ___*barrió*___ (barrer) el suelo de la cocina.
3. Yo ___*pasé*___ (pasar) la aspiradora por el salón.
4. Mariela y Felisa ___*quitaron*___ los sillones para limpiarlos y después los ___*volvieron*___ (volver) a poner en su lugar.
5. Yo ___*lavé*___ (lavar) toda la ropa sucia y la ___*puse*___ (poner) en el armario.
6. Nosotros ___*terminamos*___ (terminar) con todo en menos de una hora.
7. Luego, Mariela ___*abrió*___ (abrir) el refrigerador.
8. Ella ___*vio*___ (ver) que no había nada de comer. ¿Cómo ___*fue*___ (ser) posible?
9. Felisa ___*dijo*___ (decir) que iría al supermercado. Todos nosotros ___*decidimos*___ (decidir) acompañarla.
10. Yo ___*apagué*___ (apagar) las luces y nos ___*fuimos*___ (ir) al mercado.

② Point out this lexical item: **carro** → **auto/automóvil** *(Chil./Arg.);* **coche** *(Sp.)*.

② Have students select three actions and use them to express what they did **primero, después,** and **al final.**

2 **¿Ya lo hiciste?** En parejas, imaginen que acaban de volver del supermercado. Uno/a de ustedes hace preguntas un poco impertinentes. El/La otro/a contesta que ya lo hizo.

MODELO sacar las bolsas del carro
—¿Sacaste las bolsas del carro?
—Sí. Ya saqué las bolsas del carro.

1. traer las bolsas a la cocina
2. poner las latas en el armario
3. poner el helado en el refrigerador
4. abrir el paquete de galletas
5. hervir agua para hacer café
6. poner la cantidad apropiada de café
7. sacar el cartón de leche
8. encontrar el azúcar

③ Point out that **tener que** and **atreverse a** are always followed by an infinitive.

3 **¿Qué hicieron?** Combina palabras y frases de cada columna para narrar lo que hicieron las siguientes personas.

yo	asombrarse de	anoche
mi compañero/a de cuarto	atreverse a	anteayer
mis amigos	conseguir	ayer
el/la profesor(a) de español	dar	la semana pasada
mi novio/a	decir	una vez
	estar	dos veces
	extrañarse de	
	ir	
	pedir	
	tener que	

Comunicación

4 **La semana pasada** Averigua lo que hicieron tus compañeros de clase durante la semana pasada. Pasea por el salón de clases haciéndoles las siguientes preguntas a tus compañeros. Anota el nombre del primero que conteste que sí a las preguntas.

MODELO ir al cine
—¿Fuiste al cine durante la semana pasada?
—Sí, fui al cine y vi la última película de Spielberg.
—No, no fui al cine.

Actividades	Nombre
asistir a un partido de fútbol	______________
conseguir una buena nota en una prueba	______________
conducir tu carro a la universidad	______________
dar un consejo a un(a) amigo/a	______________
dormirse en una clase o laboratorio	______________
estar enfadado/a con un amigo/a	______________
estudiar toda la noche para un examen	______________
hacer una tarea dos veces	______________
ir a la oficina de un(a) profesor(a)	______________
pedir dinero prestado	______________
perder algo importante	______________
tener que comer en un restaurante cada noche	______________
ver tres programas de televisión seguidos	______________

④ Have students report their own activities during the past week. They can start by saying **Pues yo...**

5 **Una fiesta** En parejas, túrnense para comentar la última fiesta que dieron o a la que asistieron.

- cuál fue la ocasión
- cuándo fue
- quiénes fueron y quiénes no pudieron ir
- qué se sirvió
- quién lo preparó
- qué tipo de música había
- qué hicieron los invitados

⑤ Ask students what they like to do when hosting a party.

6 **¿Qué haces en el hogar?**

A. Haz una lista de diez quehaceres que hiciste el mes pasado en tu apartamento, casa o residencia.

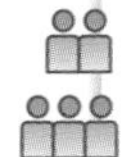

B. En parejas, túrnense para preguntarse si hicieron los mismos quehaceres.

C. Describan a la clase lo que hizo su compañero/a. Luego, la clase decide quién es el/la más trabajador(a).

⑥ Remind students that the days of the week and months of the year are masculine, as are **el día, el mes,** and **el año. La semana,** however, is feminine. When using the past tense, expressions such as **el año pasado, el lunes pasado, la semana pasada** are useful.

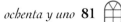

Instructional Resources
WB, LM, CD-ROM, WB/LM/VM Answer Key

Suggestion: Point out that since the imperfect often expresses progression in the past, it is not necessary to use the progressive form of the verb. **Hablaba** and **caminaba** is an appropriate translation for *was talking* and *was walking.*

3.2 The imperfect tense

¿Te acuerdas? The imperfect tense in Spanish is used to narrate past events without focusing on their beginning, end, or completion.

El recado decía que él estaba enfermo.

Siempre tenía problemas con la aspiradora.

▶ The imperfect tense of regular verbs is formed by dropping the infinitive ending **(–ar, –er, –ir)** and adding personal endings. **–Ar** verbs take the endings **–aba, –abas, –aba, –ábamos, –abais, –aban. –Er** and **–ir** verbs take **–ía, –ías, –ía, –íamos, –íais, –ían.**

The imperfect of regular *–ar, –er,* and *–ir* verbs

caminar	deber	abrir
caminaba	debía	abría
caminabas	debías	abrías
caminaba	debía	abría
caminábamos	debíamos	abríamos
caminabais	debíais	abríais
caminaban	debían	abrían

▶ **Ir, ser,** and **ver** are the only verbs that are irregular in the imperfect.

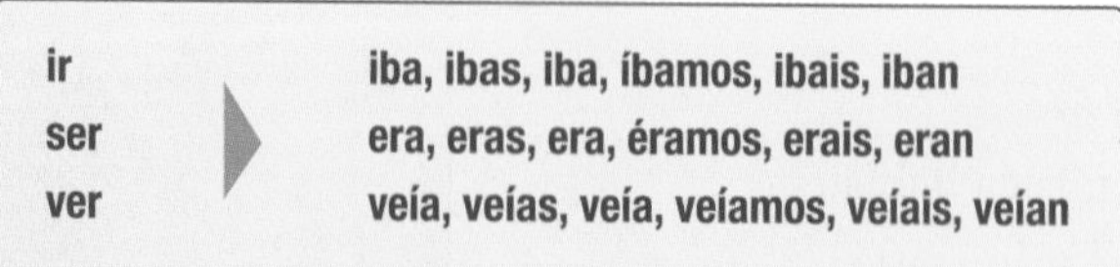

ir	**iba, ibas, iba, íbamos, ibais, iban**
ser	**era, eras, era, éramos, erais, eran**
ver	**veía, veías, veía, veíamos, veíais, veían**

▶ The imperfect tense narrates **what was going on** at a certain time in the past. It often indicates what was happening in the background.

Mi hermana y yo nos llevábamos muy mal, especialmente cuando **íbamos** de compras. Ella siempre **elegía** las cosas que no me **iban a** gustar…
My sister and I did not get along very well, especially when we went shopping. She always chose things that I wouldn't like…

¡ATENCIÓN!

The imperfect of **hay** is **había.** There is no plural form.

Había tres cartas en el buzón.
There were three letters in the mailbox.

Sólo había un vestidor en la tienda.
There was only one fitting room in the store.

Práctica y Comunicación

1 **Antes** En parejas, túrnense *(take turns)* para hacerse preguntas usando las frases. Sigan el modelo.

MODELO Levantarse tarde los lunes
—¿Te levantas tarde los lunes?
—Ahora sí, pero antes nunca me levantaba tarde los lunes.
—Ahora no, pero antes siempre me levantaba tarde los lunes.

1. hacer los quehaceres del hogar
2. cocinar para los amigos
3. ir de compras al centro comercial
4. pagar con tarjeta de crédito
5. preocuparse por el futuro

① Point out that since the expression **los lunes, los martes,** etc. implies repetition of an action, the imperfect must be used if the event takes place in the past.

2 **Antes y ahora** En parejas, comparen cómo ha cambiado la vida de Andrés en los últimos años. ¿Cómo era antes? ¿Cómo es ahora?

ANTES

AHORA

② Encourage students to bring in childhood photos and describe themselves at that time. Have the class ask questions for more details.

3 **¿Y ustedes?**

A. Busca a los/las compañeros/as as que hacían estas cosas cuando eran niños/as. Escribe el nombre del/de la primero/a que conteste afirmativamente cada pregunta.

Nombre	¿Qué hacían?
______________	tenía miedo de los monstruos y fantasmas de los cuentos.
______________	lloraba todo el tiempo.
______________	siempre hacía la cama.
______________	era muy travieso/a *(mischievous)*.
______________	rompía los juguetes.
______________	le hacía muchos regalos a sus padres.
______________	comía muchos dulces.

B. Ahora, comparte con la clase los resultados de tu búsqueda.

③ In one column, write on the board: **ayer, el otro día, todos los domingos, frecuentemente, el verano pasado.** In a second column write: **ir de compras, barrer el apartamento, comer en un restaurante, hacer los quehaceres.** Ask **¿Qué hiciste o qué hacías?** and have students match an expression with an action, and complete the sentence with the preterite or imperfect tense.
Teaching Option: Have students search the Internet for the biography of a popular actor, singer, or athlete and find out what his/her life was like in the past. Have them report the results to the class.

Instructional Resources
WB, LM, CD-ROM,
WB/LM/VM Answer Key

Suggestion: Point out that when refering to a person's age in the past, the imperfect is almost always used.
Ex: **Tenía treinta años cuando llegó a este país.**

3.3 The preterite and the imperfect

¿Te acuerdas? Although the preterite and imperfect both express past actions or states, the two tenses have different uses and, therefore, are not interchangeable.

¿Cómo lograste encender la aspiradora? Antes no funcionaba.

Uses of the preterite

▶ To express actions or states viewed by the speaker as completed.

Compraste los muebles hace un mes.
You bought the furniture a month ago.

Mis amigas **fueron** al centro comercial ayer.
My girlfriends went to the mall yesterday.

▶ To express the beginning or end of a past action.

La telenovela **empezó** a las ocho.
The soap opera began at eight o'clock.

El café **se acabó** enseguida.
The coffee ran out right away.

▶ To narrate a series of past actions.

Me levanté, **limpié** la casa y **fui** al cine.
I got up, cleaned the house, and went to the movies.

Se sentó, **puso** las noticias y **se durmió**.
He sat down, turned on the news, and fell asleep.

Uses of the imperfect

▶ To describe an ongoing past action without reference to beginning or end.

Se acostaba muy temprano.
He went to bed very early.

Juan **tenía** pesadillas constantemente.
Juan constantly had nightmares.

▶ To express habitual past actions.

Me gustaba jugar fútbol los domingos.
I used to like to play soccer on Sundays.

Solían comprar las verduras en el mercado.
They used to shop for vegetables in the market.

▶ To describe mental, physical, and emotional states or conditions.

Sólo **tenía** quince años en aquel entonces.
He was only fifteen years old then.

Estaba tan hambriento que quería comerme un pollo entero.
I was so hungry that I wanted to eat a whole chicken.

▶ To tell time.

Eran las ocho y media de la mañana.
It was eight thirty a.m.

Era la una en punto.
It was exactly one o'clock.

The preterite and imperfect used together

▶ In narrative in the past, the imperfect narrates *what was going on* or *what was happening in the background*, when it was *interrupted* by another action, expressed by the preterite.

Mientras **estudiaba sonó** la alarma contra incendios. Me **levanté** de un salto y **miré** el reloj. **Eran** las 11:30. **Salí** corriendo de mi cuarto. En el pasillo **había** más estudiantes. La alarma **seguía** sonando. **Bajamos** las escaleras y, al llegar a la calle, me **di** cuenta de que **hacía** un poco de frío. No **tenía** un suéter. De repente, la alarma **dejó** de sonar. No **había** ningún incendio.

*While I **was studying** the fire alarm **went off**. I **jumped up** and **looked** at the clock. It was 11:30. I **ran out** of my room. In the hall **there were** more students. The alarm **continued** to blare. We **rushed** down the stairs and, when we got to the street, I **realized** that it **was** a little cold. I **didn't have** a sweater. Suddenly, the alarm **stopped**. **There was** no fire.*

Different meanings in the imperfect and preterite

Quise encender la aspiradora, pero no pude.

Supe que el señor que limpia está enfermo.

▶ The verbs **querer, poder, saber,** and **conocer** have different meanings when they are used in the preterite. Notice also the meanings of **no querer** and **no poder** in the preterite.

INFINITIVE	IMPERFECT	PRETERITE
querer	**Quería acompañarte.** *I wanted to come with you.*	**Quise acompañarte.** *I tried to come with you. (but failed)* **No quise acompañarte.** *I refused to come with you.*
poder	**Ana podía hacerlo.** *Ana could do it.*	**Ana pudo hacerlo.** *Ana succeeded in doing it.* **Ana no pudo hacerlo.** *Ana could not do it.*
saber	**Ernesto sabía la verdad.** *Ernesto knew the truth.*	**Por fin Ernesto supo la verdad.** *Ernesto finally discovered the truth.*
conocer	**Yo ya conocía a Andrés.** *I already knew Andrés.*	**Yo conocí a Andrés en la fiesta.** *I met Andrés at the party.*

¡ATENCIÓN!

Here are some transitional words useful for clarity when narrating past events.

primero *first*

al principio *in the beginning*

antes (de) *before*

después (de) *after*

mientras *while*

entonces *then*

luego *then, next*

siempre *always*

al final *finally*

la última vez *the last time*

For more on transitions, see p. 212.

Suggestion: Review the difference between **saber** and **conocer.**

Variación léxica: Point out that **encender** is a synonym of **prender.** For plugging in appliances, **enchufar** is used.

Práctica

① Write several similar sentences on the board. Ex: **María <u>llegar</u> cuando Diana <u>pasar</u> la aspiradora. (llegó/pasaba)**

① Have students select some of the sentences in the activity and insert new verbs or expressions to create new sentences. Ex: **Eran las 3 de la tarde cuando Carlos y Marina salieron de compras.**

② Have students work in pairs to create sentences. Model by asking: **¿Cuándo fue la última vez que...?** and encourage students to use this question.

1 **Interrupciones** Elena y Francisca tenían invitados a cenar y lo estaban preparando todo. Completa las oraciones con el imperfecto o el pretérito.

averiguar	freír	ofrecer	salir
bostezar	haber	pasar	ser
decir	levantar	preparar	terminar
estar	llamar	quitar	tocar

1. ___*Eran*___ las 8 cuando Francisca y Elena se ___*levantaron*___ para preparar todo.
2. Elena ___*pasaba*___ la aspiradora cuando Felipe la ___*llamó*___ preguntando la hora de la cena. Le ___*dijo*___ que ___*era*___ a las diez y media.
3. Francisca ___*preparaba*___ las tapas en la cocina. Todavía ___*era*___ temprano. ___*Bostezó*___ varias veces mientras ___*freía*___ las papas en aceite.
4. Elena ___*quitaba*___ el polvo de los muebles, cuando su madre ___*tocó*___ la puerta. ¡___*Fue*___ una visita sorpresa!
5. Su madre se ___*ofreció*___ a ayudar. Elena ___*dijo*___ que sí.
6. Cuando Francisca ___*terminó*___ de hacer las tapas, ___*averiguó*___ si ___*había*___ suficientes refrescos. No había. Francisca ___*salió*___ al supermercado.
7. Cuando por fin ___*terminaron*___ los preparativos, ya ___*eran*___ las nueve y media. Todo ___*estaba*___ listo.

2 **La última vez** Indica cuándo hiciste por última vez las siguientes cosas. Utiliza algunas de las palabras y frases de la lista. Sigue el modelo.

MODELO llorar viendo una película
—La última vez que lloré viendo una película fue en 1998. La película fue *Gandhi*.

1. escribir un correo electrónico
2. decir una mentira
3. olvidar algo importante
4. perderte en una ciudad
5. perder una llave
6. oír una buena/mala noticia
7. tener una sorpresa desagradable/agradable

ayer	en el año 19..	nunca
anteayer	el mes pasado	cuando estaba de vacaciones
anoche	cuando era niño	

Comunicación

③ Cuatro fechas importantes

A. Escribe cuatro fechas importantes en tu vida. ¿Qué te pasó? ¿Dónde estabas? ¿Con quién?

Fecha	¿Qué pasó?	¿Con quién estabas?	¿Dónde estabas?	¿Qué tiempo hacía?
el 6 de agosto de 1998	*Tuve un accidente de carro.*	*Estaba con un amigo.*	*Estábamos en la autopista que va a Cuernavaca.*	*Llovía mucho.*

B. Intercambia tu información con tres compañeros/as. Ellos te van a hacer preguntas sobre lo que pasó.

④ La mañana de Herlinda

A. En parejas observen los dibujos.

1. 

2. 

3. 

4. 

B. Escriban lo que le pasó a Herlinda. Utilicen el pretérito y el imperfecto en la narración.

C. Con dos parejas más, túrnense para presentar las historias que han escrito. Hagan preguntas a sus compañeros sobre sus historias.

③ Point out the date on the chart and remind students how to write dates in Spanish (day, month, year). Add that months are not capitalized.

④ Remind students that **hacer** is used to express the weather: **hace, hizo, hacía.**
Teaching Option: Point out that in schedules and official time, the forms **diez cuarenta y cinco, nueve treinta** are used instead of the conversational expressions **once menos cuarto, nueve y media.**

Instructional Resources
WB, LM, CD-ROM, WB/LM/VM Answer Key

¡ATENCIÓN!

If an adjective has a written accent, it is kept when the suffix **–mente** is added. If it doesn't have a written accent, none is added.

Suggestion: Remind students that adjectives that end in -e and some adjectives that end in a consonant are both feminine and masculine.

3.4 Adverbs

¿Te acuerdas? Adverbs describe *how*, *when*, and *where* actions take place. They can modify verbs, adjectives, and even other adverbs.

▶ Many Spanish adverbs are formed by adding the suffix **–mente** to the feminine singular form of an adjective. The **–mente** ending is equivalent to the English ending *–ly*.

ADJECTIVE	FEMININE FORM	SUFFIX	ADVERB
básico	**básica**	**–mente**	**básicamente** *basically*
cuidadoso	**cuidadosa**	**–mente**	**cuidadosamente** *carefully*
enorme	**enorme**	**–mente**	**enormemente** *enormously*
hábil	**hábil**	**–mente**	**hábilmente** *cleverly; skillfully*

▶ Adverbs generally follow the verbs they modify and precede the adjectives they modify.

Isabel cocina **maravillosamente**.
Isabel cooks wonderfully.

Está **completamente** feliz en su nuevo hogar.
She is completely happy in her new home.

▶ If two or more adverbs modify the same verb, only the final adverb in the sentence or phrase uses the suffix **–mente.**

Se marchó **lenta** y **silenciosamente**.
He left slowly and silently.

Tocaron el timbre **rápida** e **insistentemente**.
They rang the bell rapidly and insistently.

▶ The construction **con** + [*noun*] is often used instead of long adverbs that end in **–mente.**

cuidadosamente = con cuidado

frecuentemente = con frecuencia

Common adverbs and adverbial phrases

a escondidas *secretly; clandestinely*
a menudo *frequently; often*
a tiempo *on time*
a veces *sometimes*

apenas *hardly; scarcely*
así *like this; so*
bastante *sufficiently*
casi *almost*

de costumbre *usually*
de improviso *unexpectedly*
de vez en cuando *now and then*
en aquel entonces *at that time*
en el acto *immediately; on the spot*

▶ The adverbs **poco** and **bien** frecuently modify adjectives. In these cases, **poco** is often the equivalent of the English prefix *un–*, while **bien** conveys the meaning of *well, very, rather* or *quite*.

La situación está **poco** clara.
The situation is unclear.

La cena estuvo **bien** rica.
Dinner was very tasty.

Práctica y Comunicación

1 **Instrucciones para ser feliz** Elige el adjetivo apropiado para cada ocasión y después completa la oración con el adverbio correspondiente a ese adjetivo. Hay dos adjetivos que no se usan.

1. Tienes que amar a tu pareja *enormemente*.
2. Tienes que salir por la noche *frecuentemente*.
3. Debes gastar el dinero *cuidadosamente*.
4. Si le haces daño a alguien, debes pedir perdón *inmediatamente*.
5. Desayuna todas las mañanas *tranquilamente*.

cuidado
triste
tranquilo
enorme
frecuente
inmediato
malo

① Have students provide the corresponding adverbs for the unused adjectives. In pairs, students can continue: one student chooses a new adjective and the partner forms the adverb.

2 **¿Cuántas veces?** Trabajen en parejas. Usen los elementos de las dos columnas para preguntarse con qué frecuencia hacían estas cosas el año pasado.

② Have students report on their partner's activities.

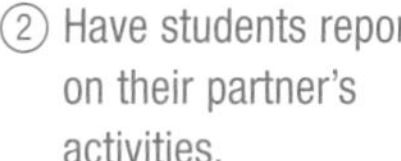

ACTIVIDAD	FRECUENCIA
limpiar tu habitación	nunca
desayunar sólo café	casi nunca
comer hamburguesas	a veces
hacer un examen sin estudiar	con frecuencia
afeitarte la cabeza	casi siempre
llegar temprano a clase	siempre

Teaching Option: Have students form two teams. Have each student write an adverb on a piece of paper and put it in a bag. Taking turns, students have 30 seconds to pick an adverb, read it, and use it in a sentence. Write the sentences on the board. The team with more correct sentences wins.

3 **Conversar** En parejas, tienen que escribir un diálogo inspirado en la ilustración. Ellos se acaban de conocer y quieren saber qué hábitos y gustos tiene el/la otro/a. Utilicen adverbios en su conversación. Cuando hayan terminado, representen la conversación delante de la clase.

Teaching Option: Have students change prepositional phrases to adverbs. Write the following on the board:
1. con tranquilidad
2. con alegría
3. con tristeza
4. con agrado.
Write the following pattern on the board:
con amabilidad → amable → amablemente.

Expansion: Ask a volunteer to read the first paragraph of the text. Have the class discuss its meaning. **¿Qué quiere decir el autor con "entre locomotoras, piedras y vías"?** Have students locate Clemente, Argentina on the map. Ask them to search the web for information on this part of the world (Patagonia). They should report their findings.

A conversar

La vida, antes y ahora

A Trabajen en grupos pequeños para leer el texto.

Nací y me crié en Clemente, Argentina. Mi abuelo árabe Elías Chaina llegó a ese lugar a principios de siglo allá por 1910, y se instaló, quizás porque esas piedras y lo desértico de la estepa° patagónica le recordaban a su querido Harajel, allá en el monte libanés. *steppe*

A ese lugar fue llegando gente de muchas partes, de los cuales la mayoría venía siguiendo las vías del ferrocarril°. Así se fueron mezclando° con las familias que habitaban la zona. *railways/integrating*

Y entre locomotoras, piedras y vías se fueron mezclando y formaron el pueblo. Ahí nomás, bien cerquita de las vías del ferrocarril. Todos juntitos.

Vivieron en ese lugar trabajando, luchando° por la vida, criaron° a sus hijos, pensaron en un futuro, soñaron° y albergaron esperanzas°. *struggling/raised* *dreamt/had hopes*

Ésta es una parte de la historia.

La llegada y el desarrollo° del ferrocarril marcaron un momento importante en el crecimiento° y prosperidad en nuestro país. La expansión de sus vías permitió un inmenso progreso en todos los terrenos, fundamentalmente en la comunicación. *development* *growth*

B Con el grupo, contesten las siguientes preguntas.

1. ¿De dónde era el abuelo?
2. ¿Cómo era el pueblo?
3. ¿Qué importancia tuvo el tren para el desarrollo del pueblo?
4. ¿Cómo fue la vida de sus abuelos?

C Con el grupo, completen la siguiente tabla. Tienen que comparar su vida con la vida que vivieron sus abuelos cuando tenían la edad que tienen ustedes ahora.

	SUS ABUELOS	USTEDES
Las relaciones sentimentales		
Los fines de semana		
Las comodidades del hogar		
La importancia de la comunicación		
El trabajo fuera de casa		

D Con toda la clase, discutan sobre las siguientes preguntas.

- ¿Qué sociedad es mejor, la de ustedes o la de sus abuelos? ¿Por qué?
- ¿Es importante el amor en el matrimonio? ¿Por qué?
- ¿Era la gente más feliz en el pasado? Razonen sus respuestas.

Manos a la obra

Reglamento de convivencia

Suggestion: See the **VENTANAS IRM** for teaching suggestions.

Tres estudiantes comparten un apartamento. Viven allí desde hace un mes. Ya han tenido varias discusiones sobre la limpieza, el orden, los ruidos, los horarios, el uso del baño, la comida, las visitas y las fiestas. Pero ya solucionaron sus problemas. Ahora tienen un nuevo problema: un(a) nuevo/a estudiante irá a vivir con ellos/as. Para evitar nuevas discusiones tienen que decidir unas reglas básicas de convivencia *(rules for living together)*.

A Imagina que tú eres uno/a de esos/as estudiantes. Haz una lista de los problemas que tuviste con tus compañeros de apartamento, usando el imperfecto y el pretérito. Ten en cuenta los temas mencionados arriba: la limpieza, el orden, los ruidos, los horarios, el uso del baño, la comida, las visitas y las fiestas. Puedes agregar *(add)* otros temas.

B En grupos, compartan las listas y hagan una sola. Sigan las siguientes instrucciones:

- Tachen *(Cross out)* los problemas que se repitieron.
- Agrupen los problemas sobre el mismo tema.
- Dentro de un tema, numeren los problemas desde el más grave al menos grave.
- Escriban la nueva lista con los problemas más frecuentes.

C En grupos de tres, escriban el reglamento. Tienen que:

- Ponerles título a los diferentes grupos de problemas.
- Escribir reglas cortas y claras.
- Revisar la gramática y la ortografía.

D Después, cada grupo lee sus resultados a la clase. Los otros grupos hacen preguntas para aclarar sus dudas *(doubts)*. El grupo tomará nota de las preguntas y de sus respuestas.

E Usen las notas que tomaron para revisar y corregir el reglamento.

Antes de leer

¿Te levantas de buen humor por las mañanas? ¿Crees que es importante desayunar bien antes de salir de casa?

Vocabulario

emprender *to undertake*
proporcionar *to provide*

Instructional Resource Website

Suggestion: For additional literary and cultural readings on the lesson's theme, see the corresponding lesson in **Ventanas: Lecturas.**

Pre-reading Strategy: Have students scan the text and underline the words they already know. Ask them to circle all the cognates they can find. This should provide enough clues to determine that this is an advertisement promoting a certain product.
Ask: **¿Qué tipo de establecimiento pondría un anuncio como éste? (Una panadería)**

AHORA DISFRUTAN
SU DÍA CINCO VECES MÁS

Mili y Sergio son super activos. Estudian, trabajan, hacen deporte... su horario de un día parece el de un mes. Y lo saben disfrutar. Por eso empiezan con un desayuno tan rico en sabor como en valores nutritivos, como el Pan Italiano Plus 5 Grain de Publix.

Este pan es exclusivo de Publix Bakery y está hecho naturalmente con cinco granos°, entre ellos, avena, semillas de girasol, mijo, linaza° y también trigo°. Es el balance perfecto de vitaminas y minerales para proporcionar energía y resistencia.

Todas las mañanas, antes de emprender su ocupada rutina, Mili y Sergio disfrutan del Pan Italiano Plus 5 Grain del Publix Bakery, crujiente° por fuera y suavecito por dentro. A Sergio le gusta mucho con mantequilla y a Mili le fascina con pasta de guayaba°.

Después de leer

1. Lee otra vez el anuncio y analiza cómo describe a la pareja. ¿Cómo son y qué importancia tienen sus personalidades en el anuncio?

2. En parejas, escriban cómo fue el resto del día para Mili y Sergio. Usen el pretérito y el imperfecto.

Teaching Option: Have students write a short ad for a product they consider nutritious and read it to the class. The class will select the most effective ad, and the one most accurate in language and grammar.

Lexical Variation: Point out that in Argentina and Uruguay the word for **mantequilla** is **manteca.**

granos *grains*
linaza *flaxseed*
trigo *wheat*
crujiente *crunchy*
pasta de guayaba *guava butter*

3 VOCABULARIO

La vida diaria y términos afines

el aseo personal	*personal care*
el asunto	*matter; topic*
la costumbre	*custom; habit*
arreglarse	*to get ready*
cuidarse	*to take care of oneself*
proporcionar	*to provide; to supply*
cotidiano/a	*everyday*

La casa, los electrodomésticos y otros términos afines

el balcón	*balcony*
el buzón	*mailbox*
la escalera	*staircase*
la escoba	*broom*
el foco	*lightbulb*
el hogar	*home; fireplace*
los muebles	*furniture*
los quehaceres	*chores*
apagar	*to turn off*
barrer	*to sweep*
calentar	*to warm up*
cocinar	*to cook*
encender	*to turn on*
freír	*to fry*
hacer la limpieza	*to do the cleaning*
hervir	*to boil*
limpiar	*to clean*
pasar la aspiradora	*to vacuum*
quitar el polvo	*to dust*
tocar el timbre	*to ring the doorbell*
congelado/a	*frozen*
espacioso/a	*spacious*

Instructional Resource
Tests

Las compras y otros términos afines

el centro comercial	*mall*
el dinero en efectivo	*cash*
la ganga	*the bargain*
el reembolso	*refund*
el supermercado	*supermarket*
la tarjeta de crédito	*credit card*
el vestidor	*fitting room*
ir de compras	*to go shopping*
seleccionar	*to select; to pick out*
auténtico/a	*real; genuine*
barato/a	*cheap*
costoso/a	*costly; expensive*

Acciones (verbos)

averiguar	*to find out; to check*
bostezar	*to yawn*
colgar (ue)	*to hang*
dejar	*to leave (something behind)*
elegir	*to choose*
emprender	*to undertake; to embark on*
levantar	*to pick up*
masticar	*to chew*

Expresiones adverbiales temporales

a menudo	*frecuently; often*
a tiempo	*on time*
a veces	*sometimes*
de vez en cuando	*now and then*
en aquel entonces	*at that time*
en el acto	*immediately; on the spot*

Más expresiones adverbiales *véase la página 88.*

Otros adverbios y expresiones adverbiales

a escondidas	*secretly; clandestinely*
a propósito	*on purpose*
apenas	*hardly; scarcely*
así	*like this; so*
bastante	*sufficiently*
casi	*almost*
de costumbre	*usually*
de improviso	*unexpectedly*
hábilmente	*skillfully*
por casualidad	*by chance*

Percepciones, condiciones y términos afines

el asombro	*amazement; astonishment*
la pesadilla	*nightmare*
el ruido	*noise*
la soledad	*solitude; lonliness*
atreverse	*to dare*
extrañarse de algo	*to be surprised about something*
gozar de algo	*to enjoy something*
lograr	*to attain; to achieve*
asombroso/a	*astonishing*
hambriento(a)	*hungry*
¡Qué pena!	*What a pity!*

Expresiones útiles *véase la página 73.*

Los viajes

4

Communicative Goals

You will expand your ability to...

- express past events and conditions
- make comparisons
- express your attitude toward actions and conditions

Los viajes

Instructional Resources
WB, LM, CD-ROM, WB/LM/VM Answer Key

Note: WB = Workbook, LM = Lab Manual, VM = Video Manual, and TS/VS = Tapescript/Videoscript.

Suggestion: Have students read the section title and look at the photos. Ask them to describe the people in the photos and guess what happened to them in the immediate past.

Suggestion: Remind students that the boldfaced words and expressions in the paragraphs are new active vocabulary as well as the vocabulary in the lists.

Los impuntuales

Unos pasajeros **desembarcaron** para visitar la ciudad, fueron a **dar un paseo** y luego tomaron un taxi para volver al **crucero**. Pero un accidente de **tránsito** los **retrasó**. El capitán está furioso, porque debe esperar a que todos vuelvan a **embarcar** antes de continuar **navegando**. Mientras espera, él **admira** las **olas**, que son mucho más puntuales.

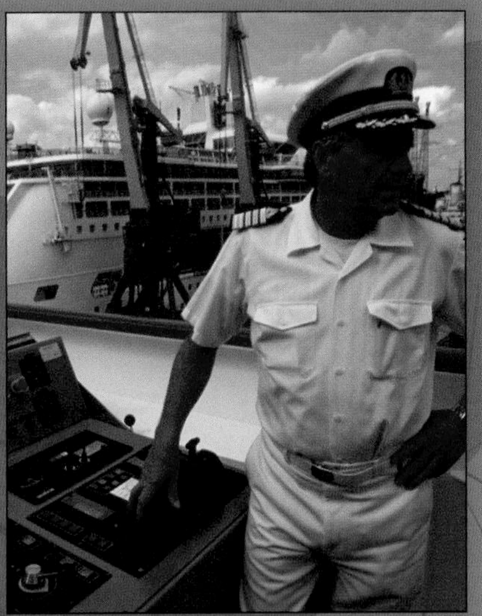

La alegría de llegar

Esperanza se quitó el **cinturón de seguridad** y bajó del avión al terminar un largo **itinerario** para **regresar** a su país. **Extrañaba** a su familia y ellos habían preparado una **bienvenida** especial para ella. Pero Esperanza tropezó con algunos obstáculos: **los auxiliares de vuelo** tardaron en abrir la puerta y **el agente de aduanas** tardó mucho en cobrarle un impuesto. Ahora, finalmente, Esperanza puede festejar su **llegada.**

Comprehension Check: 1) ¿Por qué tardan algunos pasajeros en volver al crucero? 2) ¿Qué tuvo que hacer Esperanza en la aduana? 3) ¿Qué quería hacer Hernán en su viaje? 4) ¿Por qué está Silvana acostada en la recepción del hotel?

Suggestion: Ask students to talk about unusual circumstances they have encountered while traveling.

El aventurero

Milagros quiso convencer a su hijo Hernán de que no es **recomendable** que **se marche** a buscar **aventuras.** Pero Hernán estaba decidido a explorar **peligrosas** selvas tropicales y lugares exóticos. En el último momento Hernán se ha dado cuenta de que su mamá tiene razón: su pasaporte está **vencido.** Le conviene **quedarse.**

A disfrutar

Un **congestionamiento** le impidió llegar a su **destino** a tiempo. Como llegó tan tarde, en el hotel **cancelaron** su reservación. Silvina sabe que, como es **temporada alta,** los hoteles **están llenos** y esta noche no conseguirá un lugar donde **alojarse.** Pero ella no **se queja.** Quiere disfrutar de sus vacaciones y eso hará, aunque esta noche tenga que descansar en un **rincón.**

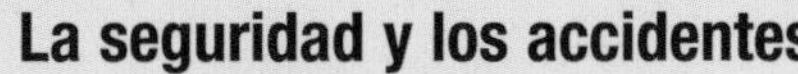

La seguridad y los accidentes

el aviso	*notice; warning*
el choque	*collision*
las medidas de seguridad	*security measures*
el seguro	*insurance*
ponerse (el cinturón)	*to fasten (the seatbelt)*
quitarse (el cinturón)	*to unfasten (the seatbelt)*
reducir (la velocidad)	*to slow down (the speed)*
prohibido/a	*forbidden*

Los viajes

la despedida	*farewell*
el excursionismo	*sightseeing*
la frontera	*frontier*
el horario	*timetable*
las horas de visita	*visiting hours*
el transporte público	*public transportation*
la vuelta	*return (trip)*
comprar boletos	*to buy tickets*
preparar maletas	*to pack suitcases*
recorrer	*to go across; to travel*
reservar	*to reserve*
a bordo	*on board*

Los servicios

el/la camarero/a	*waiter, waitress*
el/la mesero/a	*waiter, waitress*
el piloto	*pilot*
el servicio de habitación	*room service*
los servicios	*facilities*
turístico/a	*tourist(y)*
bien cuidado/a	*well-kept*

Práctica

① Ask students to continue the narration by adding a continuing sentence. Ex: 1B.a.) **Un pasajero se enojó con él.**

② Ask groups of three to write a similar schedule for travel to the moon.

③ Ask students to brainstorm common complaints of travelers. Write their responses on the board to compare with don David's list later.

1 Frases deshechas

A. Conecta las palabras de las columnas para formar estos términos.

1. ___*c*___ congestionamiento — a. público
2. ___*b*___ horas — b. de visita
3. ___*a*___ transporte — c. de tránsito
4. ___*e*___ auxiliar — d. de seguridad
5. ___*d*___ medidas — e. de vuelo

B. Ahora, con los términos que has formado, completa las siguientes oraciones:

a. El ___*auxiliar de vuelo*___ les explicó a los pasajeros cómo ponerse el cinturón de seguridad.
b. Como no le gusta conducir utiliza el ___*transporte público*___.
c. En los aeropuertos se están tomando nuevas ___*medidas de seguridad*___.
d. Las ___*horas de visita*___ del hospital eran muy estrictas.
e. El agente de policía solucionó el ___*congestionamiento de tránsito*___.

2 Eva

Ordena la secuencia de algunas cosas que hace Eva al viajar. Luego, escribe un pequeño párrafo describiendo cómo fue el viaje de Eva.

Ponerse el cinturón

Comprar el boleto

Preparar las maletas

Despedirse

3 Quejas

Don David se queja de todo. Adonde vaya siempre escribe algo en los libros de quejas.

A. Completa las siguientes oraciones que escribió.

camarero	habitación	horario	transporte

a. El servicio de ___*habitación*___ es muy malo. Nunca tengo toallas limpias.
b. El ___*transporte*___ público en esta ciudad nunca llega a tiempo.
c. El ___*horario*___ del museo es horrible. Nadie puede ver todas las esculturas.
d. El ___*camarero*___ me trajo el café demasiado caliente.

B. Escribe la letra de la oración que corresponde a los lugares de los que se quejaba.

___*a*___ Hotel ___*b*___ Municipalidad ___*d*___ Restaurante ___*c*___ Museo

Comunicación

4 Problemas

A. En parejas, representen una de estas situaciones. Busquen una solución para el problema. Recuerden que para convencer a la otra persona, deben explicar detalles y dar excusas *(excuses)* o razones para hacer algo o impedir que la otra persona haga algo.

Situación 1

ESTUDIANTE 1 Eres un(a) huésped en un hotel que está muy sucio. No te gusta el servicio de habitación y además hace demasiado calor en tu cuarto.

ESTUDIANTE 2 Tu tío te ha dejado a cargo de su hotel. No sabes qué hacer. Además, es temporada alta y como el hotel está lleno tienes mucho que hacer.

Situación 2

ESTUDIANTE 1 Eres un agente del gobierno apostado *(assigned to)* en la frontera. Nadie puede cruzar sin su pasaporte.

ESTUDIANTE 2 Después de viajar por muchas horas, llegas con tu marido/mujer a la frontera. Aunque traes identificación, olvidaste tu pasaporte.

Situación 3

ESTUDIANTE 1 Ibas manejando y has tenido un accidente. Te bajas del carro para hablar con el/la otro/a conductor(a). No tienes los papeles del seguro.

ESTUDIANTE 2 Ibas manejando y has tenido un accidente con otro carro. No llevabas el cinturón de seguridad puesto y te has roto una pierna.

B. ¿Cómo solucionaron la situación? ¿Tuvo que intervenir alguien para ayudarlos? Una vez que consideren que han llegado a una solución, explíquenle al resto de la clase qué decidieron hacer.

5 ¡Bienvenidos!

A. Imagina que trabajas en la Secretaría de Turismo de tu ciudad. Tienes que organizar una visita turística de tres días. Para prepararla, piensa en la siguiente información:

- ¿Quiénes son los turistas?
- ¿A qué aeropuerto/puerto/estación llegan los turistas?
- ¿En qué hotel/pensión se alojan?
- ¿Qué excursiones pueden hacer?
- ¿Hay lugares exóticos para visitar?
- ¿Adónde pueden ir con un guía?
- ¿Pueden navegar en algún mar/río?
- ¿Hay algún museo/parque/edificio para visitar?
- ¿Pueden practicar algún deporte?

B. Ahora imagina que tu compañero/a es un turista que quiere visitar tu ciudad y te pide información sobre alojamiento y transporte. Con la información que tienes, explícale todo lo que puede hacer en tres días. Luego intercambien los papeles.

4 Before pairing students, ask for different volunteers to act out the situation while you read the descriptions aloud.

5 Have students write ads for places they have visited.

Diana le da unos boletos de avión y varios documentos a Fabiola y a Éric.

DIANA Aquí están los boletos para Venezuela, la guía de la selva amazónica y los pasaportes... Después les doy la información del hotel.

ÉRIC Gracias.

FABIOLA Gracias.

ÉRIC ¿Me dejas ver tu pasaporte?

FABIOLA No me gusta cómo estoy en la foto. Me hicieron esperar tanto que salí con cara de enojo.

ÉRIC No te preocupes... Ésa es la cara que vas a poner cuando estés en la selva.

DIANA Es necesario que memoricen esto. A ver, repitan: tenemos que salir por la puerta 12.

FABIOLA, ÉRIC y JOHNNY Tenemos que salir por la puerta 12.

DIANA El autobús del hotel nos va a recoger a las 8:30.

FABIOLA, ÉRIC El autobús del hotel nos va a recoger a las 8:30.

ÉRIC Sí, pero en el Amazonas, Fabiola. ¡Amazonas!

MARIELA Es tan arriesgado que van a tener guía turístico y el alojamiento más lujoso de la selva.

ÉRIC Mientras ella escribe su artículo en la seguridad del hotel, yo voy a estar explorando y tomando fotos. Debo estar protegido.

Juegan que están en la selva.

JOHNNY *(con la cara pintada)* ¿Cuál es el chiste? Los soldados llevan rayas... Lo he visto en las películas.

ÉRIC Intentémoslo nuevamente.

JOHNNY Esta vez soy un puma que te ataca desde un árbol.

ÉRIC Mejor.

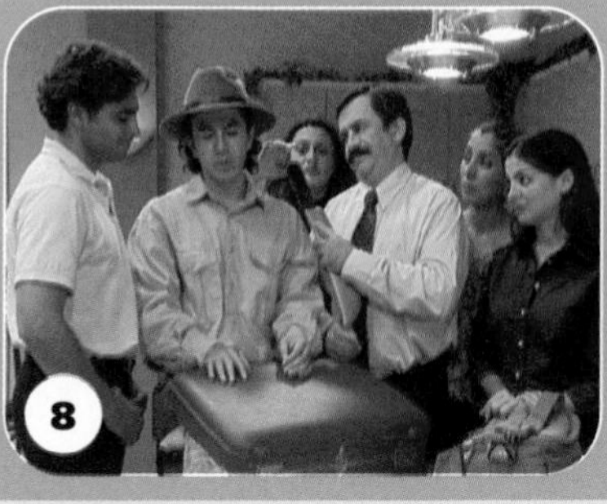

Antes de despedirse, Éric guarda cosas en su maleta.

AGUAYO Por la seguridad de todos creo que debes dejar tu machete, Éric.

ÉRIC ¿Por qué debo dejarlo? Es un machete de mentiras.

DIANA Pero te puede traer problemas reales.

AGUAYO Todos en la selva te lo van a agradecer.

Instructional Resources
VM, Video, CD-ROM, IRM, WB/LM/VM Answer Key

Video Synopsis: • Fabiola and Éric compare passports for their trip to Venezuela.
• Éric arrives dressed like Indiana Jones.
• Fabiola reminds Éric that they are traveling to write a story on ecotourism.
• Diana and Aguayo wrap Éric's suitcase in adhesive tape with the passports inside.
• See IRM for more details.

Preview: Have students predict what will happen based on the video stills.

Suggestions: Have students scan the captions for travel related words and expressions.

Personajes

AGUAYO

ÉRIC

JOHNNY

FABIOLA

MARIELA

DIANA

4

DIANA ... El último número que deben recordar es cuarenta y ocho dólares con cincuenta centavos.

FABIOLA, ÉRIC Cuarenta y ocho dólares con cincuenta centavos.

JOHNNY Y ese último número, ¿para qué es?

DIANA Es lo que van a tener que pagar por llegar en taxi al hotel si olvidan los dos números primeros.

5

ÉRIC *(Entra vestido de explorador.)* Fuera, cobardes, la aventura ha comenzado.

MARIELA ¿Quién crees que eres... México Jones?

ÉRIC No. Soy Cocodrilo Éric, el fotógrafo más valiente de la selva. Listo para enfrentar el peligro.

FABIOLA ¿Qué peligro? Vamos a hacer un reportaje sobre ecoturismo... ¡Ecoturismo!

9

ÉRIC ¿Alguien me puede ayudar a cerrar la maleta?

JOHNNY ¿Qué rayos hay acá dentro?

AGUAYO Es necesario que dejes algunas cosas.

ÉRIC Imposible. Todo lo que llevo es de primerísima necesidad.

JOHNNY ¿Cómo? ¿Esto?

Johnny saca un látigo de la maleta.

10

Diana cierra la maleta con cinta adhesiva.

DIANA Listo... ¡Buen viaje!

MARIELA Debe ser emocionante conocer nuevas culturas.

AGUAYO Espero que disfruten en Venezuela y que traigan el mejor reportaje que puedan.

JOHNNY Y es importante que no traten de mostrarse ingeniosos, ni cultos; sólo sean ustedes mismos.

Expresiones útiles

Asking permission

¿Me dejas ver tu pasaporte?
Will you let me see your passport? (fam.)

Déjeme ver su pasaporte, por favor.
Let me see your passport, please. (form.)

Con permiso/Perdone que lo moleste (form.) *Excuse me./Pardon me for bothering you.*

Expressing reassurance

No te preocupes. *Don't worry. (fam.)*

No se preocupe usted.
Don't worry. (form.)

Cálmate. (fam.)/Cálmese. (form.)
Calm down.

Expressing obligation

Tendrás que dejar algunas cosas.
You'll have to leave some things behind. (fam.)

Tendrá usted que dejar algunas cosas.
You'll have to leave some things behind. (form.)

Deberás dejar algunas cosas.
You should leave some things behind. (fam.)

Deberá usted dejar algunas cosas.
You should leave some things behind. (form.)

Additional vocabulary

el enojo *anger*
el centavo *cent*
enfrentar *to confront*
arriesgado/a *risky*
la raya *warpaint, stripe*
lanzar *to throw*
lujoso/a *luxurious*
¿Qué rayos...? *What on earth...?*

Apuntes culturales El ecoturismo está creciendo en América Latina. Se puede elegir entre ayudar a las tortugas marinas en Costa Rica, aprender cómo se vive en el Altiplano de Bolivia o colaborar en la preservación de campos de cactus en Yucatán. Los ecoturistas suelen provenir de Europa y Estados Unidos. Los jóvenes latinoamericanos, acostumbrados al turismo tradicional y al turismo de aventura, están empezando a valorar el respeto al medio ambiente y a las culturas locales. *¿En qué lugares de América Latina te parece que es más necesario el ecoturismo?*

Comprensión

① Ask eight students to each write one sentence in large print on separate paper. Then have them form a human time line with the events. The rest of the class should make suggested changes to the time line.

1 **¿Presente o futuro?** Según la **Fotonovela**, decide si lo que afirman estas oraciones, ocurre **en el presente** u ocurrirá **en el futuro.** Luego completa las oraciones con la forma adecuada del verbo.

	presente	futuro
1. Fabiola *pondrá* (poner) cara de enojo en la selva.	☐	☑
2. El autobús los *recogerá* (recoger) a las 8:30.	☐	☑
3. Fabiola y Éric *harán* (hacer) un reportaje sobre el ecoturismo.	☐	☑
4. Fabiola *escribirá* (escribir) su artículo en el hotel.	☐	☑
5. Éric *explorará* (explorar) la selva y *tomará* (tomar) fotos.	☐	☑
6. Aguayo le *dice* (decir) a Éric que deje su machete.	☑	☐
7. Diana *ayuda* (ayudar) a Éric a cerrar la maleta.	☑	☐
8. Johnny y Mariela *despiden* (despedir) a Fabiola y Éric.	☑	☐

② Model the activity by doing the first sentence as a group.

2 **Modificar** Escribe de otra manera las siguientes oraciones. Utiliza expresiones de obligación: **tener que** o **deber.**

1. Tenemos que salir por la puerta 12. *Tenemos que / Debemos salir por la puerta 12.*
2. Creo que debes dejar el machete. *Creo que tienes que dejar el machete.*
3. No traten de mostrarse ingeniosos, ni cultos. *No tienen que / deben mostrarse ingeniosos, ni cultos.*
4. Sólo sean ustedes mismos. *Sólo tienen que / deben ser ustedes mismos.*

③ Have students describe other places and situations where these questions/comments might be made.

3 **Preguntas** A continuación hay oraciones que equivalen a comentarios de la **Fotonovela**. Busca la oración de la **Fotonovela** que corresponde con cada uno. Sigue el modelo.

MODELO Oración: Ayúdenme a cerrar la maleta.
Fotonovela: ¿Alguien me puede ayudar a cerrar la maleta?

1. No tengo que dejar el machete. *¿Por qué debo dejarlo?*
2. Déjame ver tu pasaporte. *¿Me dejas ver tu pasaporte?*
3. No entiendo para qué sirve ese número. *Ese último número, ¿para qué es?*
4. Dime qué hay dentro de la maleta. *¿Qué rayos hay acá dentro?*
5. No estoy haciendo una broma. *¿Cuál es el chiste?*
6. Este látigo no es de primera necesidad. *¿Cómo? ¿Esto?*
7. No hay ningún peligro. *¿Qué peligro?*

④ Ask students to describe what people do when they experience the emotions listed in the exercise.

4 **¿Cómo son? ¿Cómo están?** Describe a Éric, Fabiola, Diana y Aguayo usando **ser** y **estar** y los adjetivos de la lista. Luego, comparte tus oraciones con tus compañeros/as.

ansioso/a	gracioso/a	contento/a
tranquilo/a	responsable	nervioso/a
preocupado/a	irresponsable	desordenado/a

Ampliación

5 **El reportaje de Fabiola** Lee la introducción del reportaje de Fabiola. Luego, en parejas, contesten las preguntas por escrito. Compartan sus respuestas con sus compañeros/as.

El ecoturismo en Venezuela

Todos los años, muchas personas viajan a lugares exóticos para conocer paisajes y culturas diferentes. A veces, el contacto de los turistas con las personas del lugar produce buenas relaciones y aprecio. Otras veces, el turismo molesta a las comunidades indígenas y destruye el medio ambiente.

En la selva del Amazonas, al sur de Venezuela, viven 60.000 indígenas. Muchas agencias de viaje han llevado a un número excesivo de turistas a las aldeas indígenas. Algunos turistas han entrado en casas privadas y en lugares sagrados. Por eso, muchos indígenas no quieren compartir su mundo con los de "afuera".

Algunos grupos indígenas trataron de dar una buena solución para ellos mismos y para los turistas. Así nacieron los campamentos de ecoturismo.

1. ¿Para qué van a lugares exóticos miles de turistas?
2. ¿Qué consecuencias positivas y negativas tiene el turismo en lugares exóticos?
3. ¿Quiénes son los responsables de estas consecuencias negativas?
4. ¿Por qué los campamentos de ecoturismo son una solución?

6 **¿Te gusta el ecoturismo?** Para responder a esta pregunta, completa este test. Escribe 2 si tu respuesta es afirmativa, 0 si tu respuesta es negativa y 1 si tu respuesta es "más o menos".

1. ¿Has ido de campamento alguna vez? ___
2. ¿Te gusta dormir en carpa? ___
3. ¿Sabes prender fuego? ___
4. ¿Sabes cocinar? ___
5. ¿Comes comidas exóticas? ___
6. ¿Te gusta caminar mucho? ___
7. ¿Tienes buena salud? ___
8. ¿Puedes estar una semana sin bañarte? ___

RESULTADOS entre 0 y 7 puntos: No intentes hacer ecoturismo.
entre 8 y 14 puntos: Puedes hacer ecoturismo.
entre 15 y 20 puntos: ¿Qué esperas para hacer ecoturismo?

7 **¿Con quién prefieres viajar?** Contesta las siguientes preguntas en una hoja de papel y entrega la hoja al/a la profesor(a). Tú recibirás la hoja de un(a) compañero/a. Lee la hoja y explica a la clase la información. Explica si harías un viaje de ecoturismo con ese/a compañero/a.

1. ¿A qué lugares prefieres viajar?
2. ¿Qué te gusta hacer durante tus vacaciones?
3. ¿En qué transporte prefieres viajar?
4. Escribe cuatro cosas que no soportas y cuatro que te gustan cuando viajas.

NATIONAL communication STANDARDS

⑤ Ask for a volunteer to read the selection aloud for the class.

⑥ Keep a tally of the students' answers on the board. Then ask volunteers for a summary report based on percentages.

Instructional Resource IRM (general teaching suggestion)

Ecoturismo en el Amazonas

Éric y Fabiola van a hacer un reportaje sobre el ecoturismo en la selva amazónica. A continuación encontrarás información sobre la Amazonia y sus ofertas turísticas.

Si te gusta pasar tus vacaciones en contacto con la naturaleza y quieres alejarte de las rutas conocidas en busca de algo distinto, debes considerar una visita al Amazonas.

El río Amazonas, que nace en el Perú y desemboca en Brasil, tiene 6.275 kilómetros de longitud. Este río, que tiene el mayor caudal del mundo, encuentra a su paso casi seiscientas islas. En este territorio selvático, llamado Amazonia, viven muchas comunidades indígenas.

Indígenas del Amazonas

La selva virgen amazónica es un importante destino para los ecoturistas. Este tipo de turismo ecológico permite conocer, respetar y, en consecuencia, proteger los recursos naturales de nuestro planeta. El contacto con las comunidades indígenas contribuye a su desarrollo económico, sin violar su entorno ni destruir su cultura tradicional.

Hay muchas empresas en Colombia, Venezuela, Ecuador y Bolivia que organizan viajes de ecoturismo, desde los más relajados hasta los más temerarios. Puedes hacer una excursión sencilla a uno de los extraordinarios parques nacionales; o pasear por la selva para observar las plantas medicinales y la fauna; incluso puedes asistir a las comidas que se organizan en refugios típicos, donde se narran leyendas indígenas. Además, puedes pescar, participar en la preparación de alimentos, como el queso, descansar en los tranquilos cruceros fluviales, visitar alguna isla y bañarte en las limpias aguas de los ríos.

El Amazonas: Un paraíso terrenal

Turistas en el Amazonas

Pero si eres más aventurero y atrevido, puedes construir campamentos en la selva virgen, aprender las nociones de supervivencia y practicar deportes extremos, como la escalada, el paracaidismo y el *rafting*.

Algunos medios de transporte en Hispanoamérica

Diana ha contratado un taxi para que recoja a Éric y a Fabiola en el aeropuerto. Hay muchos y muy variados medios de transporte en Hispanoamérica. Aquí puedes leer un poco más sobre ellos.

Cuando estás visitando un país, siempre es interesante recorrer la región usando los mismos medios que los utilizados por los habitantes de la zona. Aunque en los pueblos costeros de la Amazonia y el Caribe es muy común trasladarse en canoas o piraguas, el transporte más económico y popular es el autobús. En las zonas rurales de Colombia son típicas las "chivas", simpáticos autobuses de múltiples colores, sin cristales en las ventanas, con piso y asientos de madera.

Viajando en "chiva"

En las montañas escarpadas de los Andes, se prefiere la mula al caballo, ya que ésta reacciona con más facilidad ante el peligro que representan los desniveles del terreno. En los Llanos, región que se encuentra entre Colombia y Venezuela, el caballo es más usado porque atraviesa con facilidad las grandes ciénagas y los pantanos de la región.

En el Perú, en el lago Titicaca, se utilizan los barcos hechos exclusivamente de juncos. Se llaman *totoras* y los historiadores han determinado que son un tipo de embarcación muy antigua, que no ha sufrido mayores cambios en su desarrollo desde hace miles de años.

El tren normalmente es lento, pero puede ser divertido porque hay suficiente tiempo para conversar. Si estás en México, coge el tren de Chihuahua a Los Mochis, el único medio de transporte que recorre la Sierra Madre. Es uno de los viajes más espectaculares, por la belleza del paisaje.

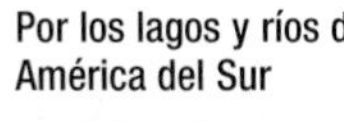

Por los lagos y ríos de América del Sur

Coméntalo

Reúnete con varios compañeros/as de clase y conversa sobre los siguientes temas.

1. ¿Les gustaría ir al Amazonas? ¿Por qué?
2. Si fueran a la Amazonia, ¿qué clase de actividades les gustaría realizar?
3. Cuando están de vacaciones, ¿hacen las cosas típicas de los turistas o les gusta adaptarse a las costumbres de los habitantes del lugar?
4. ¿Cuál sería su viaje ideal?

NATIONAL
comparisons
STANDARDS

Instructional Resources
WB, LM, CD-ROM, WB/LM/VM Answer Key

Suggestion: Draw a time line on the board to compare and contrast preterit, present perfect, and past perfect tenses.

4.1 Past participles and the present and past perfect tenses

¿Te acuerdas? Spanish past participles can be used as adjectives or in combination with the verb **haber** to express actions that *have occurred* (the present perfect tense) or *had occurred* (the past perfect tense).

Past participles

▶ Regular past participles are formed by adding **–ado** to the stem of **–ar** verbs and **–ido** to the stem of **–er** and **–ir** verbs.

Ya tengo los documentos arreglados.

Debo estar protegido.

Infinitive	Stem	Suffix	Past Participle
comprar	**compr–**	–ado	**compr**ado
beber	**beb–**	–ido	**beb**ido
recibir	**recib–**	–ido	**recib**ido

▶ The past participles of **–er** and **–ir** verbs whose stems end in **a, e,** or **o,** carry a written accent on the **i** in the **–ido** ending. Those whose stems end in **u** do not.

ca-er → caído **le-er → leído** **o-ír → oído** **constru-ir → construido**

▶ Several verbs have irregular past participles.

abrir	**abierto**	**morir**	**muerto**
cubrir	**cubierto**	**poner**	**puesto**
decir	**dicho**	**resolver**	**resuelto**
descubrir	**descubierto**	**romper**	**roto**
escribir	**escrito**	**ver**	**visto**
hacer	**hecho**	**volver**	**vuelto**

▶ Past participles are frequently used as adjectives. As adjectives, they agree in number and gender with the noun or pronoun they modify.

cerrar → cerrado/a
to close, closed

La agencia ya está cerrada.
The agency is already closed.

resolver → resuelto
to solve, solved

El problema del transporte está resuelto.
The transportation problem is solved.

The present perfect tense

▶ The present perfect tense is formed with the present of the auxiliary verb **haber** and a past participle. The past participle does not change in form when it is part of the present perfect tense. It only changes in form when used as an adjective.

The present perfect tense		
he comprado	**he bebido**	**he recibido**
has comprado	**has bebido**	**has recibido**
ha comprado	**ha bebido**	**ha recibido**
hemos comprado	**hemos bebido**	**hemos recibido**
habéis comprado	**habéis bebido**	**habéis recibido**
han comprado	**han bebido**	**han recibido**

▶ In Spanish, as in English, the present perfect expresses what someone *has done* or what *has occurred.* It generally refers to an action that was very recently completed or to a past time that is seen by the speaker as relatively close to the present.

Susana ha viajado a Sevilla tres veces.
Susana has traveled to Seville three times.

¿Has preparado las maletas esta tarde?
Have you packed the suitcases this afternoon?

The past perfect tense

▶ The past perfect tense is formed with the imperfect of **haber** and a past participle. As in English, it expresses what someone *had done* or what *had occurred* before another action, event, or state in the past.

The past perfect tense		
había viajado	**había perdido**	**había incluido**
habías viajado	**habías perdido**	**habías incluido**
había viajado	**había perdido**	**había incluido**
habíamos viajado	**habíamos perdido**	**habíamos incluido**
habíais viajado	**habíais perdido**	**habíais incluido**
habían viajado	**habían perdido**	**habían incluido**

Ya había estado en Guatemala antes, pero he vuelto porque me gustó muchísimo.
I had already been in Guatemala before, but I have returned because I liked it a lot.

Cuando lo vi, Enrique ya había comprado regalos para todos.
When I saw him, Enrique had already bought gifts for everybody.

¡ATENCIÓN!

To express that something *has just occurred* or that someone *has just done something,* **acabar de** + *infinitive,* not the present perfect, is used.

Acabo de comprar los boletos de ida y vuelta. *I've just bought round-trip tickets.*

Juan y Carla acaban de llegar de su luna de miel por el Caribe. *Juan and Carla have just arrived from their honeymoon in the Caribbean.*

¡ATENCIÓN!

Antes de, nunca, todavía, and **ya** are often used with the past perfect to indicate that one action occurred before another.

Cuando llegué a la estación, el tren ya había salido. *When I arrived at the station, the train had already left.*

Práctica

① Ask volunteers to identify the two irregular participles before students complete the exercise.

1 **¿Participio regular o irregular?** Fabiola y Éric acaban de llegar al aeropuerto de Caracas. Completa el diálogo con las formas del participio adecuadas. Nota: hay dos verbos irregulares.

FABIOLA El avión llegó _retrasado_ (retrasar). Tenemos que darnos prisa.
ÉRIC Estoy _muerto_ (morir). Hemos _corrido_ (correr) todo el día.
FABIOLA Entiendo. Yo también estoy _cansada_ (cansar).
ÉRIC Ja, ja. También estoy _mareado_ (marear). Necesito sentarme.
FABIOLA Imposible. Ya te lo he _dicho_ (decir). No tenemos tiempo.
ÉRIC De este sillón no me muevo.

② Model the activity by having the students brainstorm about what they usually write on postcards to friends and family.

2 **¿Cuál es la forma correcta?** Fabiola les envía a sus compañeros de trabajo una postal desde la selva amazónica. Completa la postal con los participios correspondientes.

¡Hola amigos!
Éric y yo ya estamos _alojados_ en el Hotel Tropical. Llegamos ayer por la tarde. Estábamos muy _cansados_ y Éric se quedó _dormido_ en la recepción del hotel. Ahora estoy _sentada_ bajo un árbol. Éric está _acostado_ en una hamaca.
Nos espera una semana _ocupada_. Hoy por la tarde, visitaremos una tienda de artesanías que sólo está _abierta_ los fines de semana. Por la noche, iremos a un baile tradicional _preparado_ por los indios waraos.
Un abrazo para todos.
Fabiola.

abrir
acostar
alojar
cansar
dormir
ocupar
preparar
sentar

③ Have students write an electronic response to Éric's email message.

3 **¿Presente perfecto o pasado perfecto?** Éric envía un correo electrónico a sus compañeros de trabajo. Selecciona las formas verbales adecuadas y completa las oraciones. Hay dos que no tienes que usar.

habían preparado	he llegado	he visto	había recibido
he decidido	había salido	hemos reducido	ha salido

¿Qué tal, compañeros?
Hace sólo dos días que _he llegado_, y esta mañana _he decidido_ que no quiero regresar. Al principio nos fue mal porque cuando desembarcamos, el autobús ya _había salido_. En el hotel, no _habían prepararado_ nuestras habitaciones, pues el guía no _había recibido_ el mensaje de nuestra llegada. Ayer todo cambió. Hoy _he visto_ lugares muy hermosos. Esto es increíble.
Saludos a todos.
Éric.

Comunicación

(4) **Historias del mar** La siguiente nota de enciclopedia cuenta una famosa historia del mar: la desaparición de toda la tripulación del barco *Marie Celeste*. Completa la nota con los verbos conjugados en presente perfecto o pasado perfecto.

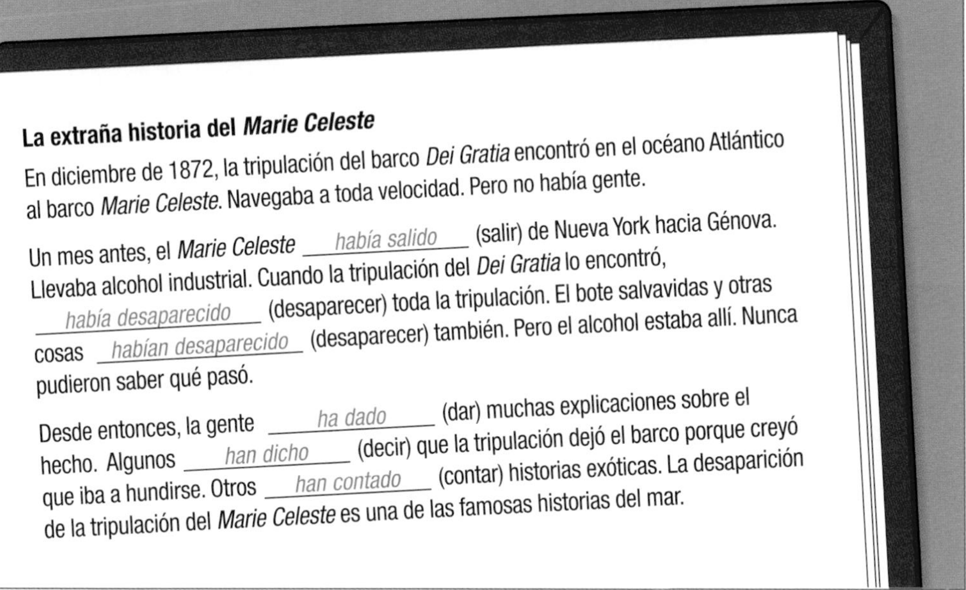

La extraña historia del *Marie Celeste*

En diciembre de 1872, la tripulación del barco *Dei Gratia* encontró en el océano Atlántico al barco *Marie Celeste*. Navegaba a toda velocidad. Pero no había gente.

Un mes antes, el *Marie Celeste* _había salido_ (salir) de Nueva York hacia Génova. Llevaba alcohol industrial. Cuando la tripulación del *Dei Gratia* lo encontró, _había desaparecido_ (desaparecer) toda la tripulación. El bote salvavidas y otras cosas _habían desaparecido_ (desaparecer) también. Pero el alcohol estaba allí. Nunca pudieron saber qué pasó.

Desde entonces, la gente _ha dado_ (dar) muchas explicaciones sobre el hecho. Algunos _han dicho_ (decir) que la tripulación dejó el barco porque creyó que iba a hundirse. Otros _han contado_ (contar) historias exóticas. La desaparición de la tripulación del *Marie Celeste* es una de las famosas historias del mar.

(4) Pair up students and ask them to write sentences about the Titanic using the present perfect and past perfect tenses.

(5) **Ordenar los hechos *(events)*** Indica con números el orden de los hechos de la nota de enciclopedia.

_3_ El *Marie Celeste* navega a toda velocidad sin tripulación.
_2_ La tripulación desaparece.
_4_ El *Dei Gratia* encuentra al *Marie Celeste*.
_5_ La gente explica la desaparición de la tripulación.
_1_ El *Marie Celeste* sale de Nueva York.

(5) Have students write a newspaper report about the disappearance of the Marie Celeste for homework.

(6) **Un viaje accidentado** Éric y Fabiola fueron de excursión en canoa. Fabiola llevó su grabadora. Al día siguiente, Éric escribió un e-mail a sus compañeros y contó, enojado, lo que había pasado. En parejas, lean la grabación de Fabiola. Después escriban el e-mail de Éric. Usen por lo menos dos formas del presente perfecto y dos formas del pasado perfecto.

"... Estamos recorriendo el río Amazonas. Yo estoy en la última canoa. Éric subió a la segunda. Todo es bello, verde, tropical y exótico. Estamos en un lugar de rápidos. Éric no está sentado. Saca fotos. El guía le grita *(shouts)* que se siente. Éric se enoja y se sienta. Ahora Éric se levanta nuevamente. ¡Cuidado! No se cayó, pero la cámara se ensucia. El guía le grita. Éric está enojado. ¡Se cayó al agua! Dos turistas lo ayudan. Pierde su sombrero. Se lo lleva el río. Vamos a la costa. El guía baja a Éric. Tiene que esperar allí. Pasaremos por él cuando estemos de regreso..."

(6) Ask volunteers to read different sentences from their narratives. Then ask other students to respond as if they were Fabiola.

Práctica

① Have students use the same vocabulary and **por** to make up new sentences. Ex: **Por supuesto, me abrocho el cinturón de seguridad cada vez que salgo en coche.**

1 Definir y adivinar ¿Para qué sirven las siguientes cosas? Trabajen en parejas. Uno/a con la lista A y otro/a con la lista B. Cada uno tiene que definir las palabras de su lista, explicando para qué sirven. Después, lean las definiciones a su compañero/a para que las adivinen. Sigan el modelo.

MODELO itinerario
itinerario: sirve para planear un viaje, no perderse y no perder tiempo.

A		B	
maleta	tarjeta de crédito	mapa	museo
bandera	cinturón de seguridad	multa	gimnasio
autobús		frontera	

② Assign students to groups of three, asking them to generate their own expressions of affection using **por** and **para.**

2 Completar Completa la siguiente carta de un viajero enamorado con **para** y **por**.

Mi amada Catalina:

__Por__ fin llegamos a tierra. La ciudad es hermosa. Todavía no paseé __por__ el bosque, porque debo ir con un guía. Puedo contratar uno __por__ pocos dólares. En los tres meses del viaje pensé en ti __por__ lo menos cada minuto. __Para__ no morir de tristeza miraba tu foto todo el tiempo. ¿Te acuerdas cuando nos vimos __por__ primera vez?

¡Ay, Catalina! __Por__ mucho que lo intento, no dejo de pensar en ti. __Para__ mí, la vida sin ti es sólo dolor. ¿Tendré que esperar seis meses __para__ verte nuevamente? Hice este viaje __para__ ganar dinero y casarme contigo. Todo lo hago __para/por__ ti y __para__ que tengamos un futuro juntos.

Te amaré __para/por__ siempre.

José

③ When you go over the correct answers, ask students to justify their answers.

3 Otra manera Lee la primera oración y completa la segunda versión usando **por** o **para**.

1. Cuando voy a Chile, siempre visito Valparaíso.
   Paso __por__ Valparaíso cuando voy a Chile.
2. El hotel era muy bueno. Pagué sólo 100 dólares.
   Conseguí la habitación __por__ sólo 100 dólares.
3. Fui allí porque quería visitar a mi hermana.
   Yo quería ir allí __para__ ver a mi hermana.
4. Mi familia le envió muchos regalos a ella.
   Mi familia envió muchos regalos __para__ ella.
5. Disfruté mucho de las vacaciones. Mi hermana se alegró mucho de mi visita.
   Mi hermana se puso muy feliz __por__ mi visita.

Comunicación

4 Medios de transporte Comenten en parejas cuáles son los mejores medios de transporte para determinadas ocasiones y por qué. Usen los ejemplos de la lista y sigan el modelo.

MODELO Para viajar en una ciudad.
Para viajar en una ciudad el mejor medio de transporte es el metro porque es más rápido.

ir de vacaciones	viajar con niños
mirar el paisaje	divertirse
ahorrar dinero	ir lejos
ir a trabajar	hacer ejercicio
leer en el viaje	mudarse de hogar

5 Viaje infernal ¿Estuviste alguna vez en peligro durante un viaje? ¿Viste un accidente? ¿Perdiste las maletas? ¿Equivocaste el día del viaje? ¿Llegaste tarde? ¿Olvidaste los boletos? ¿Tuviste que esperar mucho en el aeropuerto? ¿Te molestó otro pasajero o el/la auxiliar de vuelo? Cuenta a tus compañeros un viaje con problemas. Primero escribe un plan de lo que vas a contar. En tu relato debes usar por lo menos cinco de las siguientes expresiones.

por casualidad	por lo tanto	para colmo
por eso	por lo menos	para siempre
por fin	por supuesto	no fue para tanto

MODELO

Para empezar el avión se retrasó y por eso…

(4) Preview the exercise by talking about different experiences using the various modes of transportation.

(5) After collecting the narratives, read a few aloud without mentioning the author. Ask the rest of the class to guess his/her name.

4.3 Comparatives and superlatives

Instructional Resources WB, LM, CD-ROM, WB/LM/VM Answer Key

Suggestion: Point out the prefix **super-** to help the students better understand the concept of superlative.

¿Te acuerdas? Spanish and English use comparisons to indicate which of two people or things has a lesser, equal, or greater degree of a quality. Both languages use superlatives to express the highest or lowest degree of a quality.

Comparisons of inequality

▶ With adjectives, adverbs, nouns, and verbs, the following constructions are used to make comparisons of inequality.

más/menos + [*adjective* / *adverb* / *noun*] + **que**

[*verb*] + **más/menos que**

¡ATENCIÓN!

Before a number or equivalent expression, *more/less than* is expressed by **más/ menos de.**

Un boleto de ida y vuelta va a costar más de mil dólares. *A round-trip ticket will cost more than a thousand dollars.*

Te consigo una respuesta en menos de media hora. *I'll get you an answer in less than half an hour.*

ADJECTIVE

Este hotel es **más *elegante* que** el otro.
This hotel is more elegant than the other.

NOUN

Tienes **menos *dinero* que** yo.
You have less money than I do.

ADVERB

El carro es **menos *rápido* que** el metro.
The car is less rapid than the subway.

VERB

Mi hermano ***viaja* más que** yo.
My brother travels more than I do.

Comparisons of equality

▶ The following constructions are used to make comparisons of equality.

tan + [*adjective* / *adverb*] + **como**

tanto/a(s) + [*singular noun* / *plural noun*] + **como**

El vuelo de regreso es **tan *largo* como** el de ida.
The return flight is as long as the flight over.

Cuando viajo a la ciudad, tengo **tantas *maletas* como** tú.
When I travel to the city, I have as many suitcases as you.

¡ATENCIÓN!

Tan and **tanto** can also be used for emphasis, rather than to compare, with these meanings:

tan *so*

tanto *so much*

tantos/as *so many*

¡Tu viaje es tan largo! *Your trip is so long!*

¡Viajas tanto! *You travel so much!*

¿Siempre traes tantas maletas? *Do you always bring so many suitcases?*

▶ The following construction is used for comparisons of equality with verbs.

[*verb*] + **tanto como**

Mi amiga Yolanda ha viajado **tanto como** yo.
My friend Yolanda has travelled as much as I have.

Guillermo ha disfrutado **tanto como** yo en sus vacaciones.
Guillermo has enjoyed his vacation as much as I have.

Superlatives

▶ The following construction is used to form superlatives. The noun is preceded by the appropriate definite article, and **de** is the equivalent of *in* or *of*.

el/la/los/las + *noun* + **más/menos** + *adjective* + **de**

Ésta es **la playa más bonita de** la costa Argentina.
This is the prettiest beach on the coast of Argentina.

Es **el hotel menos caro del** barrio.
It is the least expensive hotel in the neighborhood.

▶ The noun may also be omitted from a superlative construction.

—Me gustaría comer en un buen restaurante.
—*I would like to eat at a good restaurant.*

—Las Dos Palmas es **el más elegante de** la ciudad.
—*Las Dos Palmas is the most elegant in the city.*

Irregular comparatives and superlatives

Irregular comparative and superlative forms

Adjective	Comparative form	Superlative form
bueno/a *good*	**mejor** *better*	**el/la mejor** *best*
malo/a *bad*	**peor** *worse*	**el/la peor** *worst*
grande *big*	**mayor** *bigger*	**el/la mayor** *biggest*
pequeño/a *small*	**menor** *smaller*	**el/la menor** *smallest*
joven *young*	**menor** *younger*	**el/la menor** *youngest*
viejo/a *old*	**mayor** *older*	**el/la mayor** *oldest*

▶ When **bueno** or **malo** refer to a person's character, and not to the quality of a thing, the regular comparative and superlative forms may be used but are less common than the irregular forms.

Estas vacaciones son **mejores** que las últimas.
This vacation is better than the last.

Isabela es **más buena** con los niños que Carlota.
Isabela is better with the children than Carlota.

▶ When **grande** and **pequeño** refer to size and not age or quality, the regular comparative and superlative forms are used.

Ernesto es **mayor** que yo.
Ernesto is older than I am.

Ése es **más grande** que éste.
That one is bigger than this one.

▶ When **mayor** and **menor** mean older or younger, they follow the noun they modify.

Lucía es mi hermana **menor**.
Lucía is my younger sister.

Hoy hubo un **menor** número de turistas.
Today there was a smaller number of tourists.

¡ATENCIÓN!

Absolute superlatives
The suffix **–ísimo/a** is added to adjectives and adverbs to form the absolute *superlative*. This form is the equivalent of *extremely* or *very* before an adjective or adverb in English.

malo → malísimo
mucha → muchísima
difícil → dificilísimo
fáciles → facilísimos

Adjectives and adverbs with stems ending in **c, g,** or **z,** change spelling to **qu, gu,** and **c** in the absolute superlative.

rico → riquísimo
larga → larguísima
feliz → felicísimo

Adjectives that end in **–n** or **–r** form the absolute by adding **–císimo**.

joven → jovencísimo
trabajador → trabajadorcísimo

¡ATENCIÓN!

Bien and **mal**
The adverbs **bien** and **mal** also have irregular comparatives.

bien *well* → **mejor** *better*
mal *badly* → **peor** *worse*

La comida de México es mejor que la de aquí.
The food in Mexico is better than the food here.

Práctica

① As a warm-up, ask students to compare ecotourism with traditional tourism using comparatives and superlatives.

1 **Demasiadas deudas** Ágata trabaja en una agencia de viajes y su amiga Elena en un hotel. Llena los espacios en blanco utilizando las palabras de la lista.

como	más
que	muchísimas
baratísimos	menos

ELENA Tengo *muchísimas* deudas. Mi trabajo me gusta pero necesito ganar *más* dinero.

ÁGATA ¿Por qué no mandas tu currículum a mi empresa? No es tan importante *como* la tuya, pero paga mejor.

ELENA Sí, la verdad es que tú trabajas *menos* horas que yo, pero ganas más.

ÁGATA Lo bueno es que a ti los boletos te salen *baratísimos*.

ELENA Ya, pero a ti los hoteles te salen más baratos *que* a mí.

② Ask students what constitutes their idea of the worst possible trip.

2 **El peor viaje de su vida** El sábado pasado Rosa y Alberto se fueron de viaje a Puerto Rico pero tuvieron muchos problemas. En esta carta, Rosa nos cuenta lo que les pasó. Completa las frases de la izquierda con las correspondientes de la derecha y pon números para ordenar los hechos de manera cronológica.

El sábado pasado mi novio y yo → **hicimos el peor viaje de nuestra vida.**

1 Yo me levanté más temprano que David	pero el vuelo fue peor que una pesadilla.
2 Para empezar, el avión salió tres horas más tarde de lo previsto	el avión comenzó a moverse muchísimo.
5 Finalmente el avión aterrizó sin problemas,	como nosotros, y eso nos puso mucho más nerviosos.
4 Los auxiliares de vuelo tenían tanto miedo	y llegué antes que él al aeropuerto.
3 Una hora antes de llegar a San Juan	y perdimos la conexión a San Juan.

③ Generate a class account of the worst possible trip using their answers. Have one person begin, then go around the class to extend the story. Write it on the board as you go along.

3 **Una anécdota** En parejas inventen una historia utilizando las palabras de la lista.

tan	malísimo
mejor que	como
mayor	de los peores

Comunicación

NATIONAL
communication
STANDARDS

 4 **El Caribe o Buenos Aires** Gabriel y Carmen están planeando su viaje de novios. Gabriel prefiere irse al Caribe y a Carmen le gustaría visitar Buenos Aires.

A. En parejas, decidan qué actividades de la lista corresponden a cada lugar.

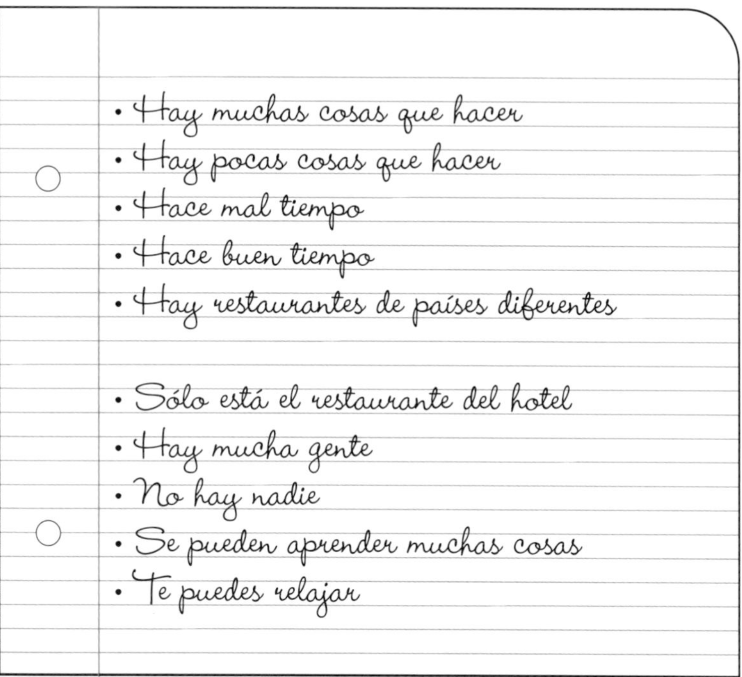

• Hay muchas cosas que hacer
• Hay pocas cosas que hacer
• Hace mal tiempo
• Hace buen tiempo
• Hay restaurantes de países diferentes
• Sólo está el restaurante del hotel
• Hay mucha gente
• No hay nadie
• Se pueden aprender muchas cosas
• Te puedes relajar

Caribe	Buenos Aires

B. Después, miren el cuadro y dramaticen un diálogo entre Carmen y Gabriel. Cada uno tiene que dar las razones por las cuales prefieren ir a esos lugares. Utilicen comparativos y superlativos.

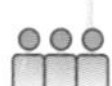 5 **Nos vamos de viaje** Ustedes también tendrán preferencias a la hora de elegir un destino para sus vacaciones. Primero en parejas y después en grupo, discutan sobre un lugar donde les gustaría ir, justificando sus razones mediante oraciones con superlativos o comparativos.

④ Ask for volunteers to role play Carmen and Gabriel at the travel agency. The travel agent tries to sell them an ecotour.

⑤ Organize groups according to general guidelines such as: adventure, culture, sports, relaxation etc.

Práctica

① Warm up for this activity by asking students to complete sentences about house-sitting. Use impersonal expressions to prompt their answers. Ex: **Es necesario ...**

1 **Pórtate bien** Los padres de Álvaro se van de viaje y le dejan una nota a su hijo con algunas cosas que tiene que hacer. Completa la nota utilizando el presente del subjuntivo de los verbos entre paréntesis.

No te olvides

Sabemos que es imposible que __te acuestes__ *(acostarse) temprano pero es importante que* __te levantes__ *(levantarse) antes de las 8:00 y que* __desayunes__ *(desayunar) bien. El martes es necesario que* __vayas__ *(ir) a casa de tu tía Julia y le* __lleves__ *(llevar) nuestro regalo. Antes de ir es urgente que* __pases__ *(pasar) a recoger la tarta de cumpleaños que hemos encargado en la pastelería Mallorca. Y bueno, hijo, es una lástima que no* __puedas__ *(poder) venir con nosotros.*

Cuídate mucho.

Tus padres

② Have students pair up to write a new dialogue between Álvaro and his girlfriend about her birthday, using the subjunctive.

2 **Demasiado despistado** Ayer fue el cumpleaños de la novia de Álvaro y él se olvidó por completo. Ahora ella está enfadada. Martín y él conversan sobre el tema. Completa el diálogo con el subjuntivo o el indicativo.

MARTÍN Bueno, Álvaro, la verdad es que, a veces, __eres__ (ser) demasiado despistado. ¿No crees?

ÁLVARO Ya, bueno, pero no es cierto que yo no la __quiera__ (querer).

MARTÍN Si sabes que para ella es importante que __recuerdes__ (recordar) su cumpleaños, deberías recordarlo.

ÁLVARO Es una lástima que yo __sea__ (ser) tan despistado.

MARTÍN Sí, pero también es cierto que tú la __quieres__ (querer) mucho. Es urgente que le __escribas__ (escribir) disculpándote y la __invites__ (invitar) a cenar.

ÁLVARO Tienes razón. Ahora mismo me voy a casa a escribirle un correo electrónico.

③ Repeat the exercise using **novios** and **novias.**

3 En parejas piensen en las obligaciones de los padres para con los hijos y viceversa y llenen el siguiente cuadro con frases impersonales que requieran el subjuntivo.

Las obligaciones de los padres y de los hijos

los padres	los hijos
Es importante que los padres escuchen a sus hijos.	

Comunicación

④ Before students read the instructions, ask them to write an ad for the personals column as though they were Lucía or Roberto, basing their descriptions on the pictures shown.

4 **Roberto está enamorado** Roberto invita a Lucía a cenar en su casa una noche. Ellos se acaban de conocer y son muy diferentes, así que Roberto va a tener que cambiar muchas cosas para gustarle a Lucía. Un amigo común nos ha dado algunas pistas de cómo es Roberto y cómo es el hombre ideal de Lucía. Mira los siguientes dibujos y aconséjale a Roberto qué hacer esa noche. Piensa cómo debe vestirse, qué comida debe preparar, los discos que debe elegir como música de fondo, etc.

MODELO Es importante que te peines bien esa noche.

ROBERTO

HOMBRE IDEAL

5 **Pareja ideal** En grupos pequeños piensen en su pareja ideal y comenten cómo debe ser. Escriba cada uno/a de ustedes por lo menos cuatro frases impersonales que requieran el subjuntivo. Usen las frases de la lista.

Es cierto	Es necesario
Es importante	Es urgente
Es mejor	Es verdad

⑤ Have groups exchange descriptions and write advice for one another using the subjunctive. Ex: **Es aconsejable que seas menos exigente.**

6 **Buen viaje** Trabajan para una persona muy famosa y tienen que organizar su próximo viaje. Representen un diálogo con el/la agente de viajes en el que le explican las exigencias de la estrella.

MODELO

AGENTE DE VIAJES ¿Cómo desea su habitación?

ESTRELLA Es importantísimo que la habitación esté llena de flores blancas.

⑥ Ask volunteers to perform their role play for the class.

Expansion: Ask volunteers to role play a conversation between one of the four protagonists and his/her best friend who is offering advice.

A conversar

El amor y la distancia

A En parejas, lean las historias. Luego, respondan a las preguntas.

Historia 1

Carla es mexicana y vive en la Ciudad de México. Francisco es uruguayo y vive en Montevideo. Hace dos años, Francisco viajó becado a México para estudiar. Permaneció allí un año. Un mes después de su llegada conoció a Carla en la Universidad Autónoma de México y se enamoraron. Cuando la beca de Francisco finalizó, él regresó a su país. Hoy continúan con su noviazgo por medio de Internet.

¿Por qué Carla y Francisco tienen que usar Internet para continuar con su noviazgo?

Historia 2

Alejandra es una profesora argentina de biología. Hace dos años, se anotó en una lista de correo electrónico sobre ecología. Así comenzó a charlar sobre el tema con un grupo. Al poco tiempo, de ese grupo sólo quedaron ella y Jorge, un profesor español. De la ecología pasaron a hablar de otros temas. Jorge viajó a Buenos Aires. Quería conocerla. Alejandra se enamoró de él. Él le propuso casamiento. Ella aún lo está pensando.
¿Cuáles serán las dudas de Alejandra?

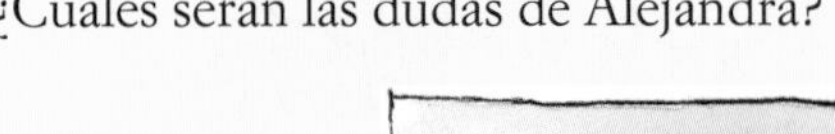

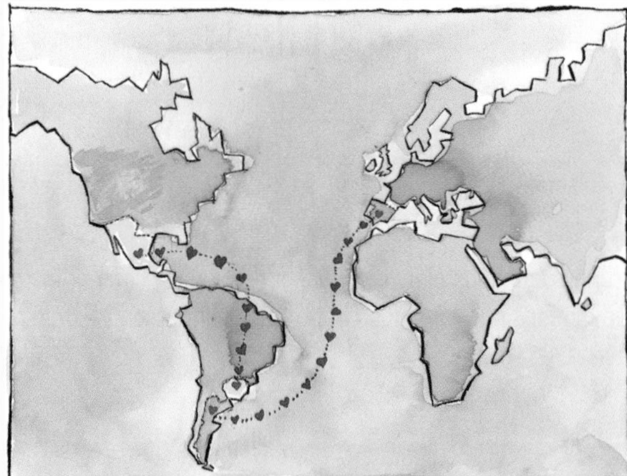

B ¿Alguien conoce una historia del mismo tipo? Cuéntenla a sus compañeros de clase.

C Trabajen ahora en grupos pequeños. Piensen en finales posibles para las dos historias. Luego elijan una historia y compartan el final que escogieron con sus compañeros/as.

D Con toda la clase, discutan sobre los problemas del amor a distancia. Para esto, tengan en cuenta las siguientes preguntas:
¿Es posible mantener una buena relación de amor a distancia?
¿La tecnología favorece el contacto entre la gente? ¿Por qué?
¿Es fácil abandonar tu país? ¿Por qué? ¿Qué debes dejar? ¿Qué puedes ganar?

Manos a la obra

Relato de viaje

Suggestion: See the VENTANAS IRM for teaching suggestions.

Eres un/a joven norteamericano/a que viaja con un(a) amigo/a a la Argentina. Eligieron conocer la Patagonia, al sur de este país. Los últimos tres días estuvieron en la Península de Valdés. Hoy, desde Puerto Madryn, les escriben una carta a sus amigos/as. Trabajen en parejas.

A Miren y lean el mapa de la Península de Valdés. Para conocer y recordar los lugares, háganse preguntas. Por ejemplo:

- ¿Dónde se puede pescar?
- ¿En qué lugares hay lobos marinos?
- ¿Cuándo se pueden ver ballenas cerca de la costa?

Isla de los Pájaros: Reserva natural de aves marinas se pueden observar desde el Istmo Carlos Ameghino.

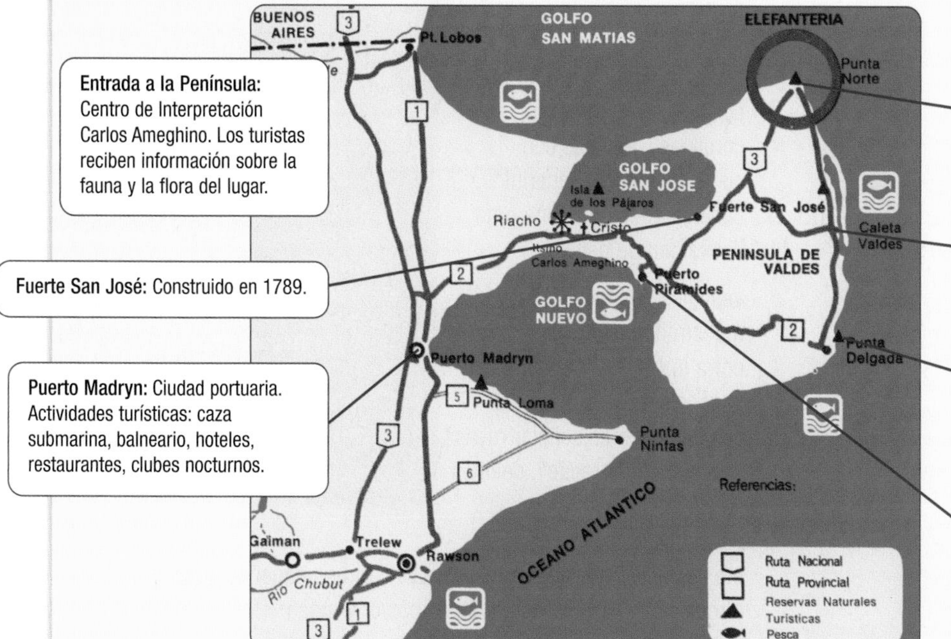

Punta Norte: Durante todo el año hay lobos marinos. En marzo y abril, llegan las ballenas.

Caleta Valdés: Se ven pingüinos, ballenas y tiburones.

Punta Delgada: Campamento libre. Hay lobos marinos.

Puerto Pirámides: Campamento organizado. Hoteles. Restaurantes. Correo. Puesto médico. Balneario. Hay lobos marinos. Salida de excursiones al mar para observar ballenas de cerca.

B Dibujen sobre el mapa un recorrido. Indiquen el tiempo que estuvieron en cada lugar.

C Escriban la carta. No olviden escribir la fecha, el encabezamiento, una frase de saludo y otra de despedida. En el cuerpo de la carta deben contar, con mucho detalle, qué hicieron día por día.

D Imaginen que durante esos tres días ocurrió un hecho especial. Relaten lo que ocurrió en alguna parte de la carta. Elijan uno de los siguientes hechos o inventen uno:

- accidente
- enamoramiento
- tormenta
- conducta inadecuada de tu compañero/a

E Pasen en limpio la carta. Revisen la ortografía, la gramática y la puntuación. Compartan la carta con sus compañeros/as.

Antes de leer

¿Eres una persona aventurera? ¿Te gustan los deportes extremos? ¿Viajas para probar cosas nuevas?

Vocabulario

el buceo *scuba-diving*
la cueva *cave*
la isla *island*
el manantial *spring*

Instructional Resource
Website

Suggestion: For additional literary and cultural readings on the lesson theme, see the corresponding lesson in **Ventanas: Lecturas.**

Actividades en la

Buceo

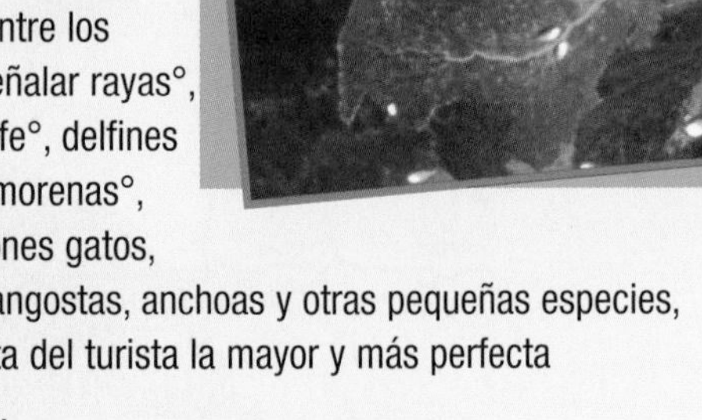

Las magníficas zonas donde se llevan a cabo las expediciones de buceo, presentan profundidades que van desde los 2 metros hasta los 35 metros de profundidad. El escenario es único. La diversidad de formas y colores de las barreras coralinas°, algunas con cuevas°, túneles, laberintos y canales, presentan una gran diversidad de peces.

Vestigios del pasado, nos muestran anclas° del siglo XIX entre la vegetación y grandes bancos de peces entre los cuales podemos señalar rayas°, tiburones de arrecife°, delfines (ocasionalmente), morenas°, peces ángel, tiburones gatos, etc. No faltan las langostas, anchoas y otras pequeñas especies, ofreciendo a la vista del turista la mayor y más perfecta coreografía natural.

Observación de ballenas°

La ballena jorobada° que vive en las aguas dominicanas aparece por lo general en grupos durante el mes de diciembre, cuando se aparea°. Sin embargo, se pueden observar durante todo el año en pequeños grupos familiares, o de una en una, de "paseo"°. Estadísticamente hablando, se ha reportado una migración° de ballenas de aproximadamente 1000 ejemplares por año, con más de 250 presentes, al mismo tiempo, en la época más concurrida°. Por esto, la asociación ecológica World Wildlife Fund, WWF, ha decretado la República Dominicana, específicamente la bahía de Samana, como uno de los mejores lugares del mundo para la observación de ballenas en su hábitat natural.

República Dominicana

Ciclismo de montaña

Las islas del Caribe nunca se han caracterizado por tener montañas apropiadas para el ciclismo, pero la República Dominicana es un ejemplo que definitivamente rompe con los estereotipos. De hecho, estas montañas no sólo son famosas en el Caribe, sino mundialmente. Reconocidas por ciclistas montañeros internacionales como uno de los lugares más apropiados para la práctica de este deporte, la República Dominicana es la segunda isla más grande de su región geográfica, y allí se encuentra el Pico Duarte, la montaña más alta del Caribe.

Cascading

Esta actividad se puede practicar bien sea en Jarabacoa, un pueblo montañoso situado hacia el centro de la isla, o en Las Terranas, localidad cerca de la península. En estos lugares Ud. podrá escalar contra la corriente de bellos manantiales y caídas de agua de diversas intensidades. Ambas poblaciones están aproximadamente a 2 horas y media de Cabarete, y se pueden hacer excursiones que ofrecen servicios de transporte, refrigerios° y almuerzo, trajes especiales, equipo para escalar y guías expertos.

Rafting

El Yaque del Norte nace a 3000 metros de altura en la cordillera más alta del Caribe. El descenso por esta ruta nos hace disfrutar de hermosos paisajes, así como también de los fascinantes y famosos rápidos llamados "La Suegra", "Mike Tyson", "El inodoro"°. Excelentes saltos sin peligro y pequeñas cascadas, haciéndonos sentir la fuerza viva de la naturaleza. Además tienes la oportunidad de conocer a la gente que vive a las orillas del río°, cultivando su café y regalándonos su alegría sin igual.

Después de leer

1. La lectura presenta seis actividades distintas. Pon las actividades en orden de preferencia. Compara las actividades utilizando comparativos y superlativos.

2. Los deportes extremos se consideran peligrosos. Escribe un correo electrónico imaginario a un(a) amigo(a) que quiere empezar a practicar uno de estos deportes. Tienes que aconsejarle que tenga cuidado. Usa expresiones como: **Es importante que, Es necesario que, Es mejor que, Es bueno que.**

Suggestion: As a pre-reading activity, take a survey of students' experiences in these sports. Ask volunteers to describe their experiences.

Expansion: Have students write sentences about each activity using **por** o **para**. Ex: **Para hacer windsurf, el mejor sitio es Tarifa, España.**

coralinas	*coral reefs*
cuevas	*caves*
anclas	*anchors*
rayas	*rays*
tiburones de arrecife	*reef sharks*
morenas	*moray eels*
ballena jorobada	*hunchbacked whale*
se aparea	*mates*
de paseo	*on a stroll*
migración	*migration*
concurrido	*crowded*
ciclistas montañeros	*mountain bikers*
refrigerios	*snacks*
inodoro	*toilet bowl*
orillas del río	*the riverbanks*

La seguridad y los accidentes

el aviso	*notice; warning*
el choque	*collision*
el cinturón de seguridad	*seatbelt*
el congestionamiento	*traffic jam*
las medidas de seguridad	*security measures*
el seguro	*insurance*
el tránsito	*traffic*
ponerse (el cinturón)	*to fasten (the seatbelt)*
prohibido/a	*forbidden*
vencido/a	*expired*
peligroso/a	*dangerous*
reducir (la velocidad)	*to slow down (the speed)*
vigente	*valid*

Los viajes

a bordo	*on board*
la aventura	*adventure*
el/la aventurero/a	*adventurer*
la bienvenida	*welcome*
el buceo	*scuba-diving*
el crucero	*cruise ship*
la cueva	*cave*
la despedida	*farewell*
el destino	*destination*
el excursionismo	*sightseeing*
la frontera	*frontier*
el horario	*timetable*
las horas de visita	*visiting hours*
la isla	*island*
el itinerario	*itinerary*
la llegada	*arrival*
el manantial	*spring*
las olas	*waves*
el rincón	*corner*
la temporada alta	*high season, busy season*
el transporte público	*public transportation*
la vuelta	*return (trip)*

Verbos relacionados con los viajes

admirar	*to admire*
alojarse	*to stay*
cancelar	*to cancel*
comprar boletos	*to buy tickets*
dar un paseo	*to take a walk, stroll*
desembarcar	*to disembark, land*
embarcar	*to board*
estar lleno/a	*to be full*
extrañar a (alguien)	*to miss someone*
marcharse	*to leave*
navegar	*to sail, navigate*
preparar maletas	*to pack suitcases*
quedarse	*to stay*
quejarse	*to complain*
recorrer	*to go across; to travel*
regresar	*to return*
reservar	*to reserve*
retrasar	*to delay*

Los servicios

el/la agente de aduanas	*customs agent*
los auxiliares de vuelo	*flight attendants*
el/la camarero/a	*waiter, waitress*
el/la mesero/a	*waiter, waitress*
el piloto	*pilot*
el rincón	*corner*
el servicio de habitación	*room service*
los servicios	*facilities*
bien cuidado/a	*well-kept*
recomendable	*advisable*
turístico/a	*tourist(y)*

Expressions with por and para
véanse las páginas 110-111

Expresiones útiles *véase la página 101*

Impersonal Expressions
véase la página 119

Instructional Resource
Tests

La salud y el bienestar

5

Communicative Goals

You will expand your ability to...

- express will, emotion, doubt, or denial
- express uncertainity and indefiniteness
- convey purpose, condition, and intent
- give orders, advice, and suggestions

La salud y el bienestar

Instructional Resources
- WB
- LM
- CD-ROM
- WB/LM/VM Answer Key

Suggestion: Have students look at the pictures, and ask volunteers to read aloud the header for each one. Ask students to describe the people they see and guess where they are and why.

Suggestion: Have students pronounce the boldfaced words. Remind them these are active vocabulary words, and encourage them to use new vocabulary from the start.

Conciencia tranquila

Susana está preocupada porque ve que su hija Inés **tiene mal aspecto**. Ha **adelgazado** y a ella le parece que su **alimentación** es mala. Cree que le falta **autoestima** y que su **estado de ánimo** no es bueno. Teme que **sufra de anorexia**. Inés dice que **está acostumbrada a** que su madre piense cosas raras. Pero para dejarla tranquila va a **portarse bien** y a **engordar** un poco.

Comprehension Check: 1. ¿Cuál es la relación de estas dos personas? (Son madre e hija.) 2. ¿Por qué no tiene buen aspecto la muchacha? (Su alimentación no es buena.) 3. ¿Qué tipo de vida lleva el hombre de la segunda foto? (No se cuida.) 4. ¿Qué le recomienda el médico? (Le dice que deje de fumar y de trasnochar.) 5. ¿Por qué tiene la mujer esa expresión en la tercera foto? (Está preocupada por el contagio.) 6. ¿Qué le pasó a este hombre? (Se cayó y se lastimó.) 7. ¿Qué tienen estas personas en común? (Todas tienen problemas médicos.)

Teaching Option: Have students do this activity in groups. Have them use new vocabulary to talk about an occasion when they were sick, had an accident, or had to go to the hospital. Provide questions to encourage conversation. Ex: **¿Cuándo te enfermaste? ¿Qué tuviste? ¿Tuvieron que operarte? ¿Te tomaron la tensión? ¿Te mejoraste pronto?**

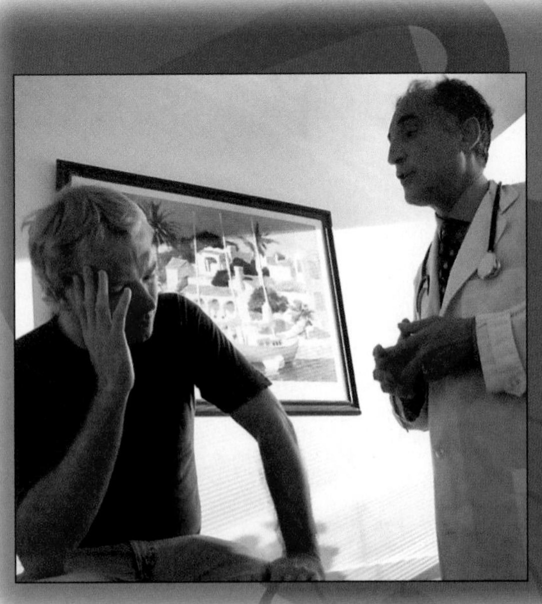

A cuidarse

El médico le dijo a José que debía **cambiar su estilo de vida**. Debía **dejar de fumar** y de **trasnochar**, comenzar un **régimen** y sobre todo usar el **sentido común** al comer. En lugar de tomar **calmantes** y **aspirinas** para aliviar los **síntomas** de las enfermedades, le convenía eliminar los **factores de riesgo** para su **salud**. José **permaneció** callado y pensativo: sabía que estaba en **mala forma física**, pero nunca se lo habían dicho.

El contagio

Juana **se puso** mal, tenía **tos** y necesitaba **descansar**. Primero pensó que tenía un **resfriado**, pero como **empeoró** con el paso de las horas, empezó a pensar que tenía una **gripe**. Una semana después continuaba sintiendo este **malestar**, y entonces decidió **consultar a un especialista**. En realidad Juana tiene un **virus** que **se cura** sólo con un **tratamiento** especial. Ahora, mientras **se recupera**, Juana se pregunta cómo se **contagió**.

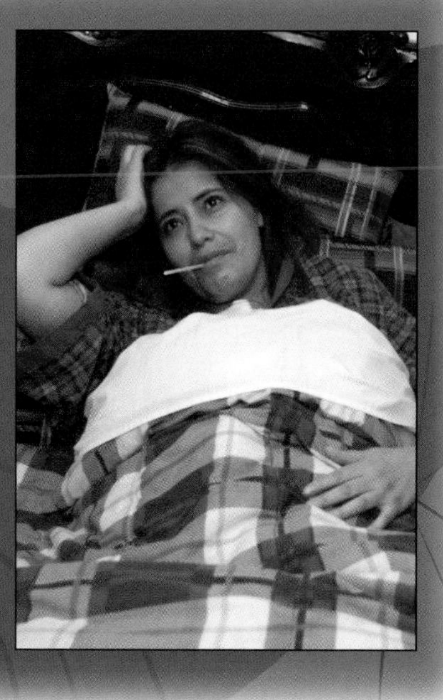

Despertar inesperado

Despertó en la **sala de emergencias** un poco **mareado**, con un **yeso** en el brazo izquierdo y la mano **inflamada**. Cuando vino el enfermero a **ponerle una inyección** y darle unas **pastillas**, le preguntó qué había pasado. El enfermero le contó que se había caído en la calle y **se** había **lastimado**. Entonces Ricardo recordó todo: un anciano se había **hecho daño** en un accidente y, cuando vio al **herido** sangrando, **se desmayó**.

Suggestion: Review the correct position of the reflexive verb and pronoun. Point out that **ponerse** will have the same irregularities as **poner**.

Variación léxica: Point out that **ponerse enfermo** is another way of saying **ponerse malo**, and that **enfermarse** is formed from **enfermo**.

Teaching option: Have students work in pairs. Instruct the first student in each pair to give his/her partner a definition. The second student can guess the word or expression or ask for clues, but is only allowed two guesses.

Las enfermedades

la depresión	*depression*
la enfermedad	*disease/illness*
la obesidad	*obesity*
la respiración	*breathing*
la tensión (alta, baja)	*blood pressure (high, low)*
tener fiebre	*to have a fever*
ponerse malo/a	*to become ill*
toser	*to cough*

La buena salud

mejorar	*to improve*
ponerse bien	*to get well*
relajarse	*to relax oneself*
tener buen aspecto	*to look good*
sano/a	*healthy*

Los cuidados y tratamientos médicos

la cirugía	*surgery*
el/la cirujano/a	*surgeon*
la consulta	*doctor's appointment*
el consultorio	*doctor's office*
el jarabe	*syrup*
la operación	*operation*
los primeros auxilios	*first aid*
la receta	*prescription*
la vacuna	*vaccine*
la venda	*bandage*
prevenir	*to prevent*
tratar	*to treat*

Práctica

① Have students form sentences with the items they previously selected from both columns. Ask them to begin by naming the subject and then conjugating the verb in the infinitive. Write the following on the board: **Marina se lastimó con un cuchillo y se puso una venda.**

② Organize students into groups and have them make the connections orally. One student will say a word, and another must respond with the associated word. Students should have about five seconds to answer.

③ To add to the dialogue, have students write three sentences with the words not used in the activity.

③ Invite volunteers to act out their dialogues for the class.

Teaching option: Have students decide whether the following are **cierto** or **falso**: **1. A Martín le gusta hacer ejercicio. (falso) 2. Martín no sale de noche. (falso) 3. El doctor le recomienda hacer ejercicio. (cierto) 4. Todo lo que hace Martín es malo para la salud. (cierto)**

1 **A curarse** Indica qué tiene que hacer una persona a la que le ocurre lo siguiente:

_d_	1. Se lastimó con un cuchillo.	a. Comenzar un régimen
_e_	2. Tiene dolor de cabeza.	b. Dejar de fumar
_c_	3. Su estado de ánimo es malo.	c. Hablar con un amigo/a
_f_	4. Tiene tos.	d. Ponerse una venda
_b_	5. Sufre de problemas respiratorios.	e. Tomar una aspirina
_a_	6. Está obeso.	f. Tomar un jarabe que le recete el médico

2 **Asociaciones** Conecta las palabras de la primera columna con las de la segunda.

a. alimentación	_c_	acupuntura
b. cirugía	_e_	callado
c. medicina alternativa	_b_	cortar
d. mejorar	_a_	digestión
e. tímido	_d_	recuperarse

3 **Malos hábitos** Martín tiene hábitos que no son buenos para su salud. Completa el siguiente diálogo entre Martín y su doctor con las palabras de la lista. Hay cuatro palabras que no tienes que usar.

ánimo	descansar	malestar	sano
dejar de fumar	empeorar	pastillas	trasnochar
deprimido	mala forma física	salud	vacuna

MARTÍN Doctor, a mí me gusta pasar muchas horas viendo la tele.

DOCTOR Si usted no hace ejercicio va a tener una _mala forma física_.

MARTÍN También me gusta salir y acostarme tarde.

DOCTOR No es bueno _trasnochar_ todo el tiempo. Es importante _descansar_.

MARTÍN ¡Pero, doctor! ¿Puedo fumar un poco, por lo menos?

DOCTOR No, don Martín. Usted debe _dejar de fumar_ cuanto antes.

MARTÍN ¡No puede ser, doctor! ¿Todo lo que me gusta hacer es malo para la _salud_? Si hago lo que me dice usted, voy a estar _sano_ pero _deprimido_.

DOCTOR No es así. Si usted mejora su forma física, su estado de _ánimo_ va a mejorar también. Recuerde: "Mente sana en cuerpo sano".

Comunicación

4 Vida sana

A. En parejas, háganse las siguientes preguntas y marquen en la lista las respuestas.

	Siempre	A menudo	De vez en cuando	Nunca
1. ¿Trasnochas más de dos veces por semana?	☐	☐	☐	☐
2. ¿Practicas algún deporte?	☐	☐	☐	☐
3. ¿Fumas?	☐	☐	☐	☐
4. ¿Comes mucha comida frita?	☐	☐	☐	☐
5. ¿Tienes dolores de cabeza?	☐	☐	☐	☐
6. ¿Sales de copas más de dos veces por semana?	☐	☐	☐	☐
7. ¿Desayunas sin prisa?	☐	☐	☐	☐
8. ¿Pasas muchas horas del día sentado/a?	☐	☐	☐	☐
9. ¿Te pones de mal humor con frecuencia?	☐	☐	☐	☐
10. ¿Tienes problemas para dormir?	☐	☐	☐	☐

B. Imagina que eres un médico. ¿Tiene tu compañero/a una vida sana? ¿Qué cosas le recomiendas que haga? Utiliza la conversación entre Martín y su médico (página 130) como modelo.

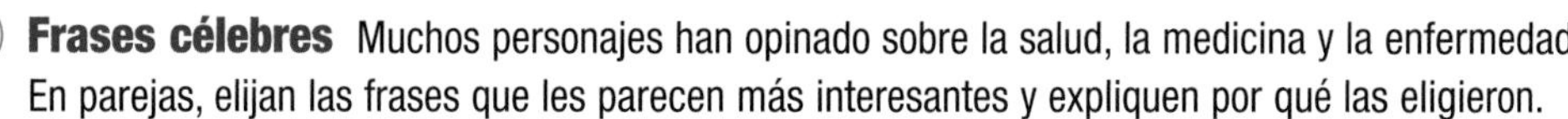

5 Frases célebres Muchos personajes han opinado sobre la salud, la medicina y la enfermedad. En parejas, elijan las frases que les parecen más interesantes y expliquen por qué las eligieron.

La salud

"La salud no lo es todo pero sin ella, todo lo demás es nada".
A. Schopenhauer

"El ser humano pasa la primera mitad de su vida arruinando la salud y la otra mitad intentando recuperarla".
Joseph Leonard

"Come poco y cena más poco, que la salud de todo el cuerpo se decide en la oficina del estómago".
Miguel de Cervantes

La medicina

"Antes que al médico, llama a tu amigo".
Pitágoras

"Los médicos no están para curar, sino para recetar y cobrar; curarse o no es cuenta del enfermo".
Molière

"La esperanza es el mejor médico que yo conozco".
Alejandro Dumas, hijo.

La enfermedad

"El peor de todos los males es creer que los males no tienen remedio".
Francisco Cabarrus

"La investigación de las enfermedades ha avanzado tanto que cada vez es más difícil encontrar a alguien que esté completamente sano".
Aldous Huxley

"De noventa enfermedades, cincuenta las produce la culpa y cuarenta la ignorancia".
Anónimo

④ Have students list the answers in two categories: healthy and unhealthy. Each student can then report about his or her partner: **Vive una vida sana** or **Vive la vida loca** and name his/her habits.

④ Using **siempre, a menudo, de vez en cuando**, and **nunca**, have students write four sentences explaining how often they do or do not do certain things. They can use the action words from the activity or provide their own.

⑤ Ask each student to write, and then read aloud an original sentence about health, medicine, or sickness. The class can judge the sentences in several categories: most original, most realistic, funniest, etc.

⑤ Write on the board the phrase coined by Pythagoras: **Antes que al médico, llama a tu amigo, and ask: ¿Qué quiso decir Pitágoras con esto? 1. Un amigo sabe de medicina. 2. Un amigo puede darte un buen consejo. 3. El médico es tu enemigo.** Have students comment on the quote's intention, and allow them to give their own interpretation.

5 FOTONOVELA

Los empleados de *Facetas* se preocupan por mantenerse sanos y en forma.

DIANA ¿Johnny? ¿Qué haces aquí tan temprano?

JOHNNY Madrugué para ir al gimnasio. ¿Nunca haces ejercicio?

DIANA No mucho... A veces me dan ganas de hacer ejercicio, y entonces me acuesto y descanso hasta que se me pasa.

En la cocina...

JOHNNY Los recordaré dondequiera que esté. Sé que esto es difícil, pero deben ser fuertes... No pongan esa cara de "cómeme". *(Habla con los dulces.)* Por mucho que insistan, los tendré que tirar. Ojalá me puedan olvidar.

FABIOLA ¿Empezaste a ir al gimnasio? Te felicito. Para ponerse en forma hay que trabajar duro.

JOHNNY No es fácil.

FABIOLA No es difícil. Yo no hago ejercicio, pero trato de comer cosas sanas.

JOHNNY Nada de comidas rápidas.

FABIOLA ¡Cómo me gustaría tener tu fuerza de voluntad!

En la cocina...

DON MIGUEL ¡Válgame! Aquí debe haber como mil pesos en dulces. ¡Mmm! Y están buenos.

JOHNNY ¿Qué tal, don Miguel? ¿Cómo le va?

DON MIGUEL *(Sonríe sin poder decir nada porque está comiendo.)*

JOHNNY ¡Otro que se ha quedado sin voz! ¿Qué es esto? ¿Una epidemia?

FABIOLA ¿Qué compraste?

JOHNNY Comida bien nutritiva y baja en calorías. Juré que jamás volvería a ver un dulce.

FABIOLA ¿Qué es eso?

JOHNNY Esto es tan saludable que con sólo tocar la caja te sientes mejor.

FABIOLA ¿Y sabe bien?

En la oficina de Aguayo...

AGUAYO Mariela, insisto en que veas a un doctor. Vete a casa y no vuelvas hasta que no estés mejor. Te estoy dando un consejo. No pienses en mí como tu jefe.

DIANA Piensa en él como un amigo que siempre tiene razón.

Instructional Resources
- VM • Video • CD-ROM • IRM
- WB/LM/VM Answer Key

Video Synopsis:
- Diana and Johnny talk about exercise.
- Johnny and Fabiola discuss diet and exercise.
- Mariela has lost her voice.
- Johnny brings in an assortment of healthy foods.
- A surprised Fabiola finds Johnny eating chocolate.
- See IRM for more details.

Preview: Play the video without sound. Have students describe what they saw.

Personajes

AGUAYO

ÉRIC

JOHNNY

FABIOLA

MARIELA

DIANA

DON MIGUEL

4

En la sala de conferencias...

AGUAYO (*dirigiéndose a Mariela*) Quiero que hagas unos cambios a estos diseños.

DIANA Creemos que son buenos y originales, pero tienen dos problemas.

ÉRIC Los que son buenos no son originales, y los que son originales no son buenos.

AGUAYO ¿Qué crees? (*Mariela no contesta.*)

5

Mariela escribe "perdí la voz" en la pizarra.

AGUAYO ¿Perdiste la voz?

DIANA Gracias a Dios... Creí que me había quedado sorda.

AGUAYO Estás enferma. Deberías estar en cama.

ÉRIC Sí, podías haber llamado para decir que no venías.

9

AGUAYO Por cierto, Diana, acompáñame a entregar los diseños ahora mismo. Tengo que volver enseguida. Estoy esperando una llamada muy importante.

DIANA Vamos.

Se van. Suena el teléfono. Mariela se queda horrorizada porque no puede contestarlo.

10

FABIOLA ¿No ibas a mejorar tu alimentación?

JOHNNY Si no puedes hacerlo bien, disfruta haciéndolo mal. Soy feliz.

FABIOLA Los dulces no dan la felicidad, Johnny.

JOHNNY Lo dices porque no has probado la *Chocobomba*.

Expresiones útiles

Giving advice and making recommendations

Insisto en que veas/usted vea a un doctor.
I insist that you go see a doctor.

Te aconsejo que vayas a casa.
I advise you to go home. (fam.)

Le aconsejo que vaya a casa.
I advise you to go home. (form.)

Sugiero que te pongas a dieta.
I suggest you go on a diet. (fam.)

Sugiero que se ponga usted a dieta.
I suggest you go on a diet. (form.)

Asking about tastes

¿Y sabe bien?
And does it taste good?

¿Cómo sabe?
How does it taste?

Sabe a ajo/menta/limón.
It tastes like garlic/mint/lemon.

¿Qué sabor tiene? ¿Chocolate?
What flavor is it? Chocolate?

¡No! ¡Tiene sabor a mango!
No! It's mango flavored!

Tiene un sabor dulce/agrio/amargo/agradable.
It has a sweet/sour/bitter/pleasant taste.

Additional vocabulary

la alimentación *diet*
dondequiera *wherever*
estar bueno/a *to be good (i.e. fresh)*
fuerza de voluntad *willpower*
madrugar *to wake up early*
quedar sordo/a *to go deaf*
sano/a *healthy*

Suggestion: Have students scan the photos for words or expressions related to health care, and use this to verify what they saw in the video.
Suggestion: Ask students to summarize what is happening.

Apuntes culturales Muchos hispanos que viven en las ciudades deben comer deprisa y no pueden dedicar mucho tiempo a cocinar. Algunas tiendas de comida rápida ofrecen lo mismo que en el resto del mundo: pizza, sándwiches y hamburguesas. Pero otras ofrecen platos locales. En España hay paellas a domicilio, en Argentina asado y en Perú ceviche. En las plazas hay vendedores de maní tostado, tortillas de maíz, empanadas y manzanas con caramelo. *¿Te gusta la comida rápida?*

Comprensión

① Have students write four sentences, one per item, that convey the same idea using different words.

② Write the correct statements on the board. Have students read the ones they corrected and help them verify their answers.
Lexical variation: Point out that in several Latin American countries another word for **tirar** is **botar**. You can add that **botar** literally means to bounce, as in bouncing a ball.

③ **Lexical variation:** Explain that **pastelería** comes from **pastel** and is the most common word for bakery. However, on many bakery signs **confitería** may also appear, which applies to all sorts of candy.
Teaching Option: Fast food is now found all over the world. However, each country may have its own specialties on the basic hamburger and fries menu. Have students search the Internet to find the different fast food businesses in Spanish-speaking countries and have them report their findings.

1 Decirlo con otras palabras Selecciona con una cruz la oración que expresa la misma idea.

JOHNNY Para ponerse en forma hay que trabajar duro.
_x_ a. Para mejorar la salud debes hacer mucho ejercicio.
___ b. Para mejorar el cuerpo hay que descansar.

FABIOLA ¡Cómo me gustaría tener tu fuerza de voluntad!
___ a. Me interesa tu fuerza física.
_x_ b. Me gustaría mucho tener mucha voluntad como tú.

JOHNNY ¡Otro que se ha quedado sin voz!
_x_ a. Don Miguel no puede hablar.
___ b. Don Miguel no puede estar callado.

FABIOLA Los dulces no dan la felicidad.
___ a. Los dulces nos alegran la vida.
_x_ b. En mi vida, los dulces no son importantes.

2 ¿Cierto o falso? Decide si lo que afirman las siguientes oraciones sobre los personajes de la **Fotonovela** es **cierto** o **falso**. Corrige las frases falsas.

	Cierto	Falso
1. Johnny llegó temprano porque madrugó para ir al gimnasio.	☑	☐
2. Cuando Diana va al gimnasio se queda dormida. *Diana no va al gimnasio, se va a dormir cuando tiene ganas de ir al gimnasio.*	☐	☑
3. Los compañeros le insisten a Johnny para que tire los dulces. *Johnny habla con los dulces y se despide de ellos porque los va a tirar.*	☐	☑
4. Los primeros diseños de Mariela son malos.	☑	☐
5. Diana se quedó sorda. *Diana no escuchó a Mariela, porque Mariela se quedó sin voz.*	☐	☑
6. Hay una epidemia en la oficina. *No hay una epidemia en la oficina. Mariela no puede hablar porque está enferma y Don Miguel no puede hablar porque tiene la boca llena de dulces.*	☐	☑
7. Johnny no continuó con su dieta.	☑	☐

3 Buscar Busca en la **Fotonovela** la palabra adecuada para poner un título a cada lista.

dulces	*ejercicios*	*comida rápida*	*comida nutritiva*
chocolates	correr	salchicha	sopa de verduras
caramelos	saltar	hamburguesa	ensalada
pastel de chocolate	caminar	papas fritas	pollo asado
postre	nadar	sándwich	frutas

Ampliación

4 **La salud de Mariela** Mariela consultó a un especialista de la garganta. Lee las indicaciones del especialista. Después, escríbelas de nuevo usando **Es importante que, Es mejor que, Es nece sario que** y **Es urgente que** en lugar de las expresiones subrayadas.

Usted tiene gripe. <u>Tiene que permanecer</u> en cama durante dos días. <u>Debe tomar</u> dos cucharaditas de este jarabe cada seis horas. <u>Debe beber leche caliente</u> y <u>no fumar</u>. Si empeora, <u>tiene que tomar</u> una de estas pastillas. Aquí tiene la receta. Si descansa, va a mejorar rápidamente. <u>Debe relajarse y quedarse</u> en su casa durante toda la semana.

5 **Completar** La columna de la izquierda describe hechos que provocan el resultado de la columna de la derecha. Completa el cuadro.

Hecho	Resultado
Grité mucho en el recital.	Me quedé sin voz.
Me quedé dormido.	
Me entró agua en los oídos.	
	Se está quedando muy delgado.
Me olvidé el abrigo en casa.	

6 **Consejos** En parejas, ¿qué consejos le darías a un(a) amigo/a que sufre de...? Dramaticen la situación.

a. obesidad
b. gripe
c. depresión
d. tos
e. dolor de garganta
f. mareos
g. anorexia
h. dolor de cabeza

7 **Medicina en otros tiempos**
En parejas observen la imagen. Imaginen la historia y contesten las preguntas.Luego cuenten la historia a sus compañeros.

- ¿Qué le pasó al enfermo?
- ¿Qué aspecto tiene?
- ¿Cuáles son los síntomas?
- ¿Cuál es el tratamiento?
- ¿Qué le aconseja el médico?

④ Before starting, write on the board **Es importante, Es mejor, Es necesario, Es urgente**, and have students complete the phrases with the underlined infinitives. Point out the difference in meaning when you personalize the phrases and introduce **que**.

⑤ Have students practice vocabulary by asking and answering questions that may explain the reason of the outcome. Both question and answer will refer to a third person. Ex: **¿Por qué se quedó sin voz? (Porque gritó mucho en el recital.)**

⑥ Suggest starting with **tener que** and **deber**.

⑥ Have the class decide which presentation is the most realistic and which the most unrealistic.

⑦ Have students search the Internet for information on **medicina en otros tiempos**. Have them write three differences in method between today and then. Ask them to share their findings with the class.

Instructional Resource IRM (general teaching suggestion)

El chocolate, alimento de los dioses

Fruto del árbol del cacao

En este capítulo de la **Fotonovela**, Johnny se quiere poner en forma y para ello ha decidido no comer más dulces. En el siguiente artículo se habla del chocolate, un producto de origen americano.

¿Sabías que el cacao y el chocolate eran desconocidos en Europa hasta la llegada de los españoles a América?

Hoy, el chocolate es una de las delicias más apreciadas por adultos y niños de todo el mundo. El árbol del cacao, originario de las zonas tropicales de Hispanoamérica, es cultivado en México, Venezuela, Ecuador y Colombia.

Existen varias leyendas indígenas sobre el origen divino de este popular alimento. La más famosa cuenta que Quetzalcóatl, dios azteca del viento, le regaló semillas del árbol del cacao a los hombres y, de esa forma, este arbusto creció sobre la tierra. Gracias a su origen divino, existía entre los aztecas la creencia de que su consumo impartía poder y sabiduría.

La historia del chocolate es muy curiosa. Durante su cuarto viaje, Cristóbal Colón se encontró en la costa de Yucatán con una embarcación indígena que transportaba unas semillas que eran utilizadas como monedas. Este fruto también era el ingrediente principal de una misteriosa bebida sagrada, el "tchocolath". Años después, el conquistador Hernán Cortés fue el primero en probar la "bebida de los dioses" en la corte azteca del emperador Moctezuma. La preparaban mezclando el cacao con maíz, vainilla, miel y canela.

De vuelta a España, Cortés elogió sus cualidades, pero la nueva bebida no fue bien recibida por su sabor amargo. Los primeros granos de cacao llegaron al Monasterio de Zaragoza en 1522, junto con la receta para preparar el chocolate. Sólo cuando se le añadió azúcar de caña empezó su rápida propagación dentro del continente europeo.

Gracias al cacao existen los sabrosos chocolates

"Lo último" en el gimnasio

Kickboxing

Spinning

En la **Fotonovela**, Johnny ha empezado a ir al gimnasio. A continuación, vas a leer sobre la última moda en los gimnasios de los países hispanos.

En los gimnasios de España y Latinoamérica la última moda es el *spinning* y el *kickboxing*. Siguiendo las tendencias y los gustos de Europa y los Estados Unidos, muchos se han lanzado a la práctica de estos dos deportes.

El *spinning* se practica en una bicicleta especial dentro del gimnasio, generalmente con un grupo de practicantes y un/una instructor(a) al frente. Los practicantes pedalean, variando la dificultad del recorrido virtual al ritmo de la música.

La bicicleta que se utiliza para hacer el *spinning* está diseñada para simular el manejo de una bicicleta real. En una clase de *spinning* tienes la impresión de estar practicando ciclismo fuera del gimnasio. Es un método excelente para mantenerte en forma y quemar calorías. Si practicas una hora de *spinning*, quemas más de seiscientas calorías.

El *kickboxing* hoy día causa furor en los gimnasios de España. Es una mezcla entre el karate y el boxeo. Sus practicantes usan guantes de boxeo, y es permitido atacar al contrincante con las piernas.

Este deporte se originó en los Estados Unidos entre los practicantes de las artes marciales. Luego se extendió al Japón y a otros países de Asia. Hoy día, hay ligas de *kickboxing* en casi todos los países y se realizan torneos internacionales, a los que acuden cientos de miles de fanáticos.

Coméntalo

Reúnete con varios compañeros/as de clase y conversa sobre los siguientes temas.

1. ¿Consideran que siguen una dieta equilibrada? ¿Comen muchos dulces? ¿De qué tipo?
2. ¿Conocen otros productos cuyo origen sea americano?
3. ¿Te gustaría practicar el *spinning* o el *kickboxing*? ¿Por qué?
4. ¿Qué tipo de ejercicio o deporte es popular donde tú vives?

¡ATENCIÓN!

A noun clause is a subordinate clause that functions as a noun, in this case as the direct object of a verb of will, influence, emotion, doubt, or denial.

Instructional Resources • WB • LM • CD-ROM • WB/LM/VM Answer Key

Suggestion: Remind students that present subjunctive forms are generally derived from present indicative **yo** forms. Write the following on the board: **vengo** → **venga, vengas, venga,** etc.; **traduzco** → **traduzca, traduzcas, traduzca,** etc. Verbs not ending in **–o** are an exception; cf. **doy** / **dé**; **voy** / **vaya**; **sé** / **sepa**.

¡ATENCIÓN!

Some impersonal expressions are expressions of will or influence.

es necesario

es importante

es urgente

Suggestion: Remind students that impersonal expressions will be followed by the infinitive, unless they are personalized by introducing a subject in the dependent clause.

5.1 The subjunctive in noun clauses

¿Te acuerdas? The subjunctive is used mainly in multiple clause sentences which express will, influence, emotion, doubt, and denial.

Quiero que hagas unos cambios en estos diseños.

Verbs of will and influence

▶ When the subject of the main clause of a sentence exerts influence or will on the subject of the subordinate clause, the verb in the subordinate clause must be in the subjunctive.

Main clause	Connector	Subordinate clause
Yo **quiero**	que	tú **vayas** al médico.

Common verbs of will and influence

aconsejar *to advise*	**insistir (en)** *to insist (on)*	**prohibir** *to prohibit*
desear *to desire*	**mandar** *to order*	**proponer** *to propose*
exigir *to demand*	**necesitar** *to need*	**querer** *to want; to wish*
gustar *to like*	**oponerse a** *to oppose*	**recomendar** *to recommend*
hacer *to make*	**pedir** *to ask; to request*	**rogar** *to beg; to plead*
importar *to be important*	**preferir** *to prefer*	**sugerir** *to suggest*

Martín quiere que nos **apuntemos** en un gimnasio.
Martín wants us to join a gym.

El médico siempre me recomienda que **deje** de fumar.
The doctor always recommends that I quit smoking.

Necesito que **busques** estas pastillas en la farmacia.
I need you to look for these pills in the pharmacy.

Se oponen a que **salgas** si estás tan enfermo.
They object to your going out if you're so sick.

▶ The infinitive, not the subjunctive, is used with verbs and expressions of will and influence if there is no change in the subject in a sentence.

Yo quiero **ir** al médico esta tarde.
I want to go to the doctor this afternoon.

Felipe necesita **ponerse** a dieta.
Felipe needs to go on a diet.

¿Te gusta **hacer** ejercicio antes de ir al tabajo?
Do you like to exercise before going to work?

Prefiero tomar estas medicinas para el dolor.
I prefer to take these medicines for the pain.

Verbs of emotion

▶ When the main clause expresses an emotion like hope, fear, joy, pity, or surprise, the verb in the subordinate clause must be in the subjunctive if its subject is different from that of the main clause.

Common verbs and expressions of emotion

alegrarse (de) *to be happy (about)*	**es una pena** *it's a pity*	**sentir** *to be sorry; to regret*
es extraño *it's strange*	**esperar** *to hope; to wish*	**sorprender** *to surprise*
es ridículo *it's ridiculous*	**gustar** *to like; to be pleasing*	**temer** *to fear*
es terrible *it's terrible*	**molestar** *to bother*	**tener miedo (de)** *to be afraid of*

Me sorprende que no **quieras** salir a correr.
I'm surprised you don't want to go jogging.

Me gusta que **tengas** una actitud positiva.
I'm glad you have a positive attitude.

▶ The infinitive, not the subjunctive, is used with verbs and expressions of emotion if there is no change in the subject in a sentence.

Temo **tener** un resfriado.
I am afraid I have a cold.

Alfredo teme no **tener** dinero para viajar.
Alfredo is afraid of not having enough money to travel.

▶ The expression **ojalá (que)** means *I hope* or *I wish* and is always followed by the subjunctive. The use of **que** with **ojalá** is optional.

Ojalá (que) te **recuperes** pronto.
I hope you recover quickly.

Ojalá (que) usted **mejore** pronto.
I hope that you get well soon.

¡ATENCIÓN!

Some impersonal expressions are expressions of emotion.

es bueno

es malo

es mejor

es una lástima

Verbs of doubt or denial

▶ When the main clause implies doubt or uncertainty, the verb in the subordinate clause must be in the subjunctive if its subject is different from that of the main clause.

Common verbs and expressions of doubt or denial

dudar *to doubt*	**es imposible** *it's impossible*
negar *to deny*	**es improbable** *it's improbable*
no creer *not to believe*	**es poco seguro** *it's uncertain*
no es verdad *it's not true*	**(no) es posible** *it's (not) possible*
no estar seguro (de) *not to be sure (of)*	**(no) es probable** *it's (not) probable*

No creo que Mauricio **quiera** consultar a un especialista.
I don't think that Mauricio wants to consult a specialist.

▶ A verb of certainty can frequently become a verb of doubt or denial by adding **no**. In the same way, adding **no** to verbs of doubt or denial makes them affirmative.

No es verdad que Margarita **haya** adelgazado.
It is not true that Margarita has lost weight.

No dudamos que éste **sea** un buen tratamiento.
We do not doubt that this is a good treatment.

¡ATENCIÓN!

Some impersonal expressions are also expressions of uncertainty.

no es evidente

no es seguro

Práctica

① Point out that Spanish contains over 2,000 words of Arabic origin. **Ojalá** is one, and it means **quiera Dios** ("God willing"), expressing a strong desire for something to happen.

① Have students conjugate some of the verbs aloud.

1 **Ojalá** Para muchos el amor es una enfermedad. El cantante Silvio Rodríguez sugiere en esta canción una cura para el amor. Completa la canción conjugando los verbos en el modo adecuado.

Ojalá que las hojas no te *toquen* (tocar) el cuerpo cuando caigan
para que no las puedas convertir en cristal.
Ojalá que la lluvia *deje* (dejar) de ser milagro que baja por tu cuerpo.
Ojalá que la luna *pueda* (poder) salir sin ti.
Ojalá que la tierra no te *bese* (besar) los pasos.

Ojalá se te *acabe* (acabar) la mirada constante,
la palabra precisa, la sonrisa perfecta.
Ojalá *pase* (pasar) algo que te borre de pronto:
una luz cegadora, un disparo de nieve.
Ojalá por lo menos que me *lleve* (llevar) la muerte,
para no verte tanto, para no verte siempre
en todos los segundos, en todas las visiones:
ojalá que no *pueda* (poder) tocarte ni en canciones.

② Have students analyze the sentences as they are given in the activity. Ask them to explain what grammatical changes occur by introducing **Te sugiero que** and **Te aconsejo que** and why.

② Have students mention three things they would recommend to a friend that suffers from depression.

2 **Consejos** Estás dándole consejos a un(a) amigo/a tuyo/a. Escribe nuevamente cada consejo reemplazando la orden por una sugerencia. Utiliza **Te sugiero que** o **Te aconsejo que.**

1. Si te duele la cabeza, debes tomar una aspirina.
   Te sugiero que/Te aconsejo que tomes una aspirina.
2. Si te cortaste con el cuchillo, debes ponerte una venda.
   Te sugiero que/Te aconsejo que te pongas una venda.
3. Si tienes tos, debes consultar al médico.
   Te sugiero que/Te aconsejo que consultes al médico.
4. Si estás mareado, debes sentarte un momento.
   Te sugiero que/Te aconsejo que te sientes un momento.
5. Si estás gordo, debes hacer régimen.
   Te sugiero que/Te aconsejo que hagas régimen.
6. Si estás deprimido, debes salir de paseo.
   Te sugiero que/Te aconsejo que salgas de paseo.
7. Si tienes mucha fiebre, debes ir a la sala de urgencias.
   Te sugiero que/Te aconsejo que vayas a la sala de urgencias.
8. Si comes demasiado, debes comenzar un régimen.
   Te sugiero/Te aconsejo que comiences un régimen.
9. Si te sientes cansado, debes descansar.
   Te sugiero/Te aconsejo que descanses.
10. Si tienes problemas con la respiración, debes dejar de fumar.
    Te sugiero/Te aconsejo que dejes de fumar.

Comunicación

3 **El doctor Sánchez responde** Los lectores de esta revista de salud envían sus consultas. El doctor Sánchez les responde. En la columna de la izquierda están las preguntas y, a la derecha, algunas notas del médico para responder a esas preguntas. ¿Qué notas corresponden a las preguntas? Únelas y luego redacta las respuestas utilizando las expresiones de la lista.

Los lectores preguntan. **El Dr. Sánchez responde.**

1. Estimado Dr. Sánchez:
Tengo 55 años y quiero bajar 10 kilos. Mi médico insiste en que mejore mi alimentación. Probé distintos regímenes, pero no funcionaron. ¿Qué puedo hacer?
Ana J.

2. Querido Dr. Sánchez:
Tengo 38 años y sufro fuertes dolores de espalda *(back)*. Trabajo en una oficina y estoy muchas horas sentada. Después de varios análisis, mi médico dijo que todo está bien en mis huesos *(bones)*. Me recetó unas pastillas para los músculos. Pero no quiero tomar medicamentos. ¿Hay otra solución?
Isabel M.

3. Dr. Sánchez:
Siempre me duele mucho el estómago. Soy muy nervioso y no puedo dormir. Mi médico me aconseja que trabaje menos. Pero eso es imposible.
Andrés S.

A. *No comer con prisa.*
Pasear mucho.
No tomar café.
Practicar yoga.

B. *Caminar mucho.*
Practicar natación.
No comer las cuatro "p": papas, pastas, pan y postres.
Tomar dos litros de agua por día.

C. *No permanecer más de dos horas sentada.*
Cinco minutos de ejercicio por día.
Adoptar una buena postura al estar sentada.
Elegir una buena cama.
Usar almohada delgada y dura.

le aconsejo que	le sugiero que
le recomiendo que	le propongo que
es necesario que	es improbable que
es importante que	es poco seguro que
es urgente que	no es seguro que

4 **Estilos de vida** En parejas, cada uno elige una de estas dos personalidades. Después, se dan consejos mutuamente para cambiar su estilo de vida. Utilicen el subjuntivo en su conversación.

1. Voy al gimnasio tres veces al día. Lo más importante en mi vida es mi cuerpo.
2. Me gusta salir por las noches. Trasnocho casi todos los días.

③ Have students work in pairs to write a letter to Dr. Sánchez. Have them exchange letters and answer them, adapting as necessary one of Dr. Sánchez's responses.

③ Have volunteers read their letters and answers to the class. After each reading, ask the class: **¿Qué debe hacer** (name of student) **en esta situación?**

Práctica

① Ask students to rewrite the sentences they selected using **tener que** or **deber** wherever possible. Ex: **Tiene que darle un baño frío.**

1 **Decirlo de otra manera** Elige la oración que expresa la misma idea.

1. En caso de que tenga fiebre, déle un baño frío.
   __x__ a. Si tiene fiebre, déle un baño frío.
   _____ b. Déle un baño frío si no tiene fiebre.
2. Puede recibir visitas hasta que la llevemos a la sala de cirugía.
   _____ a. Puede recibir visitas si la llevamos a la sala de cirugía.
   __x__ b. Antes de ir a la sala de cirugía, puede recibir visitas.
3. A menos que tome los medicamentos, la enfermera le va a poner inyecciones.
   __x__ a. O toma los medicamentos o la enfermera le va a poner inyecciones.
   _____ b. La enfermera le va a poner inyecciones si toma los medicamentos.
4. Va a superar la anorexia mientras que su familia lo apoye.
   __x__ a. Si su familia lo apoya, va a superar la anorexia.
   _____ b. Va curarse de la anorexia sin que su familia lo apoye.
5. Tan pronto como aumente su autoestima, va a mejorar su salud.
   _____ a. Su salud va a mejorar antes de que aumente su autoestima.
   __x__ b. Su salud va a mejorar después de que aumente su autoestima.

② Have students do this activity in pairs and correct each other's work.

2 **Seleccionar** Completa las oraciones con el verbo en infinitivo o en subjuntivo.

1. a. Va a estar callado con tal de que los médicos lo __dejen__ (dejar) entrar a la sala de operaciones.
   b. Va a estar callado con tal de __entrar__ (entrar) a la sala de operaciones.
2. a. En caso de que le __duela__ (doler) la cabeza, tiene que tomar este medicamento.
   b. En caso de __sentir__ (sentir) dolor de cabeza, tiene que tomar este medicamento.
3. a. María no hace ningún régimen sin __consultar__ (consultar) con un especialista.
   b. María no hace ningún régimen sin que se lo __dé__ (dar) un especialista.
4. a. Juan sigue el tratamiento para __mejorarse__ (mejorarse).
   b. Juan sigue el tratamiento para que __mejore__ (mejorar) su salud.

③ Have students act out the dialogue for the class.

3 **Completar** Subraya *(underline)* la conjunción adecuada para completar el diálogo.

—¿Qué debo hacer ahora?

—(Cuando – con tal de que) tenga dolor de cabeza, tome dos pastillas de este medicamento.

—¿Y si además tengo vómitos?

—(Antes de que – En caso de que) también tenga vómitos, no tome las pastillas. Debe colocarse solamente paños fríos. Puede tomar un té de tilo (tan pronto como – sin que) deje de vomitar.

—¿Cuándo puedo comenzar a hacer gimnasia?

—No puede comenzar (cuando – hasta que) no termine el tratamiento con los masajes.

Comunicación

4 **Pobre Paco** Paco quiere mejorar su vida. En parejas, escriban frases sobre los problemas que tiene Paco y cómo resolverlos. Utilicen las expresiones de la lista.

hasta que
cuanto
después de que
en cuanto
aunque
luego que
mientras que
siempre que
tan pronto como
a pesar de que

MODELO Cuando Paco deje de fumar, se va a sentir mejor.

(4) Ask pairs to form small groups, evaluate all the sentences, and make a final selection to share with the class.

5 **Imaginar situaciones** En parejas, escriban situaciones en las que sea adecuado decir las siguientes expresiones. Dramaticen una de las situaciones.

1. Se enferma con tal de que la atienda el doctor Fernández.
2. A menos que le compre lo que él pida, se porta mal en la escuela.
3. En cuanto tome un calmante, vamos a poder conversar con ella.
4. Ella hace chistes para que él se tome el jarabe.
5. No soporta que hablen mientras duerme la siesta.

(5) Have students start by introducing the characters and continue with a possible dialogue.

(5) Have students act out one of the situations. The class should guess what is happening.

6 **Indicaciones para el postoperatorio** Federico ha sido operado. Hoy vuelve a su casa. La doctora González le da una serie de indicaciones que resume en un papel. En parejas, lean las indicaciones y dramaticen la situación. Usen cláusulas adverbiales con subjuntivo y las conjunciones de la lista.

siempre que
cuando
en caso de que
para que
a menos que
aunque
a pesar de que

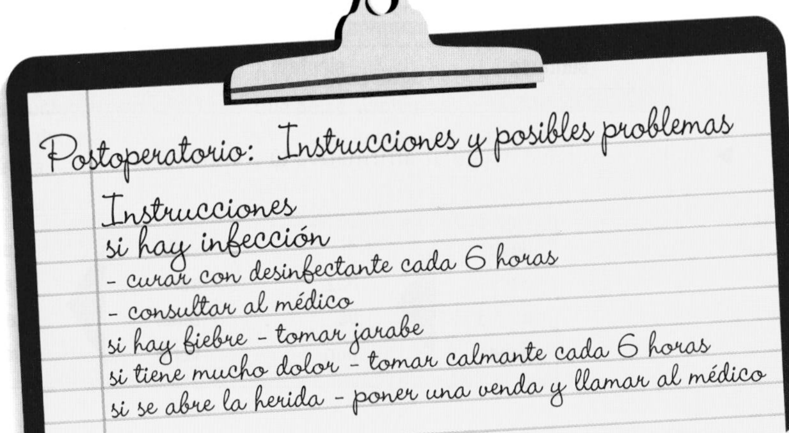

Postoperatorio: Instrucciones y posibles problemas
Instrucciones
si hay infección
- curar con desinfectante cada 6 horas
- consultar al médico
si hay fiebre - tomar jarabe
si tiene mucho dolor - tomar calmante cada 6 horas
si se abre la herida - poner una venda y llamar al médico

(6) Have students work in pairs to say what Federico has to do. One student asks: **¿Qué tiene que hacer Federico?** and the partner responds. Students should have about five seconds to answer.

Antes de leer

Las obras del argentino **Joaquín Salvador Lavado**, conocido como Quino, se comenzaron a publicar en 1954 en Buenos Aires. Después de diez años de publicar dibujos de humor gráfico, Quino creó a Mafalda, su personaje más popular. A través de Mafalda, una niña que vive en Argentina a mediados de los años 60 y a principios de los 70, Quino reflexiona sobre la situación política y social del mundo. Y aunque en 1973 Quino dejó de publicar Mafalda por ser una historieta sobre temas que ya no eran de actualidad, sigue siendo, hasta hoy, una de las tiras cómicas más reconocidas de Latinoamérica.

¿Es difícil expresar los sentimientos por escrito? ¿Crees que el correo electrónico ha cambiado el hecho de escribir a mano las cartas de amor?

Vocabulario

a fondo *thoroughly*
congeniar *to get along*
gusano *worm*

Instructional Resource
• Website

Suggestion: For additional literary and cultural readings on the lesson theme, see the corresponding lesson in **Ventanas: Lecturas**.

Pre-reading Strategy: Have students read the first four beginnings of the comic strip to get an idea of the development in the writing process. Ask: **¿Qué expresan y representan estas palabras?** Have them look at the last frame and ask: **¿Qué creen que pasó?** Tell them to have the ending in mind when they read the whole strip.

Amor de mi vida

Quino

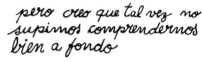

Amor:
lo nuestro
fue hermoso

pese a que en muchas
cosas no congeniáramos

que nunca
ME ENTENDISTE

Después de leer

1. En la tira cómica, la mujer empieza de una manera muy sensible y cariñosa y luego cambia su actitud. ¿Por qué? ¿Qué va a pasar después? Escribe otro final para la historia.

2. Eres el/la mejor amigo/a de Rolando. Te ha llamado para pedirte consejos porque no sabe lo que tiene que hacer para volver con su esposa. Dale consejos usando el imperativo.

3. Rolando y su mujer deciden hablar para ver si pueden resolver los problemas de su relación. La mujer está muy enfadada y le grita. En parejas, escriban el diálogo entre ellos usando el imperativo y el subjuntivo.

Suggestion: Have two volunteers act out their dialogues. One of them must be friendly and reasonable, the other nasty or unfriendly.

Expansion: Have students draw the last frame of the strip to complement their original endings. Ask them to show it to the class without revealing the text. The class should guess what the text might say. If the guess differs from the original, ask: **¿Qué les hizo pensar así? Expliquen**.

5 VOCABULARIO

Las enfermedades

la enfermedad	*disease/ illness*
la gripe	*flu*
el malestar	*discomfort*
la obesidad	*obesity*
el resfriado	*cold*
el virus	*virus*
contagiarse	*to become infected*
empeorar	*to deteriorate, get worse*
ponerse malo/a	*to become ill*
sufrir de anorexia	*suffer from anorexia*
tener fiebre	*to have a fever*
toser	*to cough*

Los síntomas

la depresión	*depression*
la herida	*injury*
la mala forma física	*in bad (physical) shape*
los factores de riesgo	*risk factors*
la tos	*cough*
desmayarse	*to faint*
hacerse daño	*to hurt oneself*
lastimarse	*to hurt oneself*
tener mal aspecto	*to look sick*
inflamado/a	*inflamed*
mareado/a	*dizzy*

La buena salud

cuidarse	*to take care of oneself*
mejorar	*to improve*
ponerse bien	*to get well*
portarse bien	*to behave well*
relajarse	*to relax oneself*
tener buen aspecto	*to look good*
sano/a	*healthy*

La salud personal

la alimentación	*diet (nutrition)*
la autoestima	*self-esteem*
el estado de ánimo	*state of mind, mood*
el régimen	*diet*
la respiración	*breathing*
la salud	*health*
el sentido común	*common sense*
la tensión (alta, baja)	*blood pressure (high, low)*
adelgazar	*to lose weight*
descansar	*to rest*
cambiar su estilo de vida	*to change one's life style*
congeniar	*to get along*
dejar de fumar	*to quit smoking*
engordar	*to gain weight*
estar acostumbrado/a a	*to be used to*
trasnochar	*to stay up all night*

Los médicos y el hospital

la cirugía	*surgery*
el/la cirujano	*a surgeon*
la consulta	*appointment*
el consultorio	*doctor's office*
la operación	*operation*
los primeros auxilios	*first aid*
la sala de emergencias	*emergency room*
consultar un(a) especialista	*to consult a specialist*

Instructional Resource
- Tests

Los remedios y tratamientos

las aspirinas	*aspirin*
los calmantes	*painkillers, tranquilizers*
el jarabe	*syrup*
la pastilla	*pill*
la receta	*prescription*
el tratamiento	*treatment*
la vacuna	*vaccine*
la venda	*bandage*
el yeso	*cast*
curarse	*to cure*
poner una inyección (a alguien)	*to give (someone) a shot*
prevenir	*to prevent*
recuperarse	*recover*
tratar	*to treat*

Otros términos

el gusano	*worm*
permanecer	*to remain, to last*
a fondo	*thoroughly*

Expresiones útiles *véase la página 133.*

Verbs of will *véase la página 138.*

Verbs of emotion *véase la página 139.*

Adverbs *véase la página 146.*

La naturaleza

6

Communicative Goals

You will expand your ability to...

- describe and narrate in the future
- express what you or others would do
- express events that depend on other events

La naturaleza

Pequeño pero valiente

José le dijo a Carlos, su hermano pequeño: "Después de la **tormenta** vendrá un **huracán** y una gran **inundación**. Habrá un **diluvio** y subirá el **nivel del mar**. Todos correremos **riesgo** de **desaparecer**. Será la **catástrofe natural** más grande y sólo se salvarán los que lleguen a **refugiarse** en las **cumbres** de las **cordilleras** más altas". Pero Carlos le contestó que él no es **miedoso** y sólo le asustan un poco los **relámpagos** y los **truenos**. No le importará **mojarse** un poco.

Instructional Resources
- WB
- LM
- CD-ROM
- WB/LM/VM Answer Key

Suggestion: Remind students that the boldfaced words and expressions in the paragraphs are new active vocabulary, as well as the vocabulary in the lists.

Suggestion: Talk about advantages and disadvantages of country and city life. Encourage students to talk about nature and weather in order to generate vocabulary.

Comprehension Check: ¿A quién se refieren estas descripciones?
1) Le preocupa la preservación de nuestro mundo. (A Estela)
2) Le gusta nadar en el mar. (A Jorge)
3) La vida de la ciudad no le agrada. (A Alfredo)
4) Prefiere contemplar el campo verde que el mar azul. (A Gloria, la esposa de Jorge)
5) Piensa que su paraguas lo protegerá. (A Carlos)

Suggestion: Assign a geographical region to each corner of the room (i.e., **bosque, costa, montañas,** etc.). Tell students to assemble in the corner corresponding to their favorite climate. Ask groups to discuss their reasons and present them to the class.

Pasado natural

Alfredo viene del campo y lo extraña mucho. Está acostumbrado a los colores del **bosque**, al olor de la **tierra** mojada y a trabajar **al aire libre**. Ahora que vive en la ciudad, sólo ve las frutas y las **semillas** que **cultivaba** en las estanterías del supermercado. Aunque él se siente muy nostálgico, el resto de su familia está feliz. Su mujer siempre le recuerda que "hay que **renovarse** o morir".

La tercera opción

Jorge y Gloria están **planeando** sus vacaciones. A él le gustan los **paisajes** de la **costa**, las **cuevas**, los **acantilados**, las **olas** y la playa. Ella prefiere el interior, los **ríos**, las **montañas** y caminar descalza sobre la **hierba**. Han encontrado una solución. Irán a un lugar **salvaje** que no conozcan ninguno de los dos: a una **selva** donde haya **loros**, reptiles y **mariposas** gigantes. Así se acabarán las discusiones.

Una ecologista muy activa

Estela está muy preocupada por el **medio ambiente**. Usa solamente el transporte público para ayudar a que no haya tanta **contaminación**. Quiere **contribuir** a la protección de la **capa de ozono** y siempre usa productos **reciclables**. Tampoco quiere gastar demasiada electricidad para ahorrar energía. Ella está decidida a no **malgastar** los **recursos naturales** y trata de fomentar el uso de otras fuentes de energía, como la solar. Tiene pensadas tantas cosas que no sabe por dónde empezar.

Los animales y las plantas

el ala	*wing*
la cola	*tail*
la hembra	*female*
el macho	*male*
el nido	*nest*
la pata	*foot/leg of an animal*
morder	*to bite*
venenoso/a	*poisonous*

Los paisajes

la bahía	*bay*
el cabo	*cape*
la orilla	*shore*
el pico	*peak, summit*
a orillas de	*on the shore of*

La naturaleza y el clima

la erosión	*erosion*
helar	*to freeze*
inundar	*to flood*
soplar	*to blow*
seco/a	*dry*
profundo/a	*deep*
puro/a	*pure, clean*

El uso de la naturaleza

el consumo de energía	*energy consumption*
la planta comestible	*edible plant*
atrapar	*to catch, to trap*
dar de comer	*to feed*
explotar	*to exploit*
extinguir	*to extinguish*
generar	*to produce, generate*
promover	*to promote*

Nombres de animales

el águila	*eagle*
el búfalo	*buffalo*
la cabra	*goat*
el cerdo	*pig*
el chancho	*pig*
el conejo	*rabbit*
el gallo	*rooster*
el león	*lion*
el mono	*monkey*
la rata	*rat*
el tigre	*tiger*

Práctica

① In pairs, have the students play El ahorcado (Hangman) using the words in the left-hand column.

1 Hablemos del medio ambiente Conecta cada palabra con su definición.

a. desertización	_h_ 1. El consumo de algo así puede causar la muerte *(death)*
b. explotar	_g_ 2. Desafío
c. extinguir	_d_ 3. Elemento del que se obtiene fuerza o electricidad
d. fuente de energía	_f_ 4. Fenómeno de emitir rayos
e. la pata	_c_ 5. Hacer desaparecer una cosa
f. radiación	_b_ 6. Obtener beneficio de una cosa trabajando en ella
g. reto	_a_ 7. Proceso por el cual un terreno se convierte en desierto
h. venenoso	_e_ 8. Parte del cuerpo del animal con la que camina

② Have students research endangered species native to Latin America on the Internet.

2 El documental Los siguientes son títulos de una serie de documentales a los que les faltan unas palabras. Completa los títulos utilizando frases y palabras de la lista.

1. Dos semanas después, el cóndor vuelve a su ___nido___
2. La tarea del Instituto de Conservación de las Ballenas y su ___Medio Ambiente___
3. Los ___desafíos___ de la vida marina en las ___costas___ de la Patagonia
4. Pingüinos manchados de ___petróleo___. ¿Será ése el futuro?
5. La protección de las especies patagónicas desde la ___Cordillera___ de los Andes hasta el océano Atlántico
6. ¡Urgente! Los esfuerzos para conservar especies ___en peligro de extinción___
7. Veterinarios al rescate: la cura de las ___alas___ de un cóndor herido

alas	desafíos	nido
Cordillera	en peligro de extinción	erosión
costas	medio ambiente	petróleo

③ Ask students to write the postcard Gustavo would have written to his mother.

3 Una postal Gustavo está de viaje en el río Tambopata. Allí escribió una postal para un amigo. Completa las siguientes oraciones con algunas de las palabras de la lista.

atrapar	piquen	peligro de extinción
mariposas	miedoso	naturaleza

Querido Luis:

El paisaje es muy bonito, pero estoy harto de que me ___piquen___ los mosquitos. Además soy un poco ___miedoso___ y hay reptiles por todos lados... Hoy nos llevaron en unas camionetas a un lugar lleno de ___mariposas___ de todos los colores. Yo me caí cuando traté de ___atrapar___ una. El guía me dijo que era una especie en ___peligro de extinción___. Casi me muero de la vergüenza.

Gustavo

Comunicación

4 Paisajes

A. Haces escenografías *(sets)* para una telenovela. Tienes que decidir en qué lugares transcurren los acontecimientos de un episodio. Indica qué paisaje natural prefieres para cada escena.

Escena 1:
Carlos y Hugo descubren que los dos aman a Raquel. A ambos les gusta ganar y la conversación se vuelve violenta. Carlos saca un cuchillo y ataca a Hugo. Luchan ferozmente.

Escena 2:
Finalmente el tímido José, un muchacho de una familia rica, se anima a decirle a Raquel que la ama. Se besan apasionadamente.

Escena 3:
Don Miguel ha descubierto que Raquel es su hija, que José no es su hijo y que Carlos y Hugo (sus otros hijos) están planeando asesinarlo para quedarse con la herencia. Sale a caminar porque no sabe qué hacer.

Paisaje 1:
A orillas de un lago. Es una mañana de sol brillante. Dos cisnes blancos nadan tranquilamente, mientras que unos pájaros cantan junto a sus nidos.

Paisaje 2
En un bosque. La luz atraviesa las copas de algunos árboles secos. Hay un águila comiendo los restos de un animal muerto.

Paisaje 3
Un frío atardecer al borde de un acantilado. Está nublado. Comienza a llover y hay mucho viento. Se escuchan unos truenos muy fuertes.

B. Consulta con un compañero/a. ¿Eligieron los mismos paisajes? ¿Por qué eligieron esos paisajes? En grupos de cuatro, imaginen qué les sucederá a Carlos, Hugo, José, Raquel y a Miguel. Preparen dos o tres oraciones que luego leerán a la clase.

5 ¿Más petróleo? Contesten esta pregunta en grupos de cuatro: ¿Qué opinión tienen sobre la explotación de nuevos pozos petrolíferos? Piensen en argumentos a favor y en contra. Luego comenten sus respuestas con el resto de la clase.

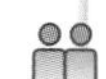

6 Asociaciones En parejas, háganse las siguientes preguntas: ¿Con cuáles de los siguientes animales/elementos de la naturaleza sientes que estás asociado? ¿Con cuáles asociarías a tu compañero/a? ¿Por qué? Comparen sus respuestas. Utilicen el vocabulario de la lección 1.

el trueno	el relámpago	la cumbre de una montaña	una semilla
el búfalo	la niebla	el león	una ciudad en una bahía
un gran árbol	la selva	un acantilado	la radiación
el tigre	la inundación	la orilla de un lago	la ola

4 Have students role play the conversation between the writer and the production manager. The writer should explain exactly what the location should look like. The production manager should ask questions to clarify and make suggestions.

5 Provide additional information on oil wells. Ex: **Con el petróleo se hace plástico; los pozos petrolíferos generan riqueza para la gente del lugar,** etc.

5 For homework, ask students to write a summary of the discussion's most salient features, including their personal feelings on the topic.

6 As warm-up, ask students to brainstorm about famous people. Begin by writing a fill-in-the-blank model on the board.
Ex: **Shakira es como un relámpago porque** ________.

6 FOTONOVELA

Aguayo se va de vacaciones, dejándole su pez al cuidado de Diana y los otros empleados de la revista *Facetas*.

MARIELA ¡Es una araña gigante!

FABIOLA No seas miedosa.

MARIELA ¿Qué haces allá arriba?

FABIOLA Estoy dejando espacio para que la atrapen.

DIANA Si la rocías con esto *(muestra la botella de matamoscas)*, la matas bien muerta.

AGUAYO Pero esto es para matar moscas.

FABIOLA ¿Las arañas jamás se van a extinguir?

MARIELA Las que no se van a extinguir son las cucarachas. Sobreviven a la nieve, a los terremotos y hasta a los huracanes, y ni la radiación les hace daño.

FABIOLA ¡Vaya! Y... ¿tú crees que sobrevivirían al café de Aguayo?

AGUAYO Mariela, ¿podrías tomar mis mensajes? Voy a casa por mi pez. Diana se ofreció a cuidarlo durante mis vacaciones.

MARIELA ¡Cómo no, jefe!

AGUAYO Mañana por la tarde estaremos en el campamento.

FABIOLA ¿Cómo pueden llamarle vacaciones a eso de dormir en el suelo y comer comida enlatada?

AGUAYO Ésta es su comida. Sólo una vez al día. No le des más aunque ponga cara de perrito... Bueno, debo irme.

MARIELA ¿Cómo sabremos si pone cara de perrito?

AGUAYO En vez de hacer así *(hace gestos con la cara)*..., hace así.

JOHNNY Última llamada.

FABIOLA Nos quedaremos cuidando a Bambi.

ÉRIC Me encanta el pececito, pero me voy a almorzar. Buen provecho.

Los chicos se marchan.

DIANA No sé ustedes, pero yo lo veo muy triste.

FABIOLA Claro. Su padre lo abandonó para irse a dormir con las hormigas.

MARIELA ¿Por qué no le damos de comer?

FABIOLA Ya le he dado tres veces.

MARIELA Ya sé. Podríamos darle el postre.

Instructional Resources
• VM • Video • CD-ROM • IRM • WB/LM/VM Answer Key

Video Synopsis: • Aguayo is trying to kill a spider, and Mariela and Fabiola are terrified.
• Mariela, Fabiola, and Aguayo talk about his upcoming camping vacation.
• Diana has agreed to look after Aguayo's pet fish, and everyone wonders why its name is "Bambi".
• Mariela, Fabiola, and Diana think Aguayo's fish looks sad and want to feed it again, possibly even an animal cracker, even though it should be fed once a day.
• They choose one of Éric's beach photos to place behind the fish bowl to make the fish feel mo[re at] home.
• See IRM for more details.

Preview: Play the soundtrack from the video [...] check for comprehension.

Suggestion: Have students predict the situat[...] from the photo stills.

Personajes

AGUAYO

ÉRIC

JOHNNY

FABIOLA

MARIELA

DIANA

4

AGUAYO La idea es tener contacto con la naturaleza, Fabiola.

MARIELA Debe ser emocionante.

AGUAYO Lo es. Sólo tengo una duda. ¿Qué debo hacer si veo un animal en peligro de extinción?

FABIOLA Tómale una foto.

5

AGUAYO Chicos, les presento a Bambi.

MARIELA ¿Qué? ¿No es Bambi un venadito?

AGUAYO ¿Lo es?

JOHNNY ¿No podrías ponerle un nombre más original?

FABIOLA Sí, como *Flipper.*

9

FABIOLA Miren lo que encontré en el escritorio de Johnny.

MARIELA ¡Galletitas de animales! Hay que encontrar la ballenita. Es un pez y está solo. Supongo que querrá compañía.

DIANA Pero no podemos darle galletas.

FABIOLA Todavía se ve tan triste.

10

MARIELA Tenemos que hacerlo sentir como si estuviera en su casa. *(Pegan una foto de la playa en la pecera.)* ¿Qué tal ésta con palmeras?

DIANA ¡Perfecta! Se ve tan feliz.

FABIOLA Míralo.
Llegan los chicos.

ÉRIC ¡Bambi! Maldito pez. En una playa tropical con tres mujeres.

Expresiones útiles

Asking a favor

¿Podrías hacer el favor de tomar mis mensajes? *Could you do me the favor of taking my messages? (fam.)*

¿Podría usted hacer el favor de cuidar mi pez? *Could you do me the favor of looking after my fish? (form.)*

¿Tendrías la bondad de + [inf...] ?
Could you please . . . ? (fam.)

¿Tendría usted la bondad de + [inf...] ? *Could you please . . . ? (form.)*

Expressing perceptions

Yo lo/la veo muy triste.
He/She looks very sad to me.

Se ve tan feliz.
He/She looks so happy.

Parece que está triste/contento/a.
It looks like he/she is sad/happy.

Al parecer, no le gustó.
It looks like he/she didn't like it.

¡Qué guapo/a te ves!
How attractive you look! (fam.)

¡Qué satisfecho/a se ve usted!
How satisfied you look! (form.)

Additional vocabulary

la araña *spider*

Buen provecho. *Enjoy your meal.*

la cucaracha *cockroach*

la mosca *fly*

la palmera *palm tree*

rociar *to spray*

Apuntes culturales Las mascotas son muy populares en España y América Latina. Sin embargo, no todas reciben un tratamiento especial, como sucede habitualmente en Estados Unidos. Muchas comen sobras y cumplen una función: los perros dan seguridad y los gatos se encargan de los ratones. Los latinoamericanos no suelen comprar animales de compañía, salvo los de raza y los exóticos. A veces adoptan perros y gatos callejeros, que son bastante comunes en las grandes ciudades. *¿Qué opinas sobre el tratamiento que reciben las mascotas en Estados Unidos?*

Instructional Resource IRM (general teaching suggestion)

Las islas Galápagos

Mariela, Fabiola y Diana van a cuidar de Bambi, el pez de Aguayo, mientras éste está de vacaciones. A continuación, vas a leer un artículo sobre las islas Galápagos, un verdadero paraíso para los amantes de los animales.

La fauna de Hispanoamérica es de una riqueza extraordinaria. Lamentablemente, algunas especies animales están en peligro de extinción por la caza y pesca indiscriminadas, por la creciente deforestación y, por supuesto, por la contaminación. Todavía, sin embargo, se pueden encontrar paraísos en los que la naturaleza se ha salvado de la fuerza contaminadora del hombre.

En el océano Pacífico, a unos 1000 kilómetros de Ecuador, se encuentra uno de los ecosistemas más extraordinarios del planeta. Se trata de las islas Galápagos, un archipiélago compuesto por 125 islas e islotes. Su origen volcánico le imprime al paisaje un carácter extraño, como de lugar encantado. Pero no es este panorama lo que atrae a los visitantes e investigadores, sino las maravillosas especies animales que viven en estas islas.

El nombre del archipiélago proviene de la gran cantidad de tortugas gigantes que ahí viven, llamadas galápagos, y que son únicas en todo el planeta. Las islas Galápagos son un paraíso, no sólo para estas tortugas sino para muchas otras especies animales protegidas, como lagartos, aves y ballenas. En 1835, Charles Darwin concibió su teoría de la evolución en estas islas, inspirado por la singularidad de las especies que encontró.

Debido al escaso contacto que han tenido con el hombre, muchos de los animales del archipiélago no les tienen miedo a los visitantes y se acercan a ellos movidos por la curiosidad. Por ello, y para proteger el medio ambiente, hace unos años se limitó el número de turistas que puede visitar las islas anualmente. A pesar de ésta y otras medidas que se han tomado, algunas de las especies que viven en este ecosistema se encuentran actualmente en peligro de extinción.

Foca

Iguana terrestre

Acampada en Bolivia

Los Andes bolivianos

A Aguayo le gusta pasar sus vacaciones en contacto con la naturaleza, por ello, en este capítulo de la **Fotonovela**, se va de acampada. Aquí vas a conocer un destino de acampada excepcional, Bolivia.

¿Te gusta acampar? ¿Dormir a la intemperie y cocinar al aire libre? En los países de habla hispana hay muchas ofertas para este tipo de vacaciones alternativas. En Costa Rica, por ejemplo, puedes disfrutar de la extraordinaria riqueza de su flora y su fauna; en México, puedes visitar sus fascinantes ruinas; y, si quieres cruzar el océano, en España puedes disfrutar de sus playas de arena blanca y de su animada vida nocturna. Aquí te proponemos sólo una de las muchas opciones para ir de acampada: Bolivia. La gran variedad topográfica del país y la riqueza de las culturas nativas, te aseguran que encontrarás el tipo de acampada que andas buscando.

El país está situado entre Brasil, Argentina, Paraguay, Perú y Chile y está compuesto por regiones muy distintas: zonas desérticas, grandes cordilleras montañosas (debido a que los Andes recorren el país de norte a sur) como la Cordillera Real, valles húmedos, llamados yungas, y la Amazonia boliviana. En el norte del país, hay otro gran atractivo para los amantes de la acampada: el lago Titicaca, el lago navegable más alto del mundo.

Puedes elegir entre acampar por tu cuenta, o bien preparar tu acampada a través de una agencia de viajes. Hay acampadas muy bien organizadas, que incluyen guía bilingüe, cocinero y transporte privado. El personal está cualificado para responder a tus preguntas acerca del variado ecosistema de la región. Aparte de las caminatas y de la estancia en campamentos, se realizan excursiones a poblaciones cercanas que conservan la cultura y las costumbres de sus ancestros.

Coméntalo

Reúnete con varios compañeros/as de clase y conversa sobre los siguientes temas.

1. ¿Han visto o estado alguna vez en un espacio natural que fuera extraordinario? ¿Dónde?
2. ¿Creen que se debe prohibir el acceso de los turistas a las islas Galápagos? ¿Por qué?
3. ¿Les gusta ir de acampada? ¿Por qué?
4. Si tuvieran que ir de acampada, ¿cuál sería su destino favorito?

Práctica

① Tell students to read over the exercise in its entirety before attempting to complete it.

1 Horóscopo chino En el horóscopo chino cada signo es un animal. Lee las siguientes predicciones del horóscopo chino para la serpiente. Conjuga los verbos entre paréntesis en la segunda persona del singular del futuro.

Serpiente

TRABAJO Esta semana *tendrás* (tener) que trabajar duro. *Saldrás* (salir) poco y no *podrás* (poder) divertirte. Pero *valdrá* (valer) la pena. Muy pronto *conseguirás* (conseguir) el puesto que estás esperando.

DINERO *Vendrán* (venir) tormentas económicas. No malgastes tus ahorros.

SALUD *Resolverás* (resolver) tus problemas. *Deberás* (deber) cuidar tu garganta.

AMOR *Recibirás* (recibir) una noticia muy buena. Una persona especial te *dirá* (decir) que te ama. *Vendrán* (venir) días felices.

② Have pairs exchange papers, then ask them to use the future tense to explain how each prediction might come true. Ex: **Podrá ganar un premio de un millón de dólares.**

2 Más horóscopo chino En parejas, escriban el horóscopo chino de su compañero/a. Utilicen verbos en futuro y ayúdense usando algunas de las frases de la lista. Luego compartan el horóscopo que escribieron con el resto de sus compañeros.

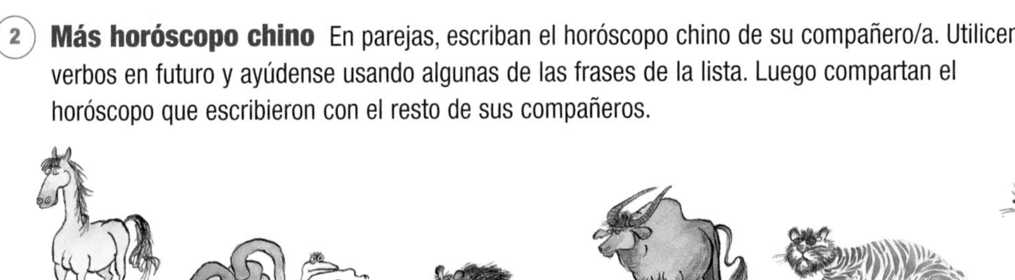

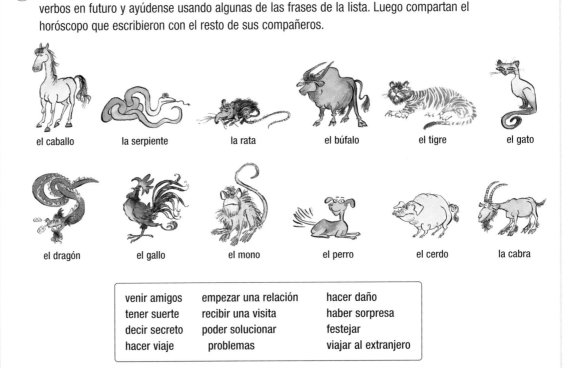

el caballo | la serpiente | la rata | el búfalo | el tigre | el gato

el dragón | el gallo | el mono | el perro | el cerdo | la cabra

venir amigos	empezar una relación	hacer daño
tener suerte	recibir una visita	haber sorpresa
decir secreto	poder solucionar problemas	festejar
hacer viaje		viajar al extranjero

3 Tus planes En parejas, deben preguntarse cuáles son, en realidad, sus planes para el futuro. Pueden hacerse preguntas que no están en la lista. Después compartan la información con la clase.

1. ¿Trabajarás en algún sitio?
2. ¿Tomarás clases en la universidad?
3. ¿Irás de vacaciones a algún sitio?
4. ¿Saldrás por las noches?
5. ¿Harás algo extraordinario?
6. ¿Intentarás llevar una vida sana?

Comunicación

④ Introduce the activity by asking students to brainstorm about different predictions that have been made about the end of the world.

4 Catástrofe Hay muchas historias que cuentan el fin del mundo. Aquí tienes una de ellas.

A. Primero, lean la historia y subrayen las expresiones de futuro. Después reescriban el párrafo cambiando esas expresiones por los verbos en futuro.

Los videntes aseguran que van a llegar catástrofes. El clima va a cambiar. Va a haber huracanes y terremotos. Vamos a vivir tormentas permanentes. Una gran niebla va a caer sobre el mundo. El suelo del bosque va a temblar. El mundo que conocemos también va a acabarse. En ese instante, la tierra va a volver a sus orígenes.

1. *llegarán*
2. *cambiará*
3. *habrá*
4. *viviremos*
5. *caerá*
6. *temblará*
7. *se acabará*
8. *volverá*

B. Ahora, en parejas, escriban su propia historia del futuro del planeta. Pueden inspirarse en el párrafo anterior o pueden escribir una versión más optimista.

5 ¿Qué será de...? Todo cambia con el paso del tiempo. Aquí tienes una lista de cosas que puede que cambien en el futuro. En parejas, expliquen qué será de esas cosas dentro de muchos años.

- ballenas *(whales)*
- Venecia
- libros tradicionales
- televisión
- discos compactos
- hamburguesas

⑤ Pair students up to add five more predictions.

6 ¿Dónde estará en veinte años? La fama es, en muchas ocasiones, pasajera *(fleeting)*. En grupos de tres, hagan una lista de cinco personas famosas, y digan qué será de ellas cuando pasen veinte años.

⑥ Model the activity by doing it first as a class.

7 Situaciones En parejas, elijan uno de los temas que se ofrecen e inventen un diálogo usando el tiempo futuro.

- Dos ladrones acaban de robar un banco. Tienen el dinero en una maleta y están planeando lo que harán para huir de la policía.
- Dos locos se acaban de escapar del manicomio. Están soñando despiertos, hablando de lo que harán en los próximos años.
- Una pareja de jóvenes enamorados se ha escapado pues sus familias no aprueban su relación. Están planeando el resto de sus vidas.

⑦ Go over each of the scenarios as a class before assigning the activity.

Instructional Resources
- WB
- LM
- CD-ROM
- WB/LM/VM Answer Key

Suggestion: Point out that the auxiliary *would*, like *will*, has no meaning by itself.

6.2 The conditional

¿Te acuerdas? In Spanish, as in English, the conditional is used to express what you *would* do or what actions or conditions *would* happen under certain circumstances.

▶ The conditional of most verbs is formed by adding the endings **–ía**, **–ías**, **–ía**, **–íamos**, **–íais**, **–ían** to the infinitive. These endings are the same for **–ar**, **–er**, and **–ir** verbs.

¡ATENCIÓN!

Note that all of the conditional tense endings carry a written accent mark.

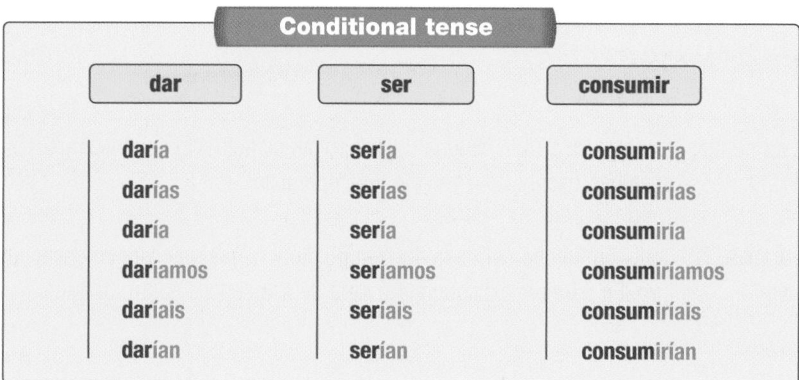

Conditional tense

dar	ser	consumir
daría	sería	consumiría
darías	serías	consumirías
daría	sería	consumiría
daríamos	seríamos	consumiríamos
daríais	seríais	consumiríais
darían	serían	consumirían

Suggestion: Point out that all words that rhyme with **María** have a written accent.

▶ Verbs with irregular future stems have the same irregular stem in the conditional.

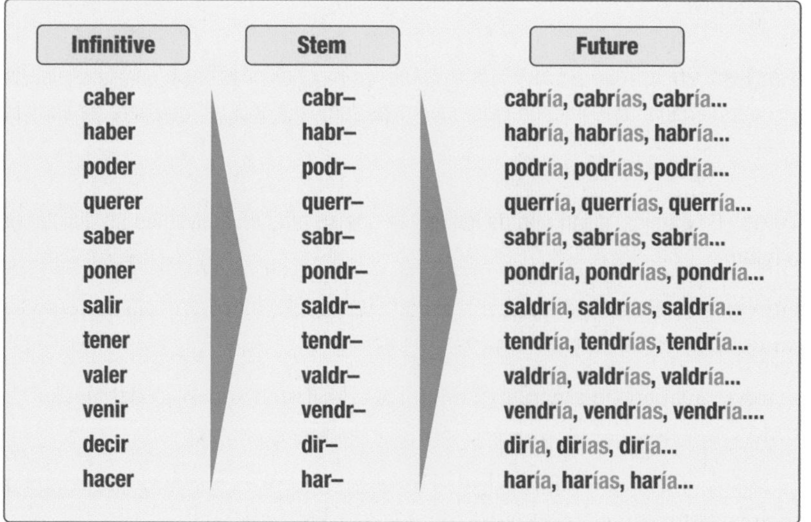

Infinitive	Stem	Future
caber	cabr–	cabría, cabrías, cabría...
haber	habr–	habría, habrías, habría...
poder	podr–	podría, podrías, podría...
querer	querr–	querría, querrías, querría...
saber	sabr–	sabría, sabrías, sabría...
poner	pondr–	pondría, pondrías, pondría...
salir	saldr–	saldría, saldrías, saldría...
tener	tendr–	tendría, tendrías, tendría...
valer	valdr–	valdría, valdrías, valdría...
venir	vendr–	vendría, vendrías, vendría....
decir	dir–	diría, dirías, diría...
hacer	har–	haría, harías, haría...

Uses of the conditional

- The conditional is generally used to express what one *would* do or what *would* happen in a certain situation or under certain circumstances.

—En Europa, ¿qué país visitarías primero? *In Europe, which country would you visit first?*	—Iría primero a Grecia y después a Italia. *First I would go to Greece and then Italy.*

- The conditional is used to make polite requests.

¿Podrías pasarme ese mapa, por favor? *Could you pass me that map, please?*	¿Sería usted tan amable de cuidar mis plantas? *Would you be so kind as to take care of my plants?*

- In compound sentences, the future tense is used in a subordinate clause to indicate what *will* happen *after* the action or condition of the verb in the main clause *takes* place. The conditional tense is used in the subordinate clause to express what *would* happen *after* the action or condition of the verb in the main clause *took* place.

FUTURE IN SUBORDINATE CLAUSE	CONDITIONAL IN SUBORDINATE CLAUSE
Creo que mañana **hará** mucho viento. *I think it will be very windy tomorrow.*	**Creía** que hoy **haría** mucho viento. *I thought it would be very windy today.*

- In Spanish, the conditional can be used to express conjecture or probability about a past condition, event, or action. English expresses this in various ways, including *wondered if, must have been*, and *was probably*.

Eduardo **estaría** cansado de caminar por la montaña. *Eduardo was probably tired after hiking the mountain.*	—¿Qué hora **sería** cuando regresó de allí? —**Serían** las ocho. *I wonder what time it was when he returned from there. It was probably eight.*

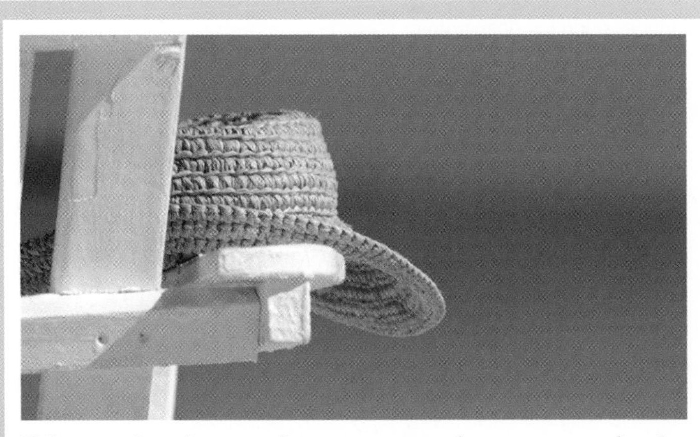

¿No sería ahora el momento justo para ir de vacaciones a la República Dominicana?

¡ATENCIÓN!

The English *would* is often used to express the conditional, but it can also mean *used to*, in the sense of habitual past action. To express habitual past actions, Spanish uses the imperfect, not the conditional. See page 82.

Cuando era pequeña, iba de campamento durante los veranos. *When I was young I would go camping in the summer.*

¡ATENCIÓN!

Another use of the conditional is in contrary-to-fact sentences.

See page 171.

Suggestion: Quickly review the use of the conditional in hypothetical sentences by providing a few examples and having volunteers explain why they are considered contrary-to-fact.

① Have students change the dialogue into a narrative.

② Point out that rather than being an imperative, the use of the conditional is comparable to politely asking someone to do something in English.

③ Ask students what they thought learning Spanish would be like before they began their language studies.

Práctica

1 Planes Conjuga en condicional el verbo entre paréntesis.

ALBERTO Si yo pudiera formar parte de esta ONG *(NGO)*, yo ___*estaría*___ (estar) dispuesto *(ready)* a ayudar en todo lo posible.

ELENA Sí, lo sé, pero tú no ___*podrías*___ (poder) hacer mucho. No tienes la preparación necesaria. Tú ___*necesitarías*___ (necesitar) estudios de biología.

ALBERTO Bueno, yo ___*ayudaría*___ (ayudar) con las cosas menos difíciles. Por ejemplo, ___*haría*___ (hacer) el café para las reuniones.

ELENA Estoy segura de que todos ___*agradecerían*___ (agradecer) tu colaboración. Les preguntaré para ver si necesitan ayuda.

2 Completar Hay distintas maneras de dar órdenes: de manera directa y de manera indirecta, como un pedido. El condicional suaviza las órdenes. Completa el cuadro.

Orden directa	Orden indirecta
Dale de comer al perro.	¿Le darías de comer al perro, por favor?
Educa a tu mascota.	*¿Educarías a tu mascota, por favor?*
Haz el favor de callarte.	*¿Harías el favor de callarte?*
Planta las semillas.	*¿Plantarías las semillas, por favor?*
Deja de molestar al gato.	*¿Dejarías de molestar al gato, por favor?*
Llévame a la estación.	*¿Me llevarías a la estación, por favor?*
Ven a primera hora.	*¿Vendrías a primera hora, por favor?*

3 Futuro en el pasado El condicional permite expresar el futuro de un hecho pasado. Escribe oraciones usando los dos verbos.

MODELO decirme / llegar
Juan me dijo que llegaría tarde.

1. pensar / comer
2. suponer / curarse
3. calcular / valer
4. decir / poner
5. imaginar / tener
6. planear / hacer ejercicio
7. escribir / venir
8. contar / querer

Comunicación

4 **¿Qué harías?** Escribe qué harías en las siguientes situaciones. En las respuestas, usa el condicional. Luego comparte tus textos con tus compañeros/as.

5 **Informe** El siguiente informe sobre la contaminación tiene que presentarse a un(a) representante del gobierno, pero antes hay que corregirlo. Las propuestas deben ser sutiles *(subtle)*.

A. Cambia las frases subrayadas por verbos en condicional.

> **La contaminación del aire**
>
> Reducir la contaminación del aire es posible. <u>Podemos cuidar</u> que los motores de los vehículos no funcionen mal. En las grandes ciudades <u>deben controlarse</u> a menudo los automóviles y autobuses.
>
> Todos los autobuses <u>deben funcionar</u> con gas. Los automóviles deben tener equipos para evitar la contaminación.
>
> Para combatir la contaminación, las industrias <u>deben reciclar</u> sus residuos. El gobierno <u>tiene que dar</u> dinero a las empresas que protegen el medio ambiente. Si todos tenemos en cuenta la naturaleza, desaparecerá el problema de la contaminación.

B. Después, en parejas, usen el condicional en un diálogo en el que uno/a de ustedes es el/la experto/a que ha escrito el informe y el/la otro/a es un(a) representante del gobierno.

6 **¿Qué pasaría?** En parejas, respondan a las siguientes preguntas. Contesten usando los verbos en condicional.

1. ¿Qué pasaría si los seres humanos tuviéramos raíces *(had roots)*?
2. ¿Qué pasaría si la tierra fuera plana?
3. ¿Qué pasaría si las mariposas midieran 100 metros?
4. ¿Qué pasaría si desaparecieran los árboles?
5. ¿Qué pasaría si los seres humanos viviéramos en cuevas?

④ Initiate a discussion about the pictures before assigning the activity.

⑤ Ask students to write a letter to the editor about an environmental problem that concerns them along with any possible solutions they may have.

⑥ Ask pairs to choose one of their answers and expand upon it three more times consecutively. Ex: **Si viviéramos en cuevas, no necesitaríamos cerraduras. Si no tuviéramos cerraduras, ...**

6.3 The past subjunctive

El jefe nos pidió que cuidáramos del pececito.

Temía que el pececito se sintiera solo.

¡ATENCIÓN!

The past subjunctive is also referred to as the imperfect subjunctive.

¡ATENCIÓN!

See pages 78–79 for the preterite forms of regular, irregular, and stem-changing verbs.

¡ATENCIÓN!

The **nosotros/as** form of the past subjunctive always has a written accent.

Instructional Resources
- WB
- LM
- CD-ROM
- WB/LM/VM Answer Key

Forms of the past subjunctive

▶ The past subjunctive of <u>all</u> verbs is formed by dropping the **–ron** ending from the **ustedes/ellos/ellas** form of the preterite and adding the past subjunctive endings: **–ra, –ras, –ra, –ramos, –rais, –ran.**

▶ Because the past subjunctive is formed exactly the same way for all verbs, verbs that have irregularities in the preterite have those same irregularities in the past subjunctive.

The past subjunctive

Infinitive	Preterite Form	Past Subjunctive
caminar	caminaron	caminara, caminaras, caminara, camináramos, caminarais, caminaran
perder	perdieron	perdiera, perdieras, perdiera, perdiéramos, perdierais, perdieran
vivir	vivieron	viviera, vivieras, viviera, viviéramos, vivierais, vivieran
dar	dieron	diera, dieras, diera, diéramos, dierais, dieran
saber	supieron	supiera, supieras, supiera, supiéramos, supierais, supieran
venir	vinieron	viniera, vinieras, viniera, viniéramos, vinierais, vinieran

Le pedí a María que **viniera** a ayudarnos.
I asked María to come help us.

Estela dudaba de que ellos **se preocuparan** por la naturaleza.
Estela doubted that they were worried about nature.

▶ In Spain and some other parts of the Spanish-speaking world, the past subjunctive is used with another set of endings **(–se, –ses, –se, –semos, –seis, –sen)**. You will also see these forms in literary selections.

Mariano no imaginaba que yo **quisiese** ir a la selva algún día.
Mariano didn't imagine that I wanted to go to the jungle someday.

Era importante que nos **ayudasen** a recoger la basura.
It was important that they helped us pick up the garbage.

Uses of the past subjunctive

- The past subjunctive is required in the same situations as the present subjunctive, except that the point of reference is always in the past. When the verb in the main clause is in the past, the verb in the subordinate clause is in the past subjunctive.

El jefe dijo que le diéramos de comer una vez al día.

Tenemos que hacerlo sentir como si estuviera en su casa.

PRESENT TIME	PAST TIME
Mariela sugiere que **hagamos** una excursión. *Mariela suggests we go on an excursion.*	Mariela sugirió que **hiciéramos** una excursión. *Mariela suggested that we go on an excursion.*
Dudan que Eduardo **venga**. *They doubt that Eduardo will come.*	Dudaban que Eduardo **viniera**. *They doubted that Eduardo would come.*
Temo que **llueva**. *I'm afraid it's going to rain.*	Temía que **lloviera**. *I was afraid that it would rain.*

- The past subjunctive is commonly used with **querer** to make polite requests or to soften statements.

Quisiera papel reciclado, por favor.
I would like recycled paper, please.

¿**Quisieras** algo más?
Would you like anything else?

- The expression **como si** *(as if)* is always followed by the past subjunctive.

Me saludó **como si** no me **conociera**.
She greeted me as if he didn't know me.

Habla de la contaminación **como si** le **importara**.
He speaks about pollution as if he cared.

Ella tira la basura en la calle **como si** no **importara**.
She throws the garbage out in the street as if it didn't matter.

El señor y la señora Sánchez me tratan **como si fuera** su hija.
Mr. and Mrs. Sánchez treat me as if I were their daughter.

Emilio siempre se viste **como si fuera** verano: camiseta y pantalones cortos.
Emilio always dresses as if it were summer: tee-shirt and shorts.

Cristina y Samuel conocen las montañas **como si vivieran** allí.
Cristina and Samuel know the mountains as if they lived there .

Práctica

① Model the activity by narrating a personal experience based on someone else's advice.

1 En la montaña Javier ha decidido ir de campamento con unos amigos. Su hermano le dio unos consejos para saber qué hacer en caso de emergencia. Ahora Javier se lo está contando a sus amigos. Completa las siguientes oraciones usando el imperfecto del subjuntivo.

Miren, mi hermano me dijo que era importante que nosotros *fuéramos* (ir) con ropa cómoda y abrigada y que *lleváramos* (llevar) un impermeable. También me dijo que no nos *separáramos* (separarse) mucho el uno del otro y que *estuviéramos* (estar) siempre en parejas.

② Write the names of some famous couples on the board. Have small groups write what one spouse recommended or requested the other do.

2 ¿Qué le pidieron? Este fin de semana la familia de Juan no ha hecho más que pedirle cosas. En parejas, completen el cuadro y usen la información para crear y dramatizar un diálogo donde Juan les cuenta a ustedes todo lo que le pidieron que hiciera.

Persona(s)	Verbo	Actividad
Mi novia	me pidió que	casarse
Mi hermana	me pidieron que	arreglarle el coche
Mi madre		prestarle dinero
Mi padre		ir a visitarlos
Mi hermano		cortar el césped
Mis abuelos		acompañarlo/a a un funeral

MODELO

—¿Qué te pidió tu novia?
—Mi novia me pidió que me casara con ella.

Possible Answers:
Mis abuelos me pidieron que los fuera a visitar.
Mi hermana me pidió que le prestara dinero.
Mi madre me pidió que la acompañara a un funeral.
Mi padre me pidió que cortara el césped.
Mi hermano me pidió que le arreglara el coche.

③ Ask students to think of a TV commercial they have seen recently. On the board list the recommendations to the viewers.

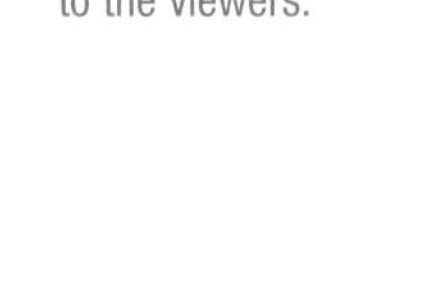

3 Recomendaciones Ésta es una lista de los hábitos de Elena y Miguel. Imagina que les recomendaste que cambiaran de costumbres. Utiliza el imperfecto del subjuntivo.

MODELO Utilizan detergentes nocivos *(harmful)* para el medio ambiente.
Les recomendé que no utilizaran detergentes nocivos para el medio ambiente.

1. Dejan la basura en los bosques.
2. Llevan abrigos de piel *(fur coats)*.
3. Tienen un coche que consume mucha gasolina.
4. No reciclan.
5. Utilizan aerosoles *(sprays)*.

Comunicación

4 **Yo creía...** En parejas, háganse estas preguntas sobre lo que pensaban cuando eran niños/as.

La imaginación

1. ¿Creías que existía Santa Claus cuando tenías 10 años?
2. ¿Creías que existían los fantasmas?
3. ¿Pensabas que los superhéroes te podían ayudar?

Las relaciones

4. ¿Creías que tu primer amor iba a durar para siempre?
5. ¿Pensabas que los adultos siempre hacían lo que querían?
6. ¿Querías que tus padres te compraran todo lo que tú pedías?

El colegio

7. ¿Pensabas que era importante ir al colegio?
8. ¿Creías que tus profesores de colegio siempre tenían razón?
9. ¿Pensabas que las vacaciones eran demasiado cortas?

(4) Assign students to small groups and ask them to talk about one of the strangest notions they had as a child. Have them present one of themto the class. They have two minutes to ask questions and decide whose story it is. The group that guesses correctly scores a point. If a group can fool the class, they get two points.

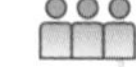

5 **¿Qué sucedió?** En grupos, preparen un diálogo inspirado en la siguiente situación, utilizando el imperfecto del subjuntivo. Después memorícenlo y represéntenlo en clase.

1. Paola está enfadada con su novio porque este fin de semana él se quedó en casa y no quiso acompañarla a la montaña. A ella le gusta mucho esquiar y lo hace siempre que puede, pero él se aburre porque no le gustan los deportes. A él no le gusta la naturaleza y tiene muchas alergias *(allergies)*. Cuando Paola vuelve, los dos discuten sobre sus preferencias y sobre cómo podrían disfrutar de un buen fin de semana juntos.

(5) Ask questions about each dialogue to check for comprehension and for more practice with the past subjunctive.

Antes de leer

1 ¿Crees que el consumo de la vida moderna afecta nuestro planeta? Explícalo con tus propias palabras.

Vocabulario

incertidumbre *uncertainty*
opinar *to express an opinion*
calentamiento *warming*

Instructional Resource
• Website

Suggestion: For additional literary and cultural readings on the lesson theme, see the corresponding lesson in **Ventanas: Lecturas**.

ENTREVISTA A

"Tenemos claro que el clima está cambiando."

Mario Molina fue Premio Nobel de Química en 1995 por sus investigaciones sobre la capa de ozono. Es profesor del MIT, en EE. UU.

P: Parece que existen contradicciones en la información sobre el cambio climático ¿Por qué ocurre esto?
R: Efectivamente°, la situación se presta a confusión. Por un lado°, existe un consenso en la comunidad científica: tenemos claro que el clima está cambiando, también sabemos que se está transformando la composición química de la atmósfera por el aumento del dióxido de carbono° y otros gases de efecto invernadero°. La incertidumbre está en saber si ese cambio está inducido por la actividad humana.

P: Usted, ¿qué cree?
R: No soy sólo yo, ya que, aunque existe alguna incertidumbre, la mayoría de la comunidad científica opina que, efectivamente, ese cambio está provocado por la actividad humana.

P: ¿Y habría que tomar medidas ya?
R: Sí. Además, creo que es probable que la sociedad se pueda adaptar a la reducción de emisiones sin un coste tan exagerado como algunos nos quieren hacer creer.

MARIO MOLINA

P: ¿Qué ocurrirá si no disminuyen las emisiones?

R: Somos más de 6.000 millones de habitantes, y una gran parte de la población vive en países en vías de desarrollo°. Esa gente aspira, por supuesto, a que sus economías mejoren como lo han hecho las de los países ricos. Pero si se hace de la misma manera, podemos esperar que el calentamiento provoque unos cambios aún más dramáticos de lo que se ha dicho hasta ahora. Realmente, creo que ese es un experimento que no deberíamos hacer.

P: ¿Cuál sería la solución?

R: No hay una solución sencilla. El problema no se puede resolver sólo con energía solar o eólica°, aunque esas fuentes° deben formar parte de la solución y es necesario integrarlas en un programa muy agresivo de desarrollo de nuevas tecnologías.

Después de leer

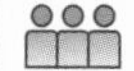

1. ¿Crees que existe un cambio climático causado por el hombre? ¿O piensas que forma parte de la evolución natural del planeta? Comenta tus opiniones con un(a) compañero/a.

2. En grupos de tres personas, escriban una lista con las cinco cosas más positivas que pueden sucederle a nuestro planeta en los próximos 50 años. Utilicen el futuro en sus respuestas.

Suggestion: As a pre-reading activity, ask students to peruse the interviewer's questions. Ask what they think this interview will be about.

Expansion: Have students write hypothetical statements about what we can do now to cut down on harmful emissions.

efectivamente	*really*
por un lado	*on one hand*
dióxido de carbono	*carbon dioxide*
efecto invernadero	*greenhouse effect*
en vías de desarrollo	*developing*
energía eólica	*eolian energy, wind power*
fuentes	*sources*

6 VOCABULARIO

Los animales

el águila	*eagle*
el búfalo	*buffalo*
la cabra	*goat*
el cerdo	*pig*
el chancho	*pig*
el conejo	*rabbit*
el gallo	*rooster*
el león	*lion*
el loro	*parrot*
la mariposa	*butterfly*
el mono	*monkey*
la rata	*rat*
el tigre	*tiger*

Términos relativos a los animales y plantas

el ala	*wing*
la cola	*tail*
la hembra	*female*
el macho	*male*
el nido	*nest*
la pata	*foot/leg of an animal*
la semilla	*seed*
morder	*to bite*
venenoso/a	*poisonous*

Instructional Resource
- Tests

Accidentes geográficos

el acantilado	*cliff*
la bahía	*bay*
el bosque	*forest*
el cabo	*cape*
la colina	*hill*
la cordillera	*mountain range*
la costa	*the coast*
la cueva	*cave*
la cumbre	*summit, peak*
la hierba	*grass*
el nivel del mar	*sea level*
la ola	*wave*
la orilla	*shore*
el paisaje	*landscape, scenery*
el pico	*peak, summit*
la selva	*jungle*
la tierra	*land*
a orillas de	*on the shore of*

El clima

la catástrofe natural	*natural disaster*
la erosión	*erosion*
el diluvio	*heavy rain*
el huracán	*hurricane*
la inundación	*flood*
el relámpago	*lightning*
la tormenta	*storm*
el trueno	*thunder*
helar	*to freeze*
inundar	*to flood*
mojarse	*to get wet*
soplar	*to blow*

Descripciones

al aire libre	*outdoors*
miedoso/a	*frightened, scared*
profundo/a	*deep*
puro/a	*pure, clean*
salvaje	*wild, savage*
seco/a	*dry*

El uso y el abuso de la naturaleza

la capa de ozono	*ozone layer*
el consumo de energía	*energy consumption*
la contaminación	*contamination*
el medio ambiente	*environment*
la planta comestible	*edible plant*
los recursos naturales	*natural resources*
el riesgo	*risk*
atrapar	*to catch, to trap*
contribuir	*to contribute*
cultivar	*to grow*
dar de comer	*to feed*
desaparecer	*to disappear*
explotar	*to exploit*
extinguir	*to extinguish*
generar	*to produce, generate*
malgastar	*to waste*
promover	*to promote*
renovarse	*to be renewed, revitalized*
reciclable	*recyclable*

Expresiones útiles *véase la página 165*

La economía y el trabajo

7

Communicative Goals

You will expand your ability to...

- reference general ideas
- express ownership or possession
- create longer, more informative sentences
- relate ideas more smoothly to other ideas

La economía y el trabajo

Exitosa

Soledad es una alta **ejecutiva** y sabe que, si no suben **las acciones** de su empresa, tendrá problemas. **Actualmente** la **industria** atraviesa otra **crisis económica,** pero a ella siempre se le ocurren ideas para **administrar** bien la **inversión extranjera.** El **dueño** y los **inversores** están satisfechos, pero los **sindicatos** están planeando una **huelga.**

Instructional Resources
- WB
- LM
- CD-ROM
- WB/LM/VM Answer Key

Suggestion: Have students look at the photos and read the header for each one. Ask them to describe the people they see and guess what they are thinking about.

Comprehension Check:
1. ¿Por qué se ve preocupada la mujer en la primera foto? (La empresa atraviesa una crisis económica.)
2. ¿Cómo se siente el muchacho y por qué? (Está deprimido porque no está feliz en su trabajo.)
3. ¿Qué piensa hacer la chica en el futuro? (No lo sabe.)
4. ¿Se presenta ella bien en las entrevistas? (No, se pone nerviosa.)
5. ¿Dónde trabaja la mujer de la última foto y qué hace? (Trabaja en una compañía de publicidad. Es administradora.)

Teaching Option: Ask volunteers to talk about themselves using as many new vocabulary words as possible. Lead with sample questions. Ex: **¿Tienes muchos ahorros? ¿Te interesa la bolsa? ¿Trabajas ahora? ¿Qué profesión piensas seguir en el futuro?**

Pensamientos

Enrique está pensando en renunciar a su **puesto** en la empresa. Hace ya dos años que no lo **ascienden.** Está cansado de **cobrar** el **sueldo mínimo** y de que no le alcance para estar **al día** con los **impuestos** y otros gastos. Además su plan de **jubilación** es malo y el **gerente** acaba de **despedir** a su único amigo. El problema es que a Enrique le asusta estar **desempleado.**

Bajo presión

Éste es el último semestre de Ana en la universidad. Está nerviosa porque tiene muchas **deudas.** Lo peor es que todavía no sabe lo que quiere hacer para **ganarse la vida.** Cree que le gustaría trabajar para una **multinacional.** Lo primero que tiene que hacer es preparar el **currículum.** Va a asistir a una **reunión** para que la ayuden a estar bien preparada. Se pone muy nerviosa durante las **entrevistas de trabajo.**

El presupuesto

Elena González trabaja en un nuevo **proyecto** para mejorar la **publicidad** de la **compañía** en la que trabaja. Lo importante, como siempre, es **administrar** bien el presupuesto: ella es especialista en **ahorrarle dinero** a las empresas. Quiere presentar su propuesta en una **conferencia.** Ella sueña con **dirigir** un proyecto de **calidad,** sin preocuparse por nada más.

Suggestion: Remind students that the boldfaced words are active vocabulary. Have them identify cognates.
Teaching option: Point out related terms within the vocabulary words. Ex: **ahorro → ahorrarle, jubilar → jubilación**. Encourage students to look for these variations.
Variación léxica: Point out that in the US it is common to hear **retirarse** instead of **jubilarse** among Spanish speakers.

El dinero

el ahorro	*savings*
la bolsa (de valores)	*stock market*
la cuenta corriente	*checking account*
la cuenta de ahorros	*savings account*
el desarrollo	*development*
financiar	*to finance*
financiero/a	*financial*
fijo/a	*permanent; fixed*

El trabajo

el contrato	*contract*
el/la empleado/a	*employee*
el empleo	*employment, job*
la fábrica	*factory*
el formulario	*application form*
la hoja de vida	*résumé*
la mano de obra	*labor*
la solicitud	*application*
la sucursal	*branch*
firmar	*to sign*
jubilarse	*to retire*
solicitar	*to apply for*

El comercio

el comercio	*commerce, trade*
las exportaciones	*exports*
las importaciones	*imports*
el impuesto (de ventas)	*(sales) tax*
la marca	*brand*
cobrar	*to charge*

Las profesiones

el/la abogado/a	*lawyer*
el/la arqueólogo/a	*archaeologist*
el/la cocinero/a	*chef*
el/la comerciante	*storekeeper, trader*
el/la contador(a)	*accountant*
el/la funcionario/a	*government employee*
el/la gerente	*manager*
el/la ingeniero/a	*engineer*
el/la periodista	*journalist*

Práctica

① Have students work in pairs to take turns changing the items to question/answer form. Ex: **¿Qué busca el presidente de un país? Que el país se desarrolle y la gente vuelva a votar por él.**

① **Lo que cada uno quiere** Indica qué es lo que busca cada una de las siguientes personas.

_b_ 1. el presidente de un país
_f_ 2. un ministro de Trabajo
_c_ 3. un empleado que lleva mucho tiempo en la empresa
_a_ 4. un desempleado
_e_ 5. el dueño de una empresa
_d_ 6. alguien que se acaba de jubilar

a. conseguir un trabajo, aunque le paguen el mínimo
b. que el país se desarrolle y la gente vuelva a votar por él
c. un ascenso
d. seguir cobrando un buen sueldo
e. que sus ejecutivos administren bien su dinero
f. que baje el desempleo y vengan inversiones del extranjero

② Ask students to provide a related word for each term. Write the following example on the board: **financiero → finanzas**.

② **Cosas que dice la gente**

A. Completa las siguientes oraciones con los términos de la lista. Hay dos palabras que no necesitas para completar el ejercicio.

administrar	empleo	jubilar
ahorros	financiero	inversiones
sindicatos	funcionarios	reunión

a. "Ya me quiero _jubilar_. Estoy cansado y quiero disfrutar de mis nietos."
b. "Si no mejoramos nuestra forma de _administrar_, esta empresa fracasará."
c. "El sistema _financiero_ de nuestro país es sólido."
d. "He gastado todos mis _ahorros_. Necesito un _empleo_."
e. "Se deben recibir más _inversiones_ para salvar la compañía."
f. "Los _sindicatos_ sólo dan problemas."

Suggestion: Point out that past participles used as adjectives change gender and number to agree with the subject. Ex: **Óscar está desempleado** but **Marta y Teresa están desempleadas.**

B. ¿Quiénes crees que dijeron las oraciones? ¿Por qué?

_b_ Carlos Gómez del Río, presidente de Medias Azabache, 50 años
_c_ Dominga Domínguez, ministra de Economía, 40 años
_a_ Don José, empleado, 60 años
_e_ Juan Manuel Aguirre, presidente de una compañía de publicidad, 38 años
_d_ María Cecilia López, desempleada, 23 años
_f_ Susana Martínez, inversionista de una compañía privada, 45 años

Comunicación

3 Búscale un trabajo

A. Le estás haciendo una entrevista a tu compañero/a para ver qué profesión o trabajo es mejor para él/ella. Utiliza el siguiente cuestionario para entrevistarlo/a. Luego intercambien los papeles.

a. ¿Es prevenido/a?
b. ¿Puede trabajar bajo presión?
c. ¿Le gusta dirigir?
d. ¿Es organizado/a o descuidado/a?
e. ¿Se pondría nervioso/a hablando en público, en una conferencia?
f. ¿Prefiere los proyectos que duran mucho o poco?
g. ¿Le molesta seguir órdenes?
h. ¿Le gusta la gente o es huraño/a?
i. ¿Le interesa la información sobre la bolsa de valores?
j. ¿Se le ocurren muchas ideas para hacer más fácil su trabajo?
k. ¿Sufriría mucho si tuviera que despedir a un buen empleado?
l. ¿Sabe ahorrar o siempre gasta todo lo que tiene?

B. De los trabajos que aparecen en la lista de abajo, ¿cuál sería mejor para tu compañero/a? ¿Por qué? Explícale por qué los elegiste y continúen la entrevista siguiendo el modelo.

empleado de un banco	capitán	funcionario de gobierno
abogado/a	comerciante	cocinero/a
empleado de una agencia de publicidad	empleado de una fábrica	gerente de una empresa
	inversor	ingeniero/a

MODELO

—Creo que serías un buen gerente de empresa.
—¿Por qué?
—Porque no te molestaría despedir a un empleado y eres responsable.
—A mí me parece (*I think*) que...

③ Based on the interview, have pairs report on each other for the class.

4 Pensamientos sobre el trabajo

A. En parejas, escojan tres de las siguientes frases y explíquenselas a la clase.

La gente le da más importancia al trabajo de la que realmente tiene.

Trabajar es de tontos.

Cuanto más difícil es un trabajo, más gratificante es.

El trabajo le da sentido a la vida.

Si te gusta tu trabajo, sentirás que no estás trabajando.

El trabajo nos dignifica y nos hace libres.

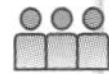

B. Un grupo explica una de las frases escogidas. ¿Alguna de las frases que ustedes escogieron coincide con la de ellos o la contradice? Si es así, díganlo y expliquen su punto de vista.

④ Ask students:
1. **¿Qué importancia tiene el trabajo?**
2. **¿Cómo te sientes en el trabajo?**
3. **¿Cómo sería la vida sin trabajar?**

7 FOTONOVELA

El equipo de *Facetas* celebra el segundo aniversario de la revista. Es un momento lleno de recuerdos.

En la sala de conferencias...

TODOS ¡ ...cumpleaños feliz!

AGUAYO Antes de apagar las velas de nuestro segundo aniversario, quiero que cada uno cierre los ojos y luego pida un deseo.

AGUAYO ¿Recuerdas cuando viniste a tu entrevista de trabajo y Éric pensó que tu padre era millonario?

FABIOLA Sí. Recuerdo que puso esa cara.

Fabiola recuerda...

AGUAYO Éric, te presento a Fabiola Ledesma, nuestra nueva escritora.

ÉRIC ¿No eres tú la hija del banquero y empresario millonario Ledesma?

FABIOLA No. Mi padre es ingeniero y no es millonario.

ÉRIC Perdona. Por un momento pensé que me había enamorado de ti.

De vuelta en el presente...

DIANA Chicos, he estado pensando en hacerle un regalo de aniversario a Aguayo.

FABIOLA Siento no poder ayudarte, pero estoy en crisis económica.

ÉRIC Es contagiosa.

DIANA Por lo menos ayúdenme a escoger el regalo.

FABIOLA Debes ser algo pequeño, fino y divertido.

ÉRIC ¿Qué tal un pececito de colores?

TODOS ¡Pobre Bambi!

FABIOLA Me refiero a algo de corte ejecutivo, Éric. Algo exclusivo.

DIANA Lo último que le regalé a un hombre fueron unos calzoncillos de dinosaurios... Era mi hijo.

En la oficina de Aguayo.

FABIOLA Jefe, ¿tiene un minuto?

AGUAYO ¿Sí?

FABIOLA Usted sabe que tengo un gran currículum y que soy muy productiva en lo mío.

AGUAYO ¿Sí?

FABIOLA Y que mis artículos son bien acogidos, y ello le ha traído a la revista...

Instructional Resources
• VM • Video • CD-ROM • IRM • WB/LM/VM Answer Key

Video Synopsis • *Facetas* celebrates its second anniversary.
• Everyone recalls Fabiola's interview and Johnny's first day of work.

• The employees talk about a gift for Aguayo.
• Fabiola asks Aguayo for a raise.
• See IRM for more details.

Preview: Have students scan the captions to identify words related to jobs. Ask them to predict what will happen in this episode of **Fotonovela**.

Suggestion: Play the first half of the video and have students modify their predictions accordingly.

Personajes

AGUAYO

FABIOLA

DIANA

JOHNNY

ÉRIC

4

De vuelta en el presente...

AGUAYO Brindo por nuestra revista, por nuestro éxito y, en conclusión, brindo por quienes trabajan duro... ¡Salud!

DIANA Esto me recuerda el primer día que Johnny trabajó en la oficina.

Diana recuerda...

5

DIANA Los empleados en esta empresa entran a las nueve de la mañana y trabajan duro todo el día. Sabes lo que es el trabajo duro, ¿verdad?

JOHNNY No hay problema, señora González. En mi trabajo anterior entraba a las cuatro de la mañana y jamás llegué tarde.

DIANA A esa hora nunca se sabe si es demasiado tarde o demasiado temprano.

9

AGUAYO ¿Qué es lo que quieres, Fabiola?

FABIOLA Un aumento de sueldo.

AGUAYO ¿Qué pasa contigo? Te aumenté el sueldo hace seis meses.

FABIOLA Lo sé, pero en este momento hay tres compañías que andan detrás de mí. Por lo tanto, merezco otro aumento.

10

Más tarde, conversando en la oficina central...

DIANA Ya sé qué regalarle a Aguayo... un llavero.
(Éric y Fabiola ponen cara de repugnancia.)

DIANA ¿Qué?

FABIOLA No lo culpo si lo cambia por un pez.

Expresiones útiles

Proposing a toast

Brindo por nuestra revista.
I toast for our magazine.

Brindemos por nuestro éxito.
Let's toast our success.

¡Salud!
Cheers!

¡A tu salud!
To your health!

Additional vocabulary

el aumento de sueldo *raise*

los calzoncillos *(men's) underwear*

el empresario *entrepreneur*

el pececillo de colores *goldfish*

la vela *candle*

merecer *to deserve*

pedir un deseo *to make a wish*

bien acogido/a *well received*

de corte ejecutivo *of an executive kind; of an executive nature*

demasiado/a *too; too much*

Apuntes culturales En América Latina y España es tradicional leer el diario del domingo. Ese día periódicos importantes como *El Mercurio* de Chile o *El Universo* de Ecuador ofrecen suplementos muy variados. Pero los hispanoamericanos se caracterizan por leer muchas revistas. Algunas venden muchísimos ejemplares: las hay deportivas, como *Don Balón* de España, políticas, como *Cambio*, de Colombia; algunas dedicadas a las adolescentes, como *Tú*, de Puerto Rico, y otras a las mujeres, como *Flora Tristán*, de Perú. *¿Se puede llegar a alguna conclusión sobre la cultura de un país a partir de la calidad y cantidad de sus revistas?*

Suggestion: Point out the number of candles on the cake to help students conclude that it is not anyone's birthday.

Comprensión

① Have students determine whether the following are true or false. If false, have them provide the right answer:
1. El padre de Fabiola es un financiero millonario. (falso)
2. Johnny nunca llegó tarde al trabajo. (falso)
3. Diana le regaló a su hermano unos calzoncillos. (falso)
4. A Fabiola le aumentaron el sueldo hace seis meses. (cierto)

② Have students explain their selection for each item.

③ Have students change the sentences to the past and rewrite them in the form of a paragraph.

1 **¿Pasado o presente?** En la **Fotonovela** los personajes recuerdan cosas del pasado. Decide si lo que afirman las siguientes oraciones ocurrió **en el pasado** u ocurre **en el presente**. Luego completa las oraciones con la forma adecuada del verbo.

	Pasado	Presente
1. Éric _creyó_ (creer) que Fabiola era hija de un millonario.	☑	☐
2. Los empleados de la revista _brindan_ (brindar) por el aniversario.	☐	☑
3. Éric _pensó_ (pensar) que se había enamorado de Fabiola.	☑	☐
4. Diana _propone_ (proponer) hacerle un regalo a Aguayo.	☐	☑
5. Diana le _regaló_ (regalar) unos calzoncillos de dinosaurios a su hijo.	☑	☐
6. Fabiola le _pide_ (pedir) a Aguayo un aumento de sueldo.	☐	☑

2 **Seleccionar** Selecciona la oración más adecuada para reemplazar lo dicho por los personajes de la **Fotonovela**.

1. **AGUAYO** Quiero que cada uno cierre los ojos y luego pida un deseo.
   _x_ a. Quiero que pidan un deseo.
   ___ b. Deseo que me pidas lo que quieras.

2. **DIANA** Sabes lo que es el trabajo duro, ¿verdad?
   ___ a. Es verdad que sabes lo que es el trabajo duro.
   _x_ b. ¿Sabes lo que es el trabajo duro?

3. **DIANA** Por lo menos, ayúdenme a escoger el regalo.
   ___ a. Ayúdenme a escoger el regalo menos caro.
   _x_ b. Les pido solamente que me ayuden a escoger el regalo.

3 **Ordenar** Indica con números el orden en que ocurrieron los hechos *(events)* de este episodio.

_2_ a. Brindan por la revista.
_1_ b. Cantan cumpleaños feliz.
_5_ c. Fabiola pide un aumento de sueldo.
_6_ d. Diana piensa regalarle a Aguayo un llavero.
_4_ e. Éric sugiere regalarle a Aguayo un pececito de colores.
_3_ f. Fabiola dice que está en crisis económica.

4 **Preguntas** Contesta las siguientes preguntas.

1. ¿Qué celebran los empleados de *Facetas*?
2. ¿Por qué creía Éric que se había enamorado de Fabiola? Explica tu respuesta.
3. ¿Por qué Fabiola no puede ayudar con el regalo?
4. ¿Le gusta a Fabiola la idea de regalarle un llavero a Aguayo?

Ampliación

5 **El regalo de Aguayo** Diana quiere hacerle un regalo a Aguayo. Sus compañeros sugieren que le regale algo fino y divertido. ¿Qué quiere decir que algo sea fino y divertido? En parejas, discutan cuáles de los siguientes regalos les parecen más adecuados para estas personas. Luego, compartan sus respuestas con sus compañeros/as. Recuerden indicar las razones para elegir ese regalo.

un abrigo	una artesanía	una botella de vino fino
una bandera	una lámpara	una maleta
una mochila	una estampilla exclusiva	un par de guantes
un bolígrafo	una calculadora	una corbata

tu abuelo/a	un compañero/a de casa	tu novio/a
un(a) vecino/a	un(a) primo/a	una pareja de recién casados
un(a) compañero/a de clase	un(a) profesor(a)	tu padre/madre
tu mejor amigo/a	alguien que no te gusta	

5 Write on the board several definitions corresponding to words in the first list and have students guess the words. Ex: **Nos lo ponemos cuando hace frío. (abrigo)** Have students provide other definitions.

6 **Razones** En parejas, invéntense las excusas que los personajes dan para explicar lo que hacen. Luego, elijan una de estas situaciones y dramatícenla.

1. Fabiola le dice a Diana por qué no pondrá dinero para el regalo de Aguayo.
2. Johnny le explica a Diana por qué llegó tarde toda la semana.
3. Diana le da una excusa a Aguayo para no cerrar los ojos y pedir un deseo.
4. Aguayo le da razones a Fabiola para no aumentarle el sueldo.

6 Ask students to add two more situations and have the pairs act them out. The class should decide which of the performances are the most and least realistic.

7 **Recuerdos** En la **Fotonovela**, los personajes recuerdan cosas del pasado. En parejas, elijan uno de estos recuerdos y dramaticen el posible diálogo.

1. Aguayo entrevista a Diana. Diana, nerviosa, se come las uñas.
2. Es el primer día de Fabiola en la oficina. No puede recordar los nombres de sus compañeros y se equivoca al nombrarlos. Alguien se enoja.
3. Mientras festejan el segundo aniversario de *Facetas*, Aguayo salpica con crema a Diana.

Instructional Resource IRM (general teaching suggestion)

¿Quieres conseguir un trabajo en Latinoamérica?

El proceso para conseguir un trabajo en Latinoamérica tiene muchos aspectos similares al de los Estados Unidos, pero también existen muchas diferencias.

Primero que todo, el factor más importante en muchos países latinoamericanos es el tipo de conexiones que tiene la persona que está buscando trabajo. Entre más importante es el puesto, más importancia tienen los contactos. El uso de los clasificados en el periódico para buscar empleo varía de país a país, pero en general se puede decir que no es muy común.

Las personas que solicitan empleo deben presentar un currículum, que probablemente no será tan conciso y que incluirá datos personales, tales como lugar y fecha de nacimiento, y hasta su foto. Muchas veces las empresas requieren este tipo de información. Debido al alto nivel de desempleo, las empresas pueden ser exigentes y poner muchas condiciones. En general, se prefiere contratar a personas jóvenes. Es muy difícil para alguien mayor de 40 años conseguir un buen empleo por los canales normales.

Las empresas también usan con frecuencia todo tipo de tests para seleccionar a sus empleados: tests de personalidad, de conocimientos, de inteligencia, etc. Y no es raro que al candidato se le hagan preguntas acerca de su estado civil, de su salud y hasta de su religión.

En las entrevistas se da mucha importancia a la apariencia personal, y aunque se le recomienda siempre al candidato que se muestre seguro de sí mismo y de sus conocimientos, por razones culturales, es mejor hacer esto de una forma discreta.

Armado ya con toda esta información, ¿estás listo para iniciar tu búsqueda?

DATOS PERSONALES

Nombre y apellidos: Carmelo Roca
Fecha de nacimiento: 14 de diciembre de 1978
Lugar de nacimiento: Salamanca
D.N.I.: 7885270-R
Dirección: Calle Ferrara 17. Apt. 5, 37500 Salamanca
Teléfono: 923 270118
Email: rocac@teleline.com

FORMACIÓN ACADÉMICA

- 2001-2002 Máster en Administración y Dirección de Empresas, Universidad Autónoma de Madrid
- 1996-2001 Licenciado en Administración y Dirección de Empresas por la Universidad de Salamanca

CURSOS Y SEMINARIOS

- 2001 "Gestión y Creación de Empresas", Universidad de Córdoba.

EXPERIENCIA PROFESIONAL

- 1999-2000 Contrato de un año en la empresa RAMA, S.L., realizando tareas administrativas
- 1998- 1999 Contrato de trabajo haciendo prácticas en Banco Sol

IDIOMAS

- INGLÉS Nivel alto. Título de la Escuela oficial de idiomas
- ITALIANO Nivel Medio

INFORMÁTICA/COMPUTACIÓN

- Conocimientos de usuario de Mac / Windows
- MS Office

Currículum vitae

Latinoamérica: las mujeres en el mundo del trabajo

Hace ya tiempo que en Latinoamérica las mujeres han venido desempeñando con éxito todo tipo de profesiones. A continuación te presentamos a dos mujeres que han logrado escalar a los niveles más altos de sus respectivas carreras profesionales.

El Clarín, es un diario argentino de mucha circulación y prestigio. Ernestina Herrera de Noble se hizo cargo de la dirección del periódico en 1969, después de la muerte de su esposo, Roberto Noble, quien había fundado el periódico en 1945. Este periódico ha crecido hasta llegar a convertirse en el Grupo Clarín, el cual está compuesto de diarios, revistas, emisoras de radio, canales de televisión y otros medios de comunicación. Este grupo se ha asociado con la Universidad de San Andrés y la Escuela de Periodismo de la Universidad de Columbia para la creación de un excelente programa de Maestría en Periodismo.

La Dra. Ramírez de Rondón, una reconocida abogada colombiana, es la primera mujer en ocupar el cargo de Ministra de Defensa y seguridad en su país. Realizó estudios de postgrado en Legislación Financiera en el Centro de Asuntos Internacionales de la Universidad de Harvard y ha sido profesora en importantes universidades de su país. Fue también Ministra de Comercio Exterior durante el gobierno de Andrés Pastrana y, antes de su actual nombramiento, trabajaba como embajadora de Colombia en Francia.

El mismo día en que tomó posesión de su cargo explotaron varias granadas en Bogotá, lo cual les causó la muerte a por lo menos 19 personas. Sucesos como éstos hacen que su trabajo, en un país con un índice de violencia tan alto, sea uno de los más difíciles y peligrosos del mundo.

Dra. Marta Lucía Ramírez de Rondón, *Ministra de Defensa y Seguridad Nacional de Colombia*

Coméntalo

Reúnete con varios compañeros/as y habla sobre los siguientes temas.

1. Comparen la importancia que tienen en Latinoamérica las conexiones en el mundo profesional, con la importancia que tienen en Estados Unidos: ¿Creen que éstas son más importantes en Latinoamérica que en Estados Unidos? ¿Por qué?
2. ¿Creen que en Estados Unidos existe discriminación por razones de edad? Expliquen sus razones.
3. Si tuvieran que escoger entre ser director/a de un periódico o ser ministro/a de defensa en un país latinoamericano, ¿qué posición escogerían? ¿por qué?
4. ¿Qué te dice la historia de estas dos mujeres sobre el papel actual de la mujer en Latinoamérica?

Instructional Resources
- WB
- LM
- CD-ROM
- WB/LM/VM Answer Key

7.2 Possessive adjectives and pronouns

¿Te acuerdas? Possessive adjectives and pronouns are used to express ownership or possession. Unlike English, Spanish has two types of possessive adjectives: the short, or unstressed, forms and the long, or stressed, forms. Also, in Spanish, possessive adjectives agree in gender and number with the object owned/possessed, and not with the owner/possessor.

¿Recuerdas cuando viniste a tu entrevista de trabajo?

Éric pensaba que mi padre era millonario.

¡ATENCIÓN!

Remember that definite articles, not possessive adjectives, are used with parts of the body.

Dame la mano.
Give me your hand.

Possessive adjectives (short forms)

With Singular Nouns	With Plural Nouns	
mi	**mis**	*my*
tu	**tus**	*your* (fam. sing.)
su	**sus**	*his; hers; its; your* (form. sing.)
nuestro/a	**nuestros/as**	*our*
vuestro/a	**vuestros/as**	*your* (fam. pl.)
su	**sus**	*their; your* (form. pl.)

▶ Short possessive adjectives precede the nouns they modify and agree with them in number and gender.

¿Cuánto dinero tienes en **tu** cuenta corriente?
How much money do you have in your checking account?

¡No encuentro **mis** cheques de viajero por ninguna parte!
I can't find my traveller's checks anywhere!

▶ Because **su** and **sus** have multiple meanings *(your, his, her, their, its)*, use the construction [*article*]+ [*noun*] + **de** + [*subject pronoun*] to avoid ambiguity.

su cuenta de ahorros	la cuenta de ahorros de él	*his savings account*
	la cuenta de ahorros de ella	*her savings account*
	la cuenta de ahorros de usted	*your savings account*
	la cuenta de ahorros de ustedes	*your savings account*
	la cuenta de ahorros de ellos	*their savings account*
	la cuenta de ahorros de ellas	*their savings account*

Stressed possessive adjectives

Stressed possessive adjectives

Singular forms		Plural forms		
MASCULINE	FEMININE	MASCULINE	FEMININE	
mío	**mía**	**míos**	**mías**	*my; (of) mine*
tuyo	**tuya**	**tuyos**	**tuyas**	*your; (of) yours (fam.)*
suyo	**suya**	**suyos**	**suyas**	*your; (of) yours (form.); his; (of) his; her; (of) hers; its*
nuestro	**nuestra**	**nuestros**	**nuestras**	*our; (of) ours*
vuestro	**vuestra**	**vuestros**	**vuestras**	*your; (of) yours (fam.)*
suyo	**suya**	**suyos**	**suyas**	*your; (of) yours (form.); their; (of) theirs*

▶ Stressed possessive adjectives are used for emphasis or to express the English phrases *of mine*, *of yours*, *of his*, and so on. They follow the nouns they modify and must agree with them in number and gender. The nouns are usually preceded by a definite or indefinite article or a demonstrative adjective.

mi amigo
my friend
▶
el amigo **mío**
friend of mine

tus amigas
your friends
▶
las amigas **tuyas**
friends of yours

▶ Because **suyo, suya, suyos** and **suyas** have multiple meanings *(your, his, her, their, its)*, the construction [*article*] + [*noun*] + **de** + [*subject pronoun*] can be used to clarify meaning.

el sueldo **suyo** ▶
- el sueldo de él/ella — *his/her salary*
- el sueldo de usted/ustedes — *your salary*
- el sueldo de ellos/ellas — *their salary*

Possessive pronouns

▶ Possessive pronouns are used to replace [*noun*] + [*possessive adjective*]. They have the same forms as the stressed possessive adjectives, and are preceded by a definite article.

el cheque **tuyo** ▶ **el tuyo**
los ingresos **nuestros** ▶ **los nuestros**
la tarjeta de crédito **suya** ▶ **la suya**

▶ A possessive pronoun agrees in number and gender with the noun it replaces.

¿**Tu cuenta** está en rojo?
Is your account overdrawn?

Tranquilo, tengo suficiente dinero en **la mía**.
Don't worry, I have enough money in mine.

Suggestion: Remind students that **vuestro, vuestra, vuestros, vuestras** are used in most of Spain and correspond to **vosotros/as**. The **ustedes** equivalents used in Latin America are **suyo, suya, suyos, suyas**.

¡ATENCIÓN!

After the verb **ser**, stressed possessives are used without articles.

—¿Es tuya la calculadora?
— Is the calculator yours?

—No, no es mía.
— No, it is not mine.

¡ATENCIÓN!

Neuter stressed possessive pronouns (**lo** + *singular stressed possessive*) are used to refer to abstract ideas or concepts. They express meanings like *what is mine, what is yours, etc.*

Quiero lo mío.
I want what is mine.

Práctica

① Remind students that possessives agree in gender and number with what is possessed and not with the possessor.

① Have students continue in pairs, providing new nouns or names.

1 **¿De quién es?** Escribe preguntas y contéstalas usando el pronombre posesivo que corresponde a la(s) persona(s) indicadas.

MODELO

¿De quién es este currículum?
Este currículum es suyo.

1. los cheques / Josefa *¿De quién son los cheques?/ Los cheques son suyos.*
2. cartera / yo *¿De quién es la cartera?/ La cartera es mía.*
3. el carro / Carmen y José *¿De quién es el carro?/ El carro es suyo.*
4. las deudas / tú *¿De quién son las deudas?/ Las deudas son tuyas.*
5. los contratos / los empleados *¿De quién son los contratos?/ Los contratos son suyos.*
6. la empresa / nosotros *¿De quién es la empresa?/ La empresa es nuestra.*

② Have students redo the dialogue as follows: **Mi papá es gerente, ¿y el tuyo? El mío es gerente general.**

2 **El mío es mejor** Felipe y Marta son dos niños que siempre están compitiendo. Completa sus diálogos con los posesivos que faltan. Luego, en parejas sigan discutiendo, usando los adjetivos y los pronombres posesivos necesarios.

1. Mi papá es gerente.
   ___*El mío*___ es gerente general.
2. Con mis ahorros podría comprar un carro.
   Con ___*los míos*___ podría comprar dos carros.
3. Y tus padres, ¿tienen una casa en la playa?
   No, pero ___*los tuyos*___ seguro que no tienen caballos, como los míos.
4. Sabes, mi bicicleta es de importación.
   Sí, pero ___*la mía*___ es mucho más cara.
5. ___*Mi*___ tocadiscos es muy bueno.
   El mío es de una marca mejor.

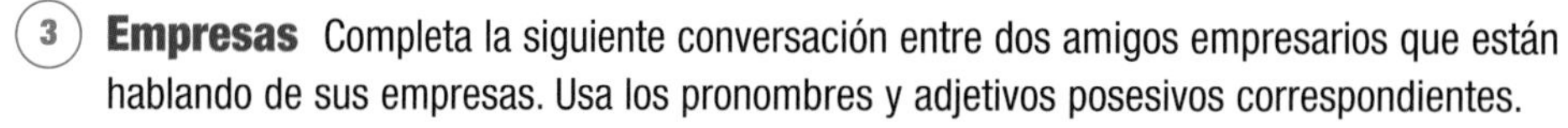

3 **Empresas** Completa la siguiente conversación entre dos amigos empresarios que están hablando de sus empresas. Usa los pronombres y adjetivos posesivos correspondientes.

SALVADOR ¿Cómo está la situación en ___*tu*___ (1) empresa? Se dice que ___*tus*___ (2) empleados se niegan a trabajar.

MARISA ___*Mi*___ (3) empresa está en pleno crecimiento. Las finanzas van bien pero ___*mi*___ (4) problema es que algunos de ___*mis*___ (5) empleados quieren reducir ___*sus*___ (6) horas de trabajo.

SALVADOR El ___*tuyo*___ (7) no es el único caso. Ocurre lo mismo con la empresa Ariel. ___*Sus*___ (8) empleados quieren tener más vacaciones.

Comunicación

4 **¿Cómo es?**

A. ¿Cómo se imaginan que es la persona que dice las siguientes frases? En parejas, usen los adjetivos de la lista para explicar cómo son. Luego comparen sus respuestas con las de sus compañeros/as. Den razones para defender lo que pensaron.

1. Lo tuyo es mío y lo mío es mío.
2. Mis ideas son siempre mejores que las tuyas.
3. Hazlo tú. Mi tiempo vale oro.
4. Éste es nuestro dinero y éste es el mío.
5. Todo lo mío es tuyo.

orgulloso	desagradable	romántico
generoso	soberbio	talentoso
inteligente	tonto	viejo
amable	posesivo	decidido

B. ¿Conoces a alguien así? ¿Conoces una persona que haya dicho una de las frases del ejercicio anterior? En parejas, cuenten en qué situación esa persona dijo la frase.

4 Have students think of a famous figure who could have said these statements and in what circumstances.

5 **Nuestros gustos** En grupos de tres, hablen de los siguientes temas y pregúntense cuáles son sus gustos. Si no coinciden, expliquen las diferencias. Usen pronombres y adjetivos posesivos.

1. escritores	________	________	________
2. grupos musicales	________	________	________
3. revistas	________	________	________
4. tipo de carro	________	________	________
5. deportes	________	________	________
6. tipo de película	________	________	________
7. programas de televisión	________	________	________
8. formas de viajar	________	________	________

5 Review **gustar** and similar verbs like **encantar** and **interesar**.

6 **Adiós** Dos compañeros/as de casa están preparando la mudanza *(move)* pues cada uno va a vivir en una parte diferente del país. Se preguntan de quién es cada cosa, pues ya no lo recuerdan. Algunas cosas son de ellos, pero otras son de amigos, familiares, vecinos, etc. En parejas, dramaticen la situación. Usen pronombres y adjetivos posesivos.

bicicleta	platos
peluca *(wig)*	sillón
discos	carta de amor
lámpara	plantas
libro de terror	pantalones

Instructional Resources
- WB
- LM
- CD-ROM
- WB/LM/VM Answer Key

¡ATENCIÓN!

The interrogative words **qué** and **quién(es)** always carry written accent marks, but the relative pronouns **que** and **quien(es)** never have accent marks.

7.3 Relative pronouns

¿Te acuerdas? Relative pronouns are used to connect short sentences or clauses to create longer, smoother sentences.

Que and *quien(es)*

▶ **Que** *(that, which, who, whom)* is the most frequently used relative pronoun. It can refer to people or things. Although the relative pronoun *that* is often omitted in English, in Spanish **que** is never omitted.

El hombre **que** limpia se llama Germán.
The man who cleans up is named Germán.

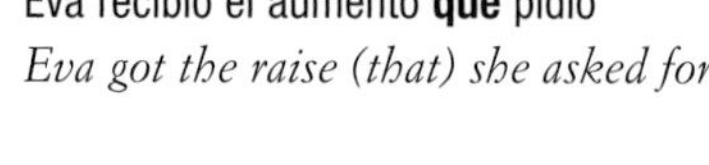

Eva recibió el aumento **que** pidió
Eva got the raise (that) she asked for.

Es algo que debes recordar siempre. Aquí se entra a las nueve.

Le prometo que nunca lo olvidaré, señora González.

▶ **Que** is also used after short prepositions like **a, con, de,** and **en** to refer to things.

El edificio **en que** trabajo es viejo.
The building I work in is old.

La empresa **de que** te hablé ha cerrado.
The business I told you about has closed.

El presupuesto **con que** comenzó la empresa ha aumentado.
The budget with which the company started has increased.

La reunión **en que** discutimos los salarios fue un éxito.
The meeting at which we discussed salaries was a success.

¡ATENCIÓN!

Remember that when the relative pronoun refers to a concept or an idea, rather than to a specific noun, **lo que** is used. (See page 202.)

¿Qué es *lo que* quieres, Fabiola? *What is it that you want, Fabiola?*

▶ The relative pronoun **quien** *(who, whom, that)* refers only to people and is often used after a preposition or the personal **a**. Note that **quien** has two forms: **quien** *(singular)* and **quienes** *(plural)*.

Mi colega, **quien** es muy competente**,** obtuvo un ascenso.
My colleague, who is very competent, got a promotion.

El gerente **de quien** te hablaba tiene su oficina aquí cerca.
The manager, that I was telling you about, has his office near here.

Las compañeras **con quienes** hicimos el proyecto están en una reunión.
The co-workers, who did the project with us, are in a meeting.

El director **a quien** le dimos el diseño está de vacaciones.
The director, to whom we gave the design, is on vacation.

El que and *el cual,* and their forms

▶ The relative pronouns **el que, la que, los que** and **las que** mean *the one(s) that, the one(s) who, who, whom, that,* or *which,* while the relative pronouns **el cual, la cual, los cuales** and **las cuales** mean *who, whom, that,* or *which*. Both sets of relative pronouns agree in number and gender with the person or thing they represent.

▶ Forms of **el que** and **el cual** are used after prepositions of more than one syllable. They can also be used after short, one-syllable prepositions like **a, con, de, en,** and **por.**

La jefa **con la cual** almorcé ayer está de vacaciones.
The boss, who I had lunch with yesterday, is on vacation.

Las empresas **para las que** trabajo me pagan muy bien.
The businesses that I work for pay me very well.

Tu cartera está en el escritorio **en el que** se sienta Enrique.
Your wallet is on the desk where Enrique is sitting.

Las razones **por las cuales** abandono la empresa son evidentes.
The reasons for which I am leaving the company are obvious.

▶ When a sentence contains more than one possible antecedent (that is, the preceding person or thing the relative pronoun refers to), **el/la que** and **el/la cual** and their forms can be used to clarify meaning.

El director de la compañía, **el que** estaba en Madrid, renunció a su puesto.
The director of the company, who (the director) was in Madrid, quit his job.

El director de la compañía, **la cual** estaba en Madrid, renunció a su puesto.
The director of the company, which (the company) was in Madrid, quit his job.

▶ Clauses with non–essential information can be introduced by **quien** (for people), **que** (for things), and **el que** and **el cual** and their forms for people or things.

Juan y María, { **quienes** / **los que** / **los cuales** } trabajaban conmigo, se han casado.

The relative adjective *cuyo*

▶ The relative adjective **cuyo (cuya, cuyos, cuyas)** means *whose* and agrees in number and gender with the noun it precedes.

Él es el accionista **cuya** identidad ha sido revelada.
He is the investor whose identity has been revealed.

La empleada **cuyas** ideas nos ahorraron mucho dinero ha recibido un aumento.
The employee, whose ideas saved us a lot of money, has received a raise.

El gerente, **cuyo** proyecto aprobaron, viajó a otro país.
The manager, whose project they approved, travelled to another country.

Los empleados **cuyos** salarios son bajos están en una reunión.
The employees, whose salaries are low, are in a meeting.

¡ATENCIÓN!

Remember that **de quién(es)**, not **cuyo**, is used in questions to express *whose.*

¿De quién es este dinero? *Whose money is this?*

Práctica

① Remind students that **el/la/los/las que** must agree in gender and number with their antecedent.

1 Seleccionar Selecciona la palabra o expresión adecuada y completa las oraciones.

1. La carta está en la carpeta __*c*__ pusiste el presupuesto.
   a. en el que b. en las que c. en la que
2. Los funcionarios __*b*__ conociste ayer aprobaron el proyecto.
   a. a quien b. a quienes c. en quienes
3. El empleado, __*c*__ renuncia llegó esta mañana, trabajará hasta fin de mes.
   a. cuyas b. cuyo c. cuya
4. No puedo pagar las facturas __*b*__ te hablé.
   a. del que b. de las que c. de quienes

2 Completar Completa la siguiente carta comercial con los pronombres relativos de la lista.

a la cual
cuya
cuyo
de la que
de quien
el cual
la cual
de los cuales
los cuales
las que
que

Estimado Sr. Rodríguez:

Me alegra comunicarle que la empresa de exportaciones DEVESA, __*a la cual*__ represento, desea contratarlo. Le ofrecemos el puesto de gerente, __*cuyo*__ salario es de 50.000 pesos anuales. Hemos recibido su currículum, __*el cual*__ nos parece muy interesante. Su experiencia cumple con los requisitos __*de los cuales*__ hablamos en la entrevista. Nos gustaría que se pusiera en contacto con nosotros lo antes posible y que nos mandara sus datos personales, __*los cuales*__ utilizaríamos para preparar su contrato.
Agradezco su atención y espero que acepte nuestra oferta.

Muchas gracias,

Malena Ríos

③ Write a list of relative pronouns on the board and point out the correct one as students read their sentences aloud.

3 Decirlo con otras palabras Une las dos oraciones en una, usando el pronombre relativo necesario.

MODELO El gobierno le dio un préstamo a una fábrica. La fábrica aún tiene problemas financieros.
La fábrica a la que el gobierno le dio un préstamo aún tiene problemas financieros.

1. Nosotros habíamos preparado un proyecto con un gerente. Le dieron un ascenso a ese gerente. *Le dieron un ascenso al gerente con quien habíamos preparado un proyecto./Nosotros habíamos preparado un proyecto con un gerente al que le dieron un ascenso.*
2. El problema del desempleo no pudo solucionarse. El problema del desempleo fue discutido en el Congreso. *El problema del desempleo, que/el cual fue discutido en el Congreso, no pudo solucionarse.*
3. Esa revista anunció que la bolsa iba a subir. Esa revista se especializa en economía. *Esa revista, la cual/que se especializa en economía, anunció que la bolsa iba a subir.*
4. La empresa va a despedir a quinientos empleados. La empresa está en crisis. *La empresa, la cual/que está en crisis, va a despedir a quinientos empleados.*
5. Emilia no quiere trabajar para esa compañía. Emilia está desempleada. *Emilia, quien/la cual/que está desempleada, no quiere trabajar para esa compañía.*
6. Mi compañero de trabajo ha sido despedido. Te presenté a mi compañero de trabajo hace un mes. *Mi compañero de trabajo, a quien/al que te presenté hace un mes, ha sido despedido.*

Comunicación

④ Have students explain the items in which they responded with **Depende**.

4 **Tus prioridades**

A. Piensa en tu personalidad y completa el siguiente recuadro sobre tus aptitudes, hábitos, puntos fuertes y débiles.

	Sí	No	Depende
Ahora le doy más importancia a mi trabajo que a mi entorno familiar.	☐	☐	☐
Me gusta más un trabajo por horas para hacer otras actividades.	☐	☐	☐
Me interesa más el dinero que el tipo de trabajo.	☐	☐	☐
Necesito un equilibrio entre mi tiempo de trabajo y mi tiempo libre.	☐	☐	☐
Considero la movilidad y los cambios como algo positivo.	☐	☐	☐
Me gusta resolver problemas.	☐	☐	☐
Soporto *(I deal)* bien las situaciones de estrés.	☐	☐	☐
Soy capaz de tomar decisiones aun cuando estoy bajo presión.	☐	☐	☐
Me gusta aceptar responsabilidades.	☐	☐	☐
Prefiero cobrar menos y disponer de más tiempo libre.	☐	☐	☐
Prefiero trabajar en equipo.	☐	☐	☐
Valoro la seguridad en el trabajo por encima de cualquier cosa.	☐	☐	☐

B. En parejas, compartan esta información. Cuéntenle a la clase lo que han aprendido de su compañero/a usando los pronombres relativos. Sigan el modelo.

MODELO

Sofía prefiere un trabajo **el cual/ que** le deje tiempo libre. Es una persona **a quien** le gusta trabajar en equipo.

5 **¿Quién es quién?** La clase se divide en dos equipos para participar en el juego. Un integrante del equipo A piensa en un(a) compañero/a y da tres pistas sobre éste/a sin mencionar su nombre. El equipo B debe descubrir de quién se trata. Si adivina con la primera pista, tiene 3 puntos. Si adivina con la segunda pista, tiene 2 puntos. Y tiene 1 punto si adivina con la tercera pista. Gana el equipo que sume más puntos.

Las pistas tienen que contener cláusulas relativas. Además, las pistas tienen que permitir adivinar de quién se trata.

MODELO

Estoy pensando en alguien con quien almorzamos.
Estoy pensando en alguien cuyos ojos son marrones.
Estoy pensando en alguien que lleva pantalones azules.

⑤ Point out that frequently, and particularly with people, **el/la/los/las que** and **quien** are used to indicate a person/people in general. Ex: **El que quiera venir, que venga. Quien venga, recibirá un regalo**.

Instructional Resources
- WB
- LM
- CD-ROM
- WB/LM/VM Answer Key

Suggestion: Point out the difference in verb tenses according to the implication of the transitional phrase.

Suggestion: Point out the use of punctuation to separate the ideas.

7.4 Transitional expressions

¿Te acuerdas? Transitional words and phrases express the connections between ideas and details. Clear transitions help show how your ideas relate to each other.

▶ An important group of transition words and phrases are those used to narrate time and sequence.

primero *first*	**siempre** *always*
segundo *second*	**por fin** *finally*
al principio *in the beginning*	**finalmente** *finally*
antes (de) *before*	**al final** *at the end*
después (de) *after, afterward*	**ayer** *yesterday*
al mismo tiempo *at the same time*	**anteayer** *the day before yesterday*
mientras *while*	**hoy** *today*
entonces *then, at that time*	**mañana** *tomorrow*
luego *then, next*	**pasado mañana** *the day after tomorrow*

▶ Another group of transistion words and phrases compare or contrast ideas and details.

del mismo modo *similarly*	**mientras que** *meanwhile, whereas*
de la misma manera *similarly*	**por otro lado** *on the other hand*
igualmente *likewise*	**por otra parte** *on the other hand*
también *also*	**por un lado... por el otro...**
además *furthermore*	*on one hand . . . on the other . . .*
o... o... *either ...or ...*	**por una parte... por la otra...**
ni... ni... *neither ... nor ...*	*on the one hand ...on the other*
sin embargo *however, yet*	**al mismo tiempo** *at the same time*
al contrario *on the contrary*	

▶ Transitional expressions and phrases are also used to express cause and effect relationships.

como *since*	**por eso** *therefore*
dado que *since*	**por esta razón** *for this reason*
porque *because*	**debido a** *due to*
por lo tanto *therefore*	**como resultado (de)** *as a result (of)*
por consiguiente *therefore*	

Práctica y Comunicación

① **¿Cuál es el conector más adecuado?** ¿Qué conector *(transitional word or phrase)* relaciona de manera más adecuada las frases con la primera oración? Tacha el conector que no es adecuado.

1. Este año, las exportaciones de Brasil a la Argentina cayeron en un 60%.
   <Sin embargo – Igualmente> las exportaciones de la Argentina al Brasil también cayeron. *Igualmente*
   <Sin embargo – Igualmente> Argentina acumula un saldo a favor de casi 1.300 millones de dólares. *Sin embargo*
2. Actualmente, la situación económica está tranquila.
   <Por un lado – Por otro lado> el desempleo descendió. *Por un lado*
   <Por un lado – Por otro lado> la inversión extranjera aumentó. *Por otro lado*
3. Nuestro proyecto de publicidad fue aceptado.
   <Además – Por el contrario> el otro proyecto fue muy criticado. *Por el contrario*
   <Además – Por el contrario> nos ofrecieron un aumento de sueldo. *Además*

① Have students write a sentence with each connector that was not used.

② **Ordenar los hechos** ¿Cómo sucedieron los hechos en realidad? Reconstruye el orden de los hechos colocando un número a cada uno. Luego compara y discute los resultados con los de tus compañeras/os. ¿Es posible ordenarlos de otra manera? ¿Por qué?

__*1*__ a. Primero envié mi currículum por correo.
__*10*__ b. Después de la entrevista, el segundo gerente se despidió muy contento.
__*3*__ c. Antes de la entrevista, tuve que escribir una carta de presentación.
__*7*__ d. El gerente me pidió la carta, la leyó y revisó mi test.
__*11*__ e. Mañana empiezo a trabajar.
__*4*__ f. Al mismo tiempo que escribía la carta, un empleado me dio un test para completar.
__*9*__ g. Después tuve una segunda entrevista con otro gerente de la empresa.
__*6*__ h. Luego me recibió.
__*5*__ i. Mientras esperaba que el gerente me atendiera, llené el test.
__*8*__ j. Le gustaron los resultados de mi test.
__*2*__ k. Dos semanas después, me citaron para una entrevista con el gerente de la empresa.

 ③ **El martes de Armando** El martes pasado Armando iba, como todos los días, a clase, pero algo pasó que hizo que su día acabara en una isla desierta. En parejas, imaginen qué pasó el martes en la vida de Armando. Escriban la historia utilizando los conectores que han estudiado. Cuando terminen, compartan su historia con la clase.

③ Have students tell about a particular day when something unusual happened to them.

Antes de leer

1 ¿Estudias y trabajas al mismo tiempo? ¿Has trabajado en muchos sitios diferentes? ¿Cuáles?

Vocabulario

cédula de identidad *ID*
carné de identidad *ID*
D.N.I. (Documento nacional de identidad) *ID*
identificación *ID*
el mercado laboral *labor market*
un trabajo temporal *temporary job*
un trabajo de jornada completa *full-time job*
un trabajo de media jornada *part-time job*

Instructional Resource
• Website

Suggestion: For additional literary and cultural readings on the lesson theme, see the corresponding lesson in **Ventanas: Lecturas**.

In pairs, have students answer the questions. Ask them to scan the text and identify related information as well as familiar words. They should guess the type of text presented.

El mercado laboral

¿Quién no ha tenido dificultades para encontrar trabajo? Lo que hay que hacer es tomarse un momento para analizar cuáles son nuestros deseos, qué es lo que podemos ofrecer y qué pueden darnos a cambio *(in return)*. El primer paso es organizar bien tu currículum.

Cómo hacer un currículum vitae

Un currículum debe tener información clara y concisa: los datos personales, la formación académica, la experiencia profesional. En general, el objetivo inmediato de un currículum es conseguir una entrevista. Antes de conseguirla, te presentará ante tu futuro jefe o empleador, y centrará la atención sobre los aspectos más importantes de tu recorrido académico, profesional y personal.

El currículum vitae debe resaltar las cualidades que se adapten al tipo de trabajo que estás solicitando. Por esta razón, si se solicitan varios trabajos, es conveniente modificar ligeramente el currículum de acuerdo con el tipo de puesto que buscas.

Cuida el estilo y la presentación. Utiliza un tipo de letra sencilla que facilite la lectura y un tipo de papel de buena calidad. No olvides que no debe ser de una extensión superior a dos páginas. Antes de enviarlo, por último, es conveniente que lo lea alguien que lo someta a una lectura crítica.

Cómo estructurar un currículum vitae

Título: Tu nombre y apellidos o, simplemente, Currículum Vitae

Datos personales: Nombre, apellidos, teléfono y dirección de correo electrónico.

Formación universitaria: Indica los estudios que estás realizando o que has realizado, las fechas, el nombre de la universidad y el lugar.

Otros títulos, conferencias o seminarios: Estudios, además de los académicos, que complementan tu formación universitaria. Indica las fechas, el número de horas, el centro y el lugar donde los realizaste.

Experiencia profesional: Indica la experiencia laboral que pueda ser de interés para la empresa en la que estás solicitando el puesto de trabajo. Menciona las fechas, la empresa donde trabajaste y el tipo de trabajo que hacías.

Idiomas: Señala los idiomas que conoces y el nivel (alto, medio, básico).

Computación: Especifica cuáles son tus conocimientos de computación.

Otros datos de interés: En este apartado puedes especificar otros aspectos como disponibilidad *(availability)* para viajar, etc.

A continuación te mostramos un ejemplo de currículum.

DATOS PERSONALES

Nombre y apellidos: **Carmelo Roca**
D.N.I.: **7885270-R**
Dirección: **Calle Ferrara 17. Apt. 5, 37500 Salamanca**
Teléfono: **923 270118**
Email: **rocac@teleline.com**

FORMACIÓN ACADÉMICA

- 2001-2002 Máster en Administración y Dirección de Empresas, Universidad Autónoma de Madrid
- 1996-2001 Licenciado en Administración y Dirección de Empresas por la Universidad de Salamanca

CURSOS Y SEMINARIOS

- 2001 "Gestión y Creación de Empresas", Universidad de Córdoba

EXPERIENCIA PROFESIONAL

- 1999-2000 Contrato de un año en la empresa RAMA, S.L., realizando tareas administrativas
- 1998- 1999 Contrato de trabajo haciendo prácticas en Banco Sol

IDIOMAS

- INGLÉS Nivel alto. Título de la Escuela oficial de idiomas
- ITALIANO Nivel Medio

INFORMÁTICA/COMPUTACIÓN

- Conocimientos de usuario de Mac / Windows
- MS Office

Después de leer

1. Escribe un currículum ficticio con tu compañero/a, siguiendo las indicaciones anteriores.

In pairs, have the students discuss their career paths and how to adjust their résumés to fit possible jobs.

7 VOCABULARIO

La gente del trabajo

el/la dueño/a	*owner*
el/la ejecutivo/a	*executive*
el/la empleado/a	*employee*
el/la inversor(a)	*investor*

El mundo laboral

la entrevista de trabajo	*job interview*
el éxito	*success*
la jubilación	*retirement*
administrar	*to manage, run*
ahorrar	*to save*
ascender	*to rise, be promoted*
despedir	*to fire*
dirigir	*to manage; to direct*
estar al día	*to be up-to-date*
estar bajo presión	*to be under stress/pressure*
ganarse la vida	*make a living*
jubilarse	*to retire*
desempleado/a	*unemployed*
actualmente	*currently*

Instructional Resource
- Tests

El trabajo

el aumento de sueldo	*raise in salary*
la compañía	*company*
la conferencia	*conference*
el contrato	*contract*
el currículum vitae	*résumé*
el empleo	*employment, job*
la empresa	*company*
la hoja de vida	*résumé*
la mano de obra	*labor*
la marca	*brand*
el presupuesto	*budget*
el proyecto	*project*
el puesto	*position, job*
la reunión	*the meeting*
el sueldo mínimo	*minimum wage*
la sucursal	*branch*
(de) calidad	*(of) quality*

Algunas profesiones

el/ la abogado/a	*lawyer*
el/la arqueólogo/a	*archaeologist*
el/la cocinero/a	*chef*
el/la comerciante	*storekeeper, trader*
el/la contador(a)	*accountant*
el/la funcionario/a	*government employee*
el/la gerente	*manager*
el/la ingeniero/a	*engineer*
el/la periodista	*journalist*

Las inversiones y el ahorro

el ahorro	*savings*
la acción	*stock*
la bolsa (de valores)	*stock market*
la crisis ecónomica	*economic crisis*
la cuenta corriente	*checking account*
la cuenta de ahorros	*savings account*
el desarrollo	*development*
la deuda	*debt*
el dinero	*money*
la inversión extranjera	*foreign investment*
el impuesto	*tax*
cobrar	*to charge, to recieve*
financiar	*to finance*
firmar	*to sign*
financiero/a	*financial*
fijo/a	*permanent; fixed*

El comercio

el comercio	*commerce, trade*
el impuesto (de ventas)	*(sales) tax*
las exportaciones	*exports*
la fábrica	*factory*
la huelga	*strike*
las importaciones	*imports*
la industria	*industry*
la multinacional	*multinational company*
la publicidad	*advertisement*
el sindicato	*labor union*

Expresiones útiles *véase la página 197*

La religión y la política

8

Communicative Goals

You will expand your ability to...

- describe actions in the passive voice
- express surprise or unexpected occurrences
- express contradictions to previously stated information

La religión y la política

Un diputado enojado

El diputado liberal está cansado de que no se trate **su proyecto de ley** para proteger los **derechos civiles** de las **minorías**. Al sentir tanto rechazo, llegó a pensar que era mejor renunciar a su **cargo**. Pero cambió de idea. Al fin y al cabo fue elegido por el **pueblo** para desempeñar su papel. Además, **el líder político** ahora cree mucho más en su **discurso**, porque ya sabe cómo sufren los que se sienten **discriminados**.

Instructional Resources
- WB
- LM
- CD-ROM
- WB/LM/VM Answer Key

Suggestion: Ask students to predict the content of the captions based on the pictures.

Suggestion: Remind students that the boldfaced words and expressions are new active vocabulary as well as the ones in the lists.

Comprehension Check: ¿Cierto o falso?
1) Los asuntos sociales preocupan al diputado. (cierto)
2) El joven va a unirse a los que apoyan al general. (falso)
3) Juan José se preocupa por cuestiones políticas. (falso)
4) La embajadora se arrepiente de haber tomado una mala decisión. (cierto)
Suggestion: Pair students up to write dialogues based on the scenes shown in **Contextos**.

Democracia

El viejo general del **ejército** quiere dar **batalla** una vez más. Dice que las **fuerzas armadas** tienen que imponer la **seguridad** en el país. Su esposa escucha esas palabras y se preocupa. Dice que no quiere **ser gobernada** por una **dictadura** sin **libertad** ni **igualdad** para todos los **ciudadanos**. Ella le explica que va a organizar una **campaña electoral** para **presentarse como candidata**, y que es bueno que se hable de política para que la gente **se informe**.

Crisis espiritual

Desde el principio de los tiempos, la humanidad se ha preguntado por el origen de **la vida**. Muchos han buscado sus respuestas en la **religión**, pues la **fe religiosa** los ayuda a comprender el mundo. Otros son **creyentes**, pero no se consideran practicantes; y otros declaran que no **creen** en nada. Juan José está leyendo muchos textos religiosos, pues quiere saber si **Dios** existe o si hay vida después de la **muerte**.

No a la corrupción

La **embajadora** firmó un **tratado** que considera **injusto**. Aunque se ha quejado ante su **partido político** y ha dicho que el tratado es **inmoral** y perjudica al país, no ha podido negarse a firmar. Ningún **juez** de ningún **tribunal** puede sentenciarla, pero ahora ella se siente culpable. Ha decidido ser sincera. Acompañada por sus hijos, está dispuesta a **confesarle** al pueblo su error y el de su partido. Después de confesarse, espera sentirse más **libre** de culpa.

Los cargos públicos y la política

el alcalde/ la alcaldesa	*mayor*
el/la diputado/a	*representative*
el/la líder (laboral)	*(labor) leader*
el/la ministro/a	*minister*
el régimen	*form of government*
el/la senador(a)	*senator*
inscribirse	*to register; to enroll*
pronunciar un discurso	*to give a speech*
votar	*to vote*
crítico/a	*critical*
estatal	*public; pertaining to the state*

Las leyes y los derechos

los derechos (humanos)	*(human) rights*
la discriminación	*discrimination*
el juicio	*trial; judgment*
la lucha	*struggle; fight*
la queja	*complaint*
aprobar (una ley)	*to approve (a law)*
avisar	*to inform; to warn*
rechazar	*to reject*
prohibido/a	*forbidden; prohibited*

La religión y la moral

el ateísmo	*atheism*
la creencia	*belief*
perdonar	*to forgive*
rezar	*to pray*
(in)justo/a	*(un)just; (un)fair*
sagrado/a	*sacred*

Práctica

① Have groups categorize the professions in the activity into two or three different groups. Tell them to add two more professions to each category. Ex: **Oficiales elegidos: alcaldes, senadores**.

1 **Zapatero a tus zapatos** Distintas personas desempeñan distintos papeles en una sociedad. Indica qué función cumplen las siguientes personas.

_c_ 1. alcaldes
_e_ 2. embajadores
_b_ 3. generales de las fuerzas armadas
_a_ 4. senadores
_d_ 5. jueces

a. Representan estados o provincias y aprueban proyectos de ley.
b. Protegen al país de ataques extranjeros.
c. Son responsables de los asuntos del pueblo o ciudad.
d. Trabajan en un tribunal y dictan sentencias.
e. Representan un país ante otros países.

② Introduce the activity by comparing and contrasting the jobs of politicians and journalists. Make a chart on the board recording the responses.

2 **El periodista insistente** Completa el siguiente diálogo con las palabras de la lista.

—Diputado García, ¿qué opina usted del _proyecto de ley_ (1)?

—Es pésimo. Amenaza los _derechos civiles_ (2) de los ciudadanos. Para empezar, impide que los ministros vayan a _juicio_ (3).

—¿Y eso es malo?

—¡Claro que sí! El que _gobierna_ (4) debe responder ante los _tribunales_ (5) si es necesario.

—¿Por qué?

—Porque hay que controlar a las personas que tienen _un cargo_ (6) público.

—¿Por qué?

—Porque pueden ser _injustas_ (7).

—¿Por qué?

—Porque las personas son _libres_ (8) de hacer el bien o el mal.

—¿Por qué?

—Porque las primeras dos que hubo comieron de la manzana _prohibida_ (9) y fueron al infierno.

un cargo	injustas	prohibida
derechos civiles	juicio	proyecto de ley
gobierna	libres	tribunales

③ Ask students not to use **tener** or **ser** in their sentences.

3 **Oraciones** Une las palabras de la lista para formar seis oraciones.

votar	presidente	religión	general
ley	campaña	elección	país
fuerzas armadas	fe	juez	candidato

Comunicación

④ La hora de las elecciones

A. En parejas, lean la siguiente lista de estereotipos sobre la política y los políticos y complétenla con tres oraciones propias. (Pueden tomar ideas de la lista.)

Los políticos hablan mucho y no dicen nada.

Los políticos prometen mucho y hacen poco.

Los conservadores no se preocupan por el medio ambiente.

Los liberales no se preocupan por la seguridad.

Los políticos sólo quieren poder *(power)*.

burocracia	el poder cambia a la gente	respeto a las minorías
libertad	(no) arriesgarse	tardar en aprobar leyes
amigos de los políticos	corrupción	gastar mucho

④ Model this activity by formulating a statement yourself. Remind students that the activity calls for generalities, and to avoid personal opinions.

B. Imagina que tú y tu compañero/a trabajan para un(a) líder de tu comunidad que se va a presentar como candidato/a a diputado/a. Quieren preparar un campaña que diga que el/la candidato/a es "especial" y no como todos/as los/as otros/as. A partir de las oraciones del paso **A**, preparen un discurso de seis o siete oraciones en primera persona para el candidato.

C. Compartan su discurso con otra pareja y, entre todos, preparen el mejor discurso que puedan. Luego elijan al/a la líder del grupo para dar el discurso ante la clase. La clase votará por el/la mejor candidato/a.

⑤ Las religiones

A. Muchas religiones tienen aspectos en común. En parejas usando la lista de palabras, elaboren cuatro oraciones sobre aspectos en común de las religiones que conocen.

ayudar	igualdad	tolerancia
conciencia	libertad	valores morales
fe	perdonar	
generosidad	proteger	

B. Hagan un debate en clase sobre la siguiente pregunta: ¿te parece que las religiones dicen una cosa y la gente interpreta o hace otras?

⑤ For homework, ask students to write a summary of the debate's most salient features, including their personal feelings on the topic.

8 FOTONOVELA

La diputada Tere Zamora visita la redacción de *Facetas* para dar una rueda de prensa.

AGUAYO ¿Y la diputada?

MARIELA La esperé frente a la salida pero nunca llegó.

DIANA ¿Dejaste a la señora Zamora en el aeropuerto?

MARIELA ¿Cómo dijiste que se llama?

AGUAYO Zamora. Tere Zamora.

MARIELA Pensé que me habían dicho *Teresa Mora.*

AGUAYO Si no regresas con la diputada, estás despedida.

MARIELA No se preocupe, jefe. La encontraré.

DIANA Recuerda, es una mujer cuarentona con ojeras y de aspecto militar. (*Mariela se va.*) No puedo creer que se haya equivocado de nombre.

AGUAYO No sólo eso, sino que dejó a la diputada en el aeropuerto.

JOHNNY Todo se arreglará. Tómenlo con calma.

AGUAYO Invito a la política más prominente y controversial del norte del país para una entrevista en exclusiva, y una de mis empleadas la deja en el aeropuerto, y ¿debo tomarlo con calma?

ÉRIC Ya la encontrará. Son políticos. Aparecen sin que nadie los llame.

DIANA No se moleste. Yo se la leeré. (*Lee.*) "Por su aportación a la democracia, los derechos humanos, la justicia y la libertad. De la revista *Facetas* para la honorable diputada *Teresa Mora.*" *(Se le cae de las manos.)* ¡Uy!... Tengo las manos tan resbaladizas. Debe ser por el hambre... ¿Almorzamos?

Diana y la diputada se van.

En la cocina...

FABIOLA ¿Viste a todos esos periodistas allá fuera?

Están viendo televisión.

ÉRIC Cualquier político que luche contra la corrupción se convierte en un fenómeno publicitario.

FABIOLA ¿Quién es ése que corre? *(Señala la tele.)*

AMBOS ¡Johnny! *(Johnny entra corriendo.)*

En la oficina, dando una rueda de prensa...

PERIODISTA Hacer cumplir la ley le ha dado una posición de liderazgo en el gobierno. ¿Cuándo sabremos si será candidata a senadora, señora diputada?

DIPUTADA Se enterarán de los detalles de mi futuro político en la próxima edición de la revista *Facetas.*

Instructional Resources
- VM • Video • CD-ROM
- IRM • WB/LM/VM Answer Key

Video Synopsis:
- Mariela returns from the airport without Deputy Tere Zamora.
- Aguayo is anxious about the stranded deputy.
- Éric and Fabiola watch a crowd of journalists outside the office on TV.
- The journalists interview Deputy Zamora about her role in politics.
- Mariela returns from the airport without Deputy Zamora again and puts her foot in her mouth.
- See IRM for more details.

Personajes

AGUAYO

MARIELA

DIANA

JOHNNY

ÉRIC

LA DIPUTADA TERE ZAMORA

FABIOLA

PERIODISTA

4

Suena el timbre del ascensor.
Aguayo está furioso, seguro de que es Mariela.

AGUAYO ¡Qué... *(entra la diputada)* gusto saludarla, señora diputada! Disculpe los inconvenientes señora Zamora. Envié a una persona a recogerla, pero, como ve, nunca se encontraron.

DIPUTADA Son cosas que pasan, pero no se preocupen; lo importante es hacer la entrevista.

5

En la oficina...

JOHNNY Como muestra de nuestro agradecimiento, le hacemos este humilde obsequio.

DIPUTADA ¡El calendario azteca!

FABIOLA Y tiene una dedicatoria en la parte de atrás escrita en caligrafía por nuestra artista gráfica.

DIANA ¿Por Mariela?

Diana toma el calendario.

9

PERIODISTA Eso es favoritismo.

DIPUTADA Favoritismo ¡no!, sino que los periodistas de *Facetas* son los únicos que tratan la política con respeto.

10

Más tarde, en la sala de conferencias...

MARIELA Lo siento, pero no encontré a ninguna cuarentona con ojeras y con aspecto militar. (*Se entera de que la diputada está presente.*) Aunque ahora mismo regreso a ver si encuentro a la guapa diputada que estaba buscando.

Mariela se va avergonzada.

Expresiones útiles

Making an apology

Disculpe los inconvenientes, señora Zamora. *Pardon the inconveniences, Mrs. Zamora. (form.)*

Disculpa los inconvenientes, Jorge. *Pardon the inconveniences, Jorge. (fam.)*

Being assertive

Si no regresas con la diputada, estás despedida. *If you don't come back with the representative, you are fired.*

Si no llegas a la hora, me iré sin ti. *If you don't arrive on time, I will leave without you.*

Additional vocabulary

el agradecimiento *gratitude*
la aportación *contribution*
el aspecto *appearance, look*
la dedicatoria *dedication*
el inconveniente *problem, hitch (something that doesn't come off according to plan)*
el liderazgo *leadership*
la muestra *sample, example*
el obsequio *gift*
las ojeras *bags under the eyes*
la salida *exit*
confundir con *to confuse with*
luchar *fight, struggle*
cuarentón/cuarentona *forty-year-old; in her/his forties*
despedido/a *fired*
resbaladizo/a *slippery*

Apuntes culturales El voto es obligatorio para los ciudadanos de todos los países latinoamericanos excepto en dos: Colombia y Nicaragua. Quien no vota debe justificar su ausencia o pagar multas importantes. El día de elecciones siempre es el domingo, para que los votantes puedan trasladarse al lugar de votación más fácilmente y para no interrumpir la actividad del país. En España las elecciones también son los días domingo, aunque allí el voto no es obligatorio. *¿Te parece que el voto obligatorio es una buena idea?*

Preview: Show the video with no sound and ask students to predict the situation. **Suggestion:** Have students cover the **Expresiones útiles** and find the expressions of apology in the captions.

Comprensión

① Ask volunteers to summarize the story before assigning the activity.

1 Remplazar Escoge la opción que reemplaza lo dicho por los personajes de la **Fotonovela**.

1. **MARIELA** La esperé frente a la salida pero nunca llegó.
   a. Esperé a la diputada en la salida del aeropuerto. Ella no llegó. *x*
   b. Esperé a la diputada. Pero no llegué a la salida. La diputada tampoco.
2. **AGUAYO** No sólo eso, sino que dejó a la diputada en el aeropuerto.
   a. Eso no es lo peor: además no la dejó en el aeropuerto.
   b. Eso no es lo peor: además la dejó en el aeropuerto. *x*
3. **AGUAYO** Envié a una persona a recogerla, pero, como ve, nunca se encontraron.
   a. Envié a una persona al aeropuerto, pero usted no la recogió.
   b. Un empleado fue a buscarla. Usted y esa persona no se vieron. *x*
4. **DIPUTADA** Favoritismo ¡no!, sino que los periodistas de *Facetas* son los únicos que tratan la política con respeto.
   a. No estoy haciendo favoritismo. Lo que ocurre es que solamente los periodistas de *Facetas* tratan respetuosamente la política. *x*
   b. No estoy haciendo favoritismo. Los políticos tratan con respeto solamente a los periodistas de *Facetas*.
5. **MARIELA** Lo siento, pero no encontré a ninguna cuarentona con ojeras y aspecto militar.
   a. Siento no haber encontrado a una cuarentona con ojeras y aspecto militar. *x*
   b. Siento no encontrar las ojeras con aspecto militar.

② Have pairs of students write dialogues between Mariela and a friend or Aguayo and his wife about the day's events.

2 Seleccionar Las palabras subrayadas reemplazan otras palabras o expresiones en el texto. Selecciona la(s) palabra(s) reemplazadas.

1. **MARIELA** La esperé frente a la salida pero nunca llegó.
   a. a Mariela   b. a la salida   c. a la diputada *x*
2. **AGUAYO** No sólo eso, sino que dejó a la diputada en el aeropuerto.
   a. Mariela se equivocó con el nombre de la diputada. *x*   b. La diputada es una mujer cuarentona con ojeras y aspecto militar.   c. Mariela dejó a la diputada en el aeropuerto.
3. **ÉRIC** Aparecen sin que nadie los llame.
   a. los periodistas   b. los políticos *x*   c. los compañeros de Éric
4. **DIANA** No se moleste. Yo se la leeré.
   a. la carta   b. el calendario azteca   c. la dedicatoria *x*
5. **PERIODISTA** Eso es favoritismo.
   a. que usted sólo le dé esa información a la revista *Facetas* *x*   b. que usted no nos conceda una entrevista   c. que usted no nos dé esa información

Ampliación

3 **¿Qué te pasa a ti?** A Diana se le ponen las manos resbaladizas porque tiene hambre. ¿A ti te ocurre lo mismo? Haz una lista de lo que te pasa cuando tienes hambre. Esta lista puede servirte de ayuda.

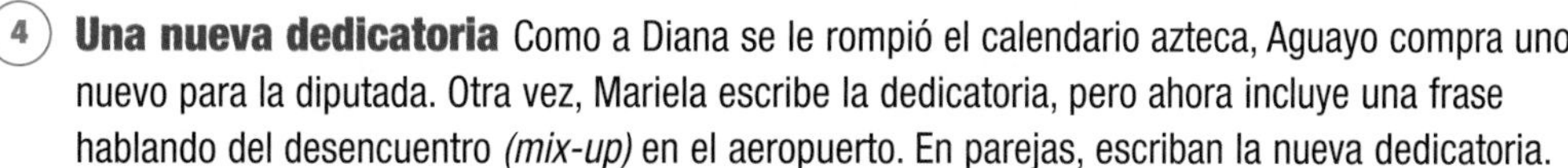

tener problemas en la visión	hacer ruido el estómago	enojarse
doler la cabeza	estar mareado/a	no poder pensar
sentir cansancio	sentir olor a comida	no tener paciencia

③ Use TPR to review the expressions in the word bank.

4 **Una nueva dedicatoria** Como a Diana se le rompió el calendario azteca, Aguayo compra uno nuevo para la diputada. Otra vez, Mariela escribe la dedicatoria, pero ahora incluye una frase hablando del desencuentro *(mix-up)* en el aeropuerto. En parejas, escriban la nueva dedicatoria.

④ For homework, ask students to describe a gift they would make to a politician they admire and the note they would include with it.

5 **El final** Reúnanse en grupos de cuatro y relean la **Fotonovela**. Uno/a será Aguayo, otro/a la diputada, otro/a será Diana y uno/a será Mariela. La **Fotonovela** termina cuando Mariela intenta disimular *(hide)* que estaba hablando de la diputada. Continúen el diálogo y dramaticen la situación frente a la clase.

6 **Y ahora... el día después** Reúnanse en parejas. Imaginen que uno/a de ustedes es Aguayo y el/la otro/a es Mariela. La diputada ya se ha ido. Aguayo quiere decirle a Mariela algunas cosas acerca de su error. Dramaticen la situación.

⑥ Ask students to rewrite the **Fotonovela** using a well-known US politician.

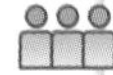

7 **Un buen político** En grupos de cuatro discutan: ¿Cuáles son las cualidades de un(a) buen(a) político/a? ¿Qué cosas muestran que un(a) político/a es bueno/a? Lean los adjetivos y las acciones de la lista. Seleccionen los cuatro más importantes (pueden ser dos cualidades y dos acciones, o una cualidad y tres acciones, etc.). Luego, expliquen por qué eligieron esas acciones y cualidades.

⑦ Have students design a campaign poster for Tere Zamora based on their lists.

auténtico/a	decir lo que piensa
reflexivo/a	cuidar su aspecto
conservador(a)	criticar la burocracia
crítico/a	luchar contra la corrupción
culto/a	tener creencias religiosas
flexible	defender los derechos civiles
generoso/a	pelear contra la discriminación
divertido/a	creer en la igualdad de todas las personas
inteligente	no aumentar los impuestos
liberal	ocuparse del medio ambiente
simpático/a	saber hablarle al pueblo
sincero/a	

Instructional Resource IRM (general teaching suggestion)

Costa Rica: un modelo de democracia

Abel Pacheco, *presidente de Costa Rica*

Parque Central en San José, Costa Rica

Los empleados de la revista *Facetas* le hacen un regalo a la diputada mexicana Tere Zamora para agradecerle su aportación a la democracia. La República de Costa Rica, de la que se habla a continuación, es un modelo de democracia en Centroamérica.

Costa Rica, conocida por la belleza de sus selvas y playas, tiene una historia política singular dentro de Centroamérica, pues es uno de los pocos países de la región que, desde el siglo XIX, goza de paz y de estabilidad económica.

A esta pequeña república se le ha denominado "La Suiza de Latinoamérica" por tener la democracia más antigua de Centroamérica. Su constitución data de 1871, y sólo se han hecho reformas en contadas ocasiones. En el siglo XX, sus gobiernos, casi siempre de carácter moderado y ayudados por las épocas de bonanza económica, llevaron al país a disfrutar de una gran prosperidad.

Las condiciones de vida en Costa Rica son muy buenas, gracias a que el gobierno dedica gran parte de su presupuesto a gastos sociales. Cada año el 20% del presupuesto nacional es destinado a la educación y a la salud. ¿No te parece una decisión muy sabia? Este sistema de salud, que funciona desde 1942, cubre a todos los habitantes.

En la actualidad, las exportaciones costarricenses ocupan el primer lugar en Latinoamérica: desde café, bananos y cacao, hasta sofisticados programas de software. La infraestructura viaria es buena y las escuelas y las universidades son de gran calidad.

El país es, también, la sede de varias organizaciones internacionales, como el Consejo de la Tierra, la Universidad para la Paz y el Tribunal Iberoamericano de los Derechos Humanos. En 1987, se le entregó el Premio Nobel de la Paz al entonces presidente, Arias Sánchez.

¿Qué más se puede decir de este pequeño país centroamericano? Hay otro dato que te va a sorprender: Costa Rica es el único país del mundo que no tiene ejército. Lo disolvió en 1948.

La democracia y la monarquía en España

En este capítulo de la **Fotonovela**, se insiste en la importancia de los valores democráticos. En 1975, España, tras muchos años de dictadura, consiguió la democracia. Aquí tienes una breve historia de esa transición.

La pacífica transición española a la democracia suscitó gran admiración internacional. De hecho, España ha servido de modelo para muchos países que posteriormente se han visto en las mismas circunstancias. El mérito se debe al gran consenso social y político al que llegaron, tanto la sociedad civil como los poderes políticos y militares. El rey Juan Carlos I de Borbón fue uno de los personajes clave en esta transición a la democracia.

Durante los casi cuarenta años de la dictadura de Francisco Franco, no hubo monarquía. El dictador, a la hora de buscar un sucesor, pensó en el príncipe Juan Carlos, que tenía diez años de edad y que vivía en el exilio con su familia. Franco lo organizó todo para que el príncipe completara su formación académica y militar en España, bajo su supervisión.

Francisco Franco

Franco, a su muerte, en 1975, estaba seguro de haber dejado la situación bajo control. Pero se había equivocado. Lo que el dictador nunca se imaginó es que ese heredero tenía firmes convicciones democráticas. Fue así como el rey se convirtió en el primer promotor de la transición pacífica hacia una nación moderna y democrática. España, hoy día, es una democracia parlamentaria y la monarquía tiene tan sólo una función representativa.

El rey Juan Carlos de España

La familia real de España es muy querida por sus súbditos. Tanto Sus Majestades, Juan Carlos y Sofía, como sus tres hijos, el príncipe Felipe y las infantas Elena y Cristina, han destacado siempre por su sencillez y amabilidad. Llevan una vida discreta, pagan impuestos y son muy amantes de los deportes. Las infantas, casadas y con hijos, trabajan como cualquier mujer española de hoy; además, patrocinan numerosas iniciativas culturales. El príncipe Felipe, guapo y todavía soltero, es el blanco preferido de las revistas del corazón.

Coméntalo

Reúnete con varios compañeros/as de clase y conversa sobre los siguientes temas.

1. ¿Es necesario tener un sistema de salud que cubra a todos los habitantes? ¿Por qué?
2. ¿Es importante para un país tener ejército? Expliquen sus argumentos.
3. ¿Conocen algún país que haya estado sometido a alguna dictadura? ¿Cuál?
4. ¿Qué saben de la España actual?

8.1 The passive voice

Instructional Resources
- WB
- LM
- CD-ROM
- WB/LM/VM Answer Key

¿Te acuerdas? In the active voice, the doer of the action (the agent) is the subject of the sentence, whereas in the passive voice the object of the action (the recipient) is the subject of the sentence. There are no major differences between the passive voice in English and Spanish.

Y tiene una dedicatoria en la parte de atrás escrita por nuestra artista gráfica.

La política es tratada con respeto por los periodistas de *Facetas*.

▶ The following sentences are in the active voice. They follow the pattern [*subject*] + [*verb*] + [*object*]. The doer of the action (the agent) is emphasized.

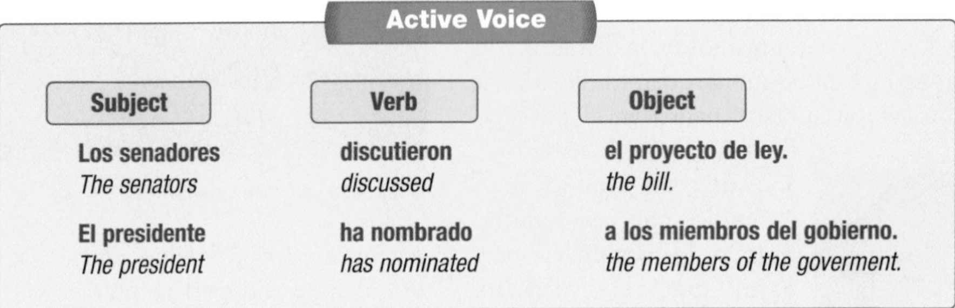

Active Voice

Subject	Verb	Object
Los senadores *The senators*	**discutieron** *discussed*	**el proyecto de ley.** *the bill.*
El presidente *The president*	**ha nombrado** *has nominated*	**a los miembros del gobierno.** *the members of the goverment.*

▶ In the passive voice, the agent and the recipient of the action change position. The pattern it follows is [*recipient*] + **ser** + [*past participle*] + **por** + [*agent*].

¡ATENCIÓN!

To review the formation of regular and irregular past participles, see **Lección 4**, page 106.

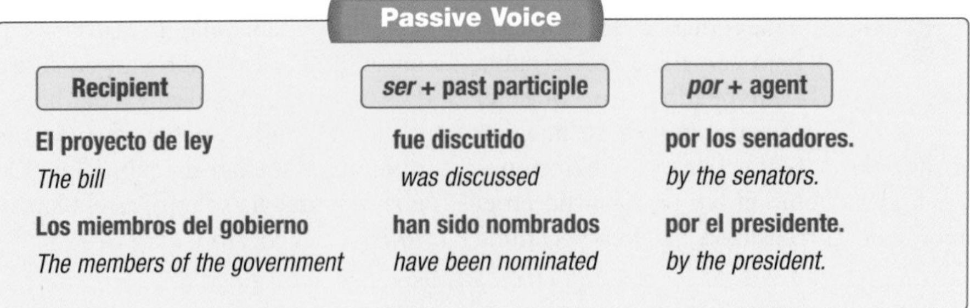

Passive Voice

Recipient	*ser* + past participle	*por* + agent
El proyecto de ley *The bill*	**fue discutido** *was discussed*	**por los senadores.** *by the senators.*
Los miembros del gobierno *The members of the government*	**han sido nombrados** *have been nominated*	**por el presidente.** *by the president.*

▶ Notice that the past participle must agree in gender and number with the recipient in the passive voice.

El **discurso** fue **escrito** por el presidente mismo.
The speech was written by the president himself.

Varias **enmiendas** fueron **propuestas** por el senador.
Several amendments were proposed by the senator.

Práctica y Comunicación

① Have students change the sentences from passive to active voice.

1 **Completar** Completa las oraciones en voz pasiva con la forma adecuada del participio pasado.

1. La libertad es *buscada* (buscar) por todos los pueblos.
2. El discurso fue *pronunciado* (pronunciar) por la ministra.
3. La seguridad de las ciudades va a ser *discutida* (discutir) por los senadores.
4. Las leyes van a ser *revisadas* (revisar) por el nuevo gobierno.
5. Aquellos dos senadores fueron *elegidos* (elegir) el mes pasado.
6. La ley fue *defendida* (defender) por todos.
7. El nuevo proyecto de ley fue *aceptado* (aceptar) por todos los líderes laborales.
8. Los derechos humanos y civiles no son *respetados* (respetar) por las dictaduras.

② Have students write a second sentence for each item using the passive voice. Ex: **El general no fue elegido por mayoría absoluta.**

2 **Decirlo de otra manera** Escribe la oración en voz pasiva que corresponde a la oración en voz activa. Recuerda que en la oración en voz pasiva, el verbo ser se conjuga en el mismo modo y tiempo que el verbo principal de la oración en voz activa.

MODELO

Los ciudadanos **eligieron** al candidato.
El candidato **fue elegido** por los ciudadanos.

1. El general ya ha recibido las órdenes. *Las órdenes ya han sido recibidas por el general.*
2. El juez suspendió la condena. *La condena fue suspendida por el juez.*
3. El líder laboral va a proponer una huelga. *Una huelga va a ser propuesta por el líder laboral.*
4. La diputada recibe al embajador. *El embajador es recibido por la diputada.*
5. El secretario organizó la campaña electoral. *La campaña electoral fue organizada por el secretario.*

③ Ask students to use the passive voice to restate the rules of the game and then have them narrate how they played it.

3 **Cambios** Formen grupos de dos o cuatro para jugar.

- **¿Qué necesitan?**
  Cada equipo escribe en un papel cinco oraciones en voz activa y cinco oraciones en voz pasiva. Usen distintos tiempos verbales (presente, pasado y futuro). Luego recorten las oraciones y doblen los papelitos. Reúnan sus oraciones con las del otro equipo y mézclenlas.
- **¿Cómo se juega?**
  Juega un equipo contra el otro. Un equipo saca un papelito y lee la oración, pero con este cambio: si la oración está en voz activa, la lee en voz pasiva. Y si está en voz pasiva, la lee en voz activa. Suman 2 puntos por cada oración que lean correctamente. El equipo que acumule más puntos gana.

NATIONAL
comparisons
STANDARDS

Instructional Resources
- WB
- LM
- CD-ROM
- WB/LM/VM Answer Key

Suggestion: Demonstrate the prolific use of this construction in everyday life such as **Se habla español.**

8.2 Constructions with *se*

¿Te acuerdas? The reflexive pronoun **se** is frequently used in passive and impersonal constructions, and in constructions that express surprise occurrences.

Todo se arreglará. Tómenlo con calma.

¿Se permite tomar una foto?

Passive *se*

▶ In passive constructions with **se**, the third person singular verb form is used with singular nouns, and the third person plural form is used with plural nouns.

Subject

Se ve el monumento desde aquí.
The monument is visible from here.

Subject

Se necesitan más políticos como él.
More politicians like him are needed.

▶ When the grammatical subject is a person, that person becomes the object of the passive verb. The verb is always singular and the person preceded by the personal **a**.

En las elecciones pasadas, se eligió **al** alcade casi por unanimidad.
In the last elections, the mayor was elected almost unanimously.

Se informó **a** los diputados del nuevo proyecto de ley.
The representatives were informed of the new law.

Impersonal *se*

▶ **Se** is also used in impersonal constructions where there is no stated grammatical subject. In English, indefinite subjects (*you, they, one*) are used.

Se habla mucho de política en sus reuniones.
They talk about politics a lot at his meetings.

Se vive bien aquí.
One lives well here.

▶ Constructions with impersonal **se** are often used on signs and warnings.

Se prohíbe fumar.
Smoking prohibited.

No se puede entrar.
Entrance forbidden.

Se to express unexpected events

▶ **Se** is also used to form statements that describe accidental or unplanned incidents. In this construction, the person who performs the action is de-emphasized, so as to imply that the accident or unplanned event is not his or her direct responsibility. Study the following pattern.

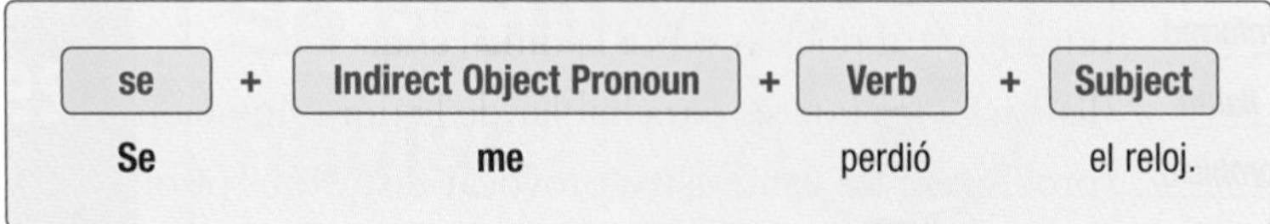

se	+	Indirect Object Pronoun	+	Verb	+	Subject
Se		**me**		perdió		el reloj.

▶ In this construction the person to *whom the event happened* is expressed as an indirect object. The thing that would normally be the direct object of the sentence becomes the subject.

	Indirect Object Pronoun	Verb	Subject
Se	me	acabó	el dinero.
	te	cayeron	las gafas.
	le	lastimó	la pierna.
	nos	dañó	el radio.
	os	olvidaron	las llaves.
	les	perdió	el documento.

▶ To clarify or emphasize the person to whom the unexpected occurrence happened, the construction commonly begins with **A** + [*noun*] or **A** + [*prepositional pronoun*].

A Mario siempre se le olvida pagar los impuestos.
Mario always forgets to pay his taxes.

A mí se me cayeron todos los documentos en medio de la calle.
I dropped all the documents in the middle of the street.

A ustedes se les quedaron veinte euros sobre la mesa.
You (plural) left twenty euros behind on the table.

Al senador se le perdieron las notas del discurso que iba a pronunciar.
The senator lost the notes for the speech he was going to give.

Envié a una persona a recogerla, pero, como ve, nunca se encontraron.

¡Ay, no! Se me cayó de las manos. Las tengo tan resbaladizas.

¡ATENCIÓN!

Note that the verbs most frequently used with the **'se'** construction to describe unplanned events are:

caer	**perder**
dañar	**quedar**
olvidar	**romper**

Also note that while Spanish has a verb for *fall* **(caer)**, there is no exact translation for *drop:* **dejar caer** *(let fall)* is used instead.

Instructional Resources
- WB
- LM
- CD-ROM
- WB/LM/VM Answer Key

Suggestion: Point out that past participles are also used as adjectives in English, citing some examples.

¡ATENCIÓN!

To review the formation of regular and irregular past participles, see **Lección** 4, pp. 106-107.

8.3 Past participles as adjectives

¿Te acuerdas? Past participles are used with **haber** to form compound tenses, such as the present perfect and past perfect tenses, and with **ser** to express the passive voice. They are also frequently used as adjectives with verbs like **estar**.

No puedo creer que se haya equivocado de nombre.

Si no regresas con la diputada, estás despedida.

▶ When a past participle is used as an adjective, it agrees in number and gender with the noun it modifies.

una cuestión controvertida
a controversial issue

un proceso electoral muy organizado
a very organized electoral process

unos niños educados
some well-behaved children

las estrategias políticas bien definidas
the well-defined political strategies

▶ Past participles are often used with the verb **estar** to express a state or condition that results from the action of a verb.

—¿Organizaste la campaña?
—Did you organize the campaign?

—¿Contaron los votos?
—Did you count the votes?

—Sí, la campaña ya está organizada.
—Yes, the campaign is already organized.

—Sí, ya están contados.
—Yes, the votes are already counted.

¿Está cansada, señora diputada?

Práctica y Comunicación

1 **¿Cómo están ellos?** Mira los siguientes dibujos y conéctalos con los verbos de la lista. Después escribe una frase para cada uno usando **estar + participio**.

cansar
enamorar
enojar
esconder
lastimar
sorprender
preparar
aburrir

1 Before assigning the exercise, have students describe what is happening in the pictures.

2 **¿Cómo eres?** En parejas, háganse las siguientes preguntas. Luego, compartan la información con la clase.

1. ¿Estás preocupado/a por algo estos días?
2. ¿Qué estás acostumbrado/a a hacer todos los días?
3. ¿Qué sueles hacer cuando estás aburrido/a?
4. ¿Estás soltero/a, divorciado/a o casado/a?
5. ¿Qué haces cuando estás enfadado/a?
6. ¿En qué piensas cuando estás callado/a?
7. ¿Qué te gusta hacer cuando estás cansado/a?
8. ¿Estás enamorado/a?

2 Use some of the items from the exercise to relate a personal narrative. Ex: **Estoy muy preocupada porque estoy acostumbrada a hacer ejercicio todos los días…**

Instructional Resources
- WB
- LM
- CD-ROM
- WB/LM/VM Answer Key

Suggestion: Encourage students to use these conjunctions to convert simple sentences into complex constructions.

8.4 Pero, sino, sino que, no sólo... sino, tampoco

¿Te acuerdas? **Pero, sino, sino que, no sólo**, and **tampoco** are all used to introduce contradictions or qualifications of previously stated information.

No sólo se equivocó de nombre sino que dejó a la diputada en el aeropuerto.

Ya la encontrará. Son políticos, aparecen sin que nadie los llame.

▶ **Pero** means *but* (in the sense of *however*). It may be used after either affirmative or negative clauses.

Votaré por este partido, **pero** no me gusta su candidato.
I will vote for this party, but I don't like its candidate.

Él no decía que era religioso, **pero** siempre iba a misa.
He didn't say he was religious, but he always went to mass.

▶ **Sino** also means *but* (in the sense of *but rather* or *on the contrary*). It always expresses a contradicting idea that clarifies or qualifies the preceding negation.

No me gustan esos candidatos, **sino** los del otro partido.
I don't like those candidates, but rather those of the other party.

La casa no está en el centro de la ciudad, **sino** en las afueras.
The house is not in the center of the city, but rather in the outskirts.

▶ When **sino** introduces a subordinate clause, it must be followed by **que.**

No apoyaba la reforma electoral, **sino que** se oponía a ella.
He did not support the electoral reform, but rather opposed it.

No iba a casa, **sino que** se quedaba en la capital.
He did not go home, but rather stayed in the capital.

▶ *Not only... but also* is translated by **no sólo... sino**. Often **también** or **además** follow **sino**.

No sólo voy a presentarme a las elecciones, **sino que** también voy a ganarlas.
I'm not only going to run in the election, but also I'm going to win.

Tu voto **no sólo** cuenta, **sino que además** decide.
Your vote not only counts, but also decides.

▶ **Tampoco** means *neither* or *not either*. It is the opposite of **también**. **También no** is never used in Spanish.

No contaba con su apoyo, pero **tampoco** con su oposición.
He didn't count on his support, but neither did he count on his opposition.

¿No quieres ayudar a contar los votos? Pues, yo **tampoco**.
You don't want to help to count the votes? Well, I don't either.

Práctica y Comunicación

1 **El mundo de hoy** Dos amigos están hablando sobre su visión del mundo contemporáneo. Uno es muy optimista y el otro es pesimista. Completa el diálogo con las siguientes palabras:

sino
no sólo
pero
tampoco
sino que

ÁLVARO El mundo de hoy es muy complejo _pero_ hay que reconocer que hemos avanzado mucho.

MÓNICA Yo no estoy de acuerdo. Me da la sensación de que _no sólo_ hemos avanzado poco, _sino que_ últimamente vamos para atrás.

ÁLVARO ¡Cómo puedes decir eso, Mónica!

MÓNICA El mundo no es _sino_ consumismo en los países ricos y miseria en los países pobres.

ÁLVARO Ése es un problema grave pero creo que esa miseria existía antes. Aunque tienes razón, _tampoco_ vas a negar que hay inventos que han mejorado nuestra calidad de vida.

MÓNICA La verdad yo no podría vivir sin el teléfono, el automóvil o la electricidad.

ÁLVARO Pues a eso es a lo que me refería.

① Ask students for their opinions about the two points of view in the dialogue.

2 **Nuestros ideales** María tiene una entrevista con el banco para pedir un préstamo hipotecario. Mientras espera a que la atiendan, ella está leyendo algunos datos y corrigiéndolos. Completa las siguientes frases y decide cuándo se utiliza **sino** y cuándo **sino que**.

1. Yo no soy americana _sino_ española.
2. No nací en Madrid _sino_ en Barcelona.
3. No es que no tenga dinero _sino que_ necesito un préstamo para una casa.
4. No sólo quiero comprar la casa, _sino que_ también quiero comprar muebles.
5. En mi trabajo, no sólo trabajo como gerente _sino que_ además soy la vicepresidenta.
6. No soy casada _sino_ soltera.

② Ask students to rewrite the sentences replacing **sino** with **sino que** and vice versa.

3 **Elecciones** En parejas, miren los carteles electorales y decidan por cuál de los dos candidatos votarían en las elecciones. ¿Por qué? Compartan sus opiniones con la clase.

③ Ask students to comment on the connections between physical appearance and political success.

A conversar

Suggestion: Ask students if they have ever written a letter to the editor or if they usually read this section in the paper.

¿Qué opinas de las religiones?

A La revista *Opinión Abierta* ha dedicado un número al tema de la religión. En una página se han publicado las cartas de los lectores. Lee estas cartas.

Estimado director de *Opinión Abierta:*

Les daré mi opinión sobre el tema.
No sólo creo que Dios existe, sino que también creo que hay muchas religiones para elegir. Además pienso que todas las religiones son buenas. En todas se habla del bien y se dice que debemos amar y perdonar a los demás.

Muchas gracias por permitirme opinar.
Gustavo

Queridos amigos de *Opinión Abierta:*

Algunos dicen que hay muchas religiones verdaderas, pero esto es falso. Hay una sola religión verdadera, porque enseña los verdaderos valores morales. Los ateos no son felices. Tampoco son felices quienes tienen fe en religiones falsas. Sólo son felices quienes tienen fe en mis creencias.

Muchas gracias por publicar mi carta.
José Luis

Editores de *Opinión Abierta:*

Estoy sorprendido de que se discuta este tema en el siglo XXI. No hay duda de que las religiones no sirven. No sólo nos hablan del pecado, sino que también nos hacen tener miedo. La gente elige hacer el bien porque tiene miedo. Las personas somos tratadas como niños miedosos por las religiones.

Andrea

Sr. Director de *Opinión Abierta:*

Yo creo en Dios. Pero no creo en las religiones. Todas tienen gente que manda y gente que obedece. Eso no es bueno. Todos somos iguales para Dios: tenemos conciencia y valores morales. Todos sabemos lo que es bueno y lo que es malo.

Felicitaciones por su revista.
Ana María

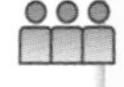

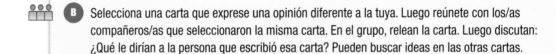

B Selecciona una carta que exprese una opinión diferente a la tuya. Luego reúnete con los/as compañeros/as que seleccionaron la misma carta. En el grupo, relean la carta. Luego discutan: ¿Qué le dirían a la persona que escribió esa carta? Pueden buscar ideas en las otras cartas.

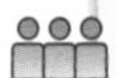

C Compartan sus ideas con sus compañeros/as. Luego preséntenlas a la clase. Por ejemplo:

- Gustavo dice que todas las religiones son buenas. Pero nosotros creemos que…
- Gustavo dice que todas las religiones son buenas. Pero no sólo no son buenas, sino que además…
- Gustavo dice que todas las religiones son buenas. Pero no son buenas. Tampoco…

Manos a la obra

Plan de gobierno

En grupos pequeños, van a organizar una campaña electoral. Primero tienen que elegir a un(a) candidato/a dentro de su grupo. Después, deben escribir un plan de gobierno y elegir un eslogan.

A Preparen el plan con las promesas que su partido le hace a los electores. Escriban al menos seis propuestas. No se olviden de usar el pronombre **se**, las conjunciones **pero**, **sino**, **sino que**, **no sólo… sino** y **tampoco** y los participios con **estar**. Aquí tienen algunos temas que se tratan normalmente en los planes de gobierno.

- Salud
- Educación
- Urbanismo
- Ecología
- Economía
- Derechos Humanos
- Otros

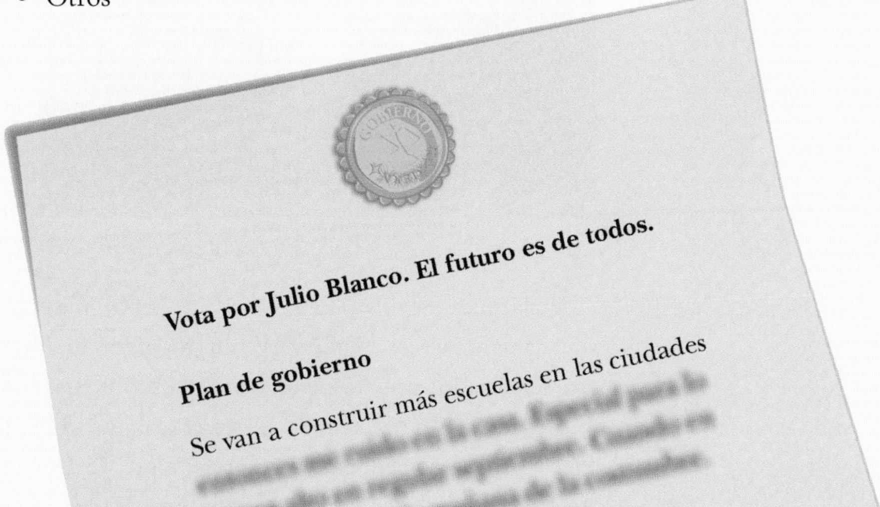

Vota por Julio Blanco. El futuro es de todos.
Plan de gobierno
Se van a construir más escuelas en las ciudades

B Una vez que hayan terminado el plan de gobierno, deben buscar un eslogan corto y atractivo para presentar su campaña. Después, presenten su campaña a la clase. Deben presentar al/a la candidato/a, el eslogan y finalmente el plan de gobierno. Discutan las semejanzas *(similarities)* y diferencias entre sus planes de gobierno.

C Cuando todos los grupos hayan presentado sus campañas, toda la clase tiene que votar para elegir al/a la mejor candidato/a.

Suggestion: See the VENTANAS IRM for teaching suggestions.

Antes de leer

1 ¿Tienes una visión negativa de la política o de los políticos? ¿Crees que el arte debe ser crítico con el poder?

Vocabulario

la cámara *chamber*
la corte *court*
el/la gobernante *leader*
realeza *royal family*
retratar *to paint a portrait of*

Instructional Resource • Website

Suggestion: For additional literary and cultural readings on the lesson theme, see the corresponding lesson in **Ventanas: Lecturas**.

Suggestion: As pre-reading, ask students to look at the two pictures and comment on possible interpretations.

LA POLÍTICA: ANTES Y AHORA

Las Meninas

Velázquez (Sevilla, 1599 – Madrid, 1660), fue el pintor de cámara del rey Felipe IV, en un periodo histórico caracterizado por la Monarquía Absolutista. En el Absolutismo, el rey, además de ser el máximo gobernante del país, era considerado el representante de Dios en la tierra. Las cualidades del rey también se consideraban absolutas, por lo que se creía que su mirada podía percibir la esencia de las cosas.

La labor de Velázquez como pintor de la realeza era, fundamentalmente, retratar al rey, a su familia y a otros miembros de la corte, aunque también tocó otros temas como la religión, la mitología, etc.

Su cuadro *La familia de Felipe IV*, más conocido como *Las Meninas*, está considerado como una de las obras maestras de la pintura española. Esta pintura nos ayuda a evocar la historia política de esos años.

Se trata de un retrato real poco convencional por su extraordinario uso de la perspectiva. En él se hace una inversión de lo que tradicionalmente se retrata: los modelos del cuadro y el mismo pintor son aquí los espectadores. Aunque en los retratos de la época solía representarse al rey como modelo, en *Las Meninas* no se le ve directamente: sólo aparece el reflejo de los monarcas en el espejo del fondo de la habitación. Hay muchas interpretaciones posibles, pero una de las más aceptadas es que la escena del cuadro representa lo que el rey contempla mientras Velázquez lo retrata junto con su esposa, la reina. De esta forma hace que el espectador participe. Es decir, cuando se mira la pintura se está mirando la escena que el rey ve, mientras es retratado.

Lo más enigmático de la obra es que el pintor mismo se haya incluido en la escena junto a la familia real. ¿Cuál era su intención?

La familia presidencial

Fernando Botero (1932, Medellín, Colombia), recoge y reinterpreta de forma personal la tradición de los retratos reales en *La familia presidencial*. En este cuadro representa, de forma paródica, las instituciones que tienen el poder, centrándose en determinadas figuras.

Después de leer

1. Observa el cuadro de Velázquez. ¿Cuál crees que era la intención de Velázquez al pintarse al lado de la familia real? Razona tu respuesta.

2. ¿Qué instituciones están representadas en la pintura de Botero?

3. En parejas, analicen el cuadro de Botero e intenten explicar por qué representa esas instituciones.

4. En parejas, comparen los dos cuadros y señalen semejanzas y diferencias.

Expansion: Have students surf the Internet for additional paintings by Velázquez and Botero or more politically charged paintings by other Spanish-speaking artists.

8 VOCABULARIO

La política

la batalla	*battle*
la campaña	*campaign*
el/la candidato/a	*candidate*
el cargo	*position*
la democracia	*democracy*
la dictadura	*dictatorship*
el discurso	*speech*
el ejército	*army*
las fuerzas armadas	*armed forces*
el partido político	*political party*
la política	*politics*
el pueblo	*people*
el régimen	*form of government*
la seguridad	*security*
el tratado	*treaty*
crítico/a	*critical*
electoral	*electoral*
estatal	*public; pertaining to the state*

Verbos relacionados con la política

aprobar (una ley)	*to pass (a law)*
avisar	*to inform; to warn*
gobernar	*to govern*
informarse	*to get information*
inscribirse	*to register; to enroll*
presentarse como	*to apply for*
pronunciar un discurso	*to give a speech*
votar	*to vote*

Instructional Resource
- Tests

Cargos públicos

el alcalde/la alcaldesa	*mayor*
el/la diputado/a	*representative*
el/la líder (laboral)	*(labor) leader*
el/la ministro/a	*minister*
el/la senador(a)	*senator*
el/la embajador(a)	*ambassador*

Las leyes y los derechos

el/la ciudadano/a	*citizen*
los derechos (humanos)	*(human) rights*
los derechos civiles	*civil rights*
la discriminación	*discrimination*
la igualdad	*equality*
el/ la juez(a)	*judge*
el juicio	*trial; judgment*
la lucha	*struggle; fight*
la minoría	*minority*
el proyecto de ley	*bill*
la queja	*complaint*
el tribunal	*court*
rechazar	*to reject*
discriminado/a	*discriminated*
injusto	*unfair*
libre	*free*
prohibido/a	*forbidden; prohibited*

La religión y la moral

el ateísmo	*atheism*
la creencia	*belief*
el/la creyente	*believer*
Dios	*God*
la fe	*faith*
la muerte	*death*
la religión	*religion*
la vida	*life*
espiritual	*spiritual*
(in)justo/a	*(un)just; (un)fair*
(in)moral	*(im)moral*
religioso/a	*religious*
sagrado/a	*sacred*

Verbos relativos a la religión y la moral

confesar	*to confess*
creer en	*to believe in*
perdonar	*to forgive*
rezar	*to pray*

Expresiones útiles *véase la página 225.*

La cultura popular y los medios de comunicación

9

Communicative Goals

You will expand your ability to...

- narrate events that depend on past events
- describe the position of people or objects
- express choice and negation

La cultura popular y los medios de comunicación

Sueños sí, realidades no

Esteban estaba pegado a la **pantalla de televisión** para ver el **episodio final** de la **telenovela**. Era el **televidente** más fiel: nunca cambiaba de **canal** y veía todos los **anuncios**, porque no quería perderse ni siquiera un segundo de acción. Leía religiosamente todos los **chismes** sobre el **director** y las **crónicas de sociedad** sobre los **actores** famosos. De pronto, a poco de empezar el episodio, se interrumpió la **transmisión** con una **noticia** de último momento.

Instructional Resources
- WB
- LM
- CD-ROM
- WB/LM/VM Answer Key

Comprehension Check: ¿Cierto o falso? 1. Un anuncio interrumpió el episodio de la telenovela que miraba el hombre de la primera foto. (falso) 2. La mujer de la segunda foto sale del cine. (cierto) 3. No tuvo tiempo de leer los subtítulos. (cierto) 4. Al hombre de la tercera foto le interesa más la actualidad que la prensa sensacionalista. (falso) 5. La mujer de la cuarta foto prefiere los viejos medios de comunicación. (cierto)

Expansion: Write the following on the board: (column 1) **emisora, diario, locutor, censura, estreno, revista, oyente, publicar**; (column 2) **radio, cine, periódico, televisión**. Have students match each word in column 1 with the corresponding media word in column 2. Add other words to column 1 to expand the activity.

El cine

A Noemí no le gustaba nada el cine extranjero, pero cuando supo que un **crítico** de cine le daba cinco estrellas a un **largometraje** de otro país, fue a verlo a la última **sesión**. El **argumento** y la **banda sonora** eran excelentes, pero la película no estaba **doblada** y a ella no le daba tiempo de leer los **subtítulos**.

Pan y circo

Trabajando duro, el ex **reportero** de la **crónica deportiva** se convirtió en **conductor** del programa con mayor **índice de audiencia** del país. Él afirma que al **público** lo que le interesa es la **prensa sensacionalista:** no le interesa que sea ni **imparcial** ni inteligente y tampoco **estar al tanto** de la **actualidad**. Ahora es muy **influyente** en los **medios de comunicación**, aunque no cabe duda de que su único talento es saber qué cosas le divierten al **público**.

Viejas costumbres

Aunque pueda leer artículos de la **prensa** en Internet, Fernanda prefiere comprar el **periódico impreso**. Le gusta mancharse los dedos de tinta, ver los **titulares** en la **portada**, sentirse una verdadera **lectora**. También le gusta oír **reportajes** en la radio. Es una auténtica **oyente** de **radio** pero, a veces, espera a que su **presentador de noticias** favorito le cuente qué está pasando en la **emisión** del **noticiero** de las siete en televisión. Hasta la fecha, Fernanda ha usado las páginas de Internet solamente para leer información **actualizada** sobre el tiempo.

La radio

la emisora	*radio station*
el estudio (de grabación)	*(recording) studio*
el/la locutor(a)	*announcer*
el/la oyente	*listener*
la publicidad	*advertising*
transmitir	*to broadcast*

El cine

el cortometraje (el corto)	*short film*
la escena	*scene*
la estrella	*star (male or female)*
el estreno	*premiere*
el guión	*script*
grabar	*to record*

Los periódicos

el diario	*daily (newspaper)*
la edición especial	*special edition*
la prensa	*the press*
el/la redactor(a)	*editor*
la revista semanal	*weekly supplement*
imprimir	*to print*
publicar	*to publish*

Los medios de comunicación

la censura	*censorship*
la parcialidad	*bias*
ser parcial	*be biased*

9 FOTONOVELA

Fabiola regresa de una entrevista con la estrella de la televisión Patricia Montero.

JOHNNY ¿Qué tal te fue?

FABIOLA Bien.

AGUAYO ¿Es todo lo que tienes que decir de una entrevista con Patricia Montero, la gran actriz de telenovelas?

FABIOLA Pues, mañana tengo que hacer mi gran escena en la telenovela y quiero concentrarme.

AGUAYO Y JOHNNY ¿Qué?

FABIOLA Al terminar la entrevista, un señor me preguntó si yo era la doble de Patricia Montero.

MARIELA Y ¿qué le dijiste?

FABIOLA Dije, bueno... sí. Fue una de esas situaciones en las que uno, aunque realmente no quiera, tiene que mentir.

ÉRIC Y, ¿qué pasó después?

FABIOLA Me dio estos papeles.

JOHNNY ¡Es el guión de la telenovela!

FABIOLA Mañana tengo que estar muy temprano en el canal, lista para grabar.

JOHNNY ¡Aquí hay escenas bien interesantes!

Más tarde, ensayando la escena...

FABIOLA Éric será el director.

JOHNNY ¿Por qué no puedo ser yo el director?

ÉRIC No tienes los juguetitos.

FABIOLA Tú serás Fernando, y Mariela será Carla.

JOHNNY ¿Decías?

ÉRIC Comencemos. Página tres. La escena en donde Valeria sorprende a Fernando con Carla. Tú estarás aquí y tú aquí. *(Los separa.)*

JOHNNY ¿Qué? ¿No sabes leer? *(Lee.)* "Sorprende a Fernando en los *brazos* de Carla". *(Se abrazan.)*

ÉRIC Está bien. Fabiola, llegarás por aquí y los sorprenderás. ¿Listos? ¡Acción!

FABIOLA ¡Fernando Javier! Tendrás que decidir. O estás con ella o estás conmigo.

JOHNNY ¡Valeria... ! *(Pausa.)*

JOHNNY *(Continúa.)* Ni la amo a ella, ni te amo a ti... *(Diana entra.)* Las amo a las dos.

Diana se queda horrorizada.

Instructional Resources
• VM • Video • CD-ROM • IRM • WB/LM/VM Answer Key

Video Synopsis
- Fabiola announces that she will make an appearance on a soap opera.
- It starts to become apparent that Aguayo is a soap opera fan.
- Everyone helps Fabiola rehearse her scene in the office.
- After learning what an actor's double does, Fabiola prepares to rehearse a fall.
- See IRM for more details.

Preview: Have students scan the **Fotonovela** dialogues and make a list of cognates. Ask them to predict what will happen in this episode based on visuals and cognates.

Personajes

JOHNNY

FABIOLA

AGUAYO

MARIELA

ÉRIC

DIANA

4

AGUAYO *(Lee.)* "Valeria entra a la habitación y sorprende a Fernando en brazos de..." ¿Carla? *(Pausa.)*

AGUAYO *(Continúa.)* "Sorprende a Fernando en brazos de Carla." ¡Lo sabía! Sabía que el muy idiota la engañaría con esa estúpida. Ni siquiera es lo suficientemente hombre para...

Aguayo se va. Los demás se quedan sorprendidos.

5

AGUAYO *(en su oficina)* Me alegro que hayas conseguido ese papel. El otro día pasé frente al televisor y vi un pedacito. Mi esposa no se la pierde.

FABIOLA Hablando de eso, quería pedirle permiso para tomarme el resto del día libre. Necesito ensayar las escenas de mañana.

AGUAYO Las puedes practicar en la oficina. A los chicos les encanta ese asunto de las telenovelas.

9

FABIOLA *(Explica la situación.)* Y por eso estamos ensayando mis escenas.

DIANA Gracias a Dios... pero yo creo que están confundidos. Los dobles no tienen líneas. Sólo hacen las escenas en donde la estrella está en peligro.

MARIELA Cierto. *(Lee.)* Página seis: "Valeria salta por la ventana".

10

Más tarde, Fabiola está sobre el escritorio.

ÉRIC ¡Acción!

FABIOLA Sé que decidieron casarse. Espero que se hayan divertido a mis espaldas. Adiós mundo cruel. *(Grita pero no salta.)* ¡Aaahhhggg!

ÉRIC Muy bien. Ahora ¡salta!

FABIOLA Ni loca. Primero, mi maquillaje.

Expresiones útiles

Indicating you are about to contradict or correct someone

Creo que están confundidos/as.
I believe you (pl.) are confused.

Creo que estás confundido/a.
I believe you (sing. fam.) are confused.

Creo que usted está confundido/a.
I believe you (sing. form.) are confused.

Creo que se equivocan.
I believe you (pl.) are mistaken.

Creo que te equivocas.
I believe you (sing. fam.) are mistaken.

Creo que usted se equivoca.
I believe you (sing. form.) are mistaken.

Introducing a condition

Hablando de esto,...
Speaking of that, . . .

Estando yo en tu lugar,...
If I were you, . . .

Por mi parte,... *As for me, . . .*

Para mí,... *In my opinion, . . .*

A mi parecer,... *In my opinion, . . .*

Additional vocabulary

a mis espaldas *behind my back*

la aprobación *approval*

el camerino *star's dressing room*

el doble *double*

engañar *to deceive; to trick*

Apuntes culturales Las telenovelas latinoamericanas, en especial las colombianas y venezolanas, se exportan a todo el mundo. Tradicionalmente, las telenovelas son melodramas llenos de desencuentros amorosos y personajes demasiado buenos o demasiado malos. Sin embargo, el género evoluciona, se critica a sí mismo y cambia. Últimamente han aparecido algunas telenovelas que se burlan de viejas convenciones, incluyen humor y hasta situaciones ridículas, como las colombianas *Betty la fea* y *Pedro el escamoso. ¿Cuáles son las características que no le pueden faltar a ninguna telenovela?*

Suggestion: Play the video without sound, and ask students what vocabulary words they might hear in this segment. Replay the video with sound to confirm their guesses.

Comprensión

① Have pairs read their answers to the class to determine which ones are the most adequate.

1 Contestar En parejas, contesten las siguientes preguntas sobre la **Fotonovela**.

1. ¿Para qué debe concentrarse Fabiola?
   Debe concentrarse para ensayar su escena en la telenovela.
2. ¿Cómo consiguió Fabiola el trabajo de doble?
   Ella dijo que era la doble de Patricia Montero.
3. ¿Qué ve Valeria, el personaje de la telenovela, cuando entra a la habitación?
   Ve a su pareja en brazos de Carla.
4. ¿Cuál es el personaje de la telenovela que no le gusta a Aguayo?
   A Aguayo no le gusta Fernando.
5. ¿A quién ama el personaje representado por Johnny?
   El personaje representado por Johnny ama a las dos mujeres.
6. ¿Por qué Diana opina que sus compañeros están confundidos?
   porque los dobles no tienen líneas en las telenovelas

② Have groups write an additional sentence for each item. Have students read their sentences to the class, who will decide whether each one can replace the original.

② Once students determine the meaning of **no se la pierde**, point out the pronouns and have them explain what they stand for.

2 Seleccionar Selecciona la oración más adecuada para reemplazar lo dicho por los personajes.

1. **FABIOLA** Mañana me toca hacer unas escenas en la telenovela...
   a. Mañana tengo que actuar en algunas escenas de la telenovela...*x*
   b. Mañana tengo que escribir algunas escenas de la telenovela...
2. **FABIOLA** Al terminar la entrevista, un señor me preguntó si yo era la doble de Patricia Montero.
   a. Antes de la entrevista, un señor me me preguntó si yo era la doble de Patricia Montero.
   b. Después de la entrevista, un señor me preguntó si yo era la doble de Patricia Montero.*x*
3. **AGUAYO** Mi esposa no se la pierde.
   a. Mi esposa se la gana.
   b. Mi esposa mira siempre la telenovela. *x*
4. **AGUAYO** A los chicos les encanta ese asunto de las telenovelas.
   a. El tema de las telenovelas es conocido por todos los chicos.
   b. Las telenovelas les gustan a los chicos.*x*
5. **AGUAYO** O estás con ella o estás conmigo.
   a. Estás enamorado de ella y de mí.
   b. Debes decidir con quién quieres estar.*x*

Suggestion: Have students find out the names of current **telenovelas** and report which one they might be most interested in watching.

3 Identificar Identifica quién puede hacer las siguientes reflexiones. Puedes repetir los nombres.

1. A mí no me impresiona hablar con Patricia Montero. *Fabiola*
2. ¡Uy! ¿Se habrán dado cuenta de que yo veo telenovelas? *Aguayo*
3. Me gustaría ser el director. *Johnny*
4. Mis compañeros no saben nada sobre los dobles. *Diana*
5. No salto ni loca. *Fabiola*

JOHNNY

AGUAYO

DIANA

FABIOLA

Ampliación

4 **¿Y tú?** Indica si estás de acuerdo con las oraciones. Luego, compara tus respuestas con las de tus compañeros/as.

	👍	👎
Algunas veces miento.		
Puedo enamorarme de dos personas al mismo tiempo.		
Me encantan las telenovelas.		
Me gusta el peligro.		
Me gustaría ser actor/actriz.		

4 Review verbs like **gustar** and how they function. Point out the different tenses **(me gusta, me gustaría)** in the activity.

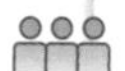

5 **Trabajo de riesgo** Un amigo de ustedes les cuenta que consiguió un trabajo como doble en una película de acción. Ustedes temen que su amigo se lastime. En parejas, uno/a de ustedes es el/la futuro/a doble y escribe cinco o seis razones para aceptar el trabajo. El/La otro/a es el/la amigo/a preocupado/a y escribe cinco o seis razones para que su amigo/a rechace el trabajo. Luego dramaticen la situación. Utilicen las expresiones de la lista.

Para mí,...	Me parece que...
A mi parecer,...	Creo que estás equivocado...
Por mi parte,...	Creo que no comprendes que...

5 Encourage students to vary the word bank expressions by transforming them into questions for their partner. Ex: **¿A tu parecer... ? ¿Te parece que... ?**

6 **Diseñen su propia telenovela** Trabajen en grupos pequeños. Las fotografías son de actores y actrices de telenovelas. Elijan quiénes serán los protagonistas. Luego decidan qué papeles tendrán los otros actores. Escriban un resumen de la historia. Inventen nombres para los personajes y un título para la telenovela. Compartan con sus compañeros/as la telenovela que diseñaron.

6 Ask each group to write a dialogue based on the **telenovela**.

Instructional Resource IRM (general teaching suggestion)

Pedro, el escamoso: una telenovela moderna

Fabiola va a ser la doble de una famosa actriz de telenovelas y sus compañeros de trabajo la ayudan a ensayar las escenas. A continuación vas a leer sobre una fotonovela que no sigue las mismas pautas que las demás.

En los últimos años, un nuevo tipo de telenovela ha surgido en Colombia. Programas como *Betty, la fea* y *Pedro, el escamoso*, están cambiando el estilo y argumento tradicional de las telenovelas. En lugar de basarse en un mundo idealizado y artificial, las nuevas telenovelas están llenas de realismo y de humor.

Betty, la fea y *Pedro, el escamoso* pertenecen a este nuevo formato que utiliza un nuevo tipo de protagonista, perteneciente a la clase media o trabajadora y que no responde a los ideales de belleza habituales. Estos elementos hacen que el público se conecte más fácilmente con los personajes.

Pedro, el escamoso cuenta la historia de Pedro Coral, un atípico héroe de barrio. Pedro ayuda a amigos y vecinos y siempre tiene una palabra amable para todo el mundo. En el lenguaje coloquial colombiano, un "escamoso" es una persona que sabe salir de todas las situaciones difíciles con gracia. Como es de esperar, este personaje hace justicia a su nombre. Es también un *don Juan* pero con un corazón de oro, leal y cariñoso, que sabe ganarse las simpatías de todos.

Los protagonistas de Pedro, el escamoso

Pedro, el escamoso

Una de las características más originales de este personaje reside en su forma de vestir, un tanto peculiar, y que muchos llamarían de mal gusto. Este hecho, sin embargo, le imprime más personalidad. Y, de todas formas, los televidentes son conscientes de que un simple cambio lo puede convertir en un hombre atractivo y seductor. Conocen, también, todo el potencial que tiene el protagonista y siguen sus pasos sabiendo que su bondad lo llevará a conseguir lo que quiera.

La telenovela *Pedro, el escamoso* se ha convertido en todo un éxito, en los lugares donde la han transmitido. También ha triunfado en Estados Unidos, donde el *Washington Post* le ha dedicado dos artículos al fenómeno social de este divertido personaje.

Nuevos directores hispanos

Alejandro González Iñárritu

Alejandro Amenábar

Éric hace el papel de director de la telenovela que están ensayando en las oficinas de *Facetas*. ¿Qué directores hispanos conoces? A continuación vas a leer un poco sobre los nuevos directores.

Hoy en día, la mayoría de las películas que se presentan en Estados Unidos y Latinoamérica son producciones de Hollywood. Sin embargo, en los últimos años están surgiendo nuevos directores hispanos, realmente comprometidos con su obra. Estos jóvenes directores han conseguido que sus películas sean todo un éxito de taquilla en las grandes salas de cine de todo el mundo.

Alejandro González Iñárritu es uno de los nuevos valores del cine en México. Muy poco tiempo después del estreno de su película *Amores perros*, su debut cinematográfico, comenzó a recibir premios y reconocimientos de prestigio, entre ellos la muy celebrada nominación al Óscar de Hollywood a la mejor película extranjera.

Alejandro Amenábar, de España, consiguió aplausos, tanto del público como de la crítica, con su primera película, *Tesis*. Su segunda obra, *Abre los ojos*, también fue aclamada en el mundo hispano. Tom Cruise y Nicole Kidman compraron los derechos para realizar una versión "hollywoodiana" de esta película que se estrenó en el año 2001 bajo el título *Vanilla Sky*.

Y aunque no es muy frecuente encontrar el trabajo de mujeres directoras en las pantallas de cine, la colombiana Patricia Cardoso presentó con mucho éxito su película *Las mujeres reales tienen curvas*. Esta película obtuvo la admiración del público y de la crítica y ganó el premio del jurado en el Festival Sundance. Además, logró convertirse en la segunda mujer ganadora de la edición 50 del Festival Internacional de Cine de San Sebastián, en España.

Coméntalo

Reúnete con varios compañeros/as de clase y conversa sobre los siguientes temas.

1. ¿Les gustan las telenovelas? ¿Por qué?
2. ¿Por qué creen que los protagonistas de las telenovelas son normalmente ricos y bellos?
3. ¿Conocen alguna película hispana? ¿Cuál? ¿Les gustó?
4. ¿Qué prefieren: las películas independientes o las películas de Hollywood? ¿Por qué?

Instructional Resources
- WB
- LM
- CD-ROM
- WB/LM/VM Answer Key

Suggestion: Remind students that impersonal expressions may be expressed in any tense. Ex: **Sería mejor ensayar ahora. Fue necesario despedir al actor.**

¡ATENCIÓN!

The only verb form that can follow a preposition is the infinitive.

9.1 Infinitives

¿Te acuerdas? An infinitive is the unconjugated form of a verb and ends in **-ar**, **-er**, or **-ir**.

▶ Many verbs follow the pattern of [*conjugated verb*] + [*infinitive*]. Some of these verbs are **querer**, **poder**, **necesitar**, **deber**, **desear**, **ver**, **sentir**, **saber**, **pensar**, and **decidir**.

¿Puedes asistir a la grabación mañana?
Can you attend the recording session tomorrow?

Mis primos **saben cantar**.
My cousins know how to sing.

Las puedes practicar en la oficina.

▶ The pattern **mandar** or **hacer** + [*infinitive*], means *to have something done* or *to have someone do something.*

La profesora nos **mandó leer** la prensa de mañana.
The teacher assigned us to read tomorrow's press.

El actor **hizo callar** al público.
The actor made the audience be quiet.

▶ Many verbs follow the pattern of [*conjugated verb*] + [*preposition*] + [*infinitive*]. The prepositions for this pattern are **de**, **a**, or **en**.

tratar de *to try (to)*	**tardar en** *to take time (to)*
enseñar a *to teach (to)*	**quedar en** *to agree (to)*
llegar a *to arrive (at)*	**pensar en** *to think (about)*

Me **enseñó a** hablar en público.
She taught me to speak in public.

Sus CDs **tardan en** venderse.
Their CDs take time to sell.

Pensamos en publicar una revista.
We are thinking about publishing a magazine.

Quedamos en hacerlo.
We agreed to do it.

Tengo ganas de saber cómo termina la telenovela.

▶ After prepositions, the infinitive is used.

Al terminar la entrevista me preguntó si yo era la doble.

¿Y qué le dijiste?

Al firmar el contrato para la película, se hizo millonario.
Upon signing the contract, he became a millionaire.

Antes de publicar el ensayo, lo editó con cuidado.
Before publishing the essay, she edited it carefully.

Para conocer a la estrella, se hizo amigo de su vecina.
In order to meet the star, he became friends with her neighbor.

Dio la entrevista, **sin considerar** las consecuencias.
He granted the interview, without considering the consequences.

▶ The infinitive is used after verbs of perception like **sentir**, **escuchar**, **oír**, and **ver**.

Oigo hablar al crítico.
I hear the critic talking.

Vemos transmitir el programa.
We see the program being broadcasted.

▶ Impersonal expressions such as **es importante** and **hay que** are followed by the infinitive. **Tener que** also requires the infinitive.

Es importante practicar la escena.
It is important to practice the scene.

Hay que llamar al productor.
It is necessary to call the producer.

▶ The subject of a sentence can be an infinitive. A command can also be written as an infinitive.

Ver es creer.
***Seeing** is believing.*

No **fumar**.
*No **smoking**.*

LEER
ES PODER

¡ATENCIÓN!

Deber + **de** + [*infinitive*] suggests probability.

La actriz debe ser italiana means *The actress must be Italian. (We need to have an Italian actress for this part.)*

Debe de ser italiana means *She is probably Italian.*

NATIONAL
comparisons
STANDARDS

Instructional Resources
- WB
- LM
- CD-ROM
- WB/LM/VM Answer Key

Suggestion: Remind students that one of the main characteristics of the subjunctive is the idea of uncertainty. Review verbs that convey this idea (i.e., **esperar, desear, no creer, dudar**, etc.).

9.2 Present Perfect Subjunctive

¿Te acuerdas? Like the present subjunctive, the present perfect subjunctive **(el presente perfecto del subjuntivo)** is used mainly in multiple-clause sentences which express states and conditions such as will, influence, emotion, commands, indefiniteness and non-existence.

▶ The present perfect subjunctive is formed with **haber** in the present subjunctive + [*the past participle*] of the verb.

Present Perfect Subjunctive

	cerrar	perder	asistir
yo	haya cerrado	haya perdido	haya asistido
tú	hayas cerrado	hayas perdido	hayas asistido
él/ella/Ud.	haya cerrado	haya perdido	haya asistido
nosotros/as	hayamos cerrado	hayamos perdido	hayamos asistido
vosotros/as	hayáis cerrado	hayáis perdido	hayáis asistido
ellos/ellas/Uds.	hayan cerrado	hayan perdido	hayan asistido

▶ The difference between the present subjunctive and the present perfect subjunctive is *when* the action in the dependent clause takes place. When the verb in the main clause is in the present tense, but the action in the dependent clause is in the past, use the present perfect subjunctive.

Espero que **reciba** el guión el próximo viernes.
I hope he receives the script next Friday.

Espero que **haya recibido** el guión esta mañana.
I hope he received the script this morning.

Me alegro de que ustedes **vean** a sus padres con frecuencia.
I am happy that you see your parents frequently.

Me alegro de que ustedes **hayan visto** a sus padres esta semana.
I am happy that you have seen your parents this week.

Espero que **se hayan divertido** a mis espaldas.

▶ **Ojalá** can be used with the present perfect subjunctive.

Ojalá Mauricio haya ido al estreno de la película.
I hope Mauricio has gone to the movie premiere.

Ojalá que la revista se haya vendido bien.
Hopefully the magazine has sold well.

▶ **Ya** *(already)* is often used with the present perfect subjunctive. Remember that **ya** must come either before or after **haber** and the participle, which are never separated.

Ojalá **ya** haya terminado el noticiero.
I hope that the news broadcast has finished already.

Espero que Eugenia lo haya visto **ya**.
I hope that Eugenia has seen it already.

Ojalá que la entrevista haya salido bien.

Es imposible que
hayan visto algo igual...

¡ATENCIÓN!

Keep in mind that "perfect" (**perfecto**) in a tense's name signals that it will be formed with the verb "have" (**haber**).

Suggestion: Review the irregular past participles **(i.e., vuelto, dicho, hecho, puesto, visto, escrito,** etc.**).**

Práctica

① **Seleccionar** Selecciona entre el presente perfecto del indicativo o del subjuntivo para completar las oraciones.

1. Necesito contratar un músico que (ha – haya) estado en Venezuela. *haya*
2. Quiero conocer al actor que (ha – haya) trabajado en *Amores Perros*. *ha*
3. Hasta que no (has – hayas) conocido a las personas que leen la prensa sensacionalista no sabrás por qué la leen. *hayas*
4. Tan pronto como (ha – haya) llegado, ha comenzado a molestar a todos los actores. *ha*
5. Cuando (has – hayas) leído esta noticia estarás de acuerdo conmigo. *hayas*
6. Busco al reportero que (ha – haya) trabajado en crónicas de sociedad. *ha*

② Have pairs peer-edit each other's work. Have students provide two new items for their partner to provide the opposite sentence.

③ Write the following on the board: **1. Espero que leas la crítica del concierto. 2. Es ridículo que ese crítico esté a cargo de nada. 3. Me molesta que él lo haga.** Have students compare these with the corresponding sentences in the exercise and make similar changes to the rest of the sentences.

Teaching Option: Remind students that affirmative statements can be uncertain. The uncertainty is expressed in the main clause. Ex: **Esperan que haya vuelto**. Point out that in the present perfect subjunctive, **haber** takes on the subjunctive form.

② **Opuestas** Escribe la oración que expresa lo opuesto en cada ocasión. En algunos casos debes usar el presente perfecto del subjuntivo y en otros el presente perfecto del indicativo.

MODELO Dudo que ese actor haya aprendido a actuar bien.
No dudo que ese actor ha aprendido a actuar bien.

1. El canal cree que sus periodistas han hablado con el dictador.
   El canal no cree que sus periodistas hayan hablado con el dictador.
2. No creo que el director les haya dado pocas órdenes a sus actores.
   Creo que el director les ha dado pocas órdenes a sus actores.
3. Estoy seguro de que la mayoría del público ha leído la noticia.
   No estoy seguro de que la mayoría del público haya leído la noticia.
4. No es seguro que la prensa sensacionalista haya publicado esa noticia.
   Es seguro que la prensa sensacionalista ha publicado esa noticia.
5. Es evidente que la banda sonora ha sido elegida por el director.
   No es evidente que la banda sonora haya sido elegida por el director.
6. Pienso que ese actor ha sido el protagonista de *El año de la bestia*.
   No pienso que ese actor haya sido el protagonista de El año de la bestia.

③ **Completar** El cantante de un grupo musical escribe una carta de queja al encargado de sus relaciones públicas. Escribe la forma apropiada del presente perfecto del subjuntivo para completarla.

Estimado Javier,

Espero que tú *hayas leído* (leer) la crítica del concierto que apareció en la revista Rock. Es ridículo que ese crítico *haya estado* (estar) a cargo de escribir el artículo. A mí me dijeron que no lo iba a hacer él y me molesta mucho que él lo *haya hecho* (hacer), porque no es imparcial. A ese crítico le parece mal que nosotros *hayamos firmado* (firmar) un contrato con una compañía independiente. Me parece injusto que los encargados de relaciones públicas no *hayan sido* (ser) más cuidadosos. No me sorprende que su empresa de relaciones públicas *haya perdido* (perder) a todos sus clientes.

Hasta nunca,
Juan Chaos

Comunicación

4 **¡Despedido!** En parejas, usen las frases para escribir el diálogo en el que un(a) presentador(a) de televisión es despedido/a *(fired)* por el director del programa. Usen el presente perfecto del indicativo y el del subjuntivo. Después, representen el diálogo delante de la clase.

Es increíble que	los anuncios
Es necesario	el canal
Es verdad	los chismes
Espero que	los televidentes
Me han dicho que tú	mi deber
Pienso que	el comportamiento *(behavior)*

④ As students perform their dialogues, have the class rate them as most original, funniest, etc.

5 **Dos viejas amigas** Marcela y Julieta se conocieron hace 40 años en una escuela para actores. Hace 35 años que no se ven. La semana pasada, Marcela Serrano consiguió la dirección de su vieja amiga y le envió una carta. En parejas, lean la carta de Marcela. Luego escriban la respuesta de Julieta. Ella no ha logrado trabajar como actriz. Está celosa y duda que Marcela haya tenido tanto éxito. En la respuesta usen el presente perfecto del subjuntivo.

¡Julieta!

¡Qué alegría saber de ti! Hace tiempo que quería llamarte, pero no tenía tu número de teléfono. Cuando terminé en la escuela de teatro hice obras en Nueva York, Boston y Miami. Después fui a París. Allí viví durante siete años y luego volví a Nueva York. Un famoso director de cine me llamó para hacer películas y desde entonces trabajo en Hollywood. Tengo mucho éxito y recibo muchas cartas de admiradores. ¿Sabías que me casé y tuve cinco hijos? Los mayores ya están en la universidad. Espero que tú también hayas continuado tu carrera. Espero que hayas tenido éxito en lo que más te gusta: el teatro. También deseo que hayas logrado formar una familia. Llámame pronto. Muchos besos.

Marcela

6 **Competencia entre actores** Trabajen en parejas. Imaginen que son dos actores que han estado en un reparto de papeles *(casting)* y sólo uno ha sido elegido. Cuando salen del estudio, se encuentran y discuten. Dramaticen la situación. Usen el presente perfecto del subjuntivo.

MODELO — Me sorprende que hayas conseguido el trabajo.
— Me alegro de que no te lo hayan dado a ti.

⑥ Have volunteers play the role of reporters interviewing the actors. Ask them to write a short note based on the interview for the **chismes** section of the newspaper.

Instructional Resources
- WB
- LM
- CD-ROM
- WB/LM/VM Answer Key

Suggestion: Remind students not to confuse the direct object that follows the personal **a** with the indirect object that responds to **¿a quién?** Ex: **Llamamos a la directora. / Le dimos el guión a la directora.**

¡ATENCIÓN!

Some verbs require the preposition **a** before an infinitive, such as **ir a**, **comenzar a**, **ayudar a**, **volver a**, **enseñar a**.

¡ATENCIÓN!

There's no accent mark on the **i** in the preposition **hacia**. The stress falls on the first **a**. The word **hacía** is a form of the verb **hacer**.

9.3 Prepositions I

The preposition *a*

▶ The preposition **a** can mean *to*, *at*, *for*, *upon*, *within*, *of*, *from*, or *by*, depending on the context. Sometimes it has no direct translation in English.

Terminó **a** las doce.
*It ended **at** midnight.*

Le compré la entrada **a** un amigo.
*I bought the ticket **from/for** a friend.*

Fui **a** la última sesión.
*I went **to** the last performance.*

Al llegar a casa, me sentí feliz.
***Upon** returning home, I felt happy.*

Lucy estaba **a** mi derecha.
*Lucy was **on** my right.*

El cine estaba **a** 12 millas de aquí.
The movie theatre was 12 miles from here.

▶ The preposition **a** introduces indirect objects.

Le prometió **a** su hijo que irían al cine.
He promised his son that they would go to the movies.

Le entregó el guión **a** su secretaria esta mañana.
She gave the script to her secretary this morning.

▶ The preposition **a** can be used in commands.

¡**A** comer!
Let's eat!

¡**A** dormir!
Time for bed!

▶ When a direct object noun is a person (or a pet), it is preceded by a. This is called the *personal* **a**. There is no equivalent in English. The personal **a** is also used with the words **alguien**, **nadie**, and **alguno**.

¿Conoces **a** alguien que quiera ir a ese estreno?
Do you know anyone who would want to go to this premiere?

No, lo siento. No conozco **a** nadie.
No. I'm sorry. I don't know anyone.

▶ The personal **a** is not used when the person in question is not specific.

El periódico busca un redactor bilingüe.
The newspaper is looking for a bilingual editor.

Sí, necesitan periodistas para la sección Internacional.
Yes, they need reporters for the International section.

The preposition *hacia*

▶ With movement, either literal or figurative, **hacia** means *toward* or *to*.

La actitud del actor **hacia** mí fue negativa.
The actor's attitude toward me was negative.

El periodista se dirige **hacia** Chile para la entrevista.
The reporter is going to Chile for the interview.

▶ With time, **hacia** means approximately, *around*, *about* or *toward*.

El programa que queremos ver empieza **hacia** las 8.
The show that we want to watch will begin around 8:00.

La televisión se hizo popular **hacia** la segunda mitad del siglo XX.
Television became popular toward the second half of the twentieth century.

The preposition *con*

- The preposition **con** means *with*.

El actor sale **con** una periodista.
*The actor is going out **with** a journalist.*

Es una película **con** grandes actores.
It is a movie with great actors.

- Many English adverbs can be expressed in Spanish with **con** + [*noun*].

La presentadora habló del tema **con** cuidado.
The presenter spoke about the issue carefully.

Hablaba **con** cariño.
He spoke affectionately.

- If **con** is followed by **mí**, it forms a contraction: **con** + **mí** = **conmigo**. This happens with all the singular forms:

con	**+**	**mí**	**conmigo**
con	**+**	**ti**	**contigo**
con	**+**	**él**	**consigo**
con	**+**	**ella**	**consigo**
con	**+**	**Ud.**	**consigo**

¿Quieres venir **conmigo** al concierto?
Do you want to come with me to the concert?

Claro que quiero ir **contigo**.
Of course I want to go with you.

Ni estoy con ella ni estoy **contigo**. Estoy con las dos.

- The preposition **con** is also used rhetorically to emphasize the value or the quality of something or someone, contrary to a given fact or situation. In this case, **con** conveys surprise at an apparent conflict between two known facts. In English, the words *but*, *even though*, and *in spite of* are used.

No quisieron comer nada.
They did not want to eat anything.

No ha podido encontrar un buen trabajo.
He has not been able to find a good job.

¡**Con** lo buena que estaba la paella!
But the paella was so good.

¡**Con** lo inteligente que es!
But he is so intelligent!

Instructional Resources
- WB
- LM
- CD-ROM
- WB/LM/VM Answer Key

Suggestion: Remind students that a negative sentence with **no** before the verb may contain a second negative word after the verb. However, when a negative word comes before the verb, **no** is not used. Ex: **No veo a nadie. / A nadie veo.**

Suggestion: Point out the use of **ni yo tampoco** after a negative statement. Ex: **Gustavo no pudo ir al cine anoche, ni yo tampoco.**

9.4 Expressing choice and negation

¿Te acuerdas? In Spanish, double negatives are perfectly acceptable: **¡No quiero ni ir al cine ni ver televisión!**

o...o

▶ The word **o** means *or*. The conjunction **o...o** means *either...or*. It is used when there is a choice to be made between two options.

Tendrás que decidir. O estás con ella **o** estás conmigo

O el presentador es muy malo **o** el director es malísimo.
***Either** the presenter is very bad **or** the director is terrible.*

O trabajas para mi periódico **o** no vuelves a trabajar nunca más.
***Either** you work for my newspaper **or** you will never work again.*

ni...ni

▶ The conjunction **ni...ni** means *neither...nor*.

Ni la amo a ella, **ni** te amo a ti.

Ni quieren leer **ni** ver las noticias.
They don't want to read or watch the news.

Ese actor no puede **ni** bailar **ni** cantar.
This actor can neither dance nor sing.

ni siquiera

▶The conjunction **ni siquiera** means *not even*. **Ni siquiera** emphasizes the meaning.

No quería **ni siquiera** leer las crónicas de sociedad.
She did not even want to read the lifestyle page.

Ni siquiera el mejor director podría salvar la carrera de ese actor.
Not even the best director could save that actor's career.

Práctica y Comunicación

1 **El productor** Un productor de cine está hablando solo. Une las dos oraciones en una sola, usando las expresiones entre paréntesis para saber lo que dice.

MODELO Marcela no vio la película. Matías no vio la película. (ni... ni...)
Ni Marcela ni Matías vieron la película.

1. El público no se cansa de ver películas. No se cansa de ver anuncios. (ni... ni...) *El público no se cansa ni de ver películas ni de ver anuncios.*
2. El director no revisó el guión. Tampoco revisó la banda sonora. (ni... ni...) *El director ni revisó el guión ni la banda sonora.*
3. No se encargará del largometraje. Tampoco se encargará del cortometraje. (ni... ni...) *No se encargará ni del largometraje ni del cortometraje.*
4. ¿Hablarás con el director? ¿Hablarás con los actores? (o... o...) *¿Hablarás o con el director o con los actores?*
5. Debes comenzar a buscar otro director. También debes empezar a buscar otra actriz. (o... o...) *O debes comenzar a buscar otro director o debes empezar a buscar otra actriz.*
6. ¿Veo televisión? ¿Voy al cine? (o... o...) *¿O veo televisión o voy al cine?*

2 **¡Qué desastre!** Gustavo es el encargado de entrevistar a las siguentes personas. Los resultados de las entrevistas son un desastre. En parejas, completen los comentarios finales de Gustavo sobre las personas que ha entrevistado. Usa ni...ni para unir las dos primeras frases.

MODELO El actor Pablo Ragonetti no sabe cantar. Tampoco sabe ______.
Ni siquiera sabe ______.
El actor Pablo Ragonetti ni sabe cantar ni sabe actuar. Ni siquiera sabe hablar.

1. El director Marcelo Arias no sabe dar órdenes. Tampoco sabe ______ . Ni siquiera sabe ______.
2. La redactora Mirta Castedi no sabe corregir. Tampoco sabe ______. Ni siquiera sabe ______.
3. La actriz Dorotea Liber no puede recordar un guión. Tampoco puede ______. Ni siquiera puede ______.
4. La cantante Mercedes Albano no puede cantar siguiendo la música. Tampoco puede ______. Ni siquiera puede ______.
5. La especialista en publicidad Adriana Manfredo no conoce los gustos del público. Tampoco conoce ______. Ni siquiera conoce ______.

3 **¿Cómo son, qué hacen?** En parejas, escriban cómo son, qué hacen y qué no les gusta a las personas. Sigan el modelo.

MODELO El director es un aburrido. **O** está enfermo **o** deprimido. **No** le gusta **ni** bailar **ni** hacer deporte. **Ni siquiera** le gusta ver las películas que él dirige.

1. La actriz es una antipática.
2. El periodista es muy generoso.
3. El cantante es extraño.
4. La crítica de cine es influyente.

NATIONAL communication STANDARDS

① Answers may vary. Item 1, for instance, may read as follows: **El público no se cansa ni de ver películas ni de ver anuncios. / El público ni se cansa de ver películas ni de ver anuncios. / El público no se cansa de ver ni películas ni anuncios.**

② Redo the exercise orally with the following sentences:
1. El director resuelve problemas maravillosamente.
2. La redactora escribe a la perfección.
3. La actriz tiene una memoria impresionante.
4. La cantante tiene bellísima voz.
5. Adriana Manfredo conoce bien el negocio.

③ Have students read the descriptions aloud for the class to guess who is being described. Add characters to the list to expand the exercise.

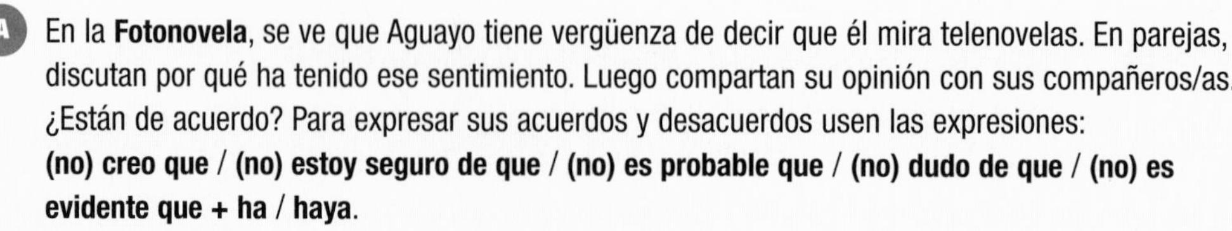

A conversar

¿Qué opinas de las telenovelas?

Suggestion: Review the present subjunctive.

Suggestion: Remind students that an expression like **es evidente** conveys certainty and one like **es probable** implies possibility.

A En la **Fotonovela**, se ve que Aguayo tiene vergüenza de decir que él mira telenovelas. En parejas, discutan por qué ha tenido ese sentimiento. Luego compartan su opinión con sus compañeros/as. ¿Están de acuerdo? Para expresar sus acuerdos y desacuerdos usen las expresiones: **(no) creo que / (no) estoy seguro de que / (no) es probable que / (no) dudo de que / (no) es evidente que + ha / haya**.

B La maestra Sagerati opinaba sobre las telenovelas en el siguiente informe para la escuela. Lean el informe y contesten las preguntas, en grupos pequeños.

12 de julio de 1999

La semana pasada estaba terminando de explicar a mis alumnos un tema de historia. En ese momento, una niña dijo que esa historia se parecía a la de la telenovela *Marcela, una mujer*. La mayoría de mis niños dijo que veía esa telenovela. ¿No es increíble que los padres dejen a sus hijos ver telenovelas? Cuando intento recordar de qué se tratan estos programas, no recuerdo ninguno en que no haya habido mentiras, niños abandonados, una relación sentimental difícil, una suegra autoritaria. En las telenovelas todo es negro, triste y falso. Las historias son lentas y los personajes son demasiado simples: o son buenos o son malos. En estas historias, ni siquiera hay lugares interesantes: todo ocurre dentro de unas pocas habitaciones. Me parece que los padres o bien deberían prohibir a sus hijos ver telenovelas o bien deberían verlas con ellos y criticarlas. No estoy hablando de censura, sino que creo que entre todos (padres y maestros) debemos educar a los niños. Esperemos no tener que llorar después porque la televisión los haya educado.

1. ¿Cómo supo la maestra que sus alumnos veían telenovelas?
2. ¿Qué criticó de las telenovelas?
3. ¿Están de acuerdo con esas críticas? ¿Cuáles otras pueden añadir?
4. ¿Qué tienen de bueno las telenovelas?
5. ¿Qué soluciones propuso la maestra?
6. ¿Por qué dijo que los adultos deberían educar a los niños?

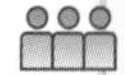

C Ya han pasado unos años desde que la maestra Sagerati escribió esta carta. ¿Creen que ocurrió lo que ella escribió? Discutan en pequeños grupos. Luego presenten sus opiniones a sus compañeros/as. Para expresar sus acuerdos y desacuerdos con la maestra Sagerati usen, entre otras, las expresiones del **Paso A**.

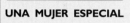

Manos a la obra

Comentario crítico

Eres un crítico de cine. Te pidieron que escribas una crítica de una película que acabas de ver. La crítica será publicada en un diario. Trabajen en parejas.

A Lean las siguientes críticas. Luego decidan cuántas estrellas (de 1 a 5) les darían a las películas. Compartan sus respuestas con sus compañeros y digan por qué les dieron esa puntuación.

UNA MUJER ESPECIAL

★★★★

Con Marcela Castro y Pedro Miguel. Dirigida por: Lorenzo Ríos.

Lorenzo Ríos, su director, muestra la vida de una viuda que debe cuidar a siete hijos. La historia ocurre en México, hacia el año 1900 y comienza cuando la viuda Henríquez debe pagar las deudas de su marido. Los actores logran mostrar los sentimientos más profundos de sus personajes. Una película excelente. Vayan a verla.

LA REVUELTA DE LOS ESTUDIANTES

★

Con Matías Liber, Éric Castillo y Nadia Romeo. Dirigida por: Nicolás Piaggio.

Ojalá usted no la haya visto. Si ya fue al cine, sabrá que tengo razón. Ni siquiera los actores parecen creer en sus propios personajes. La trama (*plot*) comienza en una universidad y tiene todo lo que suelen tener las historias de este tipo: jóvenes delgados y guapos, y, por supuesto, un protagonista con problemas. Es increíble que Nicolás Piaggio haya decidido hacer esta ridícula película. Es poco probable que lo haya pensado dos veces antes de comenzar a grabar. Si usted no la vio, por favor no lo haga.

TERROR EN LA CASA EMBRUJADA

★★

Con Marcela Espina, Pilar Onesis y Marcos Seto. Dirigida por: María Plachetko.

Una película grabada hacia el año 1965. Es posible que *Terror en la casa embrujada* haya sido una de las primeras películas de terror dirigidas por una mujer. Me alegro de que la sala Arcadia haya decidido volver a pasar este clásico del cine.

B Elijan uno de los siguientes títulos de películas para escribir la crítica:

Ni siquiera tus ojos	*O ella o yo*
Ojalá Buenos Aires haya cambiado	*Mi vida contigo*
Hacia el infierno	*Viaje al año 2305*

C Escriban la crítica y señalen cuántas estrellas tendrá esa película. Por lo menos en dos oraciones deben usar el presente perfecto del subjuntivo. Pueden dar el nombre de los actores y del director, el lugar donde sucede la historia, en qué consiste el argumento (sólo cuenten el comienzo, no el final), lo que creen que es bueno o malo de la película y alguna opinión sobre los actores. Intercambien sus críticas con sus compañeros/as. Lean la crítica de otro grupo y digan si piensan ir a ver esa película y por qué.

Suggestion: See the VENTANAS IRM for teaching suggestions.

Expansion: Ask students whether they read movie reviews and whether they agree with the critics. Have them discuss a recently acclaimed movie and state why it did or did not deserve the praise.

Antes de leer

1. ¿Te gusta la música? ¿Crees que tu estilo de vida está conectado con la clase de música que te gusta?

2. ¿Crees que los personajes célebres, en este caso los músicos, tienen que opinar sobre los problemas sociales o políticos? ¿Conocen a artistas que hablan de esos problemas a través de su arte?

Vocabulario

periferia *outskirts*
grabar *to record*
fuera de serie *outstanding*

Instructional Resource
- Website

Suggestion: For additional literary and cultural readings on the lesson theme, see the corresponding lesson in **Ventanas: Lecturas**.

Suggestion: Ask a few comprehension questions before moving on to **Después de leer**. Ex: **¿De qué trata la entrevista? ¿De dónde son los músicos que componen la banda? ¿Qué harán los músicos después de la gira? ¿Cuánto tiempo dura la gira?**

ENTREVISTA A

Manu Chao ofreció una rueda de prensa horas antes de su actuación en Fuenlabrada. Los redactores nos acercamos a la localidad madrileña para ver cómo marchaban su gira y sus proyectos.

PREGUNTA: ¿Quiénes forman la banda?

RESPUESTA: *Radio Bemba Sound Sistem* lo componen gente de todas partes: de Madrid, de Colombia, una sección de vientos de Venezuela, gente de Barcelona... en total somos 10 personas en el escenario.

P: ¿Cuál es el repertorio?

R: Tocamos canciones de todos los discos. Es un espectáculo en vivo y no una reproducción del último disco. Hay algunas canciones del nuevo disco, del Clandestino o de *Mano Negra*. Así va la vaina.

P: ¿Por qué una actuación en Fuenlabrada y no en Las Ventas°?

R: La idea de tocar en la periferia me gusta; lo siento porque hay poco espacio y muchas personas no pueden entrar. Me gusta tocar en Fuenlabrada y mandar un mensaje de esperanza.

P: ¿Cómo va la gira?

R: No he tocado en Europa durante mucho tiempo. No tuve ganas ni banda. Ahora estamos intentando ir a todos los lugares. Me siento muy orgulloso de la banda y todo está funcionando muy bien, pero cuando terminemos la gira nos disolvemos y así no tenemos rutina.

P: ¿Vas a grabar un disco cuando termine la gira?

R: De momento estamos grabando en video todos los conciertos de este espectáculo que termina en octubre, y no sé todavía lo que haremos con todo el material. Y de lo de grabar un disco, tengo mucho material que revisar, pero siempre hay tiempo. Nunca pienso lo que haré: hacer previsiones a más de tres meses me atrapa y no me gustan las presiones.

P: ¿Qué opina de Internet y la música?

R: Considero que es una herramienta fuera de serie. Yo utilizo mucho el *e-mail* para comunicarme con mis amigos en la distancia. En música es una revolución y ha cambiado

MANU CHAO

la dictadura de los medios de distribución.

P: ¿Ya no vas a hacer actuaciones sorpresa?

R: Estamos realizando una gira de dos meses y no podemos tocar en la calle o en los bares, pero eso se acaba el 1 de octubre y empezaremos a tocar de gratis, aunque no nos pueda ver tanta gente.

P: ¿Qué pasa con los inmigrantes?

R: Los gobiernos no quieren inmigración y es una hipocresía, porque los que trabajan los campos son los clandestinos y se aprovechan de una mano de obra barata. Lo que no quieren es darles papeles y que puedan exigir mejores condiciones.

P: ¿Volverá *Mano Negra*?

R: Quizás algún día coincidamos, una banda es una alquimia y no se dan citas. Cada uno de nosotros tiene su vida, y es mucha gente para ponerse de acuerdo.

P: ¿Qué música escuchas?

R: Tengo mi botiquín° de medicina musical, pero nunca digo lo que me gusta o no me gusta.

P: ¿Qué opinas de que un disco tuyo aparezca en el mercado negro?

R: Me parece muy social, es señal de buena salud y considero que ése es el verdadero *ranking* para saber lo que funciona. La economía paralela es necesaria. Si todo el mundo tuviera un trabajo no pasaría.

P: ¿Por qué dura tan poco tiempo la gira?

R: La rutina llega enseguida y hay que tener un *feeling* para salir al escenario, y yo eso sólo lo aguanto tres meses. Con *Mano Negra* estuvimos mucho tiempo y acabamos como marcianos°. Una gira produce mucha adrenalina y lo más peligroso es parar, ahí te da un bajón.

PORTADA CD
MANU CHAO...próxima estación...ESPERANZA

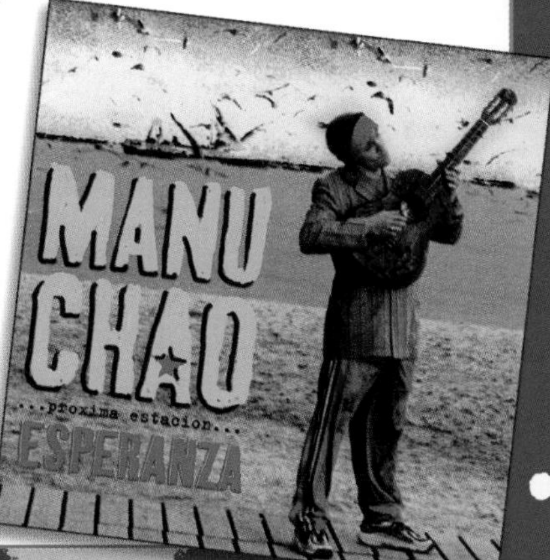

Después de leer

1. Manu Chao opina que Internet ha revolucionado la música porque ha roto la dictadura de los medios de distribución. En parejas, den su opinión sobre el tema.

2. En grupos pequeños, den su opinión sobre el comentario de Manu Chao, en el que afirma que los gobiernos son hipócritas con la inmigración. Hagan una lista de los comentarios del grupo y luego compártanla con la clase.

3. Manu Chao comenta cómo es la vida de los famosos. ¿Se imaginan cómo cambiarían sus vida si fueran famosos/as? Escribe una lista de las cosas positivas y otra de las cosas negativas que tiene ser famoso.

Fuenlabrada *A city close to Madrid*
Las Ventas *A famous bullring, often used as arena*
botiquín *Medicine cabinet*

9 VOCABULARIO

La televisión

el anuncio	*commercial, advertisement*
el canal	*channel*
el chisme	*gossip*
el/la conductor(a)	*announcer*
el episodio final	*final episode*
el índice de audiencia	*ratings*
la noticia	*news*
la pantalla de televisión	*TV screen*
el público	*public*
el reportaje	*story*
el reportero	*reporter*
la telenovela	*soap opera*
el televidente	*television viewer*
la transmisión	*transmission*

La radio

la emisión	*broadcast*
la emisora	*radio station*
el estudio (de grabación)	*(recording) studio*
el/la locutor(a)	*announcer*
el noticiero	*news*
el/la oyente	*listener*
el/la presentador(a) de noticias	*news reporter*
la publicidad	*advertising*
el/la radio	*radio*
transmitir	*to broadcast*

El cine

el actor	*actor*
la actriz	*actress*
el argumento	*plot*
la banda sonora	*sound track*
el cortometraje (el corto)	*short film*
el/la crítico/a de cine	*film critic*
el/la director(a)	*director*
doblada	*dubbed*
la escena	*scene*
la estrella	*star (male or female)*
el estreno	*premiere*
el guión	*script*
grabar	*to record*
el largometraje	*full-length film*
la sesión/función	*showing*
el subtítulo	*subtitle*

Los periódicos

la crónica de sociedad	*lifestyle section*
la crónica deportiva	*sports page, sports section*
el diario	*daily (newspaper)*
la edición especial	*special edition*
el/ la lector(a)	*reader*
el periódico impreso	*newspaper*
la portada	*front page*
la prensa sensacionalista	*sensationalist press*
el/la redactor(a)	*editor*
la revista semanal	*weekly supplement*
el titular	*headline*
imprimir	*to print*
publicar	*to publish*

Los medios de comunicación

la actualidad	*current affairs*
la censura	*censorship*
los medios de comunicación	*media*
la parcialidad	*bias*
el público	*audience*
estar al tanto	*be informed*
ser parcial	*to be biased*
actualizada	*up to date*
imparcial	*impartial, unbiased*
influyente	*influential*

Expresiones útiles *véase la página 251*

Instructional Resource
- Tests

La literatura y el arte

10

Communicative Goals

You will expand your ability to...

- express what will have happened
- express what would have happened
- make contrary-to-fact statements about the past
- describe changes in a mental, emotional, or physical state

La literatura y el arte

Instructional Resources
- WB
- LM
- CD-ROM
- WB/LM/VM Answer Key

Suggestion: Ask students to comment about the people shown and their activities. Ex: **¿Quiénes son? ¿A qué se dedican? ¿Qué les ocurre en este momento?**

Suggestion: Remind students that the boldfaced words and expressions in the paragraphs are new active vocabulary as well as the vocabulary in the lists.

El admirador

La nieta se sentó en el rincón más iluminado para pintar su obra maestra: un **retrato** de su abuelo Emilio. El anciano es un modelo paciente y espera que ella termine su **llamativa** obra. El improvisado **estudio** es también una **exposición** de otras obras de arte de la artista: **autorretratos**, paisajes ... y manchas. El abuelo admira la creatividad de su nieta. Cada **trazo** le resulta conmovedor, cada color le parece maravilloso.

Comprehension Check: ¿A quién se refiere? 1. Sus obras se presentan en el teatro. (el dramaturgo) 2. Es el orgulloso pariente de una futura pintora famosa. (Emilio) 3. Escribe una obra literaria. (Eugenia) 4. Espera ganar bastante dinero con su trabajo. (el escultor)

Suggestion: Pair students up to write follow-up stories to the scenes pictured in **Contextos**.

Personaje de gran calibre

Eugenia quiere que el **argumento** de su cuento se desarrolle de una manera única. La **trama** comenzará con un crimen, relatado desde el punto de vista de la bala. Como parte de la acción ocurre en un revólver, la mano del asesino será un personaje secundario y el pecho de la víctima un personaje principal. A ella le resulta **intrigante** la **corriente** del realismo mágico, pero no quiere imitar a nadie. Por consiguiente, en su cuento no habrá **paradojas**: el **desenlace** será la muerte de la víctima, de la que sólo una mariposa será **testigo**.

Obras valiosas

Romina y Esteban vieron todas las **acuarelas**, esculturas y pinturas **al óleo** de la galería de arte. Inspirados por las intrigantes **imágenes** y formas que vieron, quisieron ir a visitar el **taller** de un escultor y comprarle una de sus obras. Él les dijo que sus obras estarían a la **venta** en una **subasta** en una tienda famosa de Londres. Les molestó pensar que las obras que ellos podían acariciar y tenían al alcance de la mano estaban tan lejos de sus bolsillos.

El peligro del éxito

El célebre dramaturgo recuerda la **cita** que dice que las segundas partes nunca son buenas. Está escribiendo la continuación de su **obra de teatro** más famosa. En esta etapa de su carrera sabe que el peso del **reconocimiento** que ya recibió puede hundirlo. No repetirá el ingenioso tono satírico de la primera parte, ni las extrañas caracterizaciones de los personajes.

La literatura

el capítulo	*chapter*
el/la ensayista	*essayist*
el ensayo	*essay; rehearsal*
el esbozo	*outline; sketch*
la estrofa	*stanza; verse*
el guión	*script*
el manuscrito	*manuscript*
el movimiento	*movement*
el/la narrador(a)	*narrator*
la nota a pie de página	*footnote*
la rima	*rhyme*
la sátira	*satire*
hojear	*to skim*
narrar	*to narrate*
en sentido figurado	*figuratively*

El arte

el/la conservador(a)	*curator*
el cuadro	*painting*
la mezcla	*mixture*
la naturaleza muerta	*still life*
el rasgo	*trait, characteristic*
diseñar	*to design*
esbozar	*to sketch*
trazar	*to trace*
contemporáneo/a	*contemporary*
inquietante	*disturbing*
luminoso/a	*bright*
nítido/a	*sharp*
ornamentado/a	*ornate*
al estilo de	*in the style of*
de colores muy vivos	*colorful*
de buen/mal gusto	*in good/bad taste*

Práctica

① Have students replace some of the write-in words with antonyms and change the sentences accordingly.

1 Un crítico sin inspiración Un crítico de arte y literatura dejó oraciones a medio completar porque no se le ocurría qué palabras utilizar. Completa sus oraciones con algunos de los términos de la lista.

1. Sus obras son demasiado *llamativas*; en todas usa muchos colores brillantes.
2. La *inquietante* escena en la que aparece el fantasma del padre está inspirada en su novela anterior.
3. El *reconocimiento* a la obra de este pintor no es merecido, ya que nunca se ha visto en ninguna galería.
4. Por favor, lean el cuento. Tal vez alguien pueda explicarme el *desenlace*, por que no entendí el final.
5. Tan admirada es, que todos en la nueva generación desean también pintar *al estilo de* su maestra.

al estilo de	llamativas
desenlace	reconocimiento
inquietante	obra de teatro

② Ask pairs of students to write similar analogies using other vocabulary from **Contextos**.

2 Analogías En parejas, unan cada par de palabras o frases de la columna de la izquierda con el par de la columna de la derecha que corresponda. Decidan cuál es la conexión y luego explíquenle sus ideas a otra pareja.

a. galería: cuadros	*b*	escritor: autobiografía
b. pintor: autorretrato	*d*	exhibir: exhibición
c. modelo: retrato	*a*	librería: libros
d. vender: subasta	*c*	personaje principal: cuento

3 Discusión En parejas, inventen una discusión entre un(a) artista y un(a) coleccionista de arte. Utilicen las palabras de la lista.

subasta	apreciar
exposición	taller
retrato	óleo
estudio	cuadro
venta	reconocimiento

4 El arte En parejas, contesten las siguientes preguntas.

1. Según ustedes, ¿es importante el arte en la sociedad?
2. ¿Creen que es correcto que se paguen millones por una obra de arte? ¿Por qué?

Comunicación

5 Críticas

A. En parejas, hagan el papel de críticos literarios o de cine. Escojan una obra de teatro, novela o película que hayan leído o visto recientemente. Para hacer la crítica de la obra que hayan escogido, analicen estos puntos:

Caracterización: ¿Es la caracterización de los personajes adecuada? ¿Se sintieron identificados con alguno de ellos?

Trama y argumento: ¿Hay sorpresas? ¿Hay acción sin sentido? ¿Se hace lento el desarrollo? ¿Es predecible lo que sucede? ¿Tiene la obra algún mensaje en particular?

Desenlace: ¿Cumple el desenlace con las expectativas creadas en la trama? ¿Termina todo demasiado bien?

Estética: ¿Les resultó la obra conmovedora (*moving*)? ¿Inquietante? ¿Utiliza un humor inteligente? ¿Es original? ¿Es creativa?

B. Ahora preparen una breve crítica sobre la obra que hayan escogido. Escriban al menos una oración sobre cada uno de los puntos analizados. Luego presenten el párrafo que prepararon a la clase.

6 **¿Qué es el arte?** El arte siempre ha sido difícil de definir. Como todos los términos sin una definición clara, es más fácil hablar de lo que no son que de lo que son. Comparte tus opiniones con un(a) compañero/a y escriban su propia definición del arte y de lo que es una obra de arte.

7 El museo de arte

A. En parejas, comparen sus experiencias de una visita a un museo de arte. Escriban dos breves descripciones sobre lo que vieron. ¿Qué sintieron cuando estaban ahí y por qué?

B. Formen un grupo de cuatro con otros/as dos compañeros/as. A partir de sus respuestas a la pregunta del paso A, respondan a la siguiente pregunta: ¿Creen que apreciamos más ciertas obras porque estamos influenciados por la información que tenemos de ellas? Den ejemplos. Compartan sus conclusiones con la clase.

Andy Warhol
Campbell's Soup I (Tomato).
1968.

5 Model the activity by providing a personal narrative about a book you have recently read.

6 Bring in pictures of classical and abstract art. Ask students to comment on what they consider to be the artistic value of each.

7 Take a survey about art museums the students have visited. Discuss what type of art is housed in each of these museums.

Johnny enseña a sus compañeros de trabajo cómo se debe criticar una obra de arte.

1

JOHNNY Chicos, ésas son las pinturas de las que les hablé. Las conseguí muy baratas. Voy a escribir un artículo sobre ellas. ¿Les dicen algo?

MARIELA Sí, me dicen *iahhgg.*

2

JOHNNY ¿Cómo que son feas? Es arte. No pueden criticarlo así.

MARIELA Es lo que la gente hace con el arte. Sea modernismo, surrealismo o cubismo, si es feo es feo.

JOHNNY Les mostraré cómo se critica una obra de arte correctamente. Hagamos como si estuviésemos observando las pinturas en una galería. ¿Quieren?

3

Fingiendo que están en una galería de arte…

JOHNNY Me imagino que habrán visto toda la exposición. ¿Qué les parece?

ÉRIC Habría preferido ir al cine. Estas pinturas son una porquería.

JOHNNY No puedes decir eso en una exposición. Si las obras no te gustan, tu debes decir algo más artístico como que son primitivas o son radicales.

6

Luego, en la cocina…

JOHNNY El artista jamás cambiará los colores. ¿Por qué me hiciste decirle que sí?

MARIELA No hubieras vendido ni una sola pieza.

JOHNNY No quiero venderlas, tengo que escribir sobre ellas.

MARIELA No está de más. Podrías llegar a ser un gran vendedor de arte.

7

JOHNNY *(imaginando que dirige una subasta de arte)* Nadie hubiera imaginado un final mejor para esta subasta. Les presento una obra maestra: La *Mona Lisa.*

AGUAYO Quinientos millones de pesos.

JOHNNY ¿Quién da más por esta pintura?

FABIOLA Mil millones de pesos.

JOHNNY Se lo lleva la señorita.

8

Más tarde, en la oficina…

JOHNNY Me alegra que hayas decidido no cambiar la obra.

FABIOLA Hubiera sido una falta de respeto.

JOHNNY Claro. Bueno, que la disfrutes.

Instructional Resources
• VM • Video • CD-ROM • IRM • WB/LM/VM Answer Key

Video Synopsis
• Johnny brings in a few paintings that Mariela and Éric find ugly.
• Johnny teaches Éric and Mariela the "right" way to appreciate art.
• Fabiola wishes to buy one of the paintings, but wants some yellow added.
• Johnny imagines himself as an art auctioneer who sells Fabiola the *Mona Lisa*.
• Aguayo thinks Fabiola's painting is awful.
• See IRM for more details.

Preview: Have students brainstorm a list of what might happen in an episode in which the characters visit an art museum.

Personajes

JOHNNY

MARIELA

ÉRIC

FABIOLA

AGUAYO

4

MARIELA Si hubiera pensado que son primitivas o que son radicales lo habría dicho. Pero son horribles.

JOHNNY Mariela, *horrible* ya no se usa.

5

Fabiola llega a la oficina.

FABIOLA ¡Qué hermoso! Habré visto arte antes pero esto es especial. ¿Está a la venta?

MARIELA ¡Claro! Johnny te puede conseguir un buen precio.

FABIOLA Hay un detalle. No tiene amarillo. ¿Podrías hablar con el artista para que le cambie algunos colores?

JOHNNY ¡Imposible!

9

En el escritorio de Mariela...

ÉRIC Perdiste la apuesta. Págame.

MARIELA Todavía no puedo creer que la haya comprado.

ÉRIC Oye, si lo prefieres, en vez de pagar la apuesta, puedes invitarme a cenar.

MARIELA *(sonriendo)* Ni que me hubiera vuelto loca.

10

Entra Aguayo.

AGUAYO ¿Son las obras para tu artículo?

JOHNNY Si. ¿Qué le parecen, jefe?

AGUAYO Diría que éstas son... primitivas. Pero la del medio *(mirando el cuadro de Fabiola)* definitivamente es... horrible.

Expresiones útiles

Expressing your opinion

Me parece hermoso/a.
I think it's pretty.

Me parece que sí/no.
I think so/not.

Opino que es feo/a.
In my opinion, it's ugly.

Considero que es horrible.
I consider it to be horrible.

Diría que es bonito/a.
I'd say that it is pretty.

No diría que es tan horrible.
I wouldn't say that it is that horrible.

Reacting to someone's opinion

¿Cómo que son feos/as?
What do you mean they're ugly?

¿Cómo que son caros/as?
What do you mean they're expensive?

Additional vocabulary

la apuesta *bet*

estar a la venta *to be for sale*

la pieza *piece (art)*

la porquería *garbage, poor quality*

Apuntes culturales En América Latina, muchos personajes históricos expresaron sus ideas a través de obras literarias. Sor Juana Inés de la Cruz defendió en su poesía la igualdad entre hombres y mujeres. Y el artista Diego Rivera representó en sus murales las clases sociales de México. *¿Qué obras de arte te parecen más valiosas, las que sólo buscan objetivos estéticos o las "comprometidas" con la realidad?*

Suggestion: Photocopy the video script and opaque out 10-15 words to create a master for a cloze activity. Hand out the photocopies and have students fill in the missing words as they watch the video.

Comprensión

① Ask students to invent two events that happen before the sequence and another two that happen after.

② Review the story again by narrating the main events in a chain. Student A explains the setting, student B the first important event, etc.

③ Ask students to make up their own **¿Quién lo diría?** using famous artists and their works. Ex: **¡Claro que sí se parece a ella!** (Picasso)

1 **Ordenar** Ordena los hechos de la **Fotonovela** por medio de números.

_2_ a. Después de mirar las pinturas, Éric y Mariela dicen que son horribles.
_6_ b. Aguayo opina sobre las pinturas de Johnny.
_1_ c. Johnny les dice a sus compañeros que se imaginen que están en una galería de arte.
_5_ d. Mariela y Éric hablan de su apuesta.
_3_ e. Fabiola quiere comprar una de las pinturas de Johnny.
_4_ f. Johnny sueña con ser un gran vendedor de arte.

2 **¿Cierto o falso?** Decide si lo que afirman las siguientes oraciones sobre los personajes de la **Fotonovela** es **cierto** o **falso**. Sólo debes marcar como cierto lo que verdaderamente ocurrió. Corrige las frases falsas.

Cierto	Falso	
☐	☑	Los empleados de *Facetas* fueron a una galería de arte. *En la oficina, los empleados de* Facetas *dramatizaron que iban a una galería de arte.*
☑	☐	Fabiola quiso comprar un cuadro que a Mariela le parecía horrible.
☐	☑	El pintor agregó amarillo a su cuadro para que Fabiola lo comprara. *Fabiola le pidió a Johnny que hablara con el pintor, pero luego cambió de idea.*
☑	☐	Lo que Johnny debe hacer es escribir sobre las pinturas.
☐	☑	Johnny vendió la Mona Lisa en una subasta. *Johnny lo soñó, no ocurrió en la realidad.*

3 **¿Quién?** Decide quién dijo o posiblemente diría las siguientes frases.

AGUAYO

ÉRIC

JOHNNY

FABIOLA

MARIELA

1. No pueden criticar el arte diciendo que es *feo*. _Johnny_
2. A esta pintura le falta color amarillo. _Fabiola_
3. Todavía no puedo creer que Fabiola haya comprado la pintura. _Mariela_
4. ¿Por qué no me invitas a cenar, Mariela? _Éric_
5. Podrías llegar a ser un gran vendedor de arte. _Mariela_

Ampliación

4 **Dramatizar** En parejas, elijan una de las siguientes situaciones y dramatícenla:

- La conversación de Mariela y Éric en la que hacen la apuesta.
- La conversación entre Johnny y el pintor: Johnny le pide al pintor que le cambie los colores al cuadro.
- La discusión entre Fabiola y su novio cuando éste ve la pintura en la pared de la casa de Fabiola.

4 Ask students to set the stage by describing the setting for each scene.

5 **Sueños** En la **Fotonovela**, Johnny tiene un sueño donde cree que es un famoso vendedor de pinturas. Escoge a otros dos personajes de la **Fotonovela** e inventa sus sueños y fantasías. Después, compara tus ideas con las de un(a) compañero/a de clase. Luego, habla con tu compañero/a sobre tus propios sueños.

5 Ask students to gather information about surrealist art and its relationship to dreams.

6 **Críticos de arte** Reúnanse en parejas. Elijan uno de los siguientes cuadros y contesten por escrito las preguntas siguientes:

- ¿Qué ven?
- ¿Qué sentimientos les produce?
- ¿Hay colores variados o domina un solo grupo de colores? ¿Cuáles?
- Escriban cinco adjetivos para la obra.
- Preparen un breve texto sobre la pintura. Luego, compartan el texto con sus compañeros/as.

6 Do the activity as a class using pictures you provide.

Oswaldo Guayasamín
(1919–1999), ecuatoriano.
Madre y niño en azul, 1986.
Óleo sobre tela.

Fernando Botero
(1932–), colombiano.
Mona Lisa, 1977.
Óleo sobre tela.

Instructional Resource IRM (general teaching suggestion)

Jorge Luis Borges

Éric, Johnny y Mariela están hablando de arte, y Johnny les quiere explicar cómo se debe criticar correctamente una obra de arte. Ahora van a leer un poco sobre Borges, un escritor argentino que tenía una visión crítica muy sofisticada.

Jorge Luis Borges es uno de los escritores latinoamericanos con mayor proyección internacional. Poeta, cuentista y ensayista es, sin duda, uno de los más brillantes y polémicos intelectuales latinoamericanos. Borges nació en 1899, en el seno de una familia adinerada de Buenos Aires. Estudió y residió en Europa durante los difíciles tiempos de la Primera Guerra Mundial. En 1921 regresó a Argentina. Allí siguió escribiendo, y participó en varias publicaciones literarias. A causa de un accidente, comenzó a perder la visión y hacia 1955 quedó completamente ciego. A pesar de esto, fue director de la Biblioteca Nacional, profesor de literatura inglesa en la Universidad de Buenos Aires y con sus escritos se convirtió en una de las figuras más prominentes de Latinoamérica.

Borges comenzó a escribir desde muy joven siguiendo diferentes movimientos literarios. Pasó por el ultraísta, el regionalista y, finalmente, el fantástico. En los años cuarenta, escribió dos de sus más aclamadas obras, sus cuentos *Ficciones* y *El Aleph*.

Jorge Luis Borges

Con éstas nos obliga a reflexionar sobre sus temas favoritos: el absurdo, el concepto del infinito, la eternidad y la relación entre el espacio y el tiempo. *Ficciones* es una colección de cuentos, verdaderos enigmas metafísicos, que describen magistralmente mundos mágicos, misteriosos y surrealistas. *El Aleph* es un cuento de índole fantástica en el que Borges nos hace sentir que la realidad no existe. Nos describe una ventana abierta al mundo. A través de ella se puede percibir el infinito, ese punto que contiene todos los puntos.

A través de su vida, recibió innumerables reconocimientos a nivel mundial, pero nunca recibió el Premio Nobel de Literatura, cuestión que hasta la fecha ha sido muy criticada. Borges, considerado como uno de los intelectuales más eruditos del siglo XX, murió en Ginebra, Suiza, en 1986.

La pintura de Obregón, Varo y Sosabravo

Sólo por un día, las oficinas de *Facetas* se van a convertir en un museo, pues Johnny tiene que escribir una crítica de arte. Ahora puedes leer un breve artículo sobre algunos importantes pintores hispanos.

Son muchos los pintores hispanos considerados maestros de la pintura universal, pero no todos han alcanzado la proyección internacional que pintores como Picasso o Dalí han conseguido. Tres de estos maestros de la pintura son: Alejandro Obregón de Colombia, Remedios Varo de España y Alfredo Sosabravo de Cuba.

Alejandro Obregón es, sin duda, uno de los pintores modernos más reconocidos de Colombia, por su peculiar e inédita forma de tratar el paisaje caribeño y la realidad de su país en el espacio pictórico. Su pintura expresionista, muy vinculada al contexto socio-político colombiano, expresa el lado secreto de la vida, lo maravilloso y lo horrible escondido debajo de las apariencias. La dura realidad, constituida por la continua lucha de los opuestos, como la vida y la muerte, o la belleza y la destrucción, está magníficamente plasmada en *La violencia*, obra que le valió el Premio Nacional en 1962.

Por su parte, Remedios Varo, pintora española, logró también alcanzar el reconocimiento de la crítica. Sus pinturas están cargadas de simbolismos, con un cierto aire mágico, y suelen tratar temas esotéricos. En 1940, Varo tuvo que salir de Europa y exiliarse en México. Ella fue quien introdujo el estilo surrealista a este país. Allí algunas de sus obras se encuentran en exposición permanente en el Museo de Arte Contemporáneo de la Ciudad de México.

Otro artista contemporáneo muy original, calificado como "genio de lo cotidiano", es el cubano Alfredo Sosabravo, pintor, escultor, dibujante y ceramista. Sosabravo ha sabido utilizar múltiples materiales para expresar su mensaje, a través de complicados símbolos de flechas, peces y aves. Sus cuadros destacan por su peculiar fuerza poética y por su colorido. En 1997, recibió el Premio Nacional a las Artes Plásticas de Cuba.

Armonía de Remedios Varo

Coméntalo

Reúnete con varios compañeros/as de clase y conversa sobre los siguientes temas.

1. ¿Qué tipo de lecturas prefieren: las complicadas o las sencillas? ¿Por qué?
2. ¿Qué autores hispanos conocen?
3. ¿Qué es el arte para ustedes?
4. ¿Les gusta el arte? ¿Por qué? En caso afirmativo, ¿qué tipo de arte?

Práctica

① Draw a time line of upcoming vacations on the board. Have volunteers make up sentences about future events using the future perfect. Ex: **Para el 15 de junio, habremos vuelto a casa**.

1 Completar Escribe la forma adecuada del verbo para el futuro perfecto.

1. Me imagino que ustedes _habrán leído_ (leer) el ensayo para mañana.
2. ¿_Habrá conocido_ (conocer) Juan a la famosa autora?
3. Para la próxima semana, Ana y yo _habremos terminado_ (terminar) de leer el guión.
4. Le dije al pintor que yo _habré conseguido_ (conseguir) una modelo para el jueves.
5. Me imagino que las obras ya se _habrán vendido_ (vender).

2 Completar Escribe la forma adecuada del verbo para el condicional perfecto.

1. No me gustó para nada. Otro autor _habría imaginado_ (imaginar) una trama más interesante.
2. Creyó que tú ya _habrías obtenido_ (obtener) el reconocimiento del público.
3. Los autores _habrían escrito_ (escribir) el esbozo final para la semana pasada.
4. Nosotros _habríamos hecho_ (hacer) con gusto el trabajo.
5. ¿_Habrías puesto_ (poner) tus cuadros en la exposición cuando te lo ofrecieron?

③ Ask students to look over the dialogues and suggest who is talking in each. Ex: **En el primer diálogo habla una profesora con un estudiante**.

3 Diálogos En parejas, completen los pequeños diálogos con la pregunta o con la respuesta. Deben usar el futuro perfecto o el condicional perfecto. Luego compartan las respuestas con sus compañeros/as.

1. – Esta novela es un poco lenta.
   – (preferir / poema de Neruda) _¿Habrías preferido un poema de Neruda?_
   – ¡No! Prefiero una novela lenta y no un poema sin argumento.

2. – ¿Terminó de leer el manuscrito?
   – (terminar / próximo miércoles) _Habré terminado para el próximo miércoles._
   – No creo que podamos esperar tanto tiempo.

3. – (me imagino / ir / subasta) _Me imagino que habrás ido a la subasta._
   – No. Lo lamento. No pude ir a la subasta.

4. – ¿Qué les pareció el desenlace del capítulo?
   – (preferir / otro final) _Habría preferido otro final._
   – Te comprendo. Fue un final triste.

Comunicación

④ **Otro final** Trabajen en parejas. Aquí tienen dos listas: una con historias y otra con sus finales. Conéctenlos y después inventen finales diferentes para esas historias usando el condicional perfecto. Sigan el modelo.

MODELO En nuestra historia, Romeo y Julieta se habrían casado y...

E.T.	El barco se hunde (*sink*).
La Bella Durmiente	El matrimonio se separa.
Lo que el viento se llevó (*Gone with the wind*)	Los novios se mueren.
Romeo y Julieta	Se casa con el príncipe.
Titanic	Vuelve al espacio.

⑤ **¿Qué habrían hecho ustedes?** Trabajen en parejas. Miren los dibujos. Uno de ustedes es la persona señalada por una flecha. El compañero es la otra persona. El primero dice qué habría hecho frente a esa situación. El compañero dice que habría hecho frente a lo que hace el/la otro/a. Pueden seguir las pistas *(cues)* que se les dan u otras.

⑤ In pairs, ask students to tell their partner of a situation that did not go as planned and what they would have done differently. Students should relate their partner's story to the class.

MODELO Hermano: Le habría quitado el chupete *(pacifier)*. Luego habría puesto cara de bueno.
Bebé: Habría llorado muy fuerte para que me escuchara mi mamá.

quitar chupete/llorar

mostrar pintura fea/ no decir

lastimarse el dedo/llamar al médico

ensuciar el traje/no enojarse

10.3 *Si* clauses with compound tenses

Instructional Resources
- WB
- LM
- CD-ROM
- WB/LM/VM Answer Key

Suggestion: Review the different structures by modeling an example of each.

¡ATENCIÓN!

For detailed information about **si** clauses with simple tenses, see **Lección 6,** pp.182–183.

¡ATENCIÓN!

The **si** clause may be the first or second clause in a sentence. Note that a comma is used only when the **si** clause comes first.

Si vienes, voy.
Voy si vienes.

¿Te acuerdas? As you know from **Lección 6, si** clauses describe a condition or event upon which another condition or event depends. You have already learned how to make hypothetical or contrary-to-fact situations in the future and the present.

Review of *si* clauses with simple tenses

Condition	Main clause	Si clause
Possible or likely Ella compra el cuadro si no es caro.	Present	**Si** + present
Possible or likely Voy a comprar el cuadro si no es caro.	Near future (**ir** + **a**)	**Si** + present
Possible or likely Comprará el cuadro si no es caro.	Future	**Si** + present
Possible or likely Compra el cuadro si no es caro.	Command	**Si** + present
Habitual in the past Compraba el cuadro si no era caro.	Imperfect	**Si** + imperfect
Hypothetical Compraría el cuadro si no fuera caro.	Conditional	**Si** + past subjunctive

Si hubiera pensado que son primitivas o radicales, lo habría dicho.

Si le hubieras pedido al pintor que cambiara la obra, habría sido una falta de respeto.

▶ A **si** clause in the past describes what *would have happened* if an event or condition *had occurred.* In these sentences, the verb in the **si** clause is in the past perfect subjunctive while the verb in the main clause is in the conditional perfect.

Si Clause (Past Perfect Subjunctive)	→	Main Clause (Conditional Perfect)
Si ella **no hubiera restaurado** la pintura, *If she had not restored the painting,*		no la **habríamos comprado.** *we wouldn't have bought it.*
Si ellos **hubieran conocido** al autor, *If they had known the author,*		el argumento **habría sido** más divertido. *the plot would have been more enjoyable.*

Práctica y Comunicación

① **Si...** Usa el pluscuamperfecto del subjuntivo y el condicional perfecto para completar cada frase con la forma correcta del verbo entre paréntesis.

1. Si _hubiera llovido_ (llover), yo no _habría ido_ (ir) a la tertulia.
2. Si _hubieran publicado_ (publicar) mi libro, mis primos _habrían comprado_ (comprar) muchas copias.
3. _Habría sido_ (ser) muy interesante si le _hubieran dado_ (dar) el premio al escritor peruano.
4. Si tú _hubieras podido_ (poder) venir al estreno, me _habrías llamado_ (llamar).
5. Si Linda _hubiera escrito_ (escribir) más, ella _habría tenido_ (tener) más poemas.
6. Si nosotros _hubiéramos trabajado_ (trabajar) más, _habríamos tenido_ (tener) más éxito.

① Have volunteers reread the correct answers inverting the two clauses. Ex: **Yo no habría ido a la tertulia si hubiera llovido**.

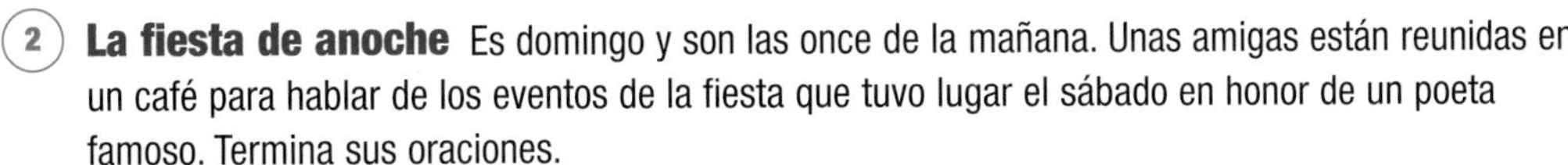

② **La fiesta de anoche** Es domingo y son las once de la mañana. Unas amigas están reunidas en un café para hablar de los eventos de la fiesta que tuvo lugar el sábado en honor de un poeta famoso. Termina sus oraciones.

1. Si el poeta me hubiera invitado a leer en voz alta, ...
2. El poeta te habría invitado a leer si ...
3. Si el poeta hubiera hablado más fuerte, ...
4. Yo habría salido de la función antes si ...
5. Si ustedes no hubieran tomado tanto café, ...
6. Habría invitado a mi compañera de cuarto si ...

② Bring in a short poem. Have pairs write hypothetical statements about the poet on the basis of the tone and theme. Ex: **Si su novia no lo hubiera abandonado, no habría escrito un poema tan bonito.**

③ **¡A quejarse!** Paulino es escritor y Graciela es pintora. Son muy buenos amigos. Cuando se ven, siempre se quejan de las oportunidades que se les han presentado para hacerse famosos y luego han desaparecido. En parejas, escriban su conversación y luego compártanla con la clase.

③ Before assigning the activity, have students brainstorm some of the dependent clauses that might appear in this conversation and write them on the board. Ex: **Si hubieran comprado mi último cuadro...**

Instructional Resources
- WB
- LM
- CD-ROM
- WB/LM/VM Answer Key

10.4 How to say *to become*

¿Te acuerdas? The construction **ponerse** + [*adjective*] is one way of expressing *to become*. **Ponerse** expresses a change in a mental, emotional, or physical state that, generally, is not long-lasting.

Podrías llegar a ser un gran vendedor de arte.

Hay que estudiar mucho para hacerse pintor.

- **Volverse** expresses a radical mental or psychological change. It may only be followed by an adjective. Generally it expresses a gradual, irreversible change. In English this is often expressed as *to have become + adjective.*

  Durante los últimos años, el dramaturgo **se ha vuelto muy antipático**.
  In recent years, the playwright has become very unpleasant.

  Con el tiempo, el compositor **se volvió perfeccionista**.
  Over time the composer became a perfectionist.

- **Hacerse** implies a change that is a result of the subject's effort. It often expresses changes in profession or social and political status.

  Elena y Claudio **se hicieron** millonarios subastando obras de arte.
  Elena and Claudio became millionaires by auctioning artwork.

  Mi primo Gustavo **se ha hecho** cantante de ópera.
  My cousin Gustavo has become an opera singer.

- **Llegar a ser** indicates a change over time. It does not imply the subject's voluntary effort.

  La novela que escribí el año pasado **ha llegado a ser** un *best seller.*
  The novel has that a wrote last year has become a best seller.

  Las esculturas de esa artista **han llegado a ser** muy caras.
  That artist's sculptures have become very expensive.

- There are often reflexive verb equivalents for **ponerse** + [*adjective*].

  alegrarse = ponerse alegre
  contentarse = ponerse contento/a
  entristecerse = ponerse triste

Práctica y Comunicación

① Ask pairs to write similar sentences about famous people.

1 Seleccionar Subraya *(underline)* la opción correcta del verbo.

1. Siempre (se pone – se vuelve) nervioso cuando está frente al público.
2. Al principio era un dramaturgo fácil. Con el tiempo (se puso – se volvió) satírico.
3. Nunca (se pone – se vuelve) triste cuando está pintando.
4. Después de quedarse viudo, (se puso – se volvió) un hombre solitario.

② Ask pairs to write three more mini-narratives using **volverse, hacerse**, and **llegar a ser**.

2 Completar Completa las oraciones con la opción correcta.

1. Con los años, Enrique *se ha vuelto* más inseguro.
   a. se ha vuelto
   b. ha hecho
2. Las pinturas de Picasso *han llegado a* ser muy caras.
   a. han llegado a
   b. se han hecho
3. Antes era pintora, pero ahora *se ha hecho* abogada.
   a. se ha hecho
   b. se ha puesto
4. *Se ha puesto* muy contento porque ayer vendió su guión.
   a. Se ha puesto
   b. Ha llegado a ser

③ Preview the exercise by asking volunteers to describe the situations pictured.

3 El final de la historia En parejas, miren los dibujos y lean las pequeñas historias. Escriban un final para ellas. Usen las expresiones: **ponerse, volverse, hacerse, llegar a ser.**

Ella es tímida. Él le regala una flor.

El anciano soñó con un número. Compró diez billetes de lotería con ese número.

Su esposa lo dejó porque era aburrido. Sus hijos no le hablan porque siempre está malhumorado. Perdió el trabajo por discutir con el jefe.

A conversar

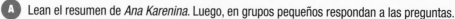

Suggestion: Before assigning the activity, ask students to discuss their favorite love stories.

Ana Karenina

A Lean el resumen de *Ana Karenina*. Luego, en grupos pequeños respondan a las preguntas.

Ana Karenina estaba casada con Karenin, un funcionario importante de San Petersburgo. Tenían un hijo llamado Sergio.

En Moscú, Ana conoció al conde Wronsky. Él era un militar importante. Ambos se sintieron profundamente atraídos. Días después, Ana y el conde volvieron a encontrarse en una fiesta. Cuando Ana regresó a San Petersburgo, él la siguió. En el tren le dijo que la amaba. Aunque también estaba enamorada de él, Ana lo rechazó.

1. ¿Qué habrían hecho en el lugar de Ana?
2. Si hubieran sido el conde Wronsky, ¿habrían hecho lo mismo que él? ¿Por qué?

En San Petersburgo, Wronsky siguió buscando el amor de Ana. Tiempo después ella lo aceptó y se hicieron amantes. Cuando Karenin supo de la relación, le prohibió verlo y le dijo que si continuaba viendo al conde, le quitaría a su hijo.

Ana quedó embarazada de Wronsky y él le pidió que huyeran juntos, pero ella no aceptó.

1. ¿Qué opinan sobre lo que hizo Karenin?
2. ¿Qué habrían hecho ustedes? ¿Por qué?
3. ¿Por qué Ana no habrá aceptado huir con Wronsky?

Cuando su hija nació, Ana se enfermó y le pidió perdón a su esposo. Karenin la perdonó.

1. ¿Ustedes la habrían perdonado, como Karenin? ¿Por qué?

Más tarde, Ana se curó. Ella, Wronsky y la niña huyeron a Italia. Pero no pudieron ser felices. Ana extrañaba a su hijo Sergio y Wronsky deseaba volver al ejército. Por eso, regresaron a San Petersburgo. Allí, le pidieron a Karenin que le diera el divorcio a Ana. También le pidieron que le diera permiso a Ana para ver a su hijo. Pero Karenin no aceptó.

1. ¿Por qué Wronsky y Ana no habrán podido ser felices?
2. Si ustedes hubieran estado en el lugar de Karenin, ¿le habrían dado el divorcio a Ana?

Ana sintió una gran depresión. No podía ver a su hijo. No podía casarse con el conde Wronsky. Y creyó que Wronsky le era infiel. Comenzó a sentir terribles celos de él. Y aunque el conde le era fiel, ella no lo creía. Su estado mental se agravó. Finalmente, Ana se suicidó en una estación de trenes.

1. ¿Cómo habrían actuado ustedes en el lugar de Ana?
2. ¿Y en el lugar de Wronsky?

B Elijan uno de los tres personajes principales de la historia. Comenten con sus compañeros/as cómo habrían actuado en su lugar en los distintos momentos de la historia.

C En grupos, discutan sobre la siguiente pregunta: ¿Deberíamos buscar la felicidad a cualquier precio? Compartan sus opiniones con toda la clase.

Manos a la obra

Pintor en apuros

Suggestion: See the VENTANAS IRM for teaching suggestions.

Marta Ramos es dueña de una galería de arte. El lunes pasado iba a presentar una exposición con las obras del pintor Juan José Perales. Pero tuvo que suspender el evento. El sábado anterior, cuando la señorita Ramos había visitado el estudio del pintor, descubrió que ninguna de las diez pinturas prometidas por el artista estaba terminada. Sin decir ni una palabra, la señorita Ramos salió del estudio. Días más tarde, Juan José Perales recibió una carta de la dueña de la galería. En parejas, escriban la respuesta a esa carta.

A Imaginen el momento en el que Marta Ramos descubre que ninguna de las diez pinturas está terminada. ¿Cómo se habrá puesto en ese momento? En parejas, piensen una lista de cinco adjetivos.

B Lean la carta de Marta Ramos.

> Señor Perales:
>
> Por medio de esta carta quiero expresarle mi enojo por el tiempo y el dinero que sus promesas me hicieron perder. Si aún tiene un poco de dignidad, le pido que me envíe una respuesta a esta carta lo antes posible. Necesito saber por qué no terminó ningún cuadro, cuándo cree usted que los terminará y qué necesita para hacerlo. Si no recibo una respuesta antes de una semana, llamaré a un abogado.
>
> Marta Ramos

C Los siguientes son los nombres de las diez pinturas de Juan José Perales. Comiencen por la primera pintura. Imaginen qué representa: si es una pintura al óleo o una acuarela, si es un retrato, un autorretrato o un paisaje, cuáles son los colores más importantes, cuál es el tamaño de la pintura. Hagan lo mismo con las otras nueve pinturas.

1. *Dormidas*
2. *Ayer en el desierto*
3. *Instrumentalista*
4. *Retrato materno*
5. *Cuando niño*
6. *Labios dulces*
7. *Animal caído*
8. *Una casa en otra calle*
9. *Alrededor del bosque*
10. *Se puso así*

D Escriban la carta de Juan José Perales. Deben decir una razón por la cual no pudo terminar cada pintura, para cuándo la habrá terminado y qué necesita para terminarla.

MODELO **Habría completado** *Dormidas* si la modelo no se **hubiera enfermado**.
La **habré terminado** para el 5 de julio, **si** la modelo se **cura**.

E Revisen si la carta tiene encabezado, una disculpa la explicación sobre, todos los cuadros, un saludo final y la firma. Compartan la carta con la clase.

Antes de leer

1. Pintura, música, literatura, cine ... ¿cuál es tu disciplina artística favorita? ¿Crees que puedan estar conectadas? ¿Por qué?

2. Si pudieras elegir, ¿qué artista de la historia te habría gustado ser? ¿Por qué? Nombra alguna obra conocida de este/a artista.

Vocabulario

convivir *to live together*
encanto *charm*
surgir *to come up; to arise*
campo *field*

Instructional Resource
- Website

Suggestion: For additional literary and cultural readings on the lesson theme, see the corresponding lesson in **Ventanas: Lecturas**.

Suggestion: As a pre-reading activity, ask students to share what they know about Dalí, Buñuel, and García Lorca. Record their answers on the board.

Expansion: Have pairs make up five comprehension questions about the reading. Have the pairs exchange questions with one another.

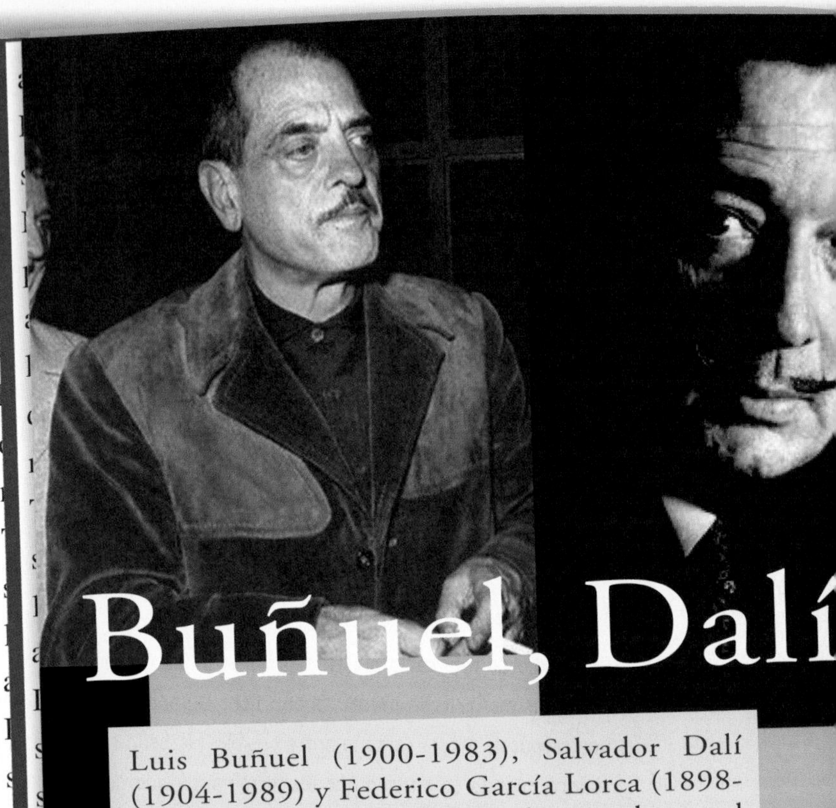

Luis Buñuel (1900-1983), Salvador Dalí (1904-1989) y Federico García Lorca (1898-1936) son tres nombres fundamentales en el panorama cultural español del siglo XX. Estos tres artistas, además, compartieron una intensa amistad, no exenta° de rivalidades. Convivieron durante varios años en la Residencia de Estudiantes de Madrid. Esta coincidencia excepcional fue decisiva, no sólo como fuente inagotable° de anécdotas, sino también por la influencia que hubo entre ellos tanto a nivel personal como artístico.

En este tiempo surgen nuevas corrientes estéticas como el surrealismo, y también otras formas de expresión artística como el cine, posteriormente conocido como el Séptimo Arte. Buñuel llegó a convertirse en uno de los máximos exponentes del cine surrealista *(Un perro andaluz°, El discreto encanto de la burguesía°)* mientras que Dalí lo fue en el campo de la pintura *(La persistencia de la memoria, Leda Atómica).* Lorca, por otro lado, integra dos de las

tendencias literarias fundamentales de la época: aunque su *Romancero Gitano*° o *Llanto*° *por Ignacio Sánchez Mejías* sean geniales ejemplos de poesía inspirada en elementos populares, su obra *Poeta en Nueva York* es surrealista. La complejidad simbólica y estilística de su teatro, por otra parte, ha hecho que sea considerado como el más importante escrito en español durante el siglo XX.

Aunque cada uno es recordado por una disciplina artística en particular (cine, pintura y literatura respectivamente), lo cierto es que todos colaboraron y se interesaron por otras formas de expresión. Buñuel siempre estuvo interesado en la literatura, Dalí colaboró con Buñuel en varios proyectos cinematográficos y Lorca dibujaba, tocaba el piano, componía canciones y escribió guiones cinematográficos. Para estos artistas, escribir, pintar y filmar eran diferentes medios que los ayudaban a canalizar° la necesidad que sentían de expresarse artísticamente.

Después de leer

Trabajen en parejas para responder a estas preguntas.

1. ¿Han necesitado expresarse alguna vez de otra forma que no sea mediante el lenguaje?
2. ¿Creen que el arte, cuando se comercializa, pierde su valor? ¿Por qué?
3. ¿Conocen alguna obra de los autores anteriormente mencionados? Si no, busquen una de sus obras y comenten su opinión sobre ella con el resto de la clase.

exenta	*exempt*
inagotable	*inexhaustible*
andaluz	*Andalusian (cf Andalucía, region in the south of Spain*
burguesía	*bourgeoisie*
gitano	*gypsy*
Llanto	*weeping*
canalizar	*to channel*

La literatura

el argumento	*plot*
el capítulo	*chapter*
la cita	*quotation*
el desenlace	*ending*
el/la ensayista	*essayist*
el esbozo	*outline; sketch*
la estrofa	*stanza*
el guión	*script*
el manuscrito	*manuscript*
el/la narrador(a)	*narrator*
la nota a pie de página	*footnote*
el/la testigo	*witness*
hojear	*to skim*
narrar	*to narrate*

Estilos literarios

la corriente	*trend*
el ensayo	*essay; rehearsal*
el movimiento	*movement*
la obra de teatro	*play*
la paradoja	*paradox*
la rima	*rhyme*
la sátira	*satire*

En el museo

la acuarela	*watercolor*
el autorretrato	*self-portrait*
el/la conservador(a)	*curator*
el cuadro	*painting*
la exposición	*exhibition*
la naturaleza muerta	*still life*
el retrato	*portrait*
el reconocimiento	*recognition*
la subasta	*auction*
la venta	*sale*
valioso/a	*valuable*

El arte

el estudio	*study*
la imagen	*image*
la mezcla	*mixture*
el rasgo	*trait, characteristic*
el taller	*workshop*
el trazo	*(brush) stroke*
diseñar	*to design*
esbozar	*to sketch*
trazar	*to trace*

Descripciones

contemporáneo/a	*contemporary*
inquietante	*disturbing*
intrigante	*intriguing*
llamativo/a	*striking, bright*
luminoso/a	*bright*
nítido/a	*sharp*
ornamentado/a	*ornate*
al estilo de	*in the style of*
(pinturas) al óleo	*oil (paintings)*
de colores (muy) vivos	*colorful*
de buen/mal gusto	*in good/bad taste*
en sentido figurado	*figuratively*

Instructional Resource
- Tests

Expresiones útiles *véase la página 281*

La tecnología y la ciencia

11

Communicative Goals

You will expand your ability to...

- emphasize the size of objects and people
- express affection or scorn
- ask something or request someone to do something
- express knowing persons, places, and things
- describe relationships between things in time and space

Contextos

Fotonovela

Exploración

Estructura

Actualidades

La tecnología y la ciencia

La programadora

Se prepara para **descargar** el nuevo sistema, rápidamente **borra** los archivos viejos e instala los nuevos. Se siente cómoda con la **computación** y sus mecanismos. Le gusta experimentar y alterar programas para perfeccionarlos o ponerlos a prueba. A ella le fascinan los **avances** tecnológicos y le molesta que haya gente que sólo usa la computadora para **ingresar datos** y usar el **corrector ortográfico**.

Instructional Resources
WB, LM, CD-ROM, WB/LM/VM Answer Key

Suggestion: Have students look at the photos and read the header for each. Ask them to describe what they see and guess what interests these people have in common.

Comprehension Check:
1. ¿Qué tienen en común estas personas? (Están interesadas en la ciencia y la investigación.)
2. ¿Cómo sabemos que la mujer en la primera foto es una programadora experta? (Se siente cómoda con la informática y le gusta experimentar con los programas.)
3. ¿Por qué se ven preocupados Raquel y Simón? (No están convencidos de que la nueva investigación sea ética.)
4. ¿Qué hace César para aprender sobre la astronomía? (Busca información en Internet.) 5. ¿Qué profesión seguirá Gerardo? (Answers will vary.)

Teaching Option: Review verbs like **gustar**. Point out **fascinar** and **molestar** in the first paragraph, and review **preocupar** in the second.

El experimento cuestionable

Mañana Raquel y Simón comenzarán un **experimento** en el laboratorio que los tiene preocupados. Su jefe planea alterar los **genes** en todo el **ADN** de un mono y luego permitir que se reproduzca con un mono normal. El descendiente **heredará** la alteración **bioquímica** y será utilizado para transplantes **quirúrgicos** en humanos. Ellos dos no están convencidos de que todo eso sea **ético**, pero como los científicos más famosos dicen que lo es, no cuestionan la investigación.

Futuro astronauta

Todos los días César observa por Internet las imágenes que envía el **transbordador espacial**. Ayer vio un antiguo **satélite** que flota desde hace 40 años en el **espacio** y una imagen del **agujero** en la **capa de ozono**. Hace unos días pudo ver el interior del laboratorio espacial, donde unos astronautas trabajaban en un reactor para un **cohete** que intentará detectar vida **extraterrestre**. Cuando apaga su computadora, César **aterriza** de golpe y se siente atrapado por la **gravedad**.

Por el telescopio

Gerardo pasaba horas con su telescopio tratando de ver **ovnis** y **estrellas fugaces**. Incluso compró una antena para captar **ondas** del espacio y una enorme **pantalla líquida** para observar imágenes del universo. Ayer llamó a un amigo a las 2 de la mañana por su **teléfono celular**. Le dijo que había **comprobado** la **teoría** científica de que los **agujeros negros** producen **saltos en el tiempo**. Aseguró que minutos después de medir la velocidad con que se alejaba una estrella, vio la misma estrella en el lugar donde había estado antes.

Suggestion: Remind students that the boldfaced words and expressions in the paragraphs are new active vocabulary as well as the vocabulary in the lists.

Teaching Option: Survey the class about careers in the sciences. Ask students about their interests and future plans, encouraging them to use as many vocabulary words as possible. Ex: **¿Piensas seguir una profesión científica? ¿Cuál?**

El espacio y la ciencia ficción

la luna (llena)	*(full) moon*
la nave espacial	*spaceship*
la prueba espacial	*space probe*
la superficie	*surface*
la supervivencia	*survival*
avanzado/a	*advanced*

Los inventos y la ciencia

el arma	*weapon*
el desafío	*challenge*
el descubrimiento	*discovery*
la ética	*ethics*
la herramienta	*tool*
el invento	*invention*
la patente	*patent*
caducar	*to expire*
fabricar	*to manufacture; to make*
formular	*to formulate*
inventar	*to invent; to create*
especializado/a	*specialized*

La energía

el combustible	*fuel*
el consumo de energía	*energy consumption*
la fuente de energía	*energy source*
emitir	*to emit*

La biotecnología

la célula	*cell*
el frasco	*flask*
clonar	*to clone*
poco ético/a	*unethical*

Práctica

① Have volunteers read aloud the definitions in the right-hand column. Supply more vocabulary and have students give a definition.

② In pairs, have students write new sentences with blanks for another pair to fill out, using active vocabulary.

③ In groups, have students discuss which of Ester's pessimistic ideas might be right.

1 Cuestiones celulares Indica la letra de la palabra que corresponde a cada definición.

a. ADN	_d_	1. Determina la herencia de una característica específica
b. bioquímica	_b_	2. El estudio de la química de los organismos biológicos
c. clonar	_a_	3. Ácido desoxirribonucleico
d. gen	_c_	4. Producir un clon, duplicar
e. heredar	_e_	5. Recibir de un antepasado

2 Investigaciones y descubrimientos Completa las siguientes oraciones con algunos de los términos de la lista.

a. Se puede decir que los _agujeros negros_ son como los "caníbales" de los astros.

b. Las _estrellas fugaces_ son producidas por partículas provenientes del espacio.

c. Nuestra gran dependencia en los automóviles es, entre otros factores, causa del alto consumo de _combustible_.

d. El Columbia fue el primer _transbordador espacial_.

e. Los _ovnis_ son, supuestamente, unos discos brillantes que vuelan sin hacer ruido.

agujeros negros	ovnis
combustible	transbordador espacial
estrellas fugaces	capa de ozono

3 La tecnofóbica A Ester no le gustan los avances tecnológicos y habla de ellos con mucho pesimismo. Completa las siguientes oraciones con términos del nuevo vocabulario.

1. Gastan demasiado en los transbordadores. ¿Para qué? El Apolo 11 igual llegó a la _luna_.
2. Los _teléfonos celulares_ seguramente producen radiaciones malas para el cerebro.
3. Eso de identificar la composición genética de las personas con el _ADN_ es un invento de algún científico loco.
4. ¿Para qué comprar las nuevas _pantallas líquidas_ si los televisores normales funcionan bien?
5. Con la tecnología que tenemos nunca nos comunicaremos con _extraterrestres_ de otros planetas.
6. Hay tantos _satélites_ orbitando la Tierra que en algún momento alguno va a caer en medio de una ciudad.

Comunicación

4 Have pairs present their opinions to the class and encourage discussion. Have students decide which sentence in step A is most controversial and which is most sensible.

4 Genes y gente

A. Los investigadores de la genética se dedican a buscar genes que explican las características de las personas. El paso siguiente será alterarlos. ¿Qué opinas al respecto? Marca con una cruz las frases con las que estás de acuerdo.

- ☐ Es importante analizar todos los genes humanos para luchar contra las enfermedades.
- ☐ Si los genes explican todo lo que hacemos y somos, en realidad no somos culpables de nada.
- ☐ La genética llegó demasiado lejos. Los seres humanos no pueden jugar con esas cosas.
- ☐ Es injusto dedicarse a la genética mientras haya gente que sufra enfermedades simples y hambre.
- ☐ Tarde o temprano descubriremos el gen de la felicidad. Será maravilloso.
- ☐ La genética es una manera artificial y rápida de hacer algo que la naturaleza tarda en lograr.
- ☐ Es peligroso alterar los genes humanos. Producirá, más que nada, sufrimiento.

B. Ahora comparte tus opiniones con un(a) compañero/a. ¿Cuáles son los aspectos positivos y negativos de la manipulación genética?

5 Predicciones futuristas

A. La tecnología avanza rápidamente, pero la imaginación puede ir más allá. Leonardo da Vinci imaginó un helicóptero en el siglo XV y Julio Verne escribió una novela sobre un viaje a la Luna en 1865. Escribe tu propia predicción o crea una a partir de las siguientes ideas.

- teletransportación
- colonias humanas en el espacio
- la máquina del tiempo
- cyborgs (mitad humanos, mitad robots)
- computadoras que lean la mente
- el encuentro con seres extraterrestres
- vehículos que funcionen con agua

B. Comparte con tu compañero/a tu predicción futurista, cuándo te parece que ocurrirá, cómo y por qué. Deja volar tu imaginación.

C. Elijan una de las dos predicciones, preparen un párrafo y preséntenlo a la clase. Recuerden que es importante dar detalles sobre la tecnología que imaginen.

En la oficina de la revista *Facetas* se recibe la entrega de una pantalla líquida.

1

HOMBRE 1 Aquí está la pantalla líquida que pidieron. Tiene imagen digital, sonido de alta definición, control remoto universal y capacidad para conexión de satélite e Internet desde el momento de la instalación.

JOHNNY ¿Y está en esa caja tan grandota?

HOMBRE 1 Si es tan amable, me da su firmita en la parte de abajo, por favor.

2

Johnny se desmaya.

HOMBRE 2 ¿Por qué no piden una ambulancia?

MARIELA No se preocupe. Fue sólo una pequeñísima sobredosis de euforia.

HOMBRE 1 Esto es tan emociante. Nunca se había desmayado nadie.

HOMBRE 2 Eso es lo que yo llamo "el poder de la tecnología".

3

ÉRIC Jefe, pruebe con esto a ver si despierta. *(Le entrega un poco de sal.)*

AGUAYO ¿Qué se supone que haga?

ÉRIC Ábralo y páseselo por la nariz.

AGUAYO Esto no funciona.

DIANA Yo conozco un remedio infalible.

ÉRIC ¡¿Qué haces?!

Diana le pone sal en la boca a Johnny. Johnny se despierta.

6

Más tarde... Ellos van a poner la pantalla en la pared.

AGUAYO Johnny, ¿estás seguro de que sabes lo que haces?

JOHNNY Tranquilo, jefe, no es tan difícil.

FABIOLA Es sólo un agujerito en la pared.

7

El teléfono suena.

MARIELA Revista *Facetas*. Buenas tardes. Jefe, tiene una llamada de su esposa en la línea tres.

AGUAYO Pregúntale dónde está y dile que la llamo luego. Estaré en mi oficina. No quiero ver este desorden.

Aguayo se va a su oficina.

8

Mientras trabajan, se va la luz.

FABIOLA ¡Johnny!

JOHNNY ¿Qué pasó?

AGUAYO No es tan difícil. Es sólo un agujerito en la pared... ¡No funciona ni el teléfono!

Instructional Resources
VM, Video, CD-ROM, IRM, WB/LM/VM Answer Key

Video Synopsis:
- An LCD screen is delivered to the office.
- Johnny faints and everyone attempts to revive him.
- Johnny and Fabiola attempt to install the screen, causing a short circuit.
- Everyone contemplates the shortcomings of technology in the candle-lit conference room.
- See IRM for more details.

Preview: Have students scan the text for technology-related words. Have them predict what the characters will discuss in this episode.

Suggestion: Play the video for students to check their predictions.

Personajes

JOHNNY

HOMBRE 1

HOMBRE 2

MARIELA

ÉRIC

AGUAYO

DIANA

FABIOLA

4

JOHNNY ¿Sabían que en el transbordador espacial de la NASA tienen este tipo de pantallas?

MARIELA Espero que a ningún astronauta le dé por desmayarse.

AGUAYO ¿Dónde vamos a instalarla?

DIANA En esta pared, pero hay que buscar quien lo haga porque nosotros no tenemos las herramientas.

5

JOHNNY ¿Qué? ¿No tienes una caja (de herramientas)?

ÉRIC A menos que quieras pegar la pantalla con cinta adhesiva y luego ponerle aceite lubricante, no.

FABIOLA Hay una construcción allá abajo.

Johnny y Fabiola se van a buscar las herramientas.

9

Más tarde, en la sala de conferencias...

AGUAYO Rodeados de la mejor tecnología para terminar alumbrados por unas velas.

DIANA Nada ha cambiado desde los inicios de la humanidad.

10

MARIELA Hablando de cosas profundas... ¿Alguna vez se han preguntado adónde se va la luz cuando se va?

Expresiones útiles

Asking someone to do something

Si es tan amable, me da su firma por favor. *Be (pol. sing.) so kind as to sign here, please.*

Tenga la bondad de firmar aquí, por favor. *Be (pol. sing.) so kind as to sign here please.*

¿Sería tan bueno/a de poner la caja aquí? *Would you be so nice as to put the box here?*

¿Podría usted abrirla? *Could you (pol. sing.) open it?*

Reassuring someone

Tranquilo/a. *Calm, Relax*

Cálmese. *Calm. (pol. sing.)*

Cálmense. *Calm. (pol. pl.)*

Cálmate. *Calm. (fam. sing.)*

No se preocupe. *Don't worry. (pol. sing.)*

No hay por qué preocuparse. *There's no reason to worry. (pol. sing. and pl.)*

No tienes por qué preocuparte. *There's no reason (for you) to worry. (fam. sing.)*

Additional vocabulary

agujerito *small hole*

desmayarse *to faint*

desorden *disorder, mess*

imagen *picture, image*

rodeado/a *surrounded*

sobredosis *overdose*

Apuntes culturales Aunque cada vez más latinoamericanos tienen computadoras, aún no es tan común como en EE.UU. Sin embargo, la popularidad de Internet crece. Para utilizarla, muchos van a "cibercafés", para buscar información, enviar correos electrónicos y hasta conversar con alguien por videocámaras mientras toman café. Otros van a sitios con cubículos individuales donde se paga por hora. *¿De qué depende el éxito de los cibercafés?*

Comprensión

① In pairs, have students redo the activity by asking corresponding questions using **¿Por qué?** Ex: **¿Por qué propone alguien pedir una ambulancia?**

1 **Relacionar** Forma oraciones uniendo las frases de las columnas por medio de **porque**.

1. Alguien propone pedir una ambulancia *e*
2. Éric le explica a Aguayo cómo despertar a Johnny *c*
3. Diana propone buscar a alguien para instalar la pantalla *a*
4. Aguayo se encierra en su oficina *d*
5. Los empleados alumbran la oficina con velas *b*

a. no tienen herramientas.
b. no hay luz.
c. Aguayo no sabe cómo hacerlo.
d. no quiere ver el desorden.
e. Johnny se desmayó.

② Have students refer to **Expresiones útiles** to rephrase the sentences using other expressions of courtesy.

② In anticipation of this lesson's **Estructura**, ask students from what noun they suspect **firmita** is derived.

2 **Órdenes y pedidos** Indica con una "**P**" las expresiones de los personajes de la **Fotonovela** que son pedidos y con una "**O**" las que son órdenes.

P 1. **HOMBRE 1** Si es tan amable, me da su firmita en la parte de abajo, por favor.

P 2. **HOMBRE 2** ¿Por qué no piden una ambulancia?

O 3. **ÉRIC** Jefe, pruebe con esto a ver si despierta.

O 4. **ÉRIC** Ábralo y páseselo por la nariz.

O 5. **AGUAYO** Pregúntale dónde está y dile que la llamo luego.

③ Have students select some of their sentences with **estar** and ask them to give the reason for their verb choice.

3 **¿Cómo son? ¿Cómo están?** En parejas, describan a Johnny, Diana, Aguayo, los hombres que llevan la pantalla y Mariela. Utilicen los verbos **ser** y **estar** y los adjetivos de la lista en la forma adecuada. También pueden usar otros adjetivos. Luego compartan sus descripciones con sus compañeros/as.

eufórico/a	disgustado/a	gracioso/a
sorprendido/a	ansioso/a	nervioso/a
eficiente	tranquilo/a	desordenado/a

Ampliación

4 **¿Por qué lo dicen?** En parejas, expliquen por qué los personajes de la **Fotonovela** dicen lo que dicen. Luego compartan sus explicaciones con sus compañeros/as.

1. **HOMBRE** Eso es lo que yo llamo "el poder de la tecnología".
2. **MARIELA** Fue sólo una pequeñísima sobredosis de euforia.
3. **AGUAYO** ¿Estás seguro de que sabes lo que haces?
4. **ÉRIC** A menos que quieras pegar la pantalla con cinta adhesiva y luego ponerle aceite lubricante...
5. **DIANA** Nada ha cambiado desde los inicios de la humanidad.
6. **MARIELA** Hablando de cosas profundas… ¿Alguna vez se han preguntado adónde se va la luz cuando se va?
7. **AGUAYO** ¡No funciona ni el teléfono!
8. **DIANA** Yo conozco un remedio infalible.

5 **¿Qué dijo Mariela?** En la columna de Éric están algunas respuestas que él le podría haber dado a Mariela. En parejas, discutan y escriban en la primera columna qué pudo haber dicho Mariela para que Éric contestara así. Luego compartan lo que escribieron con sus compañeros/as. Sigan el modelo.

MARIELA

ÉRIC

1. ¿Podrías traerme un café?	a. Sí, te lo traeré en seguida.
2. __________	b. Lo haré con mucho gusto.
3. __________	c. No te preocupes. Ya va a llegar.
4. __________	d. Tranquila. Entiendo algo de computadoras.
5. __________	e. Por supuesto. Para mí sería un placer acompañarte.
6. __________	f. Claro que sí. Te daré las fotos para él.

6 **Inventos importantes** En grupos pequeños, hagan dos listas: una con los inventos que creen que han sido muy importantes para el desarrollo de la sociedad y otra con los que creen que no lo han sido. Compartan sus listas con la clase.

4 Read the following true/false statements to the class:
1. Johnny se desmayó debido a la euforia del momento. (cierto) 2. La nueva tecnología no impresiona a nadie. (falso) 3. Aguayo está preocupado por lo que hace Johnny. (cierto) 4. A pesar de los avances de la tecnología, las velas son prácticas. (cierto) 5. Según Diana, sus remedios nunca funcionan. (falso)

5 Encourage students to add some of the expressions from **Expresiones útiles**. Have them work in pairs and read some of their questions and answers aloud. The class should decide whether they match.

Instructional Resource IRM (general teaching suggestion)

NATIONAL cultures STANDARDS

Internet en el mundo hispanohablante

Joven usando los servicios de Internet de Telemex en México

En la **Fotonovela**, Aguayo ha comprado una pantalla líquida para la oficina. Esta pantalla, de última generación, tiene, entre otras muchas cosas, acceso a Internet. Ahora vas a leer un breve artículo sobre Internet en Hispanoamérica.

Internet ha cambiado nuestras vidas, de eso no hay duda. Las ventajas son muchas: ha mejorado la educación a distancia, da acceso rápido a una información que antes podía tardar días o semanas en llegar y ofrece posibilidades de trabajar y comprar desde el hogar. No hay que olvidar, sin embargo, que Internet no está establecido en todos los países de la misma forma. Los internautas latinos representan solamente el 5.5% del total en el mundo, después de Europa, Asia y Norteamérica.

El deseo de los dirigentes hispanoamericanos de formar parte de la revolución digital es evidente, pues son conscientes de que el desarrollo tecnológico va unido al desarrollo social. Se han logrado algunos avances: el número de dueños de computadoras en los países hispanos está creciendo a buen ritmo. Por ejemplo, en el año 2001, las ventas de computadoras personales habían bajado en todo el mundo a excepción de Hispanoamérica, donde ascendió un 10 por ciento. Las previsiones con respecto a Internet también son optimistas: si hoy hay 25 millones de latinos conectados a la Red, en el año 2007 serán 65 millones.

Por otra parte, aunque las ventas por Internet son cada vez más comunes en Estados Unidos, en Hispanoamérica no están teniendo el mismo crecimiento. El problema es la falta de credibilidad en la tecnología, por parte de los compradores y la falta de credibilidad en los sistemas de crédito, por parte de los vendedores. Se sabe que el aumento del uso de Internet para realizar compras será más lento en Hispanoamérica que en Estados Unidos, pero se espera que esta situación mejore poco a poco. Es muy posible que próximamente el Internet deje de ser una novedad en Hispanoamérica, y su uso sea tan común como lo es actualmente en Estados Unidos.

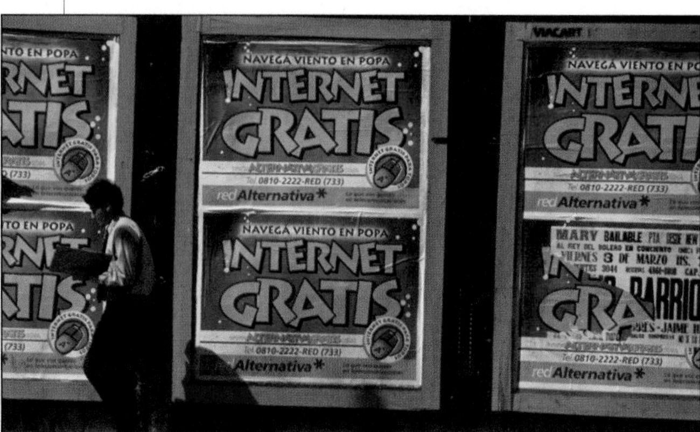

Anuncios callejeros promocionando el uso de Internet

El petróleo como fuente de energía

El presidente mexicano Vicente Fox y el primer ministro británico Tony Blair, en una plataforma petrolífera en el Golfo de México

Turbinas de viento para generación de electricidad

En la **Fotonovela**, las oficinas de *Facetas* se quedan sin luz y los personajes se dan cuenta de lo mucho que dependen de la energía eléctrica. A continuación tienen un artículo sobre el petróleo, una de las fuentes de energía más importantes.

Cada día, hagamos lo que hagamos, gastamos energía. Estamos tan acostumbrados a encender la luz o a escuchar música, que no valoramos lo suficiente todas las comodidades que tenemos.

El petróleo es un recurso natural limitado, pero algunos países de Hispanoamérica ven en su extracción una de las fuentes de ingresos más valiosas. Según la Comisión Económica para América Latina y el Caribe, los principales exportadores de petróleo son México y Venezuela. De los 3.404.894 de barriles de crudo que Estados Unidos importó en el año 2001, 471.243 provenían de Venezuela y 508.715 de México.

El transporte de este producto, tan peligroso para el medio ambiente, ha provocado desastres ecológicos irreparables. Las pérdidas de crudo de petróleo en los mares son cada día más frecuentes, lo cual trae como consecuencia la contaminación de las aguas y de la fauna marina. Aunque muchos han estado luchando por terminar con este problema, la demanda de petróleo sigue creciendo, al igual que el índice de población mundial.

La buena noticia es que aunque el petróleo se consideraba la única fuente de energía, hoy en día existen fuentes de energía alternativa. Las fuentes solares, eólicas e hidráulicas están experimentando un fuerte impulso. Estas fuentes aprovechan, de forma limpia y continua, los recursos naturales como el sol, el viento y el agua. Pero, aunque se han encontrado fuentes alternativas, debemos ser más conscientes de las consecuencias que nuestras comodidades diarias tienen para al medio ambiente, pues el futuro del mundo depende de ello. ¿De qué manera crees que podrías contribuir para solucionar este problema?

Coméntalo

Reúnete con varios compañeros/as de clase y conversa sobre los siguientes temas.

1. ¿De qué manera creen que el aumento en el uso de Internet ayudará a los países de Hispanoamérica?
2. En el artículo se habla de las contribuciones de Internet. ¿Creen que tiene algún aspecto negativo?
3. En su vida diaria, ¿intentan ahorrar energía? ¿Por qué?
4. ¿Opinan que se debe invertir dinero en desarrollar fuentes alternativas de energías? ¿En cuáles?

Instructional Resources

WB, LM, CD-ROM, WB/LM/VM Answer Key

Suggestion: Point out that diminutive and augmentative forms of adjectives agree in gender and number, as do other adjectives. Ex: **jovencito, jovencita, jovencitos, jovencitas**.

¡ATENCIÓN!

Final **c** changes to **qu** and final **g** changes to **gu** before **–ito/a** or **–illo/a**. Final **z** becomes **c** before **e**. Also note that words ending in **–n** or **–r** add an initial **c** to the suffix.

chico – chiquito

barco – barquito

amigo – amiguito

voz – vocecita

joven – jovencito

amor – amorcito

11.1 Diminutives and augmentatives

▶ Diminutives and augmentatives are frequently used in conversational Spanish, especially among family members and close friends. They express shades of meaning like affection, scorn, or ridicule and can also emphasize size. They are formed by adding a suffix to the end of nouns or adjectives.

¿Y está en esa caja tan grandota?

Me da su firmita en la parte de abajo, por favor.

Diminutives

Suffix	Root	Diminutive	English equivalent
-ito/a	abuela	abuelita	*dear grandma*
	libro	librito	*little book*
	Isabel	Isabelita	*little Isabel*
	bajo	bajito	*very short, quietly*
	cerca	cerquita	*very near*
-cito/a	joven	jovencito	*very young man*
	amor	amorcito	*dear love*
-cillo/a	pan	panecillo	*roll (bread)*
	ventana	ventanilla	*little window*

Augmentatives

Suffix	Root	Augmentative	English equivalent
-ón/-ona	hombre	hombrón	*big man*
	mujer	mujerona	*big woman*
	cabeza	cabezón	*big head, stubborn*
-ote/-ota	grande	grandote	*really big*
	libro	librote	*big book*
	palabra	palabrota	*swearword*

Práctica y Comunicación

1 Completar Completa las oraciones con la palabra indicada. Recuerda que el diminutivo debe concordar en género y número con la palabra.

Cuando yo era (pequeño, –ito) *pequeñito* jugaba siempre en la calle. Mi (abuela, –ita) *abuelita* me decía que no fuera con los (amigos, –ote) *amigotes* de mi hermano. Porque ellos eran mayores que yo, y ya eran unos (hombres –ón) *hombrones*. Yo entonces, era muy (cabeza, –ón) *cabezón* y nunca hacía lo que ella decía. Una tarde, estaba jugando al fútbol, y uno de ellos me dio un (rodilla, –azo) *rodillazo* que me me rompió la (nariz, –ota) *narizota*. Nunca más jugué con ellos, y desde entonces, sólo salí con mis (amigos, –ito) *amiguitos* .

2 El señor Ordóñez El señor Ordóñez odia los diminutivos. Opina que son para los niños. Por eso propuso cambiar los títulos de los cuentos infantiles famosos. Pero su propuesta fue rechazada. Cambia las palabras subrayadas para que los títulos vuelvan a su forma original.

1. El soldado de plomo *(tin soldier)* *soldadito*
2. La sirena *(mermaid)* *sirenita*
3. Blanca Nieves y los siete enanos *enanitos*
4. Pulgar *(thumb)* *Pulgarcito*
5. Cenicienta *(Cinderella)* y el zapato de cristal *zapatito*
6. El pato *(duck)* feo *patito*
7. El sueño del pastor *(shepherd)* *pastorcito*
8. El pez rojo y el viejo pescador *pececillo*
9. Caperuza *(hood)* Roja *Caperucita*
10. El sastre *(tailor)* valiente *sastrecillo*

② In pairs, have students think of other children's stories or create new titles. Another pair should change them into diminutives or augmentatives.

3 ¿Qué palabra es? Trabajen en equipos. Un equipo lee una definición y el equipo contrario dice a qué palabra corresponde esa definición. Si el equipo da la respuesta correcta, gana un punto. Luego los equipos cambian los papeles. Gana el equipo que sume más puntos.

1. Una onda cortita *ondita*
2. Un agujero pequeño *agujerito*
3. Muy grande *grandote/grandota*
4. Un lago pequeñísimo *laguito*
5. Pantalla pequeña *pantallita*
6. Nave pequeña *navecita*
7. Taza grande como un tanque *tazota*
8. Silla para niños *sillita*
9. Un frasco pequeño *frasquito*
10. Estrella grande *estrellota*
11. Libro grande y grueso *librote*

③ Have students continue the activity by providing new definitions.

NATIONAL
comparisons
STANDARDS

¡ATENCIÓN!

De is often used in prepositional phrases of location: **al lado de, a la derecha de, cerca de, debajo de, detrás de.**

Instructional Resources WB, LM, CD-ROM, WB/LM/VM Answer Key

Suggestion: Remind students that **de + el** contracts to **del**.

11.3 Prepositions II: *de, desde, en*

The prepositions **de, desde,** and **en** are frequently used in Spanish, and they have various meanings. Because of this, it is important to know the circumstances in which to use them.

The preposition *de*

▶ **De** often corresponds to *of* or the possessive endings *'s/s'* in English.

Uses of *de*

Possession	Description	Material	Position	Origin	Contents
las máquinas de la universidad *the university's machines*	**el hombre de cuarenta años** *the forty-year-old man*	**el recipiente de vidrio** *the glass container*	**el frasco de atrás** *the flask that's behind*	**volviendo del laboratorio** *coming back from the laboratory*	**el vaso de agua destilada** *the glass of distilled water*
la superficie del sol *the sun's surface*	**la fórmula de larga duración** *the long-lasting formula*	**la capa de plástico** *the plastic coating*	**la pantalla de enfrente** *the facing screen*	**El científico es de Europa.** *The scientist is from Europe.*	**la bolsa de herramientas** *the bag of tools*

Some idioms and adverbial phrases

de cierta manera *in a certain way*	**de repente** *suddenly*
de nuevo *again*	**de todos modos** *in any case*
de paso *passing through, on the way*	**de vacaciones** *on vacation*
de pie *standing up*	**de vuelta** *back*

Eso es lo que yo llamo "el poder de la tecnología".

No se preocupe. Fue sólo una pequeñísima sobredosis de euforia.

The preposition *desde*

- **Desde** expresses *direction from* and *time since.*

Uses of *desde*

Direction from	Time since
El cohete viajó desde la tierra a la luna. *The rocket traveled from Earth to the Moon.*	**desde el principio del tiempo** *since the beginning of time*
El telescopio espacial Hubble manda información desde el espacio profundo. *The Hubble Space Telescope sends information from deep space.*	**desde la invención del auto** *since the invention of the car*

The preposition *en*

- **En** corresponds to several English prepositions, such as *in, on, into, onto, by*, and *at*.

El microscopio está **en** la mesa.
The microscope is on the table.

El investigador se quedó **en** el laboratorio.
The researcher stayed in the laboratory.

El profesor de astrofísica entró **en** la clase.
The astrophysics professor went into the class.

Los resultados se encuentran **en** el cuaderno.
The results are found in the notebook.

Se encontraron **en** el museo.
They met at the museum.

Fuimos a la conferencia **en** tren.
We went to the conference by train.

Some idioms and adverbial phrases

en broma *as a joke*	**en serio** *seriously*
en contra *against*	**en vano** *in vain*
en fila *in a row*	**en tren/bicicleta/avión** *by train/bicycle/plane*

Tiene capacidad para conexión de satélite e Internet desde el momento de la instalación.

Es sólo un agujerito en la pared.

Práctica

① In pairs, have students exchange and correct each other's work. Have them read one sentence at a time to the class, providing two options for the use of the preposition. The class should decide which one is correct.

1 Completar Completa el texto con las preposiciones **de, desde** o **en**.

Desde la tierra puedes ver hasta 3.000 estrellas. _En_ una noche clara también puedes ver una nube _de_ estrellas llamada Vía Láctea. Podrás descubrir rayos _de_ luz que se llaman estrellas fugaces. La estrella que está más cerca _de_ la tierra es el sol. El sol es una pelota _de_ gas muy grande. _Desde_ el sol hasta la tierra hay 149 millones _de_ kilómetros.

¿Sabías que _desde_ los inicios de la humanidad los hombres creen que el sol es una pelota _de_ fuego? Los chinos, por ejemplo, pensaban que el sol había salido _de_ la boca _de_ un dragón.

Desde el sol llegan a la tierra varios tipos _de_ rayos. La capa _de_ ozono no deja pasar todos los rayos ultravioletas, que son peligrosos para la salud _de_ los animales y las plantas. Por eso, los agujeros _de/en_ la capa _de_ ozono son estudiados todo el tiempo _en_ los laboratorios científicos.

2 Descripción Escribe por lo menos diez oraciones que describan el siguiente dibujo. En todas las oraciones usa las preposiciones **en**, **de** y **desde**. Luego comparte tus oraciones con tus compañeros/as.

3 A contar historias En parejas, elijan una de las frases e inventen una historia con ella. Tienen que usar las preposiciones **de**, **desde** y **en**. Despues, compartan su historia con la clase

1. Juan está esperando en su jardín…
2. El libro de cocina estaba abierto…
3. En ese momento, el frasco se cayó al suelo y se rompió…
4. Estaba observándolo desde la ventana…

Comunicación

4 **Con otras palabras** En parejas, imaginen que están en el laboratorio haciendo un experimento para la clase de química. De repente todo sale muy mal y nada funciona. Escriban ocho frases sobre este tema. ¡OJO! Tienen que escribir la misma frase de dos maneras. La segunda debe incluir **de**, **desde** o **en**. Sigan el modelo.

La especialista **que estudió** bioquímica rompió el frasco.	La especialista **en** bioquímica rompió el frasco.

4 Have pairs share their sentences with the class.

5 **¡Estás perdido!** Has llegado a Buenos Aires para asistir a una conferencia importante sobre la genética. En el camino, te das cuenta de que estás perdido/a. Paras a una persona para pedirle ayuda, y le explicas de dónde eres, de dónde vienes, adónde quieres ir y cuánto tiempo hace que estás perdido/a. Esta persona te da indicaciones (directions). Con un(a) compañero/a, preparen un diálogo en el que una persona es la que se encuentra perdida y la otra es la que da ayuda.

6 **¿Cuánto sabes de tus compañeros?**

A. Reúnete con un(a) compañero/a y hazle preguntas sobre dónde vive, desde cuándo vive ahí, dónde nació, de dónde son sus padres, en qué mes cumple años, desde cuándo estudia español, etc.

B. En un papel, anota sólo los datos de las respuestas. No es necesario escribir oraciones completas. No pongas el nombre de tu compañero/a. Luego cambien los roles.

C. Mezclen los papeles de toda la clase y repártanlos.

D. Cuando todos tengan sus nuevos papeles, cada estudiante debe leer en voz alta los datos, usando oraciones completas y las preposiciones **en**, **desde** y **de**.

E. El resto de la clase debe tratar de adivinar de qué estudiante se trata.

6 As an alternative, have students work in groups. One student from each group provides the personal information. Other groups decide which member of each group is being described. Encourage them to answer using **Se trata de ...** and **¿De quién se trata?**

A conversar

Descubrimientos e inventos

A Se dice que el ser humano es un animal tecnológico, porque inventa cosas para que el mundo sea como lo necesita. Lean el siguiente cuadro.

SIGLO		INVENTOS
I		brújula *(compass)*
II		papel
X		lentes
XII		cañón
XIII		relojes mecánicos
XIV		armas de fuego
XV		imprenta moderna y barco de vapor
XVI		reloj de mano
XVII		telescopio
XVIII		máquinas de vapor
XIX		batería, lámpara eléctrica, telégrafo, motor eléctrico, auto con motor eléctrico y de gasolina, fotografía, teléfono eléctrico, heladera, ascensor eléctrico, rayos X
XX	*1900 - 1930*	barco de petróleo, máquina para fabricar botellas, vitaminas, televisión
XX	*1931 - 1960*	automóvil moderno, reactor nuclear, bomba nuclear, primera computadora, electricidad con energía nuclear, nave espacial
XX	*después de 1960*	pantalla líquida, teléfono celular, control remoto, clonación

Expansion: Ask students how much they know about famous scientists and inventors. Have them discuss different inventions and comment what life would be like without them.

B Para conocer mejor la información del cuadro, háganle preguntas a un(a) compañero/a. Por ejemplo: ¿Desde cuándo existe...? ¿En qué siglo se inventó...?

C Esta lista no está completa. ¿Conocen otros inventos importantes? ¿Cuándo se inventaron? Pónganlos en el cuadro.

D En grupos pequeños, discutan cuáles son, en su opinión, los cinco inventos más importantes de los últimos 50 años y por qué. Discutan cómo cambiaron la vida de la gente.

E Compartan sus conclusiones con la clase. ¿Hubo grupos que eligieron los mismos inventos? ¿Pensaron en los mismos cambios?

Manos a la obra

Suggestion: See the VENTANAS IRM for teaching suggestions.

Una descripción para la NASA

Eres un astronauta que se encontró con un extraterrestre en Marte. Parecía una roca gigante. Cuando llegaste a la Tierra, la NASA te pidió que escribieras una descripción del extraterrestre para compartirla con científicos de todo el mundo.

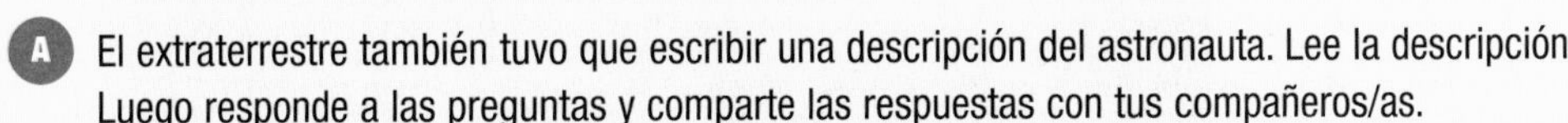

A El extraterrestre también tuvo que escribir una descripción del astronauta. Lee la descripción. Luego responde a las preguntas y comparte las respuestas con tus compañeros/as.

Descripción escrita por el extraterrestre:

Sabía que había vida en otros planetas. Pero no esperaba encontrar algo tan pequeñito. Llegaría hasta mi rodilla. Llevaba un traje blanco, guantes y zapatitos que parecían muy grandes para él. Su cabecita era redonda y grandota para su cuerpo.

Estaba de pie y agarraba piedritas del suelo. Poquito a poco, fue llenando una bolsita.

Desde mi lugar también pude ver su nave espacial. Me pregunté cómo había podido viajar por el espacio en ese aparatito tan pequeño.

Caminé lentamente, pasito a paso. No quería asustarlo. Pero me escuchó y me miró. Creo que pensó que yo era un monstruo horrible.

Rápidamente me senté para no parecer tan grande. En ese momento pude ver que tenía dos ojos con pelitos. Parecían dos lucecitas negras. Debajo de los ojos había un agujerito con piedras blanquitas. Creo que era su boca. ¡Por eso era tan pequeñito! ¡No puede comer mucho por allí!

Quise tomarle una foto. Pero cuando saqué la cámara, él sacó algo que parecía un arma. Nos miramos y salimos corriendo hacia nuestras naves espaciales.

¿Por qué se sorprendió el extraterrestre cuando vio al astronauta?

¿Por qué caminó el extraterrestre lentamente y por qué fue en vano?

¿Qué quiere decir con "lucecitas negras"? ¿Y con "piedras blanquitas"?

¿Qué partes del cuerpo del astronauta describe? Escriban una lista en la pizarra. ¿Qué dice el extraterrestre de esas partes?

¿Qué acciones del astronauta describe?

¿Por qué corrieron el astronauta y el extraterrestre hacia sus naves espaciales?

¿Por qué creen que el extraterrestre usó tantos diminutivos en su texto?

Expansion: Read the following true/false statements to the class:
1. El terrestre describe al extraterrestre. (falso)
2. El terrestre es más grande que el extraterrestre. (falso)
3. Los terrestres tienen pelos arriba de los ojos y pupilas negras. (cierto)
4. Ambos se asustaron, el uno del otro. (cierto)

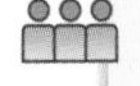

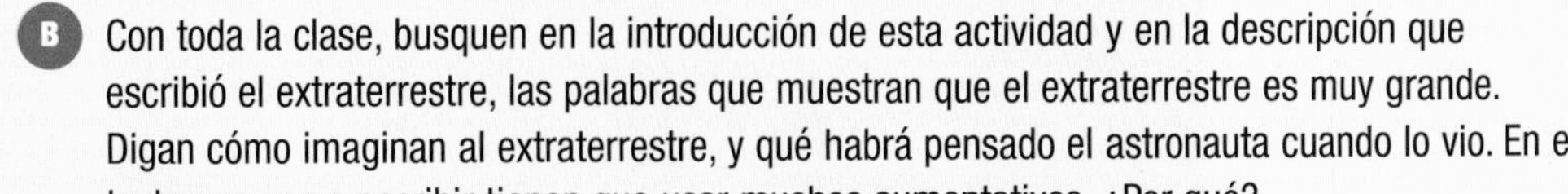

B Con toda la clase, busquen en la introducción de esta actividad y en la descripción que escribió el extraterrestre, las palabras que muestran que el extraterrestre es muy grande. Digan cómo imaginan al extraterrestre, y qué habrá pensado el astronauta cuando lo vio. En el texto que van a escribir tienen que usar muchos aumentativos. ¿Por qué?

C En parejas, escriban la descripción del extraterrestre. Usen el texto dado como modelo. Luego compartan su descripción con sus compañeros/as.

Antes de leer

1. En tu opinión, ¿cuáles son las innovaciones tecnológicas más importantes del siglo XX?

2. ¿Cuáles piensas que sean las principales áreas de investigación de los científicos de hoy? ¿Crees que las áreas de interés de la ciencia han cambiado con el paso de los años? Razona tu respuesta.

3. En parejas, describan brevemente el impacto que tendrá el avance de la ciencia en nuestra sociedad. ¿Qué cosas creen que cambiarán dentro de cincuenta años?

Vocabulario

estar a la orden del día *readily available*

logro *achievement*

predecir *predict*

superar *to exceed*

Instructional Resource
• Website

Suggestion: For additional literary and cultural readings on the lesson theme, see the corresponding lesson in **Ventanas: Lecturas.**

Pre-reading Strategy: Have students scan the text for information related to the ideas discussed in **Antes de leer**. Ask them to underline science- and technology-related vocabulary.

Suggestion: Have students research a scientist from a Spanish-speaking country and report their findings to the class.

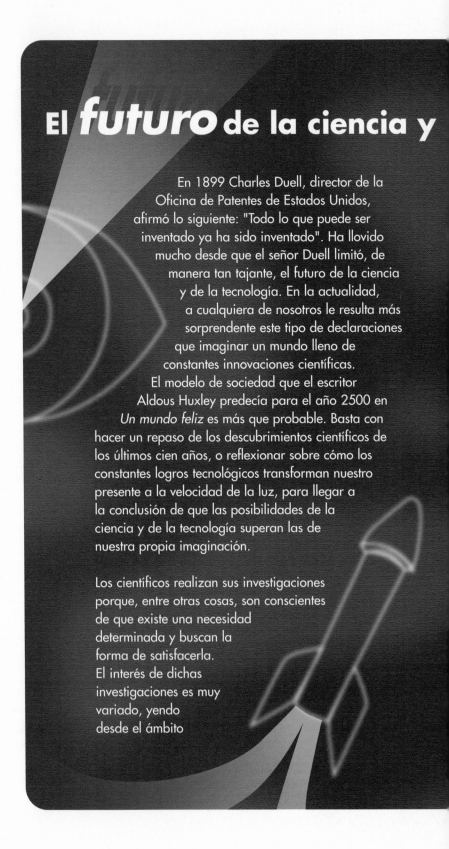

El *futuro* de la ciencia y

En 1899 Charles Duell, director de la Oficina de Patentes de Estados Unidos, afirmó lo siguiente: "Todo lo que puede ser inventado ya ha sido inventado". Ha llovido mucho desde que el señor Duell limitó, de manera tan tajante, el futuro de la ciencia y de la tecnología. En la actualidad, a cualquiera de nosotros le resulta más sorprendente este tipo de declaraciones que imaginar un mundo lleno de constantes innovaciones científicas. El modelo de sociedad que el escritor Aldous Huxley predecía para el año 2500 en *Un mundo feliz* es más que probable. Basta con hacer un repaso de los descubrimientos científicos de los últimos cien años, o reflexionar sobre cómo los constantes logros tecnológicos transforman nuestro presente a la velocidad de la luz, para llegar a la conclusión de que las posibilidades de la ciencia y de la tecnología superan las de nuestra propia imaginación.

Los científicos realizan sus investigaciones porque, entre otras cosas, son conscientes de que existe una necesidad determinada y buscan la forma de satisfacerla. El interés de dichas investigaciones es muy variado, yendo desde el ámbito

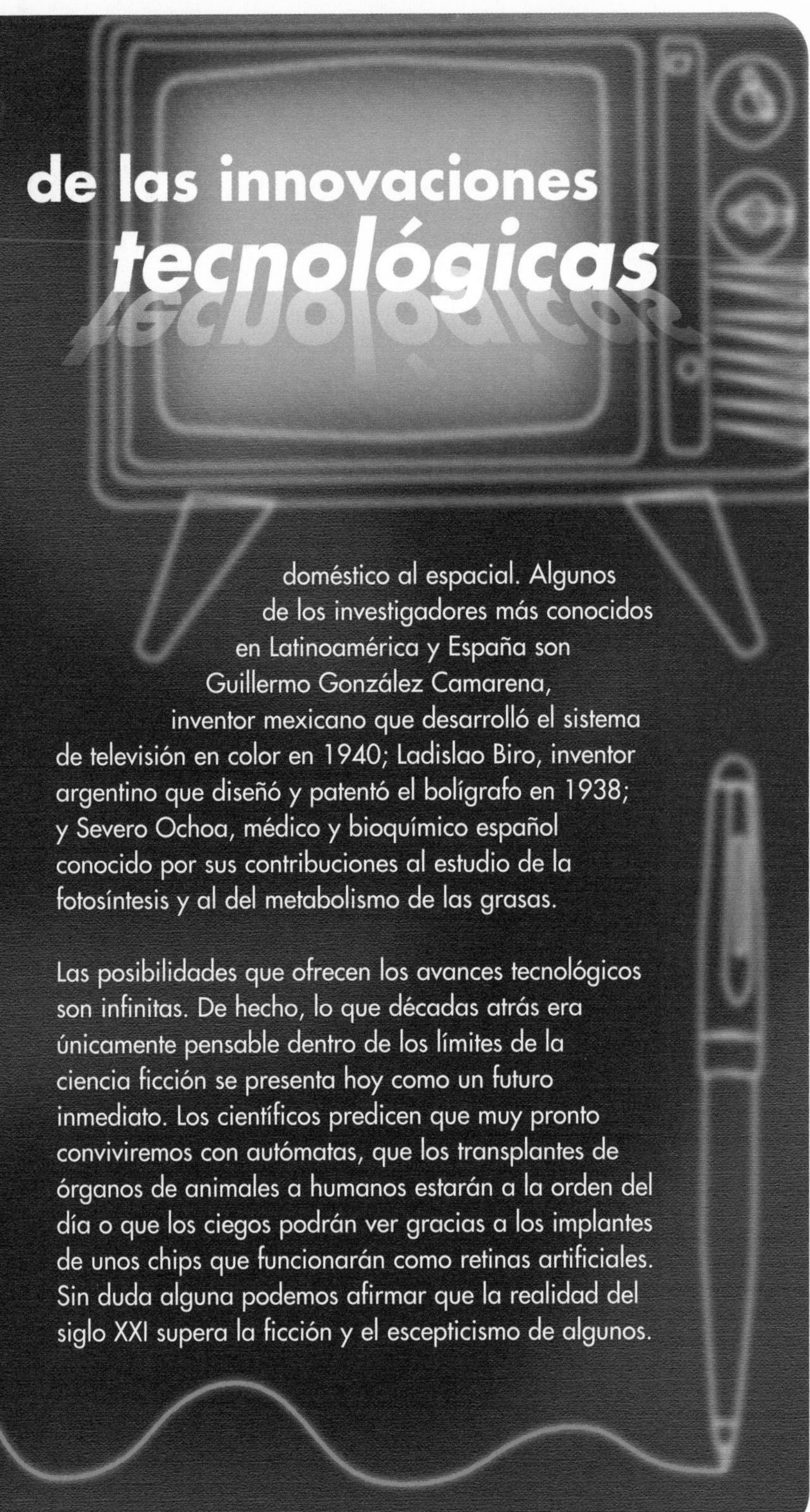

doméstico al espacial. Algunos de los investigadores más conocidos en Latinoamérica y España son Guillermo González Camarena, inventor mexicano que desarrolló el sistema de televisión en color en 1940; Ladislao Biro, inventor argentino que diseñó y patentó el bolígrafo en 1938; y Severo Ochoa, médico y bioquímico español conocido por sus contribuciones al estudio de la fotosíntesis y al del metabolismo de las grasas.

Las posibilidades que ofrecen los avances tecnológicos son infinitas. De hecho, lo que décadas atrás era únicamente pensable dentro de los límites de la ciencia ficción se presenta hoy como un futuro inmediato. Los científicos predicen que muy pronto conviviremos con autómatas, que los transplantes de órganos de animales a humanos estarán a la orden del día o que los ciegos podrán ver gracias a los implantes de unos chips que funcionarán como retinas artificiales. Sin duda alguna podemos afirmar que la realidad del siglo XXI supera la ficción y el escepticismo de algunos.

Después de leer

En parejas, comenten las preguntas a continuación. Luego compartan sus ideas con el resto de la clase.

1. ¿Quién fue Charles Duell? ¿A qué se dedicaba? ¿Estás de acuerdo con su forma de ver el futuro de la ciencia y de las innovaciones tecnológicas?
2. Según el artículo que acabas de leer, ¿qué origina una investigación científica? ¿Crees que hay otras causas o intereses aparte de esto?
3. ¿Qué avances predicen los científicos de hoy para un futuro próximo? ¿Has escuchado o leído sobre otros cambios?

tajante	*categorical*
basta con	*It's enough to...*
dichas	*such; said*
ámbito	*realm, area*
bolígrafo	*ballpoint pen*
pensable	*imaginable*
ciegos	*the blind*

Expansion: Aldous Huxley predicted many things in **Un mundo feliz**. Based on today's technological advances, have students determine whether we are approaching that *Brave New World*.

Las computadoras

la computación	*computer science*
el corrector ortográfico	*spell check*
borrar	*to erase*
descargar	*to download*
ingresar datos	*to enter data*

El universo y la astronomía

el/la astronauta	*astronaut*
el agujero (negro)	*(black) hole*
la capa de ozono	*ozone layer*
el espacio	*space*
la estrella (fugaz)	*(shooting) star*
la gravedad	*gravity*
la luna (llena)	*(full) moon*
el ovni	*UFO*
el salto en el tiempo	*time warp*
la superficie	*surface*
la supervivencia	*survival*
aterrizar	*to land*
avanzado/a	*advanced*
extraterrestre	*alien*

La tecnología

el cohete	*rocket*
la nave espacial	*spaceship*
la pantalla líquida	*LCD screen*
la prueba espacial	*space probe*
el satélite	*satellite*
el teléfono celular	*cellular phone*
el telescopio	*telescope*
el transbordador espacial	*space shuttle*

Instructional Resource
- Tests

Los inventos y la ciencia

el arma	*weapon*
el avance	*advance, breakthrough*
el desafío	*challenge*
el descubrimiento	*discovery*
el experimento	*experiment*
la herramienta	*tool*
el invento	*invention*
la patente	*patent*
la teoría	*theory*
especializado/a	*specialized*

Verbos científicos

caducar	*to expire*
comprobar	*to prove*
fabricar	*to manufacture; to make*
formular	*to formulate*
inventar	*to invent; to create*

La energía

el combustible	*fuel*
el consumo de energía	*energy consumption*
la fuente de energía	*energy source*
la onda	*wave*
emitir	*to emit*

La biotecnología

el ADN (ácido desoxirribonucleico)	*DNA*
la célula	*cell*
el frasco	*flask*
el gen	*gene*
clonar	*to clone*
heredar	*to inherit*
bioquímico/a	*biochemical*
(poco) ético/a	*(un)ethical*
quirúrgico/a	*surgical*

Expresiones útiles *véase la página 307*

Idioms and adverbial phrases
véanse las páginas 316, 317

La historia y la civilización

12

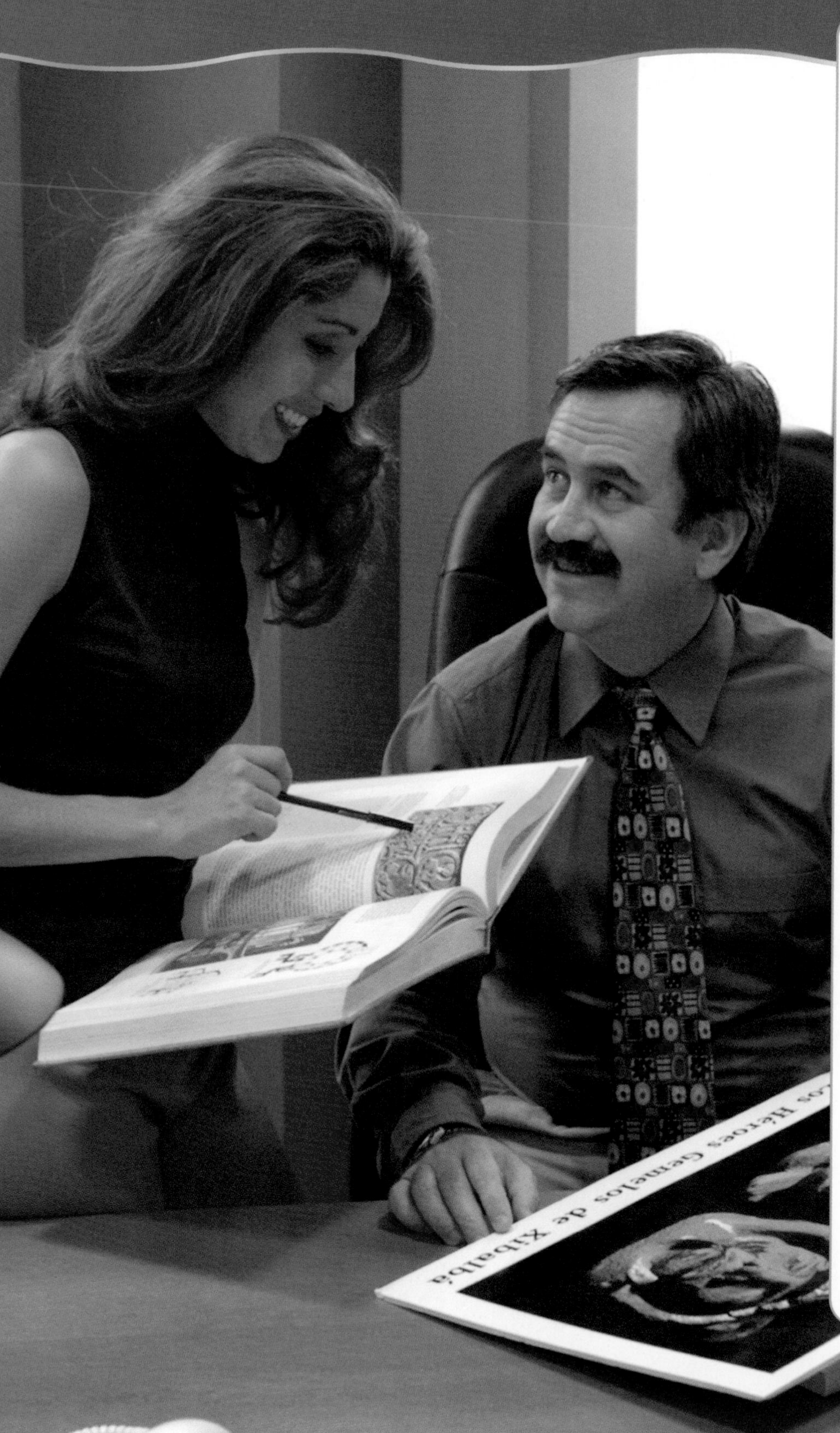

Communicative Goals

You will expand your ability to...

- indicate spatial and time relationships
- describe and narrate in the present, past, and future

La historia y la civilización

La ciudad o el campo

Luisa es **ciudadana** mexicana y vive en los **alrededores** de la ciudad de México, donde estudia **arqueología**. Su **aldea** está lejos de la ciudad y no le gusta pasar tanto tiempo en su automóvil todos los días. Quiere **residir** en una zona más **urbana** y más cerca de la universidad. Piensa que los **suburbios** son demasiado **pacíficos** y tranquilos. Por eso, ayer les dijo a sus padres que pronto se mudará de su **hacienda** rural para vivir en la ciudad con unas amigas. Su nuevo apartamento estará en un viejo **barrio** de la ciudad, cerca de los museos de **civilización** antigua.

Instructional Resources

WB, LM, CD-ROM, WB/LM/VM Answer Key

Suggestion: Ask students to find an underlying theme that connects all the pictures. Ask what they know about the Spanish conquest.

Suggestion: Remind students that the boldfaced words and expressions in the paragraphs are new active vocabulary as well as the vocabulary in the lists.

Comprehension Check: ¿Cierto o falso? 1. El conducir le quita mucho tiempo a Luisa. (cierto) 2. Leonardo aún no ha sacado sus propias conclusiones sobre la conquista de los incas. (cierto) 3. Rubén se dedica a las finanzas. (falso) 4. Camila lee un libro sobre la historia de España. (falso)

Suggestion: Ask pairs to write five historical headlines using the new vocabulary. Ex: **Pizarro derriba el reino de los incas.**

Buenos o malos

Leonardo les explica a sus alumnos que los **emperadores** incas dirigían una **sociedad** organizada que admiraba el **conocimiento** y que acumuló gran **sabiduría.** Su **imperio** explotaba y **esclavizaba** a pueblos más débiles que **poblaban** zonas cercanas a los Andes. Cuando los españoles descubrieron oro en Tahuantinsuyu, el imperio inca, se interesaron en la región y se propusieron **conquistarla** para sus **reyes.** A Leonardo le es difícil hablar de la historia. No sabe muy bien si en realidad hubo buenos y malos.

Heroísmo descubierto

El jefe decidió **rendirse** para **salvar** a su gente. Su pueblo había quedado **aislado** y el fin de la lucha estaba decidido. Nadie los podría **rescatar**, y él pensó que era mejor convertirse en **esclavo** que llevar a todo su pueblo a la **derrota** y a la muerte. Los historiadores nunca supieron de su **sacrificio**, y siempre dijeron que él no fue **digno** de su cargo. Rubén, un investigador, acaba de descubrir un dato histórico que comprueba que el jefe actuó con **coraje.**

Pasados oscuros

A Camila le preocupa lo que aprendió sobre la historia del país: parece que siempre ha estado luchando. Primero, los **conquistadores** pelearon con los **indígenas** para establecer sus **colonias.** Después, los **criollos** y **mestizos** lucharon para conseguir su **soberanía**. Y después de salir **victoriosos**, siguieron años de **guerras civiles** en que se enfrentaban los más **poderosos**. En este momento hay paz en el país. Camila se pregunta si en algún momento volverán los **guerreros.**

Los gobiernos

el caudillo	*leader*
el/la monarca	*monarch*
la reina	*queen*
el reino	*reign; kingdom*
la tribu	*tribe*

Los períodos históricos

el cambio (político)	*(political) change*
la década	*decade*
La Edad Media	*Middle Ages*
la enseñanza	*teaching; doctrine*
la época	*era; period in time; epoch*
el país en vías de desarrollo	*developing country*
el siglo	*century*
encabezar	*to lead*
culto/a	*cultured; educated; refined*
érase una vez	*once upon a time*
a largo plazo	*long-term*

Los descubrimientos y las conquistas

el/la descubridor(a)	*discoverer*
la esclavitud	*slavery*
la explotación	*exploitation*
el/la habitante	*inhabitant*
derribar	*to bring down*
expulsar	*to expel*
huir	*to flee*
invadir	*to invade*
limitar	*to border, to limit*
oprimir	*to oppress*
pelear	*to fight*
perseguir	*to pursue, to persecute*
suprimir	*to abolish, to suppress*
armado/a	*armed*

Práctica

① For homework, have students create a timeline based on the information in this activity as well as additional information found in outside sources.

1 América Latina Ignacio es estudiante de historia, y le hace algunas preguntas a la profesora Molina sobre la historia de América Latina. Completa las preguntas y respuestas del diálogo con las palabras de la lista.

IGNACIO ¿Después que Cristóbal Colón llegó a América, ordenaron los *reyes* Fernando e Isabel la colonización de "Las Indias"?

PROFESORA MOLINA Sí, y así se inició la *conquista* de los pueblos *indígenas*, los habitantes nativos de los territorios.

IGNACIO Siglos más tarde, grupos *mestizos* y *criollos* lucharon por su independencia contra España. ¿Correcto?

PROFESORA MOLINA Sí, y durante la formación de los estados nacionales, los criollos se enfrentaron en *guerras civiles*.

conquista	criollos	guerras civiles	indígenas	mestizos	reyes

2 Expresiones incompletas

A. ¿Conoces las siguientes expresiones? Complétalas con términos del nuevo vocabulario.

a. Abraham Lincoln y la abolición de la *esclavitud*

b. Ascenso y caída del *Imperio* Romano

c. *Érase una vez* una princesa que durmió por muchos años

d. La *década* de los sesenta y la Guerra de Vietnam

e. *Mestizos* de Centroamérica, ¡celebremos nuestra doble cultura!

B. Ahora, indica de dónde provienen las expresiones anteriores.

b 1. El título de un larguísimo libro de historia

d 2. Un artículo en la revista *Épocas recientes*

a 3. Un capítulo sobre la Guerra Civil de los Estados Unidos

e 4. Una canción de un festival de música indígena

c 5. Un libro de cuentos para niños

③ Ask pairs to make three more analogies using the new vocabulary whenever possible.

3 Analogías Empareja las palabras de la columna de la izquierda con las palabras de la columna de la derecha. Sigue el modelo.

a. conquistador: conquistar	*d* rey: reino
b. dictador: libertad	*a* descubridor: descubrir
c. esclavo: esclavitud	*c* civilizado: civilización
d. emperador: imperio	*b* armado: pacífico
e. victorioso: victoria	*e* poderoso: poder

Comunicación

4 **La reacción de los indígenas** En parejas, imaginen que son algunos de los indígenas que vieron a Cristóbal Colón cuando llegó a América. ¿Qué habrían pensado de estos extraños europeos? ¿Cómo habrían reaccionado? ¿Qué habrían hecho? Compartan sus opiniones con la clase.

5 **Definición**

A. En parejas, preparen una definición de la palabra **esclavitud.**

B. Lean el siguiente pasaje sobre la vida de Julio, teniendo en cuenta la definición que crearon.

Me levanto todos los días a las 6, tomo un café y salgo para la oficina. Voy en un autobús lleno de gente. Trabajo desde las 8 hasta las 5:30, pero muchas veces me quedo hasta más tarde porque me lo pide mi jefe. Cuando regreso a mi casa, a veces ya son más de las 8. Llego tan cansado que sólo quiero ver algo de televisión e irme a dormir, porque al día siguiente debo levantarme temprano. Me gustaría renunciar a este trabajo pero no puedo porque el desempleo es muy alto. También me gustaría viajar, pero no tengo tiempo ni dinero suficiente. Después de todo no puedo quejarme, sólo trabajar.

C. Espartaco, un esclavo y gladiador durante el Imperio Romano, supuestamente dijo: "No hay peor esclavo que el que ignora que lo es". En parejas, comenten estas preguntas: ¿Puede decirse que Julio es un esclavo? ¿Por qué? ¿Somos todos esclavos de alguna manera?

6 **¿Hemos progresado?**

A. Hay quienes piensan que el pasado siempre fue mejor que el presente. Otros no están de acuerdo y creen que el ser humano ha progresado. En parejas, completen las siguientes listas.

Cuatro razones por las que las personas de hoy son mejores que las de antes

1. Hay más tolerancia y respeto entre las personas.
2. La esclavitud y las guerras de conquista son consideradas inmorales.
3. ______________________________
4. ______________________________

Cuatro razones por las que las personas de hoy son peores que las de antes

1. Las personas sólo piensan en sí mismas y son egoístas.
2. Los seres humanos destruyen el planeta y lo contaminan.
3. ______________________________
4. ______________________________

B. La clase se divide en dos grupos. Cada grupo toma una de las dos posiciones anteriores y la defiende. Den ejemplos concretos y razones por las que los seres humanos de hoy son peores o mejores que los de antes.

4 Ask students to research the celebration of **el Día de la Raza** in Spanish-speaking countries.

6 Add a rebuttal section to the debate after both sides have presented their arguments.

El equipo de *Facetas* va a asistir a la ceremonia de premios para los mejores periodistas del año.

MARIELA ¿Qué haces vestido así tan temprano?

DIANA La ceremonia no comienza hasta las siete.

JOHNNY Tengo que practicar con el traje puesto.

AGUAYO ¿Practicar qué?

JOHNNY Ponerme de pie, subir las escaleras, sentarme, saludar y todo eso. "Quisiera darles las gracias…"

Aguayo sale corriendo de su oficina.

AGUAYO ¡Llegó la lista! ¡Llegó la lista! *(Lee.)* "En la categoría de mejor serie de fotos por las fotos de las pirámides de Teotihuacán, Éric Vargas."

JOHNNY Felicidades.

AGUAYO *(Lee.)* "En la categoría de mejor diseño de revista… por la revista *Facetas*, Mariela Burgos."

MARIELA Gracias.

AGUAYO *(Lee.)* "En la categoría de mejor artículo por 'Historia y civilización en América Latina', José Raúl Aguayo." No lo puedo creer. Tres nominaciones.

Todos están muy contentos, pero Johnny tiene cara de tristeza.

Al mismo tiempo, en la cocina…

JOHNNY ¿Con quién vas a ir esta noche?

ÉRIC Entre boletos, comida y todo lo demás, me arruinaría.

JOHNNY No creo que debas ir solo. ¿Y qué tal si invitas a alguien que *ya* tiene boleto?

ÉRIC ¿A quién?

JOHNNY A Mariela.

JOHNNY Éric, es esta noche o nunca. ¿En qué otra ocasión te va a ver vestido con traje? Además, tienes que aprovechar que ella está de buen humor. Creo que antes te estaba mirando de una manera diferente…

ÉRIC No sé…

Más tarde, en el escritorio de Mariela…

ÉRIC ¿Qué tal?

MARIELA Todo bien.

ÉRIC Muy bonitos zapatos.

MARIELA Gracias.

AMBOS *(al mismo tiempo)* Quería preguntarte si…

ÉRIC Disculpa, tú primero…

MARIELA No, tú primero.

Instructional Resources
VM, Video, CD-ROM, IRM, WB/LM/VM Answer Key

Video Synopsis:
- Johnny arrives at the office in a suit and imagines himself receiving an award.
- Éric, Mariela, and Aguayo were nominated for journalism awards.
- Johnny encourages Éric to take Mariela to the ceremony as his date.
- Aguayo reminisces about memorable times at the office.
- See IRM for more details.

Preview
Show the second half of the video and ask students to predict what happened in the first half.

Personajes

JOHNNY

MARIELA

ÉRIC

AGUAYO

DIANA

FABIOLA

4

DIANA Johnny, ¿cómo te van a nominar para un premio?… ¡si no presentaste ningún trabajo!

JOHNNY Claro… pues, es verdad.

5

Más tarde, en el escritorio de Mariela…

MARIELA Mira qué zapatos tan bonitos voy a llevar esta noche.

FABIOLA Pero… ¿tú sabes andar con eso?

MARIELA ¡Llevo toda mi vida andando con tacón alto!

FABIOLA De todas formas, te aconsejo que no te los pongas sin probártelos antes.

9

Esa noche…

DIANA ¡Qué nervios!

FABIOLA ¿Qué fue eso?

JOHNNY *(con una herradura en la mano)* Es todo lo que necesitamos esta noche.

10

Éric y Mariela hablan a solas.

ÉRIC ¿Estás preparada para la gran noche?

MARIELA Lista.

Expresiones útiles

Degrees of formality in expressing wishes

Direct

Quiero invitarte a venir conmigo a la ceremonia. *I want to ask you to come to the ceremony with me.*

More formal

Quería invitarte a venir conmigo a la ceremonia. *I wanted to ask you to come to the ceremony with me.*

Most formal

Quisiera invitarte a venir conmigo a la ceremonia. *I would like to invite you to come to the ceremony with me.*

Additional vocabulary

de todas formas *in any case*

la nominación *nomination*

ponerse de pie *to stand up*

el premio *prize*

el tacón alto *high heel*

la herradura *horseshoe*

Apuntes culturales En la historia de las civilizaciones antiguas suelen mezclarse mitos con hechos históricos. Eso sucede también en América Latina. Aztlán es un lugar mítico de la cultura azteca. Supuestamente, los primeros aztecas salieron de allí en busca de la tierra prometida. Se ha especulado mucho sobre su ubicación, pero la teoría más aceptada es que Aztlán habría sido una isla situada en el noroeste del país. *¿Conoces algún lugar o personaje mítico en la historia de una cultura?*

Suggestion
Ask pairs to describe how the members of *Facetas* celebrated their awards following the ceremony.

Comprensión

1 El resumen

A. Señala con una cruz los hechos que ocurren en la **Fotonovela** y ordénalos cronológicamente.

_x, 3_ a. Diana le explica a Johnny por qué él no fue nominado.

____ b. Aguayo irá con su esposa y le aconseja a Éric que invite a Mariela.

_x, 2_ c. Cuando llega la lista, el equipo de *Facetas* descubre que los nominados son Aguayo, Mariela y Éric.

_x, 4_ d. Mariela sabe caminar con tacón alto.

____ e. Fabiola no va a ir a la ceremonia.

_x, 5_ f. Éric y Mariela hablan.

_x, 1_ g. Johnny viene al trabajo vestido elegantemente.

____ h. Johnny gana un premio.

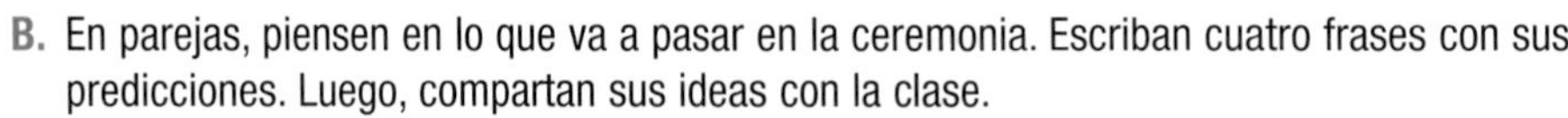

B. En parejas, piensen en lo que va a pasar en la ceremonia. Escriban cuatro frases con sus predicciones. Luego, compartan sus ideas con la clase.

(2) Have pairs write two more questions and then exchange them with another pair.

2 Preguntas Responde a las siguientes preguntas.

1. ¿Adónde iba a ir el equipo de *Facetas* esa noche?
2. ¿Por qué Johnny se vistió con un traje elegante tan temprano?
3. ¿Por qué Johnny no fue nominado?
4. ¿Por qué Johnny cree que Éric debe invitar a Mariela a ir con él?
5. ¿Crees que Mariela y Éric van a llegar a ser novios? ¿Por qué?

(3) Model the activity by asking volunteers for two or three possible answers using **Es necesario**.

3 Consejos Johnny se preocupa cuando se da cuenta de que él no está nominado. Imagina que tú lo quieres tranquilizar. Usa las expresiones de la lista para escribir cinco consejos que le darás. Sigue el modelo.

es necesario	es verdad
es importante	no es cierto
creo que	ojalá
no dudo de	nadie que

MODELO

Es necesario que presentes tu trabajo a tiempo *(on time)* el próximo año.

Ampliación

4 **Gracias, muchas gracias** En la ceremonia, cuando Éric, Mariela y Aguayo reciben sus premios, dicen unas palabras. En grupos de tres, preparen los pequeños discursos. El discurso de Aguayo debe ser adecuado y formal. El discurso de Éric, aburrido y nervioso. El de Mariela, gracioso e informal. Luego representen la situación ante la clase.

MODELO

Acepto este premio de parte la revista Facetas y todos sus empleados. Primero, me gustaría agredecer a …

5 **Muchas gracias, otra vez** Ahora, imagina que eres tú la persona que va a recibir un premio. Escribe tu discurso de agradecimiento y léelo delante de la clase.

6 **Éric y Mariela** La **Fotonovela** tiene un final abierto porque es casi al final cuando Éric y Mariela tratan de invitarse el uno al otro para ir a la ceremonia de gala. En parejas, preparen la continuación del diálogo entre Éric y Mariela y representen la situación.

7 **El futuro de *Facetas*** En parejas, imaginen cómo será la vida de cada uno de los personajes de la **Fotonovela** dentro de veinte años.

JOHNNY

MARIELA

ÉRIC

AGUAYO

DIANA

FABIOLA

8 En parejas, imaginen cómo serán sus vidas dentro de veinte años. Contesten las siguientes preguntas:

1. ¿Cuál será su profesión?
2. ¿Estarán solteros/as o casados/as?
3. ¿Cuántos hijos tendrán?
4. ¿En qué estado/ciudad vivirán?
5. ¿Qué harán en su tiempo libre?

(4) Review the awards won by each character before beginning the exercise to make sure everyone has the correct information.

(5) Ask pairs to make up five awards for the class and their list of winners. The categories should reflect positive traits only. "Winners" can give an acceptance speech.

(6) Have different pairs write another dialogue between two of the other characters speculating on the relationship between Mariela and Éric.

(7) Review the personal characteristics and professional achievements of the different characters, from the beginning of the story, before assigning the activity.

Instructional Resource IRM (general teaching suggestion)

NATIONAL cultures STANDARDS

La independencia de Hispanoamérica

Simón Bolívar

Aguayo ha sido nominado para un premio por su artículo sobre historia y civilización latinoamericana. ¿Qué saben de la historia de Hispanoamérica? Aquí pueden leer un pequeño resumen de las luchas de independencia de estos países.

Los países hispanoamericanos dejaron de ser colonias españolas en el siglo XIX. En pocos años, todos ellos se declararon estados libres y se independizaron. En 1898, Cuba y Puerto Rico lograron su independencia de España.

El descontento de las llamadas colonias frente a la corrupta administración y la política económica española era enorme. Los rebeldes, inspirados en los ideales de la Revolución Francesa, pedían el cese de los impuestos y del monopolio comercial y productivo que la metrópoli les imponía.

Durante esos años, la Guerra de Independencia estalló en España. Ésta era una guerra contra Napoleón, que había invadido al país y, tras la victoria, había nombrado rey de España a su hermano, José Bonaparte. En Hispanoamérica, se crearon las "juntas de gobierno" como reacción contra la invasión napoleónica a España. Pero estas juntas no estaban tanto en contra del rey que había puesto Napoleón, como en contra de la idea de tener un rey con autoridad sobre los territorios americanos.

La ola revolucionaria empezó en 1810 en Colombia, Argentina, Chile y Venezuela, encabezada por Simón Bolívar, convencido de la necesidad de que todas las colonias se unieran en la lucha por la libertad.

En México, los jefes de la rebelión armada fueron los curas Miguel Hidalgo y José María Morelos. Después de sangrientas batallas, la independencia mexicana fue declarada en 1821. En el sur, la lucha argentina duró hasta 1816. Esta lucha fue liderada por José de San Martín, quien cruzó los Andes con cinco mil hombres para ayudar a los rebeldes chilenos de Bernardo O'Higgins, que luchaban por lograr la libertad definitiva de Chile.

José de San Martín

En 1822, en Ecuador, Simón Bolívar y José de San Martín se reunieron secretamente para organizar la liberación de Perú, último territorio dominado por la resistencia española. En 1825, se acordó la creación de Bolivia, que hasta el momento había sido territorio peruano.

Culturas precolombinas

Cabeza colosal olmeca

La pirámide de los Nichos

Éric recibe una nominación por unas fotografías que había tomado de las pirámides de Teotihuacán. Éstas son unas famosas pirámides aztecas. A continuación, vas a leer un breve artículo sobre algunas culturas indígenas americanas.

Al hablar de las culturas indígenas precolombinas, pensamos inmediatamente en las civilizaciones azteca, inca y maya. Pero estas culturas no eran las únicas que existían antes de la llegada de Cristóbal Colón. Existieron muchísimas otras, las cuales contaban con sus propios dialectos, creencias y estructuras sociales.

La civilización olmeca se asentó en el sur de México. Ellos fueron los primeros en utilizar la piedra para construir pirámides y esculpir colosales cabezas humanas. Trabajaban también piedras semipreciosas, como el jade y la amatista. Se dedicaban a la caza, a la pesca, al comercio y al cultivo del maíz y del frijol. Crearon un calendario astronómico, utilizado después por los mayas, pero no conocían la rueda ni utilizaban animales de carga. Sus dioses tenían facciones animales, sobre todo de jaguares y cocodrilos. Una de las ciudades más importantes de los olmecas se encuentra en el estado de Veracruz y se llama El Tajín.

Otra civilización importante precolombina fue la tolteca, que en náhuatl significa "gran artista". Esta civilización se desarrolló en el centro de México donde fundaron su capital, Tula. Uno de los elementos más particulares de Tula son los Atlantes, impresionantes estatuas labradas en piedra que miden 4.8 metros de altura. Se cree que estas estatuas fueron construidas para proteger al templo de Quetzalcóatl, su dios principal. Los toltecas fueron importantes ceramistas, hábiles comerciantes y grandes escultores.

Por su parte, la civilización araucana, conformada por diferentes grupos de motuches y aucas, se estableció en Chile y en Argentina. En tiempos precolombinos, estos grupos vivían principalmente de la caza, la pesca y el cultivo. Domesticaban llamas, alpacas y otros animales para el cultivo y transporte de sus productos. Todavía hoy en día, hay más de 250.000 indios araucanos que viven en las zonas rurales de Chile y Argentina.

Coméntalo

Reúnete con varios compañeros/as de clase y conversa sobre los siguientes temas.

1. ¿Qué creen que tienen en común la independencia de Hispanoamérica con la de Estados Unidos?
2. ¿Conocen algún héroe hispano? ¿Cuál?
3. ¿Creen que es necesario conocer la historia de las culturas? ¿Por qué?
4. Según su opinión, ¿es importante mantener las tradiciones? Razonen sus respuestas.

Instructional Resources
WB, LM, CD-ROM, WB/LM/VM Answer Key

Suggestion: Review the concept of mood and ask volunteers to distinguish between the indicative and subjunctive moods.

¡ATENCIÓN!

The indicative
You will find the various forms of the indicative mood discussed in the following sections:

Present
1.2, pp. 18–19
1.3, pp. 22–23

Preterite
3.1, pp. 78–79

Imperfect
3.2, p. 82

Future
6.1, pp. 170–171

Conditional
6.2, pp. 174–175

Present Perfect
Past Perfect
4.1, pp. 106–107

Future Perfect
Conditional Perfect
10.1, pp. 286–287

12.2 Summary of the indicative

Forms of the indicative

▶ Since Lesson 1, you have been using indicative verb forms and learning new ones. This section will help you synthesize what you have learned about these verb tenses.

Summary of indicative forms

–ar verbs		–er verbs		–ir verbs	
PRESENT					
canto	cantamos	bebo	bebemos	recibo	recibimos
cantas	cantáis	bebes	bebéis	recibes	recibís
canta	cantan	bebe	beben	recibe	reciben
PRETERITE					
canté	cantamos	bebí	bebimos	recibí	recibimos
cantaste	cantasteis	bebiste	bebisteis	recibiste	recibisteis
cantó	cantaron	bebió	bebieron	recibió	recibieron
IMPERFECT					
cantaba	cantábamos	bebía	bebíamos	recibía	recibíamos
cantabas	cantabais	bebías	bebíais	recibías	recibíais
cantaba	cantaban	bebía	bebían	recibía	recibían
FUTURE					
cantaré	cantaremos	beberé	beberemos	recibiré	recibiremos
cantarás	cantaréis	beberás	beberéis	recibirás	recibiréis
cantará	cantarán	beberá	beberán	recibirá	recibirán
CONDITIONAL					
cantaría	cantaríamos	bebería	beberíamos	recibiría	recibiríamos
cantarías	cantaríais	beberías	beberíais	recibirías	recibiríais
cantaría	cantarían	bebería	beberían	recibiría	recibirían

PRESENT PERFECT	PAST PERFECT	FUTURE PERFECT	CONDITIONAL PERFECT
he	había	habré	habría
has	habías	habrás	habrías
ha	había	habrá	habría
hemos	habíamos	habremos	habríamos
habéis	habíais	habréis	habríais
han	habían	habrán	habrían
+ cantado / bebido / recibido	+ cantado / bebido / recibido	+ cantado / bebido / recibido	+ cantado / bebido / recibido

Verbs in the Indicative Mood

▶ The following chart explains when each of the indicative verb tenses is appropriate.

PRESENT	*timeless events:*	**La gente quiere vivir en paz.**
	habitual events that still occur:	**Mi madre sale del trabajo a las cinco.**
	events happening right now:	**El dictador habla con sus consejeros.**
	future events expected to happen:	**Te llamo este fin de semana.**
PRETERITE	*actions or states beginning/ending at a definite point in the past:*	**Ayer firmaron el acuerdo de paz.**
IMPERFECT	*past events without focus on beginning, end, or completeness:*	**Los emperadores explotaban a la población.**
	habitual past actions:	**Le gustaba cenar a las siete.**
	telling time:	**Eran las diez de la mañana.**
	events or actions that were in progress:	**Yo leía mientras mi hermano estudiaba.**
FUTURE	*future events:*	**El rey dará un discurso la próxima semana.**
	probability regarding present event:	**La profesora estará dando una clase ahora.**
CONDITIONAL	*what would happen:*	**Él pelearía por sus tierras.**
	future events in past-tense narrations:	**Me dijo que lo haría él mismo.**
	conjecture about past action:	**Tendría cincuenta años cuando aceptó el cargo.**
	polite requests:	**¿Podría dármelo?**
PRESENT PERFECT	*what has occurred:*	**Han firmado el acuerdo hoy.**
PAST PERFECT	*what had occurred:*	**Lo habían hablado hace ya mucho tiempo.**
FUTURE PERFECT	*what will have occurred:*	**Habrán encontrado tesoros arqueológicos.**
CONDITIONAL PERFECT	*what would have occurred:*	**Si hubieran sabido las intenciones de los españoles, habrían luchado por sus imperios.**

Práctica

(1) Before assigning the exercise, ask pairs to write down everything they know about the **Declaración Universal de los Derechos Humanos**.

1 Seleccionar En 1948, la ONU (Organización de las Naciones Unidas) aprobó la *Declaración Universal de los Derechos Humanos.* A continuación se presentan algunas ideas relacionadas con la libertad del hombre. Subraya (*underline*) la forma adecuada del verbo que completa cada frase.

Todos las personas (nacen-nacerán) libres e iguales. No se (discrimina-discriminará) por ninguna razón: ni nacionalidad, ni raza, ni ideas políticas, ni sexo, ni edad, ni otras.

Todas las personas (tendrían-tendrán) derecho a la vida y a la libertad.
No (hay-habrá) esclavos. En los países en que aún (hay-habrá) esclavos, se (prohíbe-prohibirá) su compra y venta.

Nadie (sufre-sufrirá) torturas ni tratos crueles.

Todos (son-eran) iguales ante la ley y (tienen-tuvieron) los mismos derechos legales. La discriminación (era-será) castigada.

Nadie (va-irá) a la cárcel sin motivo. Se (juzga-juzgará) de una manera justa a todos los presos.

(2) Ask students to make a similar timeline for themselves. Have pairs exchange timelines and write a short narrative for each other and then read them aloud.

2 Pasado, presente y futuro David y Sandra son novios. Antes de conocerse tenían vidas muy distintas. En parejas, escriban sobre el pasado, el presente y el futuro de esta pareja usando frases positivas y negativas. Pueden utilizar las ideas de la lista o cualquier idea propia.

PASADO
PRESENTE
FUTURO
vivir en la ciudad/campo
viajar con la familia
hacer deportes
divertirse
estudiar en la universidad
salir con amigos
ir al cine
viajar
trabajar
casarse
tener hijos
vivir en los suburbios

(3) Model the activity by doing an example as a class.

3 ¿Quién es? En parejas, escojan una persona famosa. Escriban una lista de los acontecimientos de su vida (pasados, presentes y los que pueden ocurrir en el futuro). Cuando hayan terminado, lean en voz alta la lista de los acontecimientos y el resto de la clase tiene que adivinar de quién se trata.

4 Antes y ahora En parejas, comparen cómo han cambiado sus vidas desde que eran niños.

MODELO —Cuando era niño/a, vivía con mis padres. Ahora vivo con un amigo/a.
—Cuando era niño/a, iba al parque los fines de semana. Ahora voy al cine.

Comunicación

5 Acontecimientos

A. Lee la lista de acontecimientos históricos y ordénalos según su importancia.

Acontecimientos de la historia

_________ La independencia de los Estados Unidos
_________ La abolición de la esclavitud
_________ La invención del automóvil
_________ La Segunda Guerra Mundial
_________ La llegada del hombre a la Luna
_________ La caída del muro de Berlín
_________ La invención de Internet

B. En parejas, expliquen por qué ordenaron los acontecimientos de esa manera.

C. Compartan con la clase sus conclusiones. Después, toda la clase se pone de acuerdo para crear una lista común.

6 ¿Qué me sucederá? En parejas, imaginen que pueden consultar un oráculo. ¿Qué preguntas le harían? ¿Qué les gustaría escuchar? Dramaticen la situación. Uno/a es el oráculo y el otro/la otra hace las preguntas. Luego, intercambien los papeles.

7 Historias extrañas En las siguientes historias hay un hecho extraño. En grupos pequeños, lean las historias y contesten las preguntas. Luego, compartan sus respuestas con sus compañeros/as.

1. Un rey regresó victorioso a su reino. Había conquistado enormes territorios y había traído muchas riquezas. Dos días después desapareció.
   - ¿Qué le pasó?
2. Un emperador guerrero y poderoso derrotó a los integrantes de una tribu indígena. Durante años los explotó cruelmente como esclavos. Un buen día, les dio a todos la libertad.
   - ¿Por qué el emperador habrá liberado a los esclavos?

(5) Ask students to rearrange the events chronologically.

(6) Expand the activity into a prepared role-play by assigning the dramatization as homework and having the person visiting the fortune-teller assume the role of a famous person.

(7) As a homework assignment, have students write a newspaper article about one of the events.

Instructional Resources
WB, LM, CD-ROM, WB/LM/VM Answer Key

12.3 Summary of the subjunctive

Forms of the subjunctive

▶ The following chart summarizes the forms of the subjunctive mood. This section will help you synthesize what you have learned about these verb tenses.

No creo que debas ir solo.

No creo que Mariela esté interesada en ir conmigo.

¡ATENCIÓN!

The subjunctive
You will find the various forms of the subjunctive mood discussed in the following sections:

Present subjunctive
4.4, pp. 118–119

Imperfect subjunctive
6.3, pp. 178–179

Present perfect subjunctive
9.2, pp. 260–261

Past perfect subjunctive
10.2, pp. 290–291

Summary of subjunctive forms

–ar verbs		–er verbs		–ir verbs	
		PRESENT SUBJUNCTIVE			
hable	hablemos	beba	bebamos	viva	vivamos
hables	habléis	bebas	bebáis	vivas	viváis
hable	hablen	beba	beban	viva	vivan
		IMPERFECT SUBJUNCTIVE			
hablara	habláramos	bebiera	bebiéramos	viviera	viviéramos
hablaras	hablarais	bebieras	bebierais	vivieras	vivierais
hablara	hablaran	bebiera	bebieran	viviera	vivieran
		PRESENT PERFECT SUBJUNCTIVE			
haya hablado		haya bebido		haya vivido	
hayas hablado		hayas bebido		hayas vivido	
haya hablado		haya bebido		haya vivido	
hayamos hablado		hayamos bebido		hayamos vivido	
hayáis hablado		hayáis bebido		hayáis vivido	
hayan hablado		hayan bebido		hayan vivido	
		PAST PERFECT SUBJUNCTIVE			
hubiera hablado		hubiera bebido		hubiera vivido	
hubieras hablado		hubieras bebido		hubieras vivido	
hubiera hablado		hubiera bebido		hubiera vivido	
hubiéramos hablado		hubiéramos bebido		hubiéramos vivido	
hubierais hablado		hubierais bebido		hubierais vivido	
hubieran hablado		hubieran bebido		hubieran vivido	

Verbs in the subjunctive mood

▶ The following chart explains when each of the subjunctive verb tenses is appropriate.

Present	*main clause is in the present:*	**Queremos que las ciudades estén limpias.**
	main clause is in the future:	**Los campesinos se reunirán para que el gobierno les dé mejores préstamos.**
	*commands (except for affirmative **tú**):*	**Respete los derechos humanos.**
Imperfect	*main clause is in the past tense:*	**El gobierno dudaba que el Congreso aprobara el proyecto de ley.**
	hypothetical or future events:	**Si viviéramos en un mundo ideal, no habría dictadores.**
Present Perfect	*main clause is in the present tense while subordinate clause is in the past:*	**Esperamos que los conflictos se hayan resuelto en las últimas semanas.**
Past Perfect	*hypothetical statements about the past:*	**Si no hubieran encontrado tesoros arqueológicos, no habríamos conocido bien su cultura.**

Es importante que **estudiemos** historia para entender mejor otras culturas.
It is important that we study history to better understand other cultures.

Los indígenas no querían que el conquistador **invadiera** los territorios donde habían vivido por generaciones.
The natives did not want the conqueror to invade the lands where they had lived for generations.

Cristóbal Colón no **hubiera llegado** a América sin el apoyo de la corona de España.
Christopher Columbus wouldn't have arrived at the Americas without the support of the Spanish crown.

El éxito del arqueólogo depende de las ruinas que **haya descubierto** durante su última expedición.
The archeologist's success depends on the ruins that he might have discovered during his last expedition.

Me hubiera gustado ser nominado.

Te aconsejo que no te los pongas sin probártelos.

Subjunctive vs. Indicative

▶ The following chart contrasts the uses of the subjunctive with those of the indicative (or infinitive).

Use the subjunctive with...

impersonal expressions that do not signal certainty.	**Es necesario que** se respeten **los derechos humanos.** *It is necessary to respect human rights.*
expressions of will and influence when there are two different subjects.	**Los senadores insistieron en que el ministro** renunciara. *The senators insisted that the minister resign.*
expressions of emotion when there are two different subjects.	**Lamento que el gobierno no** mantenga **mejor la Biblioteca Nacional.** *I regret that the government does not take better care of the national library.*
expressions of doubt, disbelief, and denial.	**Dudo que los documentos originales** se encuentren **en esta biblioteca.** *I doubt that the original documents are in this library.*
the conjunctions **a menos que, antes (de) que, con tal (de) que, en caso (de) que, para que,** and **sin que.**	**Es importante promover la enseñanza para que las sociedades** se desarrollen. *It is important to promote education so that societies develop.*
cuando, después (de) que, en cuanto, hasta que, and **tan pronto como** when they refer to future actions.	**Entenderemos mejor la cultura maya cuando** se descubran **otras pirámides.** *We will understand the Mayan culture better when other pyramids are discovered.*
si when it expresses a hypothesis contrary to fact.	**Si el presidente** hubiera dicho **eso, todo el mundo lo habría apoyado.** *If the president had said that, everybody would have supported him.*
ojalá.	**Ojalá (que) realmente se** dé **un cambio político.** *I hope that a real policy change happens.*
unknown objects in the main clause.	**Buscamos una región que** tenga **muchas pirámides.** *We are looking for a region that has a lot of pyramids.*

Use the infinitive with...

expressions of will and influence when there is only one subject.	**Mario insiste en** tomar **la clase de historia.** *Mario insists on taking the history class.*
expressions of emotion when there is only one subject.	**A veces lamento no** poder **viajar a través del tiempo.** *Sometimes I regret that I can't travel through time.*

Use the indicative with...

impersonal expressions that signal certainty.	**Es cierto que la vida rural ha cambiado.** *It is true that rural life has changed.*
expressions of certainty and belief.	**Estoy segura de que los documentos originales se encuentran bajo llave.** *I am sure that the original documents are locked up.*
the conjunctions **a menos de, antes de, con tal de, en caso de, para,** and **sin** when there is no change in subject.	**La tribu hará una ceremonia antes de observar la luna nueva.** *The tribe will have a ceremony before observing the new moon.*
cuando, después (de) que, en cuanto, hasta que, and **tan pronto como** when they do not refer to future actions.	**Se tienen más oportunidades cuando se vive en la ciudad.** *One has more opportunities when one lives in the city.*
si when it expresses a factual statement.	**Si no es período de elecciones, la gente está menos interesada en la política.** *If it is not an election year, the people are less interested in politics.*
known objects in the independent clause.	**Necesito el libro que contiene el ensayo sobre Simón Bolívar.** *I need the book that has the essay about Simón Bolívar.*

¡Ya en las librerías!
En esta obra van a leer sobre:
Los que invadieron
Los que conquistaron
Los que pelearon
Los que huyeron
Usted los conocerá
a todos aquí,
a través de los siglos.
Indígena, conquistador, criollo: entre explotación y liberación
de Claudia Sánchez

Práctica

① Ask students to give their answers and an explanation of why they chose the indicative or subjunctive.

② Ask pairs to use the same structures to write five sentences about ancient indigenous civilizations.

③ Model the activity by asking volunteers to talk about historical events using **antes de que**, **cuando**, and **siempre que**.

1 **Seleccionar** Selecciona en las oraciones la forma adecuada del verbo y subráyala.

1. La ley venezolana les prohibía a los militares que (votaron-votaran-votar) en las elecciones presidenciales.
2. Te recomiendo que (estudias-estudies-estudiar) los cambios políticos en el Perú.
3. Me gustaría (lucho-luche-luchar) por los derechos de los indígenas.
4. Los primeros hombres que (poblaron-poblaran-poblar) América llegaron desde Asia.
5. Es una lástima que los conquistadores (destruyeron-destruyeran-destruir) algunas culturas americanas.
6. No es cierto que todos los indígenas americanos se (han rendido-hayan rendido-rendir) pacíficamente.
7. Sé que la dictadura (es-sea-ser) la peor forma de gobierno.
8. ¡Ojalá los pueblos americanos (habían luchado-hubieran luchado-luchar) más por sus derechos!

2 **Unir** Une las frases de las columnas. Usa las formas y los tiempos verbales apropiados.

A
1. El historiador busca el libro que *c*
2. El historiador busca un libro que *b*
3. El historiador buscó un libro que *a*

a. explicara los últimos cambios políticos.
b. explique los últimos cambios políticos.
c. explica los últimos cambios políticos.

B
1. En su viaje, el historiador no conoció ningún indígena que *c*
2. En su viaje, el historiador había conocido a un solo indígena que *b*
3. En su viaje, el historiador conoció a un solo indígena que *a*

a. se comunicaba bien con los hombres blancos.
b. se había comunicado bien con los hombres blancos.
c. se comunicara bien con los hombres blancos.

C
1. Eva no conocía a nadie que *c*
2. Eva conocía a un solo profesor que *a*
3. Eva conoce a un solo profesor que *b*

a. había estudiado la cultura china.
b. ha estudiado la cultura china.
c. hubiera estudiado la cultura china.

3 **¿En qué tiempo?** Conjuga el verbo entre paréntesis en la persona y el tiempo verbal apropiados del subjuntivo.

1. Antes de que los primeros españoles (pisar) *pisaran* el suelo americano, los vikingos ya habían viajado a América.
2. El profesor Gómez viajará al Amazonas. Cuando (llegar) *llegue* allí, investigará algunas tribus aisladas.
3. Siempre que (haber) *haya* democracia, habrá libertad de prensa.
4. Cuando (terminar) *termine* la guerra civil, el país mejorará.
5. El caudillo les habló a sus guerreros para que (luchar) *lucharan* con entusiasmo.

Comunicación

4 **Discusión entre investigadores** Martín González y Lucía Álvarez son dos investigadores que estudian la historia del colonialismo. Ellos dos siempre están discutiendo porque no opinan lo mismo. En parejas, cada uno de ustedes será uno de ellos. Preparen un diálogo basándose en la siguiente información y usando las expresiones de la lista. Después, representen el diálogo delante de la clase.

Los países que colonizaron a otros decían que:

- tenían derecho a conquistar otros territorios.
- debían enseñar su religión y destruir las religiones de los territorios que colonizaban.
- los pueblos indígenas no tenían soberanía.
- conquistar territorios era bueno porque solamente los conquistadores eran civilizados.
- los pueblos indígenas eran salvajes.
- podían explotar las riquezas naturales de los nuevos territorios.
- aumentarían la riqueza de los territorios conquistados.

(no) dudo de que	es (im)probable que
(no) creo que	(no) es una suerte que
(no) estoy seguro/a de que	(no) niego que
(no) es (poco) seguro que	(no) considero que
(no) es cierto que	(no) es una lástima que
(no) es evidente que	(no) es bueno que

④ Read the activity aloud as a class to ensure comprehension. Ask volunteers to model sentences with **Es importante,** for both Martín González and Lucía Álvarez.

5 **La historia**

A. En parejas, elijan un período histórico. Después, tienen que inventar un diálogo entre dos personas de esa época. El diálogo debe estar en el contexto socio-político adecuado. Usen el subjuntivo. Después, representen el diálogo delante de la clase.

Períodos históricos

La Prehistoria

La Edad Media

La época de la Colonia

La Guerra de Independencia

Primera mitad del siglo XX

B. Si tuvieras una máquina para viajar en el tiempo, ¿en qué época te gustaría haber vivido? ¿Por qué? ¿En qué época no te hubiera gustado vivir? ¿Por qué?

⑤ Before assigning the activity to pairs, brainstorm as a class the socio-political circumstances that define each historical period.

Suggestion: Before assigning the activity, ask students to make a list of all the things they write during the course of a day.

A conversar

La escritura y la civilización

A ¿Qué pasaría si no hubiera escritura, si sólo habláramos y nunca pusiéramos nada por escrito? En grupos, discutan los puntos a continuación.

Se dice que la escritura cambió nuestra forma de vida.

- ¿Están de acuerdo con esta afirmación?
- ¿Están seguros de que la escritura nos permite hacer muchas cosas que no podríamos hacer sin ella?
- ¿Qué cosas no podríamos hacer si no existiera la escritura?

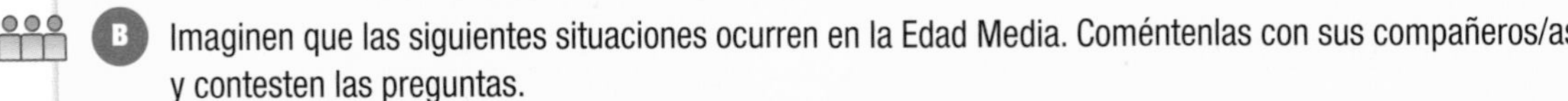

B Imaginen que las siguientes situaciones ocurren en la Edad Media. Coméntenlas con sus compañeros/as y contesten las preguntas.

Un hombre tiene una vaca y un vecino se la pide por un mes. Cuando el primer hombre le pide que se la devuelva, el vecino no quiere, e insiste en que él se la había regalado.

- ¿Cómo solucionarían ustedes el problema?
- ¿Cómo habría sido la situación si el acuerdo *(agreement)* se hubiera hecho por escrito?

Una mujer y un hombre se casan. Después de tres meses, el marido se muere y ella decide regresar a la casa de sus padres, adonde quiere llevarse sus cosas. La familia del marido dice que todo era de él, y no quiere que ella se lleve nada.

- ¿Cómo solucionarían el problema si ustedes fueran los padres de la mujer?
- ¿Cómo habría sido la situación si, antes de casarse, ellos hubieran escrito un contrato de matrimonio?

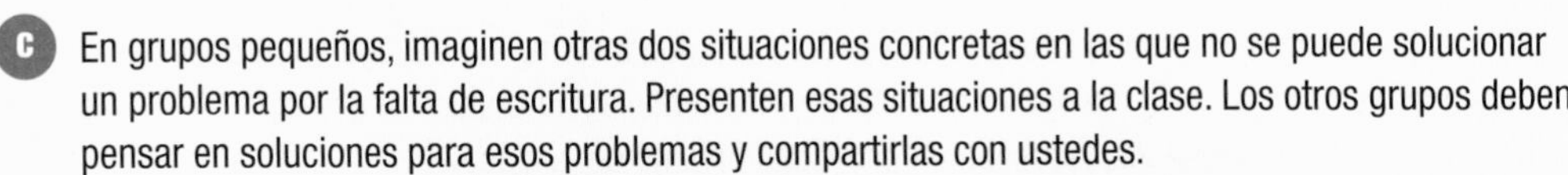

C En grupos pequeños, imaginen otras dos situaciones concretas en las que no se puede solucionar un problema por la falta de escritura. Presenten esas situaciones a la clase. Los otros grupos deben pensar en soluciones para esos problemas y compartirlas con ustedes.

Manos a la obra

Suggestion: See the **VENTANAS** IRM for teaching suggestions.

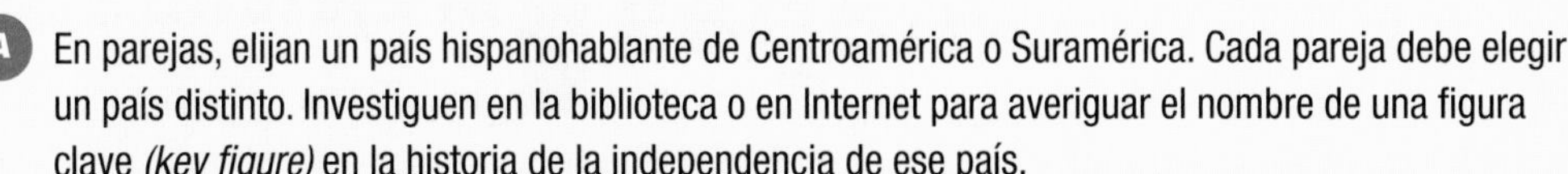

La independencia de los países de América

A En parejas, elijan un país hispanohablante de Centroamérica o Suramérica. Cada pareja debe elegir un país distinto. Investiguen en la biblioteca o en Internet para averiguar el nombre de una figura clave *(key figure)* en la historia de la independencia de ese país.

B Con su compañero/a, preparen una presentación para la clase en la que describan la historia de la independencia del país que eligieron. Contesten estas preguntas en su presentación.

- ¿Cuándo empezó el movimiento de independencia?
- ¿Qué otras figuras participaron en el movimiento?
- ¿Qué circunstancias iniciaron el movimiento?
- ¿Cuándo y cómo se logró la independencia?
- ¿Cómo se manifiestan los efectos de la independencia actualmente en ese país?

C En parejas, imaginen que son el personaje que eligieron. Escriban un párrafo como si ustedes fueran ese personaje dando un discurso a la población. Usen algunas de las expresiones de la lista.

(no) creo que	(no) quiero que
(no) necesito que	es una lástima que
antes de que	(no) me gusta
(no) es una suerte que	a menos que
ojalá que	es probable que

Antes de leer

Con un compañero/a, comenten las preguntas a continuación.

1. ¿Qué etnias y culturas de Estados Unidos conoces?
2. ¿Cómo se conservan?
3. ¿Qué otras culturas de Latinoamérica conoces?

Vocabulario

alzarse en armas *rise to arms*

aportar *to contribute*

saldar *to settle*

Instructional Resource
• Website

Suggestion: For additional literary and cultural readings on the lesson theme, see the corresponding lesson in **Ventanas: Lecturas.**

Suggestion: Show Chiapas on a map of Mexico. Check for prior knowledge by asking students what they know or they might be able to predict about this region.

Chiapas y el Ejército Zapatista

El EZLN, hasta entonces desconocido, se alzó en armas° contra el estado mexicano el mismo día en que entraba en vigor° el Tratado de Libre Comercio de América del Norte (TLCAN, reuniendo a México, Estados Unidos y Canadá). Este hecho les reveló al mundo y al público mexicano que las grandes transformaciones de tipo neoliberal en la economía habían dejado intactos graves problemas de subdesarrollo, propios de los países en vías de desarrollo.

Esta situación afectaba especialmente a Chiapas. Extraordinariamente privilegiado por la naturaleza, Chiapas aporta° la quinta parte del petróleo, casi la cuarta parte del gas y la mitad de la energía hidroeléctrica que produce México, y ocupa primer lugar en las producciones nacionales de café y maíz, y el segundo en la de carne. Irónicamente, muy poca de esta riqueza llega a los más de tres millones de chiapanecos°. Un tercio de la población del estado no tiene electricidad, la mitad no tiene agua potable, cuatro quintas partes

de Liberación Nacional (EZLN)

no están cubiertas por el seguro social, dos tercios siguen una dieta por debajo de los mínimos nutricionales y otra tercera parte es analfabeta°.

El EZLN se presentó como el producto de "500 años de luchas" y exigió "trabajo, tierra, techo, alimentación, salud, educación, independencia, libertad, democracia, justicia y paz" para todos los mexicanos, indígenas o no. En un sentido general, pedían que se tomara en cuenta el problema indígena en Chiapas y se recordaba que México debía saldar° "una deuda con los millones de indígenas marginados", como declaró el Subcomandante Marcos.

Desde el principio se comprendió que Marcos era un guerrillero muy particular y también, por su aspecto, acento y discurso, un blanco con formación superior° sin el menor rasgo de indianidad. Esto último no fue obstáculo, sino que al contrario ganó las simpatías de una parte del público y a numerosas personalidades de la cultura en México, el resto de Latinoamérica y, muy en especial, Europa Occidental. Ha sido nombrado "Quijote del siglo XXI" y ha asegurado que tiene a la obra de Cervantes como libro de cabecera° y como parte de su arsenal. Marcos piensa que se trata del "mejor libro de teoría política", ya que "nuestras armas son las palabras".

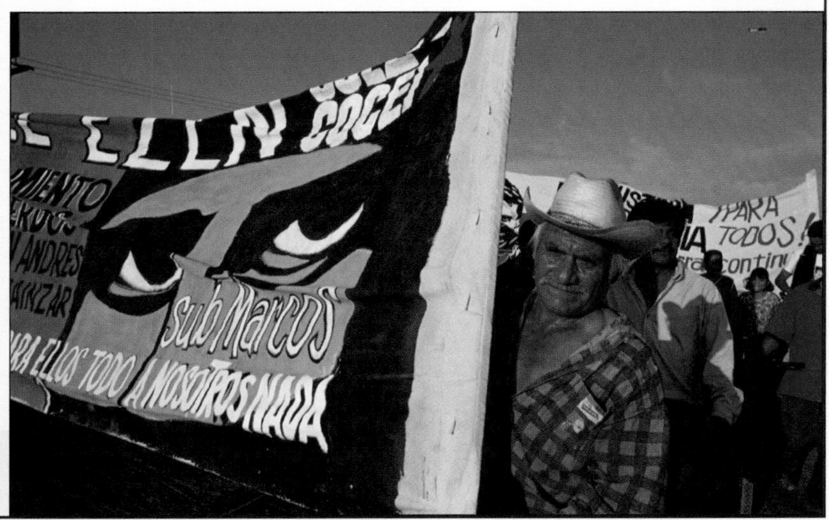

Después de leer

1. ¿Por qué crees que al Subcomandante Marcos también se le llama el "Quijote del siglo XXI"? Busca información sobre *Don Quijote* y trata de establecer conexiones entre los dos.

2. En parejas, piensen en otra figura histórica que ustedes conozcan que ha luchado por los derechos de una minoría. ¿En qué se parece esa situación a la del Subcomandante Marcos y el EZLN?

3. Con un/a compañero/a, busquen más detalles personales sobre la vida del Subcomandante Marcos.

entraba en vigor *went into effect*
chiapanecos *of/from Chiapas*
analfabeta *illiterate*
educación superior *higher education*
cabecera *bedside*
ciudadano medio *average citizen*

Expansion: Have students compare and contrast the policies of **Subcomandante Marcos** with the political activities and events of other Latin American countries. Ex: Castro's 1959 revolution or the Colombian FARC.

12 VOCABULARIO

La civilización

la aldea	*small village*
los alrededores	*the outskirts*
la arqueología	*archaeology*
el barrio	*neighborhood*
la civilización	*civilization*
el/la ciudadano/a	*citizen*
el conocimiento	*knowledge*
la hacienda	*ranch*
el país en vías de desarrollo	*developing country*
la sabiduría	*wisdom*
la sociedad	*society*
el suburbio	*suburb*

Los gobiernos

el caudillo	*leader*
la guerra civil	*civil war*
el/la emperador(a)	*emperor*
el imperio	*empire*
el/la monarca	*monarch*
la reina	*queen*
el reino	*reign; kingdom*
el rey	*king*
la soberanía	*sovereignty*
la tribu	*tribe*

Los períodos históricos

el cambio (político)	*(political) change*
la década	*decade*
La Edad Media	*Middle Ages*
la enseñanza	*teaching; doctrine*
la época	*era; period in time; epoch*
el siglo	*century*
érase una vez	*once upon a time*
a largo plazo	*long-term*

Los descubrimientos y las conquistas

la colonia	*colony*
el coraje	*courage*
el/la conquistador(a)	*conquistador, conqueror, explorer*
el/la criollo/a	*Creole*
el/la descubridor(a)	*discoverer*
la esclavitud	*slavery*
el/la esclavo/a	*slave*
la explotación	*exploitation*
el/la guerrero/a	*warrior*
el/la habitante	*inhabitant*
el/la indígena	*native*
el/la mestizo/a	*person of mixed race*
el sacrificio	*sacrifice*

Verbos relativos a la historia

conquistar	*to conquer*
derribar	*to bring down*
derrotar	*to defeat*
encabezar	*to lead*
esclavizar	*to enslave*
expulsar	*to expel*
huir	*to flee*
invadir	*to invade*
limitar	*to border, to limit*
oprimir	*to oppress*
pelear	*to fight*
perseguir	*to pursue, persecute*
poblar	*to settle, populate*
rendirse	*to surrender*
rescatar	*to rescue*
residir	*to reside*
salvar	*to save*
suprimir	*to abolish, suppress*

Adjetivos relativos a la historia

aislado/a	*isolated*
armado/a	*armed*
culto/a	*cultured; educated; refined*
digno/a	*worthy*
pacífico/a	*peaceful*
poderoso/a	*powerful*
victorioso/a	*victorious*
urbano/a	*urban*

Expresiones útiles *véase la página 331*

Instructional Resource
- Tests

Verb conjugation tables

Guide to the Verb Lists and Tables

Below you will find the infinitive of the verbs introduced as active vocabulary in **VENTANAS**. Each verb is followed by a model verb conjugated on the same pattern. The number in parentheses indicates where in the verb tables, pages 356-363, you can find the conjugated forms of the model verb.

abrirse like vivir (3) *except* past participle is abierto
aburrir(se) like vivir (3)
acariciar like hablar (1)
acercarse (c:qu) like tocar (43)
acoger (g:j) like proteger (42)
acordar(se) (o:ue) like contar (24)
acostarse (o:ue) like contar (24)
acudir like vivir (3)
adelgazar (z:c) like cruzar (37)
adivinar like hablar (1)
administrar like hablar (1)
admirar like hablar (1)
adorar like hablar (1)
afligirse (g:j) like proteger (42)
agitar like hablar (1)
ahogarse (g:gu) like hablar (1)
ahorrar like hablar (1)
alcanzar (z:c) like empezar (26)
alejarse like hablar (1)
alojarse like hablar (1)
amanecer (c:zc) like conocer (35)
amar like hablar (1)
amarrar like hablar (1)
añadir like vivir (3)
andar like hablar (1)
animar like hablar (1)
aplaudir like vivir (3)
apostar (o:ue) like contar (24)
apreciar like hablar (1)
aprobar (o:ue) like contar (24)
aprovechar like hablar (1)
arrancar (c:qu) like tocar (43)
arrastrar like hablar (1)
arreglarse like hablar (1)
arriesgar(se) (g:gu) like llegar (41)
ascender like comer (2)
asegurar(se) like hablar (1)
asomarse like hablar (1)
asombrar(se) like hablar (1)
atar like hablar (1)
aterrizar (z:c) like cruzar (37)
atraer like traer (21)
atrapar like hablar (1)
atreverse like comer (2)
atropellar like hablar (1)
averigüar like hablar (1)
avisar like hablar (1)
bailar like hablar (1)
barrer like comer (2)
besar like hablar (1)
borrar like hablar (1)
bostezar (z:c) like cruzar (37)
brindar like hablar (1)
bromear like hablar (1)
burlarse like hablar (1)
caber (4)
caer (5)
caducar (c:qu) like tocar (43)
calentar (e:ie) like pensar (30)
callarse like hablar (1)
cancelar like hablar (1)
clonar like hablar (1)
cobrar like hablar (1)
cocinar like hablar (1)
coger (g:j) like proteger (42)
coleccionar like hablar (1)
colgar (o:ue) like jugar (28)
colocar (c:qu) like tocar (43)
comer(se) (2)
comprobar (o:ue) like contar (24)
conducir (c:zc) (6)
confesar (e:ie) like pensar (30)
confundir like vivir (3)
congeniar like hablar (1)
conocer (c:zc) (35)
conquistar like hablar (1)
considerar like hablar (1)
consultar like hablar (1)
contagiarse like hablar (1)
contar (o:ue) (24)
contentarse like hablar (1)
contratar like hablar (1)
contribuir (y) like destruir (38)
convertirse (e:ie) like vivir (3)
corresponder like comer (2)
coquetear like hablar (1)
creer (y) (36)
cruzar (z:c) (37)
cuidar(se) like hablar (1)
cultivar like hablar (1)
cumplir like vivir (3)
curarse like hablar (1)
dar(se) (7)
decir (e:i) (8)
dejar(se) like hablar (1)
demorar like hablar (1)
derramar like hablar (1)
derribar like hablar (1)
derrotar like hablar (1)
desafiar (desafío) like enviar (39)
desanimarse like hablar (1)
desaparecer (c:zc) like conocer (35)
desarrollar like hablar (1)
desatar like hablar (1)
descansar like hablar (1)
descargar (g:gu) like llegar (41)
descolgar (o:ue) (g:gu) like jugar (28)
descubrir like vivir (3) *except* past participle is descubierto
desembarcar (c:qu) like tocar (43)
desempeñar like hablar (1)
desmayarse like hablar (1)
despedir(se) (e:i) like pedir (29)
destacar (c:qu) like tocar (43)
destrozar (z:c) like cruzar (37)
destruir (y) (38)
dirigir (g:j) like proteger (42)
discutir like vivir (3)
diseñar like hablar (1)
disfrutar like hablar (1)
disimular like hablar (1)
disminuir (y) like destruir (38)
disponer like poner (15)
divertirse (e:ie) like sentir (33)
doblar like hablar (1)
doler (o:ue) like volver (34) *except* past participle is regular
dormir(se) (o:ue) (25)
echar like hablar (1)
educar (c:qu) like tocar (43)
elegir (g:j) like proteger (42)
embarcar (c:qu) like tocar (43)

emitir like vivir (3)
empeñarse like hablar (1)
empeorar like hablar (1)
empezar (e:ie) (z:c) (26)
emprender like comer (2)
empujar like hablar (1)
enamorarse like hablar (1)
encabezar like cruzar (37)
encantar like hablar (1)
encender (e:ie) like entender (27)
enfrentar like hablar (1)
engañar like hablar (1)
engordar like hablar (1)
enrojecer like conocer (35)
ensayar like hablar (1)
entender(se) (e:ie) (27)
enterarse like hablar (1)
enterrar (e:ie) like pensar (30)
entretenerse (e:ie) like tener (20)
enviar (envío) (39)
equivocarse (c:qu) like tocar (43)
esbozar like cruzar (37)
esclavizar like cruzar (37)
espantar like hablar (1)
estar (9)
exigir (g:j) like proteger (42)
experimentar like hablar (1)
explotar like hablar (1)
expulsar like hablar (1)
extinguir like destruir (38)
extrañar(se) like hablar (1)
extraer like traer (21)
fabricar (c:qu) like tocar (43)
fallecer like conocer (35)
faltar like hablar (1)
fastidiar like hablar (1)
festejar like hablar (1)
financiar like hablar (1)
firmar like hablar (1)
formular like hablar (1)
freír (e:i) (frío) like reír (31)
ganar(se) like hablar (1)
generar like hablar (1)
gobernar (e:ie) like pensar (30)
golpear like hablar (1)
gozar (z:c) like cruzar (37)
grabar like hablar (1)
graduar(se) (gradúo) (40)
gustar like hablar (1)
haber (10)
hablar (1)
hacer(se) (11)
heredar like hablar (1)
herir (e:ie) like sentir (33)
hervir (e:ie) like sentir (33)
hojear like hablar (1)
hospedarse like hablar (1)
huir (y) like destruir (38)
hundir like vivir (3)
impedir (e:i) like pedir (29)
importar like hablar (1)
impresionar like hablar (1)
imprimir like vivir (3)
inclinar(se) like hablar (1)
informarse like hablar (1)
ingresar like hablar (1)
inscribirse like vivir (3)
invadir like vivir (3)
inventar like hablar (1)
investigar (g:gu) like llegar (41)
ir (12)
jubilarse like hablar (1)
jugar (u:ue) (g:gu) (28)
lanzar (z:c) like cruzar (37)
lastimar(se) like hablar (1)
levantar(se) like hablar (1)
limitar like hablar (1)
limpiar like hablar (1)
llegar (g:gu) (41)
llevar(se) like hablar (1)
lograr like hablar (1)
luchar like hablar (1)
madrugar (g:gu) like llegar (41)
malgastar like hablar (1)
manchar like hablar (1)
mantenerse (e:ie) like tener (20)
marcharse like hablar (1)
masticar (c:qu) like tocar (43)
mejorar like hablar (1)
merecer (c:zc) like conocer (35)
meterse like comer (2)
mojar(se) like hablar (1)
morirse (o:ue) like dormir (25) *except* past participle is muerto
narrar like hablar (1)
navegar (g:gu) like llegar (41)
nombrar like hablar (1)
oír (y) (13)
olvidarse like hablar (1)
opinar like hablar (1)
oprimir like vivir (3)
parecer(se) (c:zc) like conocer (35)
pasar(se) like hablar (1)
pedir (e:i) (29)
pelear like hablar (1)
pensar (e:ie) (30)
perdonar like hablar (1)
permanecer (c:zc) like conocer (35)
perseguir like seguir (32)
planificar (c:qu) like tocar (43)
poblar (o:ue) like contar (24)
poder (o:ue) (14)
poner(se) (15)
portarse like hablar (1)
preguntarse like hablar (1)
premiar like hablar (1)
preocupar(se) like hablar (1)
presentarse like hablar (1)
prevenir like venir (22)
promover (o:ue) like volver (34) *except* past participle is regular
pronunciar like hablar (1)
proponer like poner (15)
proporcionar like hablar (1)
proteger (g:j) (42)
provenir (e:ie) like venir (22)
publicar (c:qu) like tocar (43)
quedar(se) like hablar (1)
quejarse like hablar (1)
querer (e:ie) (16)
quitar(se) like hablar (1)
rechazar (z:c) like cruzar (37)
recordar (o:ue) like contar (24)
recorrer like comer (2)
recuperarse like hablar (1)
reducir (c:zc) like conducir (6)
reír(se) (e:i) (río) (31)
regresar like hablar (1)
relajarse like hablar (1)
rendirse (e:i) like pedir (29)
renovarse (o:ue) like contar (24)
rescatar like hablar (1)
reservar like hablar (1)
residir like vivir (3)
retrasar like hablar (1)
reunirse like vivir (3)
revolver (o:ue) like volver (34)
rezar like cruzar (37)
rociar like hablar (1)
rodear like hablar (1)
romper like comer (2) *except* past participle is roto
rozar (z:c) like cruzar (37)
saber (17)
salir (18)
salvar like hablar (1)
seguir (e:i) (g:gu) (32)
señalar like hablar (1)
sentir(se) (e:ie) (33)
ser (19)
sintonizar (z:c) like cruzar (37)
sobrevivir like vivir (3)
soñar (o:ue) like contar (24)
soplar like hablar (1)
soportar like hablar (1)
suceder like comer (2)
sufrir like vivir (3)
superar like hablar (1)
suprimir like vivir (3)
tener (20)
tirar like hablar (1)
titularse like hablar (1)
tocar (c:qu) (43)
tomar like hablar (1)
traer (21)
transmitir like vivir (3)
trasnochar like hablar (1)
tratar like hablar (1)
trazar like cruzar (37)
tropezar (z:c) like hablar (1)
vencer (c:z) like comer (2)
venir (22)
ver(se) (23)
vigilar like hablar (1)
vivir (3)
volver (o:ue) (34)

Regular verbs: simple tenses

		Infinitive	INDICATIVE					SUBJUNCTIVE		IMPERATIVE
			Present	Imperfect	Preterite	Future	Conditional	Present	Past	
1		hablar	hablo	hablaba	hablé	hablaré	hablaría	hable	hablara	
			hablas	hablabas	hablaste	hablarás	hablarías	hables	hablaras	habla tú (no hables)
		Participles:	habla	hablaba	habló	hablará	hablaría	hable	hablara	hable Ud.
		hablando	hablamos	hablábamos	hablamos	hablaremos	hablaríamos	hablemos	habláramos	hablemos
		hablado	habláis	hablabais	hablasteis	hablaréis	hablaríais	habléis	hablarais	hablad (no habléis)
			hablan	hablaban	hablaron	hablarán	hablarían	hablen	hablaran	hablen Uds.
2		comer	como	comía	comí	comeré	comería	coma	comiera	
			comes	comías	comiste	comerás	comerías	comas	comieras	come tú (no comas)
		Participles:	come	comía	comió	comerá	comería	coma	comiera	coma Ud.
		comiendo	comemos	comíamos	comimos	comeremos	comeríamos	comamos	comiéramos	comamos
		comido	coméis	comíais	comisteis	comeréis	comeríais	comáis	comierais	comed (no comáis)
			comen	comían	comieron	comerán	comerían	coman	comieran	coman Uds.
3		vivir	vivo	vivía	viví	viviré	viviría	viva	viviera	
			vives	vivías	viviste	vivirás	vivirías	vivas	vivieras	vive tú (no vivas)
		Participles:	vive	vivía	vivió	vivirá	viviría	viva	viviera	viva Ud.
		viviendo	vivimos	vivíamos	vivimos	viviremos	viviríamos	vivamos	viviéramos	vivamos
		vivido	vivís	vivíais	vivisteis	viviréis	viviríais	viváis	vivierais	vivid (no viváis)
			viven	vivían	vivieron	vivirán	vivirían	vivan	vivieran	vivan Uds.

All verbs: compound tenses

PERFECT TENSES											
INDICATIVE								SUBJUNCTIVE			
Present Perfect		Past Perfect		Future Perfect		Conditional Perfect		Present Perfect		Past Perfect	
he		había		habré		habría		haya		hubiera	
has		habías		habrás		habrías		hayas		hubieras	
ha	hablado	había	hablado	habrá	hablado	habría	hablado	haya	hablado	hubiera	hablado
hemos	comido	habíamos	comido	habremos	comido	habríamos	comido	hayamos	comido	hubiéramos	comido
habéis	vivido	habíais	vivido	habréis	vivido	habríais	vivido	hayáis	vivido	hubierais	vivido
han		habían		habrán		habrían		hayan		hubieran	

PROGRESSIVE TENSES											
INDICATIVE								SUBJUNCTIVE			
Present Progressive		Past Progressive		Future Progressive		Conditional Progressive		Present Progressive		Past Progressive	
estoy		estaba		estaré		estaría		esté		estuviera	
estás	hablando	estabas	hablando	estarás	hablando	estarías	hablando	estés	hablando	estuvieras	hablando
está	comiendo	estaba	comiendo	estará	comiendo	estaría	comiendo	esté	comiendo	estuviera	comiendo
estamos	viviendo	estábamos	viviendo	estaremos	viviendo	estaríamos	viviendo	estemos	viviendo	estuviéramos	viviendo
estáis		estabais		estaréis		estaríais		estéis		estuvierais	
estan		estaban		estarán		estarían		estén		estuvieran	

Irregular verbs

	Infinitive	INDICATIVE Present	Imperfect	Preterite	Future	Conditional	SUBJUNCTIVE Present	Past	IMPERATIVE
4	caber	**quepo**	cabía	**cupe**	**cabré**	**cabría**	**quepa**	**cupiera**	
		cabes	cabías	**cupiste**	**cabrás**	**cabrías**	**quepas**	**cupieras**	cabe tú (no **quepas**)
	Participles:	cabe	cabía	**cupo**	**cabrá**	**cabría**	**quepa**	**cupiera**	quepa Ud.
	cabiendo	cabemos	cabíamos	**cupimos**	**cabremos**	**cabríamos**	**quepamos**	**cupiéramos**	**quepamos**
	cabido	cabéis	cabíais	**cupisteis**	**cabréis**	**cabríais**	**quepáis**	**cupierais**	cabed (no **quepáis**)
		caben	cabían	**cupieron**	**cabrán**	**cabrían**	**quepan**	**cupieran**	**quepan** Uds.
5	caer(se)	**caigo**	caía	**caí**	caeré	caería	**caiga**	**cayera**	
		caes	caías	**caíste**	caerás	caerías	**caigas**	**cayeras**	cae tú (no **caigas**)
	Participles:	cae	caía	**cayó**	caerá	caería	**caiga**	**cayera**	**caiga** Ud. (no **caiga**)
	cayendo	caemos	caíamos	**caímos**	caeremos	caeríamos	**caigamos**	**cayéramos**	**caigamos**
	caído	caéis	caíais	**caísteis**	caeréis	caeríais	**caigáis**	**cayerais**	caed (no **caigáis**)
		caen	caían	**cayeron**	caerán	caerían	**caigan**	**cayeran**	**caigan** Uds.
6	conducir	**conduzco**	conducía	**conduje**	conduciré	conduciría	**conduzca**	**condujera**	
	(c:zc)	conduces	conducías	**condujiste**	conducirás	conducirías	**conduzcas**	**condujeras**	conduce tú (no **conduzcas**)
	Participles:	conduce	conducía	**condujo**	conducirá	conduciría	**conduzca**	**condujera**	**conduzca** Ud. (no **conduzca**)
	conduciendo	conducimos	conducíamos	**condujimos**	conduciremos	conduciríamos	**conduzcamos**	**condujéramos**	**conduzcamos**
	conducido	conducís	conducíais	**condujisteis**	conduciréis	conduciríais	**conduzcáis**	**condujerais**	conducid (no **conduzcáis**)
		conducen	conducían	**condujeron**	conducirán	conducirían	**conduzcan**	**condujeran**	**conduzcan** Uds.

	Infinitive	INDICATIVE					SUBJUNCTIVE		IMPERATIVE
		Present	Imperfect	Preterite	Future	Conditional	Present	Past	
7	dar	**doy**	daba	**di**	daré	daría	**dé**	**diera**	
		das	dabas	**diste**	darás	darías	des	**dieras**	da tú (no des)
	Participles:	da	daba	**dio**	dará	daría	**dé**	**diera**	**dé** Ud.
	dando	damos	dábamos	**dimos**	daremos	daríamos	demos	**diéramos**	demos
	dado	dais	dabais	**disteis**	daréis	daríais	deis	**dierais**	dad (no **deis**)
		dan	daban	**dieron**	darán	darían	den	**dieran**	den Uds.
8	decir (e:i)	**digo**	decía	**dije**	**diré**	**diría**	**diga**	**dijera**	
		dices	decías	**dijiste**	**dirás**	**dirías**	**digas**	**dijeras**	**di** tú (no **digas**)
	Participles:	**dice**	decía	**dijo**	**dirá**	**diría**	**diga**	**dijera**	**diga** Ud.
	diciendo	decimos	decíamos	**dijimos**	**diremos**	**diríamos**	**digamos**	**dijéramos**	**digamos**
	dicho	decís	decíais	**dijisteis**	**diréis**	**diríais**	**digáis**	**dijerais**	decid (no **digáis**)
		dicen	decían	**dijeron**	**dirán**	**dirían**	**digan**	**dijeran**	**digan** Uds.
9	estar	**estoy**	estaba	**estuve**	estaré	estaría	esté	**estuviera**	
		estás	estabas	**estuviste**	estarás	estarías	estés	**estuvieras**	**está** tú (no **estés**)
	Participles:	está	estaba	**estuvo**	estará	estaría	esté	**estuviera**	**esté** Ud.
	estando	estamos	estábamos	**estuvimos**	estaremos	estaríamos	estemos	**estuviéramos**	**estemos**
	estado	estáis	estabais	**estuvisteis**	estaréis	estaríais	estéis	**estuvierais**	estad (no **estéis**)
		están	estaban	**estuvieron**	estarán	estarían	estén	**estuvieran**	**estén** Uds.
10	haber	**he**	había	**hube**	**habré**	**habría**	**haya**	**hubiera**	
		has	habías	**hubiste**	**habrás**	**habrías**	**hayas**	**hubieras**	
	Participles:	**ha**	había	**hubo**	**habrá**	**habría**	**haya**	**hubiera**	
	habiendo	**hemos**	habíamos	**hubimos**	**habremos**	**habríamos**	**hayamos**	**hubiéramos**	
	habido	**habéis**	habíais	**hubisteis**	**habréis**	**habríais**	**hayáis**	**hubierais**	
		han	habían	**hubieron**	**habrán**	**habrían**	**hayan**	**hubieran**	
11	hacer	**hago**	hacía	**hice**	**haré**	**haría**	**haga**	**hiciera**	
		haces	hacías	**hiciste**	**harás**	**harías**	**hagas**	**hicieras**	**haz** tú (no **hagas**)
	Participles:	hace	hacía	**hizo**	**hará**	**haría**	**haga**	**hiciera**	**haga** Ud.
	haciendo	hacemos	hacíamos	**hicimos**	**haremos**	**haríamos**	**hagamos**	**hiciéramos**	**hagamos**
	hecho	hacéis	hacíais	**hicisteis**	**haréis**	**haríais**	**hagáis**	**hicierais**	haced (no **hagáis**)
		hacen	hacían	**hicieron**	**harán**	**harían**	**hagan**	**hicieran**	**hagan** Uds.
12	ir	**voy**	**iba**	**fui**	iré	iría	**vaya**	**fuera**	
		vas	**ibas**	**fuiste**	irás	irías	**vayas**	**fueras**	**ve** tú (no **vayas**)
	Participles:	**va**	**iba**	**fue**	irá	iría	**vaya**	**fuera**	**vaya** Ud.
	yendo	**vamos**	**íbamos**	**fuimos**	iremos	iríamos	**vayamos**	**fuéramos**	**vamos**
	ido	**vais**	**ibais**	**fuisteis**	iréis	iríais	**vayáis**	**fuerais**	id (no **vayáis**)
		van	**iban**	**fueron**	irán	irían	**vayan**	**fueran**	**vayan** Uds.
13	oír (y)	**oigo**	oía	**oí**	oiré	oiría	**oiga**	**oyera**	
		oyes	oías	**oíste**	oirás	oirías	**oigas**	**oyeras**	**oye** tú (no **oigas**)
	Participles:	**oye**	oía	**oyó**	oirá	oiría	**oiga**	**oyera**	**oiga** Ud.
	oyendo	**oímos**	oíamos	**oímos**	oiremos	oiríamos	**oigamos**	**oyéramos**	**oigamos**
	oído	**oís**	oíais	**oísteis**	oiréis	oiríais	**oigáis**	**oyerais**	oíd (no **oigáis**)
		oyen	oían	**oyeron**	oirán	oirían	**oigan**	**oyeran**	**oigan** Uds.

	Infinitive	INDICATIVE					SUBJUNCTIVE		IMPERATIVE
		Present	Imperfect	Preterite	Future	Conditional	Present	Past	
14	poder (o:ue) **Participles:** **pudiendo** podido	**puedo** **puedes** **puede** podemos podéis **pueden**	podía podías podía podíamos podíais podían	**pude** **pudiste** **pudo** **pudimos** **pudisteis** **pudieron**	**podré** **podrás** **podrá** **podremos** **podréis** **podrán**	**podría** **podrías** **podría** **podríamos** **podríais** **podrían**	**pueda** **puedas** **pueda** podamos podáis **puedan**	**pudiera** **pudieras** **pudiera** **pudiéramos** **pudierais** **pudieran**	**puede** tú (no **puedas**) **pueda** Ud. podamos poded (no **podáis**) **puedan** Uds.
15	poner **Participles:** poniendo **puesto**	**pongo** pones pone ponemos ponéis ponen	ponía ponías ponía poníamos poníais ponían	**puse** **pusiste** **puso** **pusimos** **pusisteis** **pusieron**	**pondré** **pondrás** **pondrá** **pondremos** **pondréis** **pondrán**	**pondría** **pondrías** **pondría** **pondríamos** **pondríais** **pondrían**	**ponga** **pongas** **ponga** **pongamos** **pongáis** **pongan**	**pusiera** **pusieras** **pusiera** **pusiéramos** **pusierais** **pusieran**	**pon** tú (no **pongas**) **ponga** Ud. **pongamos** poned (no **pongáis**) **pongan** Uds.
16	querer (e:ie) **Participles:** queriendo querido	**quiero** **quieres** **quiere** queremos queréis **quieren**	quería querías quería queríamos queríais querían	**quise** **quisiste** **quiso** **quisimos** **quisisteis** **quisieron**	**querré** **querrás** **querrá** **querremos** **querréis** **querrán**	**querría** **querrías** **querría** **querríamos** **querríais** **querrían**	**quiera** **quieras** **quiera** queramos queráis **quieran**	**quisiera** **quisieras** **quisiera** **quisiéramos** **quisierais** **quisieran**	**quiere tú** (no **quieras**) **quiera** Ud. **queramos** quered (no **queráis**) **quieran** Uds.
17	saber Participles: sabiendo sabido	**sé** sabes sabe sabemos sabéis saben	sabía sabías sabía sabíamos sabíais sabían	**supe** **supiste** **supo** **supimos** **supisteis** **supieron**	**sabré** **sabrás** **sabrá** **sabremos** **sabréis** **sabrán**	**sabría** **sabrías** **sabría** **sabríamos** **sabríais** **sabrían**	**sepa** **sepas** **sepa** **sepamos** **sepáis** **sepan**	**supiera** **supieras** **supiera** **supiéramos** **supierais** **supieran**	sabe tú (no **sepas**) **sepa** Ud. **sepamos** sabed (no **sepáis**) **sepan** Uds.
18	salir **Participles:** saliendo salido	**salgo** sales sale salimos salís salen	salía salías salía salíamos salíais salían	salí saliste salió salimos salisteis salieron	**saldré** **saldrás** **saldrá** **saldremos** **saldréis** **saldrán**	**saldría** **saldrías** **saldría** **saldríamos** **saldríais** **saldrían**	**salga** **salgas** **salga** **salgamos** **salgáis** **salgan**	saliera salieras saliera saliéramos salierais salieran	**sal** tú (no **salgas**) **salga** Ud. **salgamos** salid (no **salgáis**) **salgan** Uds.
19	ser **Participles:** siendo sido	**soy** **eres** **es** **somos** **sois** **son**	**era** **eras** **era** **éramos** **erais** **eran**	**fui** **fuiste** **fue** **fuimos** **fuisteis** **fueron**	seré serás será seremos seréis serán	sería serías sería seríamos seríais serían	**sea** **seas** **sea** **seamos** **seáis** **sean**	**fuera** **fueras** **fuera** **fuéramos** **fuerais** **fueran**	**sé** tú (no **seas**) **sea** Ud. **seamos** sed (no **seáis**) **sean** Uds.
20	tener (e:ie) **Participles:** teniendo tenido	**tengo** **tienes** **tiene** tenemos tenéis **tienen**	**tenía** **tenías** **tenía** **teníamos** **teníais** **tenían**	**tuve** **tuviste** **tuvo** **tuvimos** **tuvisteis** **tuvieron**	**tendré** **tendrás** **tendrá** **tendremos** **tendréis** **tendrán**	**tendría** **tendrías** **tendría** **tendríamos** **tendríais** **tendrían**	**tenga** **tengas** **tenga** **tengamos** **tengáis** **tengan**	**tuviera** **tuvieras** **tuviera** **tuviéramos** **tuvierais** **tuvieran**	**ten** tú (no **tengas**) **tenga** Ud. **tengamos** tened (no **tengáis**) **tengan** Uds.

	Infinitive	INDICATIVE					SUBJUNCTIVE		IMPERATIVE
		Present	Imperfect	Preterite	Future	Conditional	Present	Past	
21	traer	**traigo**	traía	**traje**	traeré	traería	**traiga**	**trajera**	
		traes	traías	**trajiste**	traerás	traerías	**traigas**	**trajeras**	trae tú (no **traigas**)
	Participles:	trae	traía	**trajo**	traerá	traería	**traiga**	**trajera**	**traiga** Ud.
	trayendo	traemos	traíamos	**trajimos**	traeremos	traeríamos	**traigamos**	**trajéramos**	**traigamos**
	traído	traéis	traíais	**trajisteis**	traeréis	traeríais	**traigáis**	**trajerais**	traed (no **traigáis**)
		traen	traían	**trajeron**	traerán	traerían	**traigan**	**trajeran**	**traigan** Uds.
22	venir (e:ie)	**vengo**	venía	**vine**	**vendré**	**vendría**	**venga**	**viniera**	
		vienes	venías	**viniste**	**vendrás**	**vendrías**	**vengas**	**vinieras**	**ven** tú (no **vengas**)
	Participles:	**viene**	venía	**vino**	**vendrá**	**vendría**	**venga**	**viniera**	**venga** Ud.
	viniendo	venimos	veníamos	**vinimos**	**vendremos**	**vendríamos**	**vengamos**	**viniéramos**	**vengamos**
	venido	venís	veníais	**vinisteis**	**vendréis**	**vendríais**	**vengáis**	**vinierais**	venid (no **vengáis**)
		vienen	venían	**vinieron**	**vendrán**	**vendrían**	**vengan**	**vinieran**	**vengan** Uds.
23	ver	**veo**	**veía**	vi	veré	vería	**vea**	**viera**	
		ves	**veías**	viste	verás	verías	**veas**	**vieras**	**ve** tú (no **veas**)
	Participles:	ve	**veía**	vio	verá	vería	**vea**	**viera**	**vea** Ud.
	viendo	vemos	**veíamos**	vimos	veremos	veríamos	**veamos**	**viéramos**	**veamos**
	visto	veis	**veíais**	visteis	veréis	veríais	**veáis**	**vierais**	ved (no **veáis**)
		ven	**veían**	vieron	verán	verían	**vean**	**vieran**	**vean** Uds.

Stem changing verbs

	Infinitive	INDICATIVE					SUBJUNCTIVE		IMPERATIVE
		Present	Imperfect	Preterite	Future	Conditional	Present	Past	
24	contar (o:ue)	**cuento**	contaba	conté	contaré	contaría	**cuente**	contara	
		cuentas	contabas	contaste	contarás	contarías	**cuentes**	contaras	**cuenta** tú (no **cuentes**)
	Participles:	**cuenta**	contaba	contó	contará	contaría	**cuente**	contara	**cuente** Ud.
	contando	contamos	contábamos	contamos	contaremos	contaríamos	contemos	contáramos	contemos
	contado	contáis	contabais	contasteis	contaréis	contaríais	contéis	contarais	contad (no **contéis**)
		cuentan	contaban	contaron	contarán	contarían	**cuenten**	contaran	**cuenten** Uds.
25	dormir (o:ue)	**duermo**	dormía	dormí	dormiré	dormiría	**duerma**	**durmiera**	
		duermes	dormías	dormiste	dormirás	dormirías	**duermas**	**durmieras**	**duerme** tú (no **duermas**)
	Participles:	**duerme**	dormía	**durmió**	dormirá	dormiría	**duerma**	**durmiera**	**duerma** Ud.
	durmiendo	dormimos	dormíamos	dormimos	dormiremos	dormiríamos	**durmamos**	**durmiéramos**	**durmamos**
	dormido	dormís	dormíais	dormisteis	dormiréis	dormiríais	**durmáis**	**durmierais**	dormid (no **durmáis**)
		duermen	dormían	**durmieron**	dormirán	dormirían	**duerman**	**durmieran**	**duerman** Uds.
26	empezar	**empiezo**	empezaba	**empecé**	empezaré	empezaría	**empiece**	empezara	
	(e:ie) (c)	**empiezas**	empezabas	empezaste	empezarás	empezarías	**empieces**	empezaras	**empieza** tú (no **empieces**)
		empieza	empezaba	empezó	empezará	empezaría	**empiece**	empezara	**empiece** Ud.
	Participles:	empezamos	empezábamos	empezamos	empezaremos	empezaríamos	**empecemos**	empezáramos	**empecemos**
	empezando	empezáis	empezabais	empezasteis	empezaréis	empezaríais	**empecéis**	empezarais	empezad (no **empecéis**)
	empezado	**empiezan**	empezaban	empezaron	empezarán	empezarían	**empiecen**	empezaran	**empiecen** Uds.

	Infinitive	INDICATIVE					SUBJUNCTIVE		IMPERATIVE
		Present	Imperfect	Preterite	Future	Conditional	Present	Past	
27	entender (e:ie) **Participles:** entendiendo entendido	**entiendo** **entiendes** **entiende** entendemos entendéis **entienden**	entendía entendías entendía entendíamos entendíais entendían	entendí entendiste entendió entendimos entendisteis entendieron	entenderé entenderás entenderá entenderemos entenderéis entenderán	entendería entenderías entendería entenderíamos entenderíais entenderían	**entienda** **entiendas** **entienda** entendamos entendáis **entiendan**	entendiera entendieras entendiera entendiéramos entendierais entendieran	**entiende** tú (no **entiendas**) **entienda** Ud. **entendamos** entended (no **entendáis**) **entiendan** Uds.
28	jugar (u:ue) (gu) **Participles:** jugando jugado	**juego** **juegas** **juega** jugamos jugáis **juegan**	jugaba jugabas jugaba jugábamos jugabais jugaban	**jugué** jugaste jugó jugamos jugasteis jugaron	jugaré jugarás jugará jugaremos jugaréis jugarán	jugaría jugarías jugaría jugaríamos jugaríais jugarían	**juegue** **juegues** **juegue** **juguemos** **juguéis** **jueguen**	jugara jugaras jugara jugáramos jugarais jugaran	**juega** tú (no **juegues**) **juegue** Ud. **juguemos** jugad (no **juguéis**) **jueguen** Uds.
29	pedir (e:i) **Participles:** **pidiendo** pedido	**pido** **pides** **pide** pedimos pedís **piden**	pedía pedías pedía pedíamos pedíais pedían	pedí pediste **pidió** pedimos pedisteis **pidieron**	pediré pedirás pedirá pediremos pediréis pedirán	pediría pedirías pediría pediríamos pediríais pedirían	**pida** **pidas** **pida** **pidamos** **pidáis** **pidan**	**pidiera** **pidieras** **pidiera** **pidiéramos** **pidierais** **pidieran**	**pide** tú (no **pidas**) **pida** Ud. **pidamos** pedid (no **pidáis**) **pidan** Uds.
30	pensar (e:ie) **Participles:** pensando pensado	**pienso** **piensas** **piensa** pensamos pensáis **piensan**	pensaba pensabas pensaba pensábamos pensabais pensaban	pensé pensaste pensó pensamos pensasteis pensaron	pensaré pensarás pensará pensaremos pensaréis pensarán	pensaría pensarías pensaría pensaríamos pensaríais pensarían	**piense** **pienses** **piense** pensemos penséis **piensen**	pensara pensaras pensara pensáramos pensarais pensaran	**piensa** tú (no **pienses**) **piense** Ud. pensemos pensad (no **penséis**) **piensen** Uds.
31	reír(se) (e:i) **Participles:** **riendo** **reído**	**río** **ríes** **ríe** **reímos** **reís** **ríen**	reía reías reía reíamos reíais reían	**reí** **reíste** **rió** **reímos** **reísteis** **rieron**	reiré reirás reirá reiremos reiréis reirán	reiría reirías reiría reiríamos reiríais reirían	**ría** **rías** **ría** **riamos** **riáis** **rían**	**riera** **rieras** **riera** **riéramos** **rierais** **rieran**	**ríe** tú (no **rías**) **ría** Ud. **riamos** reíd (no **riáis**) **rían** Uds.
32	seguir (e:i) (gu) **Participles:** **siguiendo** seguido	**sigo** **sigues** **sigue** seguimos seguís **siguen**	seguía seguías seguía seguíamos seguíais seguían	seguí seguiste **siguió** seguimos seguisteis **siguieron**	seguiré seguirás seguirá seguiremos seguiréis seguirán	seguiría seguirías seguiría seguiríamos seguiríais seguirían	**siga** **sigas** **siga** **sigamos** **sigáis** **sigan**	**siguiera** **siguieras** **siguiera** **siguiéramos** **siguierais** **siguieran**	**sigue** tú (no **sigas**) **siga** Ud. **sigamos** seguid (no **sigáis**) **sigan** Uds.
33	sentir (e:ie) **Participles:** **sintiendo** sentido	**siento** **sientes** **siente** sentimos sentís **sienten**	sentía sentías sentía sentíamos sentíais sentían	sentí sentiste **sintió** sentimos sentisteis **sintieron**	sentiré sentirás sentirá sentiremos sentiréis sentirán	sentiría sentirías sentiría sentiríamos sentiríais sentirían	**sienta** **sientas** **sienta** **sintamos** **sintáis** **sientan**	**sintiera** **sintieras** **sintiera** **sintiéramos** **sintierais** **sintieran**	**siente** tú (no **sientas**) **sienta** Ud. **sintamos** sentid (no **sintáis**) **sientan** Uds.

		INDICATIVE					SUBJUNCTIVE		IMPERATIVE
	Infinitive	Present	Imperfect	Preterite	Future	Conditional	Present	Past	
34	volver (o:ue) **Participles:** volviendo **vuelto**	**vuelvo** **vuelves** **vuelve** volvemos volvéis **vuelven**	volvía volvías volvía volvíamos volvíais volvían	volví volviste volvió volvimos volvisteis volvieron	volveré volverás volverá volveremos volveréis volverán	volvería volverías volvería volveríamos volveríais volverían	**vuelva** **vuelvas** **vuelva** volvamos volváis **vuelvan**	volviera volvieras volviera volviéramos volvierais volvieran	 **vuelve** tú (no **vuelvas**) **vuelva** Ud. volvamos volved (no **volváis**) **vuelvan** Uds.

Verbs with spelling changes only

		INDICATIVE					SUBJUNCTIVE		IMPERATIVE
	Infinitive	Present	Imperfect	Preterite	Future	Conditional	Present	Past	
35	conocer (c:zc) **Participles:** conociendo conocido	**conozco** conoces conoce conocemos conocéis conocen	conocía conocías conocía conocíamos conocíais conocían	conocí conociste conoció conocimos conocisteis conocieron	conoceré conocerás conocerá conoceremos conoceréis conocerán	conocería conocerías conocería conoceríamos conoceríais conocerían	**conozca** **conozcas** **conozca** **conozcamos** **conozcáis** **conozcan**	conociera conocieras conociera conociéramos conocierais conocieran	 conoce tú (no **conozcas**) **conozca** Ud. **conozcamos** conoced (no **conozcáis**) **conozcan** Uds.
36	creer (y) **Participles:** **creyendo** **creído**	creo crees cree creemos creéis creen	creía creías creía creíamos creíais creían	**creí** **creíste** **creyó** **creímos** **creísteis** **creyeron**	creeré creerás creerá creeremos creeréis creerán	creería creerías creería creeríamos creeríais creerían	crea creas crea creamos creáis crean	**creyera** **creyeras** **creyera** **creyéramos** **creyerais** **creyeran**	 cree tú (no creas) crea Ud. creamos creed (no creáis) crean Uds.
37	cruzar (c) **Participles:** cruzando cruzado	cruzo cruzas cruza cruzamos cruzáis cruzan	cruzaba cruzabas cruzaba cruzábamos cruzabais cruzaban	**crucé** cruzaste cruzó cruzamos cruzasteis cruzaron	cruzaré cruzarás cruzará cruzaremos cruzaréis cruzarán	cruzaría cruzarías cruzaría cruzaríamos cruzaríais cruzarían	**cruce** **cruces** **cruce** **crucemos** **crucéis** **crucen**	cruzara cruzaras cruzara cruzáramos cruzarais cruzaran	 cruza tú (no **cruces**) **cruce** Ud. **crucemos** cruzad (no **crucéis**) **crucen** Uds.
38	destruir (y) **Participles:** **destruyendo** destruido	**destruyo** **destruyes** **destruye** destruimos destruís **destruyen**	destruía destruías destruía destruíamos destruíais destruían	destruí destruiste **destruyó** destruimos destruisteis **destruyeron**	destruiré destruirás destruirá destruiremos destruiréis destruirán	destruiría destruirías destruiría destruiríamos destruiríais destruirían	**destruya** **destruyas** **destruya** **destruyamos** **destruyáis** **destruyan**	**destruyera** **destruyeras** **destruyera** **destruyéramos** **destruyerais** **destruyeran**	 **destruye** tú (no **destruyas**) **destruya** Ud. **destruyamos** destruid (no **destruyáis**) **destruyan** Uds.
39	enviar (envío) **Participles:** enviando enviado	**envío** **envías** **envía** enviamos enviáis **envían**	enviaba enviabas enviaba enviábamos enviabais enviaban	envié enviaste envió enviamos enviasteis enviaron	enviaré enviarás enviará enviaremos enviaréis enviarán	enviaría enviarías enviaría enviaríamos enviaríais enviarían	**envíe** **envíes** **envíe** **enviemos** **enviéis** **envíen**	enviara enviaras enviara enviáramos enviarais enviaran	 **envía** tú (no **envíes**) **envíe** Ud. enviemos enviad (no **enviéis**) **envíen** Uds.

	Infinitive	INDICATIVE					SUBJUNCTIVE		IMPERATIVE
		Present	Imperfect	Preterite	Future	Conditional	Present	Past	
40	graduarse	**gradúo**	graduaba	gradué	graduaré	graduaría	**gradúe**	graduara	
	(gradúo)	**gradúas**	graduabas	graduaste	graduarás	graduarías	**gradúes**	graduaras	**gradúa** tú (no **gradúes**)
	Participles:	**gradúa**	graduaba	graduó	graduará	graduaría	**gradúe**	graduara	**gradúe** Ud.
	graduando	**graduamos**	graduábamos	graduamos	graduaremos	graduaríamos	**graduemos**	graduáramos	graduemos
	graduado	**graduáis**	graduabais	graduasteis	graduaréis	graduaríais	**graduéis**	graduarais	graduad (no **graduéis**)
		gradúan	graduaban	graduaron	graduarán	graduarían	**gradúen**	graduaran	**gradúen** Uds.
41	llegar (gu)	llego	llegaba	**llegué**	llegaré	llegaría	**llegue**	llegara	
		llegas	llegabas	llegaste	llegarás	llegarías	**llegues**	llegaras	llega tú (no **llegues**)
	Participles:	llega	llegaba	llegó	llegará	llegaría	**llegue**	llegara	**llegue** Ud.
	llegando	llegamos	llegábamos	llegamos	llegaremos	llegaríamos	**lleguemos**	llegáramos	**lleguemos**
	llegado	llegáis	llegabais	llegasteis	llegaréis	llegaríais	**lleguéis**	llegarais	llegad (no **lleguéis**)
		llegan	llegaban	llegaron	llegarán	llegarían	**lleguen**	llegaran	**lleguen** Uds.
42	proteger (j)	**protejo**	protegía	protegí	protegeré	protegería	**proteja**	protegiera	
		proteges	protegías	protegiste	protegerás	protegerías	**protejas**	protegieras	protege tú (no **protejas**)
	Participles:	protege	protegía	protegió	protegerá	protegería	**proteja**	protegiera	**proteja** Ud.
	protegiendo	protegemos	protegíamos	protegimos	protegeremos	protegeríamos	**protejamos**	protegiéramos	**protejamos**
	protegido	protegéis	protegíais	protegisteis	protegeréis	protegeríais	**protejáis**	protegierais	proteged (no **protejáis**)
		protegen	protegían	protegieron	protegerán	protegerían	**protejan**	protegieran	**protejan** Uds.
43	tocar (qu)	toco	tocaba	**toqué**	tocaré	tocaría	**toque**	tocara	
		tocas	tocabas	tocaste	tocará	tocarías	**toques**	tocaras	toca tú (no **toques**)
	Participles:	toca	tocaba	tocó	tocarás	tocaría	**toque**	tocara	**toque** Ud.
	tocando	tocamos	tocábamos	tocamos	tocaremos	tocaríamos	**toquemos**	tocáramos	**toquemos**
	tocado	tocáis	tocabais	tocasteis	tocaréis	tocaríais	**toquéis**	tocarais	tocad (no **toquéis**)
		tocan	tocaban	tocaron	tocarán	tocarían	**toquen**	tocaran	**toquen** Uds.

box here? 11; **¿Sería usted tan bueno/a para** + *inf.*... ? Would you be so good as to . . . ? (*form.*) 6; **¿Serías tan bueno/a para** + *inf.*... ? Would you be so good as to . . . ?. (*fam.*) 6; **estar bueno** to (still) be good (i.e. fresh) 5; **ser bueno** to be good (by nature)
búfalo *m.* buffalo 6
burla *f.* mockery (Lect. 7)
burlarse (de) *v.* to make fun of 5 (Lect. 5)
burocracia *f.* bureaucracy 7
buscador *m.* (web) browser; search engine 9
búsqueda *f.* search (Lect. 12)
buzón *m.* mailbox 3

C

caber (*irreg.*) *v.* to fit; **no caber duda** to be no doubt 9 (Lect. 9)
cabo *m.* cape (geography) 6; end (rope, string); **al fin y al cabo** sooner or later, after all 8 (Lect. 6); **llevar a cabo** to carry out (an activity) 4 (Lect. 4)
cabra *f.* goat 6
cadena de televisión *f.* televisión network 2 (Lect. 2)
caducar *v.* to expire 11
caer (*irreg.*) *v.* to fall; **caer bien/mal** to (not) get along well with; to (not) suit 2
caja *f.* box 3; **caja de herramientas** toolbox 3
cajero/a *m.*, *f.* cashier 3
calentamiento global *m.* global warming 6
calentar (e:ie) *v.* to warm up 3
calidad *f.* quality 7
callado/a *adj.* quiet, silent 5
callarse *v.* to be quiet, silent 5 (Lect. 5)
calmantes *m.*, *pl.* painkillers, tranquilizers 5
calmarse *v.* to calm down; to relax; **Cálmate, por favor.** Relax, please. (*fam.*) 4; **Cálmese, por favor.** Relax, please. (*form.*) 4
calzoncillos *m. pl.* underwear (men's) 7
camarero/a *m.*, *f.* waiter, waitress 4
cambiar *v.* to change; **cambiar su estilo de vida** to change one's lifestyle 5
cambio *m.* change; **a cambio de** in exchange for 9 (Lect. 9); **cambio político** *m.* political change 12
camerino *m.* dressing room 9
campaña *f.* campaign 8
campeón, campeona *m.*, *f.* champion 2
canal *m.* canal; channel; **canal de televisión** television channel, television station 2 (Lect. 2)
cancelar *v.* to cancel 4
cáncer *m.* cancer 5
candidato/a *m.*, *f.* candidate 8
cansancio *m.* fatigue; tiredness 3
cansarse *v.* to become tired 3
cantante *m.*, *f.* singer 2 (Lect. 2)
capa *f.* layer 11; **capa de ozono** ozone layer 6
capitán *m.* captain 4
capítulo *m.* chapter 10
caracterización *f.* characterization 10
cargo *m.* position; post; **estar a cargo de** to be in charge of 1
cariño *m.* affection, fondness 1
cariñoso/a *adj.* affectionate 1
carne *f.* meat; flesh; **uña y carne** inseparable 1
casi *adv.* almost 3
castigo *m.* punishment 10 (Lect. 10)
casualidad *f.* chance; **por casualidad** by chance 3
catástrofe *f.* catastrophe; disaster; **catástrofe natural** natural disaster 6
caudillo *m.* leader 12
causa *f.* cause; **a causa de** because of 10 (Lect. 10)
celda *f.* cell 10
celebrar *v.* to celebrate 2
célebre *adj.* famous 10
celos *m. pl.* jealousy; **tener celos de** to be jealous of 1
célula *f.* cell 11
censura *f.* censorship 9
centavo *m.* cent 4
centro comercial *m.* mall 3
cepillarse *v.* to brush 2
cerdo *m.* pig 6
cerro *m.* hill (Lect. 4)
certeza *f.* certainty (Lect.6)
chancho *m.* pig 6
chisme *m.* gossip 9
chiste *m.* joke 2
choque *m.* crash, collision 4 (Lect. 3)
chulo/a *adj.* pretty (Lect. 9)
cicatriz *f.* scar 8
ciencia ficción *f.* science fiction 11
científico/a *m.*, *f.* scientist 11
cierto/a *adj.* certain, sure; **¡Cierto!** Sure! 3; **No es cierto.** That's not so. 3
cine *m.* movie theater, cinema 2
cinturón *m.* belt 4; **cinturón de seguridad** seatbelt 4
circo *m.* circus 2
cirugía *f.* surgery 5
cirujano/a *m.*, *f.* surgeon 5
cita *f.* date 1; quotation 10; **cita a ciegas** *f.* blind date 1
ciudadano/a *m.*, *f.* citizen 8
civilizado/a *adj.* civilized 12
civilización *f.* civilization 12
clima *m.* climate 6
clonar *v.* to clone 11
club *m.* club; **club nocturno/deportivo** night/sports club 2
cobrar *v.* to charge; to receive 7
cocinar *v.* to cook 3
cocinero/a *m.*, *f.* chef 7
codo *m.* elbow (Lect. 5)
coger (g:j) *v.* to take; to grasp (Lect. 5)
cohete *m.* rocket 11
cola *f.* tail 6
coleccionar *v.* to collect 2
coleccionista *m.*, *f.* collector 2
colgar (o:ue) (g:gu) *v.* to hang (up) 3 (Lect. 7)
colina *f.* hill 6
colocar *v.* to place; to put in place 2 (Lect. 2)
colonia *f.* colony 12
colonizar *v.* to colonize; to settle 12
colores *m.*, *pl.* colors; **de colores (muy) vivos** colorful 10
combatiente *m.*, *f.* combatant (Lect. 8)
combustible *m.* fuel; **combustible fósil** *m.* fossil fuel 11
comerciante *m.*, *f.* storekeeper; trader 7
comercio *m.* commerce, trade 7
comerse *v.* to eat up 2
comestible *adj.* edible; **planta comestible** *f.* the edible plant 6
cómo *adv.* how; **¡Cómo no!** Of course! 3; **¿Cómo que son caras/os?** What do you mean they're expensive? 10; **¿Cómo que son feas/os?** What do you mean they're ugly? 10
compañía *f.* company 7
completo/a *adj.* complete; filled up; **El hotel está completo.** The hotel is filled. 4
compositor(a) *m.*, *f.* composer 10
compra *f.* purchase; **ir de compras** to go shopping 3
comprobar (o:ue) *v.* to check; to verify; to test 11 (Lect. 5)
compromiso *m.* commitment, responsibility 1
computación *f.* computer science 11
conciencia *f.* conscience 8
concierto *m.* concert 2
conductor(a) *m.*, *f.* announcer 9
conejo *m.* rabbit 6
conferencia *f.* conference 7
confesar (e:ie) *v.* to confess 8
confianza *f.* confidence, trust 1
confundido/a *adj.* confused; **Creo que están confundidos**. I believe you (pl.) are confused. 9; **Creo**

que estás confundido/a. I believe you (*sing. fam.*) are confused. **9**; **Creo que usted está confundido/a.** I believe you (*sing. form.*) are confused. **9**
confundir (con) *v.* to confuse (with) **8**
congelado/a *adj.* frozen **3**
congelar *v.* to freeze **3**
congeniar *v.* to get along **5**
congestionamiento *m.* traffic jam **4**
congestionado/a *adj.* congested **4**
conjunto *m.* collection; **conjunto musical** musical group, band **2**
conmovedor(a) *adj.* moving **10**
conocimiento *m.* knowledge **12**
conquista *f.* conquest **12**
conquistador(a) *m., f.* conqueror **12**
conquistar *v.* to conquer **12**
conservador(a) *adj.* conservative **8**; *m., f.* curator **10**
considerar *v.* to consider; **Considero que es horrible.** In my opinion, it's horrible. **10**
consiguiente *adj.* resulting; consequent; **por consiguiente** consequently; as a result **10**
consulta *f.* appointment (with doctor) **5**
consultar *v.* consult **5**
consultorio *m.* doctor's office **5**
consumo *m.* consumption **6**; **consumo de energía** energy consumption **6**
contador(a) *m., f.* accountant **7**
contagiarse *v.* to become infected; to catch **5**
contaminación *f.* pollution **6**
contar (o:ue) *v.* to count; contar con to count on (Lect. 9); to tell **2**
contemporáneo/a *adj.* contemporary **10**
contentarse con *v.* to be content with **1**
continuación *f.* the sequel **10**
contratar *v.* to hire, to contract (Lect. 4)
contrato *m.* contract **7**
contribuir *v.* to contribute **6**
control remoto *m.* remote control **11**
convertirse (en) (e:ie) *v.* to become **2**
copa *m.* (drinking) glass; goblet; **Copa del Mundo** World Cup **2**; ir **de copas** to go have a drink **2**
coquetear *v.* to flirt **1**
coraje *m.* courage **12**
corazón *m.* heart (Lect. 1)
cordial *adj.* cordial **2**
cordillera *f.* mountain range **6**
coro *m.* choir; chorus **2**
corrector ortográfico *m.* spell check **11**
corresponder *v.* to return, to share affection **1**
correspondido/a *adj.* returned; **amor (no) correspondido** (un)requited love **1**
corriente *f.* current **6**; trend **10**
corrupción *f.* corruption **7**
corte *m.* cut; **de corte ejecutivo** of an executive kind; of an executive nature **7**
corto *m.* short film **9** (Lect. 1)
cortometraje *m.* short film **9** (Lect. 1)
cosecha *f.* harvest (Lect. 8)
costa *f.* the coast **6**
costoso/a *adj.* costly, expensive **3** (Lect. 1)
costumbre *f.* custom, habit; **de costumbre** usually **3**
cotidiano/a *adj.* everyday **3**
creatividad *f.* creativity **10**
crecimiento *m.* growth **7**
creencia *f.* belief **8**
creer (en) (y) *v.* to believe (in) **8**; **No creas.** Don't you believe it. **3**
creyente *m., f.* believer **8**
criar *v.* to raise; **haber criado** have raised **1**
criollo/a *adj.* Creole **12**; **cocina criolla** national cuisine (i.e. Peruvian, Argentinian, etc.)
crisis *f.* crisis; **crisis económica** economic crisis **7**
crítico/a *m., f.* critic; criticism; **crítico/a de cine** movie critic **9**; **crítico/a** *adj.* critical **8**
crónica *f.* column (newspaper); **crónica de sociedad** lifestyle section **9**; **crónica deportiva** *f.* sports article **9**
crucero *m.* cruise ship **4**
cuadro *m.* painting **10**
cuarentón/cuarentona *adj.* forty-year-old; in her/his forties **8**
cucaracha *f.* cockroach **6**
cuenta *f.* calculation, sum; bill; **tener en cuenta** to keep in mind **6** (Lect. 6); **cuenta corriente** checking account **7**; **cuenta de ahorros** savings account **7**
cuerpo *m.* body; **cuerpo y alma** heart and soul (Lect. 1)
cuesco *m.* pit (Lect. 5)
cueva *f.* cave **6**
cuidado/a *adj.* cared for; **bien cuidado/a** *adj.* well-kept **4**
cuidadoso/a *adj.* careful **1**
cuidar *v.* to take care of **1**
cuidarse *v.* to take care of oneself **3**
cultivar *v.* to grow **6**
culpa *f.* guilt (Lect. 1)
culto *m.* worship **8**
culto/a *adj.* cultured **1**; educated; refined **12**
cultura *f.* culture; **cultura popular** pop culture **9**
cumbre *f.* peak, mountaintop, summit **6** (Lect. 6)
cumplir *v.* to complete; **cumplir con** to do one's duty toward **2** (Lect. 2)
cundir *v.* to grow (Lect. 11)
cura *m.* priest (Lect. 8)
curar(se) *v.* to cure **5**
currículum vitae *m.* resumé **7**

D

dar (*irreg.*) *v.* to give; **dar a** to look out upon (Lect. 4); **dar con alguien** to find (somebody) **9** (Lect. 9); **dar de comer** to feed (animals) **6**; **dar el primer paso** to take the first step **1**; **dar la vuelta (al mundo)** to turn around (the world) **9** (Lect. 7); **dar paso a** to give way to **9** (Lect. 9); **dar un paseo** take a stroll/walk **2**; **dar una vuelta** to take a walk/stroll (Lect. 8); **dar asco** to be disgusting (Lect. 11)
darse (*irreg.*) *v.* to grow; to occur; **darse cuenta** to realize **2**; **darse por vencido** to give up **3**
dato *m.* piece of data; **dato histórico** *m.* historical data; fact **12**
deber + *inf.* *v.* ought + *inf.*; **Deberá usted dejar algunas cosas.** You will have to leave some things behind. (*form.*) **4**; **Deberás dejar algunas cosas.** You will have to leave some things behind. (*fam.*) **4**
década *f.* decade **12**
decir (*irreg.*) *v.* to say; **Diría que es bonita/o.** I'd say it is pretty. **10**; **No diría que es tan horrible.** I wouldn't say it was that horrible. **10**
dedicatoria *f.* dedication **8**
dejar *v.* to leave, to stop, to dump (Lect. 1); **dejar de fumar** quit smoking **5**; **¿Me dejas ver tu pasaporte?** May I see your passport? (*fam.*) **4**; **Déjame ver tu pasaporte, por favor.** Let me see your passport, please. (*fam.*) **4**
dejarse *v.* to neglect oneself **3**
demás: **los/las demás** *pron.* others; other people (Lect. 3)
demasiado/a *adj., adv.* too; too much **7**
democracia *f.* democracy **8**
demorar *v.* to delay (Lect. 7)
dependencia *f.* dependence; **dependencia física y psíquica** *f.* physical and psychological

dependence **5**
depresión *f.* depression **5**
deprimido/a *adj.* depressed **1**
derecho *m.* law; right; **derechos civiles** civil rights **8**; **derechos humanos** human rights **8** (Lect. 6)
derramar *v.* to spill (Lect. 7)
derribar *v.* to bring down **12**
derrotado/a *adj.* defeated **12**
derrotar *v.* to defeat **12**
desafiar *v.* to challenge (Lect. 6)
desafío *m.* challenge **11** (Lect. 4)
desalentado/a *adj.* discouraged (Lect. 12)
desanimarse *v.* to get discouraged (Lect. 3)
desánimo *m.* state of being discouraged **1**
desaparecer (c:sz) *v.* to disappear **6**
desarrollar *v.* develop **10**
desarrollo *m.* development **7**; **país en vías de desarrollo** developing country **12**
desatar *v.* to untie **8** (Lect. 8)
descansar *v.* to rest **5**
descargar (g:gu) *v.* to download **11**
descolgar (o:ue) (g:gu) *v.* to unhang; to take down (Lect. 7)
desconocido/a *m., f.* stranger **4**; *adj.* strange, unknown, unfamiliar (Lect. 4)
descubridor(a) *m., f.* discoverer **12**
descubrimiento *m.* discovery **11**
descubrir *v.* to discover; to uncover **11**
descuidado/a *adj.* unkempt; messy (Lect. 7); **estar descuidado/a** to be neglected **7**; **ser descuidado/a** to be careless **7**
desembarcar *v.* to disembark **4**
desempeñar *v.* to play; to perform; **desempeñar un papel** to play a role (in a play); to carry out **8**
desempleado/a *adj.* unemployed **7**
desempleo *m.* unemployment **7**
desenlace *m.* (plot) ending, outcome **10** (Lect. 1)
deseo *m.* desire; wish; **pedir un deseo** *v.* to make a wish **7** (Lect. 1)
desilusión *f.* disappointment **1**
desmayarse *v.* to faint **5**
desorden *m.* disorder, mess **11**
despacho *m.* office **9** (Lect. 9)
despedida *f.* farewell **4**
despedido/a *adj.* fired; dismissed **8**
despedir (e:ie) *v.* to fire **7**
despedirse (e:ie) *v.* to say goodbye (Lect. 4)
despertarse (e:ie) *v.* to wake up **2**
destacar (c:qu) *v.* to emphasize; to point out **9** (Lect. 9)
destino *m.* destination **4**
destrozar (z:c) *v.* to destroy **8** (Lect. 8)
detestar *v.* to detest **3**
deuda *f.* debt **7**
día *m.* day; al día up to date **7**; **estar al día con las noticias** to keep up with the news (Lect. 9)
diario *m.* daily (newspaper) **9**
dictadura *f.* dictatorship **8**
digestión *f.* digestion **5**
digno/a *adj.* worthy, dignified **12** (Lect. 12)
diluvio *m.* heavy rain **6**
dinero *m.* money **7**
Dios *m.* God **8**
diputado/a *m., f.* representative **8**
directo/a *adj.* direct **4**
director(a) *m., f.* director **9**
dirigir (g:j) *v.* to manage; to direct **7**
discoteca *f.* discotheque **2**
discriminación *f.* discrimination **8**
discriminado/a *adj.* discriminated **8**
discurso *m.* speech **8**
discutir *v.* to argue **1**
diseñar *v.* to design **10** (Lect. 7)
disfraz *m.* costume (Lect. 7)
disfrazado/a *adj.* disguised; in costume **4** (Lect. 4)
disfrutar (de) *v.* to make use (of); to enjoy **3**
disgustado/a *adj.* upset **1**
disgustar *v.* to upset **2**
disimular *v.* to hide, to conceal **1**
disminuir *v.* to decrease **5** (Lect. 5)
disponer (*irreg.*) **(de)** *v.* to have available (Lect. 11)
disponible *adj.* available (Lect. 11)
distinguido/a *adj.* honored **2**
distraído/a *adj.* distracted (Lect. 3)
divertido/a *adj.* fun **2**
divertirse (e:ie) *v.*. to have fun; to enjoy oneself **2**; **¡Que se diviertan!** Have fun! *(pl.)* **2**; **¡Que te diviertas!** Have fun! (*sing.*) **2**
divorcio *m.* divorce **1**
doblada *adj.* dubbed **9**
doblaje *m.* dubbing (film) **9**
doblar *v.* to dub (film) **9**; to fold; to turn (a corner) (Lect. 5)
doble *m.* double (actor) **9**
documental *m.* documentary **9**
doler (o:ue) *v.* to hurt; to ache **2**
dominó *m.* dominoes **2**
dondequiera *adv.* wherever **5**
dormirse (o:ue) *v.* to go to sleep, to fall asleep **2**
dramaturgo(a) *m., f.* playwright **10**
ducharse *v.* to take a shower **2**
dueño/a *m., f.* owner **7**

E

echar *v.* to put, throw **3**; **echar un vistazo** *v.* to take a look **7**; **echar a correr** to take off running (Lect. 11)
Edad Media *f.* Middle Ages **12**
edición especial *f.* special edition (newspaper) **9**
educar (c:qu) *v.* to educate, inform **6**; to raise, to bring up **1**
efectivo *m.* cash; **dinero en efectivo** *m.* cash **3**
eficiente *adj.* efficient **11**
ejecutivo/a *m., f.* executive **7**; **de corte ejecutivo** of an executive nature **7**
ejército *m.* army **8** (Lect. 4)
electoral *adj.* electoral **8**
electrónico/a *adj.* electronic **11**
elegido/a *adj.* chosen; elected; **ser elegido/a** to be elected **8**
elegir (e:i) (g:gu) *v.* to vote for; to elect **8**; to choose **3**
embajador(a) *m., f.* ambassador **8**
embarcar (c:qu) *v.* to embark, to board **4**
emisión *f.* broadcast; transmission **9**; **emisión en vivo/directo** *f.* live transmission **9**
emisora *f.* (radio) station **9**
emitir *v.* to emit; to transmit; to broadcast **11**
empatar *v.* to tie (games) **2**
empeñarse en *v.* to strive to, to make an effort to (Lect. 7)
empeño *m.* determination; undertaking; effort **9** (Lect. 9)
empeorar *v.* to deteriorate, get worse **5**
emperador(a) *m., f.* emperor, empress **12**
empleado/a *m., f.* employee **7**
emprender *v.* to undertake; to embark on **3**
empresa *f.* company, firm, business **7**
empresario/a *m., f.* entrepreneur **7**
empujar *v.* to push (Lect. 3)
enamorado/a (de) *adj.* in love (with) **1**
enamorarse (de) *v.* to fall in love (with) **1**
encabezar *v.* lead **12**
encantar *v.* to like very much; to love (inanimate objects) **2**
encargado/a *m., f.* person in charge; **estar encargado/a de** to be in charge of **1**
encender (e:ie) *v.* to turn on **3**
encogerse (g:j) *v.* shrink; **encogerse de hombros** *v.* to shrug **7**
energía *f.* energy **6**; **energía nuclear** nuclear energy **11**
enérgico/a *adj.* energetic (Lect. 7)

enfermarse *v.* to get sick **5**
enfermedad *f.* disease; illness **5**
enfrentar *v.* to confront, face up to **4**
engañar *v.* to deceive; to trick **9**
engordar *v.* to gain weight **5**
enojo *m.* anger; annoyance **4**
enrojecer (c:sz) *v.* to blush; to turn red **1**
ensayar *v.* to try; to practice (Lect. 5)
ensayista *m., f.* essayist **10**
ensayo *m.* essay; rehearsal **10**
enseñanza *f.* teaching; doctrine **12**
entenderse (e:ie) *v.* to understand each other **1**
enterarse (e:ie) **(de)** *v.* to find out (about) **2**
enterrar (e:ie) *v.* to bury **8** (Lect. 8)
entonces *adv.* then **3**; **en aquel entonces** at that time **3**
entrada *f.* admission ticket **2**
entrega *f.* delivery **9** (Lect. 9)
entrenador(a) *m., f.* trainer **2**
entretenerse (*irreg.*) *v.* to amuse oneself **2**
entrevista de trabajo *f.* job interview **7**
eólico/a *adj.* related to the wind **11**; **energía eólica** wind energy; wind power **11**
episodio *m.* episode **9**; **episodio final** final episode
época *f.* era; period in time; epoch **12**
equipaje *m.* luggage (Lect. 11)
equipo *m.* team **2**
equivocarse *v.* to be mistaken; to make a mistake; **Creo que se equivocan.** I believe you (*pl.*) are mistaken. **9**; **Creo que te equivocas.** I believe you (*sing. fam.*) are mistaken. **9**; **Creo que usted se equivoca.** I believe you (*sing. form.*) are mistaken. **9**
erosión *f.* erosion **6**
esbozar *v.* to sketch **10**
esbozo *m.* outline; sketch **10**
escalada *f.* climb (mountain) (Lect. 6)
escalador(a) *m., f.* climber **2**
escalera *f.* staircase **3**
escena *f.* scene **9**
escenario *m.* scenery; stage **2**
esclavitud *f.* slavery **12**
esclavizar *v.* to enslave **12**
esclavo/a *m., f.* slave **12** (Lect. 12)
escoba *f.* broom **3**
escondidas: a escondidas secretly; clandestinely **3**
escultor(a) *m., f.* sculptor **10**
escultura *f.* sculpture **10**
espacial *adj.* related to (outer) space; spacial **11**
espacio *m.* space **11**
espacioso/a *adj.* spacious **3**
espalda *f.* back; **a mis espaldas** behind my back **9**; **estar de espaldas a** to have one's back to (Lect. 6)
espantar *v.* to scare **8** (Lect. 8)
especialista *m., f.* specialist **5**
especializado/a *adj.* specialized **11**
especie en peligro de extinción *f.* endangered species **6**
espectáculo *m.* show **2**
espera *f.* wait **4**
espiritual *adj.* spiritual **8**
estado de ánimo *m.* mood **5**
estar *v.* to be; **estar al día** to be up-to-date **7**; **estar bajo presión** *v.* to be under stress/pressure **7**; **estar al tanto** to be informed **9**
estatal *adj.* public; pertaining to the state **8**
estereotipo *m.* stereotype (Lect. 3)
estilo *m.* style **10**; **al estilo de…** in the style of . . . **10**
estrecho/a *adj.* narrow (Lect. 3)
estrella *f.* star; **estrella fugaz** *f.* shooting star **11**; **estrella** *f.* (movie) star (male or female) **9**
estreno *m.* premiere; debut **2**
estrofa *f.* stanza **10**
estudio *m.* studio **10**; **estudio de grabación** *m.* recording studio **9**
etapa *f.* stage; phase **10** (Lect. 10)
eterno/a *adj.* eternal **2**
ética *f.* ethics **11**
ético/a *adj.* ethical **11**; **poco ético/a** unethical **11**
etiqueta *f.* label; tag **7**
excitante *adj.* exciting **4**
excursionismo *m.* sightseeing **4**
exigir *v.* to require, to demand **5** (Lect. 5)
éxito *m.* success **7**
exótico/a *adj.* exotic **4**
experimentar *v.* to experience; to feel **3**; **experimentar con** to experiment on **11**
experimento *m.* experiment **11**
exploración *f.* exploration **12**
explorar *v.* to explore **4**
explotación *f.* exploitation (Lect. 6)
explotar *v.* exploit **6** (Lect. 6)
exportaciones *f., pl.* exports **7**
exposición *f.* exhibition **10**
expulsar *v.* to expel **12**
extinguir *v.* to extinguish **6**
extraer *v.* to calculate, to extract **5**
extrañar *v.* to miss **4**; **extrañar a (alguien)** *v.* to miss (someone) **4**
extrañarse (de) *v.* to be surprised (at) **3**
extraterrestre *m., f., adj.* extraterrestial, alien **11**

F

fábrica *f.* factory **7**
fabricar (c:qu) *v.* to manufacture; to make **11**
facción *f.* feature (Lect. 3)
factor *m.* factor; **factores de riesgo** risk factors **5**
falda *f.* skirt (Lect. 7)
fallecer *v.* to die (Lect. 7)
falso/a *adj.* insincere **1**
faltar *v.* to lack; to need **2**
farándula *f.* entertainment **1**
fascinar *v.* to fascinate; to love (inanimate objects) **2**
fastidiar *v.* to annoy (Lect. 12)
favor *m.* favor; **¿Podría usted hacer el favor de cuidar mi pez?** Could you do me the favor of looking after my fish? (*form.*) **6**; **¿Podrías hacer el favor de tomar mis mensajes?** Could you do me the favor of taking my messages? (*fam.*) **6**
fe *f.* faith **8**
felicidad *f.* happiness; **¡Felicidades a todos!** Congratulations to all! **7**
feria *f.* fair **2**
festejar *v.* to celebrate **2** (Lect. 6)
festival *m.* festival **2**
fiabilidad *f.* reliability **7**
fijarse (en) *v.* to take notice (of) **2**
fijo/a *adj.* permanent; fixed **7**
fin *m.* end **8**; **al fin y al cabo** sooner or later, after all **8** (Lect. 6)
financiar *v.* to finance **7**
financiero/a *adj.* financial **7**
finanza(s) *f.* finance(s) **7**
firmar *v.* to sign **7**
físico/a *adj.* physical **5**
flexible *adj.* flexible **1**
foco *m.* lightbulb **3**
fondo *m.* bottom; **a fondo** *adv.* thoroughly **5**
forma *f.* form; shape; **buena/mala forma física** *f.* good/bad physical shape **5**
formular *v.* to formulate **11**
fortaleza *f.* strength **5** (Lect. 5)
frasco *m.* flask **11**
freír (e:i) (frío) *v.* to fry **3**
frontera *f.* frontier **4**
fuente *f.* fountain; source; **fuente de energía** energy source **6**
fuerza *f.* force; power; **fuerza de voluntad** will power **5**; **fuerza laboral** labor force **7**; **fuerzas armadas** *f., pl.* armed forces **8**
función *f.* performance (movie; theater) **2**
funcionario/a *m., f.* government employee **7**
futurístico/a *adj.* futuristic **11**

G

galería *f.* gallery **10**
gallo *m.* rooster **6**
gana *f.* desire; **sentir ganas de** to want to, to have an urge to; to feel like **3** (Lect. 3); **tener ganas de** to want to, to have an urge to **1**
ganar *v.* to win **12**; **ganarse la vida** to earn a living **7**
ganga *f.* bargain **3**
gen *m.* gene **11**
generar *v.* to produce, generate **6**
generoso/a *adj.* generous **1**
genética *f.* genetics **11**
gerente *m., f.* manager **7**
gesto *m.* gesture (Lect. 11)
gimnasio *m.* gymnasium **2**
gobernar *v.* to govern **8**
golpear *v.* to strike; to knock on (Lect. 7)
gozar (z:c) **(de)** *v.* to enjoy **3**
grabar *v.* to record **9**
gracioso/a *adj.* funny, pleasant **1**
gravedad *f.* gravity **11**
gripe *m.* flu **5**
grupo *m.* group; **grupo musical** *m.* musical group, band **2**
guerra *f.* war **12**; **guerra civil** civil war **12**
guerrero *m., f.* warrior **8** (Lect. 8); *adj.* warlike **8**
guinda *f.* morello cherry (Lect. 5)
guión *m.* script **10** (Lect. 4)
gusano *m.* worm **5**
gustar *v.* to like, to enjoy **2**; **¡No me gusta nada... !** I don't like . . . at all! **3**
gusto *m.* taste; **con mucho gusto** gladly **2**; **de buen/mal gusto** in good/bad taste **10**

H

habilidad *f.* skill (Lect. 11)
hábilmente *adv.* skillfully **3**
habitante *m., f.* inhabitant **12**
hablar *v.* to speak; **Hablando de esto,...** Speaking of that, . . . **9**
hacer (*irreg.*) *v.* to do; to make; **hacer algo a propósito** to do something on purpose **3**; **hacer cola** to wait in line **2**; **hacerle caso a alguien** to pay attention to someone **1**; **hacerle daño a alguien** to hurt someone **6**; **hacerle gracia a alguien** to be funny (to someone) **9** (Lect. 9); **hacerse daño** to injure oneself, to get hurt **5**
hambriento/a *adj.* hungry **3**
harto/a *adj.* tired; fed up (with) **8**; **estar harto/a de** to be fed up with; to have had enough of (Lect. 12); **Estoy harto/a de...** I am fed up with... **3**
hasta *adv.* until; **hasta la fecha** up until now (Lect. 9)
hazaña *f.* exploit; feat; accomplishment (Lect. 3)
hecho *m.* fact **8**
helar (e:ie) *v.* to freeze **6**
hembra *f.* female **6**
heredar *v.* to inherit **11**
herencia *f.* heritage; **herencia cultural** cultural heritage (Lect. 1)
herida *f.* injury **5**
herido/a *adj.* injured **5**
herir (e:ie) *v.* to wound; to hurt (Lect. 11)
herradura *f.* horseshoe **12**
herramienta *f.* tool **11**
hervir (e:ie) *v.* to boil **3**
hierba *f.* grass **6**
higiénico/a *adj.* hygienic **5**
histórico/a *adj.* historical; factual; memorable **12**
hogar *m.* home; fireplace **3** (Lect. 3)
hoguera *f.* campfire **6**
hoja de vida *f.* résumé **7**
hojear *v.* to skim **10**
hombro *m.* shoulder; **encogerse de hombros** *v.* to shrug **7**
hondo/a *adj.* deep **2** (Lect. 2)
hora *f.* hour; **a primera hora** at the crack of dawn **6**
horario *m.* schedule **4**
horas de visita *f., pl.* visiting hours **4**
hormiga *f.* ant (Lect. 9)
hospedarse *v.* to stay, to lodge **4**
hoyo *m.* hole (Lect. 7)
huelga *f.* strike **7**
huella *f.* trace, mark (Lect. 7)
huerto *m.* orchard (Lect. 6)
huir *v.* to flee **12**
hundir *v.* to sink, submerge **10** (Lect. 10)
huracán *m.* hurricane **6**
huraño/a *adj.* unsociable, shy **1**

I

iglesia *f.* church **8**
igualdad *f.* equality **8**
ilusión *f.* illusions, hopes **1**
imagen *f.* image, picture **10**
imaginación *f.* imagination **10**
imparcial *adj.* impartial; unbiased; **ser imparcial** to be unbiased **9**
impedir (e:i) *v.* to prevent; to hinder **5** (Lect. 5)
imperio *m.* empire **12**
importaciones *f., pl.* imports **7**
importar *v.* to be important to; to matter **2**
impresionar *v.* to impress **1**
imprimir *v.* to print **9**
improviso: de improviso *adv.* unexpectedly **3**
impuesto *m.* tax; duty **4**; **impuesto de ventas** *m.* sales tax **7**; **pagar el impuesto de...** to pay duty on... **4**
inclinar *v.* to bend (something) downward (Lect. 7); **inclinarse** *v.* to bend down **7** (Lect. 7)
incluido/a *adj.* inclusive **2**
inconveniente *m.* trouble, difficulty **8** (Lect. 12); **Disculpa los inconvenientes, Jorge.** Pardon the problems, Jorge. (*fam.*) **8**; **Disculpe los inconvientes, señora Zamora.** Pardon the problems, Mrs. Zamora. (*form.*) **8**
índice *m.* index; **índice de audiencia** ratings **9**
indígena m., *f.* native; indigenous **12**
industria *f.* industry **7**
infancia *f.* childhood (Lect. 1)
inflamado/a *adj.* inflamed **5**
inflamarse *v.* to become inflamed **5**
inflexible *adj.* inflexible **1**
influyente *adj.* influential; **ser influyente** to be influential **9**
informarse *v.* to get information **8**
informática *f.* computing, computer science, technology **11** (Lect. 11)
ingeniero/a *m., f.* engineer **7**
ingresar *v.* to enter; to enroll in; to become a member of (Lect. 5); **ingresar datos** to enter data **11**
injusto/a *adj.* unjust; unfair **8**
inmoral *adj.* immoral **8**
inquietante *adj.* disturbing **10**
inscribirse *v.* to register; to enroll **8**
inseguro/a *adj.* insecure **1**
insistir en *v.* to insist on; **Insisto en que usted vea a un doctor.** I insist that you see a doctor. (*form.*) **5**; **Insisto en que veas a un doctor.** I insist that you go see a doctor. (*fam.*) **5**
inspirado/a *adj.* inspired **10**
inteligente *adj.* intelligent **1**
interesar *v.* to be interesting to; to interest **2**
Internet *m.* Internet **9**
intrigante *adj.* intriguing **10**
inundación *f.* flood **6**
inundar *v.* to flood **6**
inútil *adj.* useless **2**
invadir *v.* to invade **12**
invención *f.* invention **11**
inventar *v.* to invent; to create **11**
invento *m.* invention **11**
inversión *f.* investment; **inversión extranjera** foreign investment **7**
inversor(a) *m., f.* investor **7**
investigar (g:gu) *v.* to research **11**
ir (*irreg.*) *v.* to go; **¡Qué va!** Of course not! **3**

irresponsable *adj.* irresponsible **1**
irse (*irreg.*) **(de)** *v.* to go away (from) **2**
isla *f.* island **4**
itinerario *m.* itinerary **4**

J

jarabe *m.* syrup
jaula *f.* cage **7** (Lect. 7)
jornada *f.* (work) day (Lect. 7)
jubilación *f.* retirement **7**
jubilarse *v.* to retire **7**
judío/a *m., f.* Jewish person (Lect. 6)
juez(a) *m., f.* judge **8**
juicio *m.* trial; judgment **8**
justo/a *adj.* just; fair **8**

L

laboratorio *m.* laboratory; **laboratorio espacial** *m.* space lab **11**
ladrillo *m.* brick (Lect. 7)
ladrón/ladrona *m., f.* thief **3**
lágrimas *f. pl.* tears (Lect. 1)
lanzar (z:c) *v.* to throw **4**; to launch **8** (Lect. 8)
largo/a *adj.* long; **a lo largo de** along; beside (Lect. 7); **largo plazo** long-term **12**
largometraje *m.* full length, feature film **9**
lastimar *v.* to injure **5**; **lastimarse** *v.* to hurt oneself **5**
lavarse *v.* to wash **2**
lector(a) *m., f.* reader **9**
león *m.* lion **6**
levantar *v.* to pick up **3**; **levantarse** *v.* to get up **2**
ley *f.* law **8**
liberal *adj.* liberal **8**
libertad *f.* freedom **8**
libre *adj.* free **8**
líder *m., f.* leader; **líder político/laboral** political/labor leader **8**
liderazgo *m.* leadership **8**
ligero/a *adj.* light, superficial **4** (Lect. 11)
limitar *v.* to border, to limit **12**
limpiar *v.* to clean **3**
limpieza *m.* cleaning **3**
llamativo/a *adj.* striking, bright **10**
llegada *f.* arrival **4**
llevar *v.* to carry; **llevar a cabo** to carry out (an activity) **4** (Lect. 4); **llevar… años de (casados)** to be (married) for . . . years **1**; **llevarse** *v.* to carry away **2**; **llevarse bien/mal** to get along well/poorly **1**
locura *f.* madness, insanity **5**
locutor(a) *m., f.* announcer **9**
lograr *v.* to attain; to achieve **3**
loro *m.* parrot **6**
lotería *f.* lottery **2**
lucha *f.* struggle; fight **8**
luchar *v.* to fight (Lect. 4); **luchar por** to fight (for) **12**
lugar *m.* place; **Estando yo en tu lugar,…** If I were you, . . . **9**
lujo *m.* luxury (Lect. 7); **de lujo** luxurious
lujoso/a *adj.* luxurious **4**
luminoso/a *adj.* bright **10**
luna *f.* moon; **luna llena** full moon **11**

M

macho *m.* male **6**
madera *f.* wood **10** (Lect. 10)
madre soltera *f.* single mother **1**
madrugador(a) *m., f.* early riser; **ser buen madrugador(a)** to be an early riser **5**
madrugar *v.* to get up early **5**
maduro/a *adj.* mature **1**
magia *f.* magic, allure (Lect. 1)
maldición *f.* curse **6**
malestar *m.* discomfort **5**
malgastar *v.* to waste **6**
malhumorado/a *adj.* ill tempered; in a bad mood **5** (Lect. 5)
manatial *m.* spring **4**
mancha *f.* stain **9** (Lect. 9)
manchar *v.* to stain **9** (Lect. 9)
manejar *v.* to drive **3**
mano de obra *f.* labor **7**
manta *f.* blanket (Lect. 7)
mantenerse (*irreg.*) *v.* to maintain oneself; to keep oneself; **mantenerse en contacto** *v.* to keep in touch **1**
manuscrito *m.* manuscript **10**
maquillarse *v.* to put on makeup **2**
maratón *m.* marathon **2**
marca *f.* brand **7**
marcar (c:qu) *v.* to mark; **marcar un gol/punto** *v.* to score a goal/point **2**
marcharse *v.* to leave: to walk away **4**
marco *m.* frame **4** (Lect. 4)
mareado/a *adj.* dizzy **5**
marido *m.* husband **1**
marinero *m.* sailor (Lect. 12)
mariposa *f.* butterfly **6**
más *adj., adv.* more; **más allá de** beyond **1**; **más bien** rather (Lect. 12)
masticar (c:qu) *v.* to chew **3** (Lect. 7)
matiz *m.* subtlety **9** (Lect. 9)
matrimonio *m.* marriage **1**
mayor de edad to be of age (Lect. 1)
mecánico/a *adj.* mechanical **11**
mecanismo *m.* mechanism **11**
medicina alternativa *f.* alternative medicine **5**
medida *v.* means; measure; **medidas de seguridad** *f. pl.* security measures **4**
medio *m.* half; middle; means; **medio ambiente** environment **6**; **medios de comunicación** media **9**
medir (e:i) *v.* to measure **3**
mejilla *m.* cheek (Lect. 10)
mejorar *v.* to improve **5**
mendigo/a *m., f.* stingy (Lect. 9); beggar (Lect. 12)
mentira *f.* lie **1**
mentiroso/a *adj.* lying **1**
menudo: a menudo *adv.* frecuently; often **3**
mercadeo *m.* marketing **1**
mercado al aire libre *m.* open-air market **3**
mercancía *f.* merchandise **6** (Lect. 6)
merecer (c:sz) *v.* to deserve **8** (Lect. 7)
mesero/a *m., f.* waiter, waitress **4**
mestizo/a *m., f.* person of mixed race **12**
meta *f.* goal; finish line **2**
meterse *v.* to break in (to a conversation) (Lect. 1)
mezcla *f.* mixture **10** (Lect. 10)
mezquita *f.* mosque **8**
miedoso/a *adj.* frightened, scared **6**
milagro *m.* miracle **8**
ministro/a *m., f.* minister **8**; **ministro/a protestante** *m., f.* protestant minister **8**
minoría *f.* minority **8**
mirada *f.* look, glance, gaze **1**
mismo/a *adj.* same **1**; **Lo mismo digo yo**. The same here. **3**; **él/ella mismo/a** himself, herself **1**
mitad *f.* half **3**
modelo *m., f.* model (fashion) **10**
moderno/a *adj.* modern **1**
modificar (c:qu) *v.* to modify; to reform **7**
modo *m.* means; manner; **¡Ni modo!** No way! **3**
mojar *v.* to moisten (Lect. 8); **mojarse** *v.* to get wet **6**
molestar *v.* to bother; to annoy **2**
momento *m.* moment; **en el último momento** at the last moment **4**; **noticia de último momento** last-minute news **9**
monarca *m., f.* monarch **12**
monja *f.* nun (Lect. 4)
mono *m.* monkey **6**
moral *adj.* moral **8**
morder (o:ue) *v.* bite **6**
morirse (o:ue) de *v.* to die of **2**

mosca *f.* fly **6**
movimiento *m.* movement **10**
mudar *v.* to change **2**; **mudarse** *v.* to move (change residence) **2**
muebles *m. pl.* furniture **3**
muerte *f.* death **8**
muestra *f.* sample; example **8** (Lect. 12)
mujer *f.* woman; wife **1**
multa *f.* fine **4**
multinacional *f.* multinational company **7**
multitud *f.* crowd **8**
museo *m.* museum **4**
musulmán/musulmana *m., f.* Muslim person (Lect. 6)

N

narrador(a) *m., f.* narrator **10**
nativo/a *adj.* native **12**
naturaleza muerta *f.* still life **10**
nave *f.* ship; **nave espacial** *f.* spaceship **11**
navegar (g:gu) *v.* to sail, to navegate **4**; **navegar en Internet** to surf the web **9**
necio/a *adj.* stupid (Lect. 9)
negocio *m.* business (Lect. 5)
nervioso/a *adj.* nervous **1**
ni... ni... *conj.* neither . . . nor . . **9**
nido *m.* nest **6**
niebla *f.* fog **6**
nítido/a *adj.* sharp **10**
nivel *m.* level **3** (Lect. 6); **nivel del mar** *m.* sea level **6**
nombrar *v.* to name (Lect. 7)
nominación *f.* nomination **12**
nominado/a *adj.* nominee **12**
nota a pie de página *f.* footnote **10**
noticia *f.* news **9**
noticiero *m.* news program, news broadcast **9** (Lect. 3)

O

o... o... *conj.* either . . . or . . . **9**
obesidad *f.* obesity **5**
obra *f.* work; **obra de arte** work of art **10**; **obra de teatro** play (theater) **2**; **obra maestra** masterpiece **10**
obsequio *m.* gift **8**
ocio *m.* leisure **2**
ocurrírsele a alguien to occur to someone **7**
odiar *v.* to hate **3**
ofrecerse (a) *v.* to offer (to) **6**
ojeras *f. pl.* bags under the eyes **8**
ola *f.* wave (water) **4** (Lect. 4)
olimpiadas *f. pl.* olympics **2**
olvidarse (de) *v.* to forget (about) **2**
olvido *m.* forgetfulness, oblivion (Lect. 1)
onda *m.* wave (radio) **11**
operación *f.* operation **5**
operar *v.* to operate **11**
opinar *v.* to think **8**; to be of the opinion; **Opino que es fea/o.** In my opinion, it's ugly. **10**
oprimir *v.* to oppress **12**
orgulloso/a *adj.* proud **1**; **estar orgulloso/a de** to be proud of **1**
orilla *f.* shore **6**; **a orillas de** on the shore of **6**
ornamentado/a *adj.* ornate **10**
oso *m.* bear **6**
ovni (objeto volador no identificado) *m.* U.F.O. (unidentified flying object) **11**
oyente *m., f.* listener **9**

P

pacífico/a *adj.* peaceful **12**
padre soltero *m.* single father **1**
página *f.* page **9**
paisaje *m.* landscape **6**
palmera *f.* palm tree (Lect. 11)
palta (paltita) *f.* avocado (Lect. 5)
pantalla *f.* screen **9**; **pantalla de computadora** computer screen **9**; **pantalla de televisión** television screen **9**; **pantalla líquida** *f.* LCD screen **11**
papel *m.* role **8**
para *prep.* for; **Para mí,...** In my opinion, . . . **9**
paradoja *f.* paradox **10**
parcial *adj.* partial; biased **9**; **ser parcial** be biased **9**
parcialidad *f.* bias **9**
parecer (c:sz) *v.* to seem **1**; **A mi parecer,...** In my opinion, . . . **9**; **Al parecer, no le gustó.** It looks like he/she didn't like it. **6**; **Me parece hermosa/o.** I think it's pretty. **10**; **Me parece que no.** I don't think so. **10**; **Parece que está triste/contento.** It looks like he/she is sad/happy. **6**; **Me parece que sí/no.** I think so/I don't think so. **10**; **parecerse** *v.* to look like (Lect. 3)
pareja *f.* couple, partner **1**
parque *m.* park; **parque de atracciones** amusement park **2**
parte *f.* part; **de parte de** on behalf of **2**; **Por mi parte,...** As for me, . . . **9**
particular *adj.* private; personal; particular **9** (Lect. 9)
partido *m.* party; **partido político** political party **8**
pasajero/a *adj.* fleeting, passing **2**
pasar *v.* pass; to make pass (across, through, etc.); **pasar la aspiradora** to vacuum **3**; **pasarlo bien/mal** to get along well/badly **1**; **pasarlo fatal** to be miserable, to have a bad time **1**
pasarse *v.* to go too far (Lect. 5)
paseo *m.* stroll **2**
paso *m.* passage; pass; step; **abrirse paso** to make way **9** (Lect. 9)
pastilla *f.* pill **5**
pasto *m.* grass (Lect. 5)
pata *f.* foot/leg of an animal **6**
patente *f.* patent **11**
paz *f.* peace **12**
pecado *m.* sin **8**
pececillo de colores *m.* goldfish **7**
pecho *m.* chest, breast **10** (Lect. 10)
pedir *v.* to ask; **pedir un deseo** *v.* make a wish **7**
pegar (g:gu) *v.* to stick **11**
peinarse *v.* to comb one's hair **2**
peldaño *m.* step (Lect. 3)
pelear *v.* to fight **12** (Lect. 12)
película *f.* film **9**
peligroso/a *adj.* dangerous **4**
pena *f.* pity; **¡Qué pena!** What a pity! **3**
pensión *f.* bed and breakfast inn **4**
pérdida *f.* loss (Lect. 6)
perdonar *v.* to forgive **8**; **Ha sido culpa mía. Perdóname.** It was my fault. Forgive me. (*fam.*) **8**; **Ha sido culpa mía. Perdóneme.** It was my fault. Forgive me. (*form.*) **8**; **Perdone que lo moleste, pero ¿puedo ver la foto?** Pardon the bother, but may I see the photo? (*form.*) **4**
perfeccionar *v.* to improve; to perfect **11**
periódico *m.* newspaper **9**
periodista *m., f.* journalist **7**
perjudicar (c:qu) *v.* damage, harm **6**
permanecer (c:zc) *v.* to remain; to stay **5** (Lect. 5)
permisivo/a *adj.* permissive, easy-going **1**
permiso *m.* permission; **Con permiso. ¿Puedo ver la foto?** Pardon me. May I see the photo? **4**; **Con permiso.** Pardon me. (Excuse me.) **4**
perseguir (e:i) *v.* to pursue (Lect. 3); to persecute **12**
personaje *m.* character; **personaje principal/secundario** main/secondary character **10**
pesadilla *f.* nightmare **3**
pesimista *m., f.* pessimist; **No sean pesimistas.** Don't be pessimistic. (*pl.*) **2**; **No seas pesimista.** Don't be pessimistic. (*sing.*) **2**
peso *m.* weight (Lect. 7)
picadura *f.* insect bite (Lect. 5)
picar (c:qu) *v.* sting, peck **6**;

picnic *m.* picnic **2**
pico *m.* peak, summit **6**
pieza *f.* piece (art) **10**
piloto *m., f.* pilot **4**
pincelada *f.* brush stroke **10**
pintor(a) *m., f.* painter **10**
pintura *f.* painting **10**; **pintura al óleo** *f.* oil painting **10**
plancha *f.* iron (Lect. 6)
planificar (c:qu) *v.* to plan (a project) (Lect. 6)
plantear *v.* to set out (an idea/project); to create; to cause **2**
poblador(a) *m., f.* settler; inhabitant of a town (Lect. 7)
poblar *v.* to populate **12**
poderoso/a *adj.* powerful **12**
política *f.* politics **8**
poner (*irreg.*) *v.* to put; **poner a prueba** to test; to challenge **11**; **poner cara (de hambriento/a)** to make a (hungry) face **5**; **poner un disco compacto** to put a CD on **2**; **poner una cara** to make a face (Lect. 4); **ponerle una inyección a uno** to give somebody a shot **5**; **ponerse** *v.* to put on (clothing) **2**; **ponerse el cinturón** to fasten the seatbelt **4**; **ponerse bien/mal** to get well/ill **5**; **ponerse de pie** to stand up **12**; **ponerse pesado/a** to get on someone's nerves, to become annoying **1**; **poner los cuernos** to cuckold (Lect. 11)
porquería *f.* garbage, poor quality **10**
portada *f.* front page **9**
portarse bien/mal *v.* to behave well/badly **5** (Lect. 5)
portátil *adj.* portable **11**
posible *adj.* possible; **en todo lo posible** in as much as possible **1**
pozo *m.* well (Lect. 6); **pozo petrolero** oil well
precolombino/a *adj.* pre-Columbian **10** (Lect. 10)
preguntarse *v.* to wonder **1**
premiar *v.* to give a prize **3**
premio *m.* prize **12** (Lect. 3)
prensa *f.* the press **9**; **prensa sensacionalista** sensacionalist press **9**
preocupado/a (por) *adj.* worried (about) **1**
preocupar *v.* to worry **2**; **preocuparse (de)** *v.* to worry (about) **2**; **No te preocupes.** Don't worry. (*fam.*) **4**; **No se preocupe usted**. Don't worry. (*form.*) **4**
presentador(a) de noticias *m., f.* news reporter **9**
presentarse como candidato/a *v.* to run for office **8**
presentir (e:ie) *v.* to foresee (Lect. 3)
presionar *v.* to pressure; to stress **7**
presupuesto *m.* budget **7**
prevenido/a *adj.* cautious (Lect. 7)
prevenir (*irreg.*) *v.* to prevent **5**
primeros auxilios *m. pl.* first aid **5**
privilegio *m.* privilege (Lect. 7)
prócer *m.* hero (Lect. 12)
profundo/a *adj.* deep **6**
programador(a) *m., f.* programmer **11**
prohibido/a *adj.* forbidden; prohibited **4**
promover (o:ue) *v.* to promote **6**
pronunciar *v.* to pronounce; **pronunciar un discurso** *v.* to give a speech **8**
propensión *f.* tendency **5** (Lect. 5)
propietario/a *m., f.* (property) owner (Lect. 11)
proponer (*irreg.*) *v.* to propose (Lect. 4); **proponer matrimonio** *v.* to propose (marriage) **1**
proporcionar *v.* to provide; to supply **3**
propósito *m.* purpose **3**
protagonista *m., f.* main character (Lect. 1)
proteger (g:j) *v.* to protect **6**
provecho *m.* benefit; **¡Buen provecho!** Enjoy your meal! **6**
proveniente (de) *adj.* originating (in); coming from **9** (Lect. 9)
provenir (*irreg.*) **(de)** *v.* to come from; to originate from **9** (Lect. 9)
proyecto *m.* project **7**; **proyecto de ley** bill **8**
prueba espacial *f.* space probe **11**
publicar (c:qu) *v.* to publish **9**
publicidad *f.* advertising **7**
público *m.* the public; audience **2**
pueblo *m.* people **8**
puesto *m.* position, job **7** (Lect. 12)
punto de vista *m.* point of view; **10**
puro/a *adj.* pure, clean **6**

Q

quedar *v.* to be left over; to fit (clothing) **2**; **quedar sordo/a** to go deaf **5**; **quedarse** *v.* to stay **4**; **quedarse viudo** to be widowed **1**
quehaceres *m. pl.* chores **3**
queja *f.* complaint **4**
quejarse (de) *v.* to complain (about) **3**
querer (*irreg.*) *v.* to love; to want **1**; **Quería invitarte a acompañarme a la premiación.** I wanted to ask you to come to the ceremony with me. **12**; **Quiero invitarte a acompañarme a la ceremonia.** I want to ask you to come to the ceremony with me. **12**; **Quisiera invitarte a acompañarme a la premiación.** I would like to invite you to come to the ceremony with me. **12**
quirúrgico/a *adj.* surgical **11**
quitar *v.* to take away; to remove; **quitar el polvo** to dust **3**; **quitarse** *v.* to take off (clothing) **2**

R

rabino/a *m., f.* rabbi **8**
radiación *f.* radiation **6**
radio *f.* radio **9**
raíz *f.* root **6**
rasgo *m.* characteristic, feature, trait **5** (Lect. 5)
rata *f.* rat **6**
raya *f.* stripe, warpaint **4**
rayo *m.* ray, lightning; **¿Qué rayos...?** What on earth...? **4**
reactor *m.* reactor **11**
rebeldía *f.* rebelliousness **10**
rebuscado/a *adj.* complicated (Lect. 11)
recado *m.* message **3**
receta *f.* prescription; recipe **5** (Lect. 5)
rechazar (z:c) *v.* to reject **8**
rechazo *m.* refusal, rejection **8** (Lect. 8)
reciclable *adj.* recyclable **6**
recital *m.* recital **2**
recomendable *adj.* recommended; advisable **4**; **poco recomendable** not advisable; inadvisable **4**
reconocimiento *m.* recognition **10** (Lect. 10)
recordar (o:ue) *v.* to remember **1**
recorrer *v.* to go across; to travel **4**
recuerdo *m.* memory (Lect. 1)
recuperarse *v.* to recover **5**
recurso (natural) *m.* (natural) resource **6** (Lect. 12)
redactor(a) *m., f.* editor; **redactor(a) jefe** *m., f.* editor-in-chief **9**
redondo/a *adj.* round **2** (Lect. 2)
reducir (c:sz) *v.* to reduce; **reducir la velocidad** *v.* to slow down **4**
reembolso *m.* refund **3**
reemplazable *adj.* something that can be substituted (Lect. 5)
reforma *f.* reform; **reforma económica** *f.* economic reform **7**
régimen *m.* diet **5**; form of government **8**
regla *f.* rule (Lect. 4)
regresar *v.* to return **4**
regreso *m.* return (trip) **4**
reina *f.* queen **12**
reino *m.* reign; kingdom **12**
relacionado/a *adj.* related; **estar relacionado** to have good

connections **2**
relajarse *v.* to relax **5**
relámpago *m.* lightning **6**
religión *f.* religion **8**
religioso/a *m., f.* religious **8**
remitente *m.* sender (Lect. 3)
rendimiento *m.* performance **5** (Lect. 5)
rendirse (e:i) *v.* to surrender **12**
renovarse *v.* to be renewed; revitalized **6**
renunciar *v.* to renounce; to resign; **renunciar a un cargo** to resign a post **8**
repertorio *m.* repertoire **2**
reportaje *m.* story **9**
reportero/a *m., f.* reporter **9**
reposo *m.* rest; **estar en reposo** to be at rest (Lect. 5)
repostería *f.* pastry **3**
represa *f.* dam **6**
reproducirse (c:sz) *v.* to reproduce **11**
resbaladizo/a *adj.* slippery **8**
resbalar *v.* to slip **6**
rescatar *v.* to rescue **12**
reservación *f.* reservation **4**
reservar *v.* to reserve **4**
resfriado *m.* cold **5**
residir *v.* to reside **12**
respeto *m.* respect (Lect. 10)
respiración *f.* breathing **5**
responsable *adj.* responsible **1**
reto *m.* challenge (Lect. 6)
retrasar *v.* to delay **4**
retraso *m.* delay **4**
retrato *m.* portrait **10** (Lect. 12)
retrovisor *m.* rearview mirror (Lect. 3)
reunión *f.* meeting **7**
reunirse *v.* to get together; to gather **2**
revolver (o:ue) *v.* to stir; to mix up (Lect. 11)
rey *m.* king **12**
riesgo *m.* risk **6**
rima *f.* rhyme **10**
rincón *m.* (inside) corner **4** (Lect. 4)
rociar *v.* to spray **6**
rodeado/a *adj.* surrounded **11**
rodear *v.* to surround **8**
romper (con) *v.* to break up (with) **1**
rozar (z:c) *v.* to brush against, touch lightly **8**
ruido *m.* noise **3**
rumbo a bound for (Lect. 3)
rústico/a *adj.* rustic; rural **12**

S

saber (*irreg.*) *v.* to taste like/of **5**; **¿Cómo sabe?** How does it taste? **5**; **¿Y sabe bien?** And does it taste good? **5**; **Sabe a ajo/menta/limón.** It tastes like garlic/mint/lemon. **5**
sabiduría *f.* wisdom **12**
sabio/a *adj.* wise (Lect. 12)
sabor *m.* taste; flavor **5**; **¡No! ¡Tiene sabor a mango!** No! It's mango flavored! **5**; **¿Qué sabor tiene? ¿Chocolate?** What flavor is it? ¿Chocolate? **5**; **Tiene un sabor dulce/agrio/amargo/agradable.** It has a sweet/sour/bitter/pleasant taste. **5**
sacerdote *m.* priest **8**
saciar *v.* to satisfy; to quench **8**
sacrificar *v.* to sacrifice **12**
sagrado/a *adj.* sacred **8**
sala *f.* room; hall; **sala de conciertos** *f.* concert hall **2**; **sala de emergencias** *f.* emergency room **5**
salida *f.* departure **4**; exit **8**
salir (*irreg.*) *v.* to go out; **salir a comer** to go out to eat **2**; **salir con** to go out with **1**
salto *m.* jump; **salto en el tiempo** time warp **11**
salud *f.* health **5**; **¡A tu salud!** To your health! **7**; **¡Salud!** Cheers! **7**
salvaje *adj.* wild, savage **6**
salvar *v.* to save **12**
sano/a *adj.* healthy **5**
satélite *m.* satellite **11**
sátira *f.* satire **10**
satírico/a *adj.* satirical **10**
secarse *v.* to dry off **2**
seco/a *adj.* dry **6**
seguridad *f.* security **8**
seguro *m.* insurance **4**; **seguro/a** *adj.* sure, confident **1**
seleccionar *v.* to select; to pick out **3**
sello *m.* seal; stamp **9** (Lect. 9)
selva *f.* the jungle **6** (Lect. 6)
semana *f.* week; **¡Buen fin de semana!** Have a nice weekend! **2**
semanal *adj.* weekly; **revista semanal** *f.* weekly supplement (newspaper) **9**
semilla *f.* seed **6**
senador(a) *m., f.* senator **8**
sensato/a *adj.* sensible **1**
sentido *m.* sense; **en sentido figurado** figuratively **10**; **sentido común** *m.* common sense **5** (Lect. 5)
sentimiento *m.* feeling, emotion **1**
sentirse *v.* to feel **1**
señalar *v.* to point out, to signal **2** (Lect. 2)
señales *m. pl.* identifying information, signals **4**
serpiente *f.* snake **6**
servicio de habitación *m.* room service **4**
servicios *m., pl.* facilities **4**
sesión *f.* showing **9**
sierra *f.* mountain range **6**
siglo *m.* century **12**
silbar *v.* to whistle **2**
sillón *m.* armchair (Lect. 8)
simpatía *f.* congeniality **1**
simpático/a *adj.* nice **1**
sinagoga *f.* sinagogue **8**
sincero/a *adj.* sincere **1**
sindicato *m.* labor union **7**
síntoma *m.* symptom **5**
sintonizar *v.* to tune into (radio or television) (Lect. 3)
siquiera *conj.* even; **ni siquiera** *conj.* not even **9**
sitio *m.* place; website **9**
situado/a *adj.* situated; located **10**; **estar situado/a en** to be set in **10**
soberanía *f.* sovereignity **12**
sobre *m.* envelope (Lect. 3)
sobredosis *f.* overdose **11**
sobrevivencia *f.* survival **11**
sobrevivir *v.* to survive **6**
sociable *adj.* sociable **1**
sociedad *f.* society **12**
solar *adj.* solar **11**
soledad *f.* solitude, loneliness **3**
soler (o:ue) *v.* to usually + *inf.* **1**; **Andrés solía** + *inf.* Andrés used + *inf.* **3**
solo/a *adj.* alone, lonely **1**
soltero/a *adj.* single **1**; **madre soltera** single mother **1**; **padre soltero** single father **1**
soñar (o:ue) *v.* to dream; **soñar con** to dream about, to dream of **1**
soplar *v.* to blow **6**
soportar *v.* to support; to put up with **1**; **No soportar** not to be able to stand; not to be able put up with **3**
sordo/a *adj.* deaf **5**
sorprenderse (de) *v.* to be surprised (about) **2**
sospecha *f.* suspicion **1**
sospechar *v.* to suspect **1**
suavidad *f.* smoothness (Lect. 11)
subasta *f.* auction **10**
subdesarrollo *m.* underdevelopment **7**
subida *f.* ascent (Lect. 6)
subtítulos *m., pl.* subtitles **9**
suburbio *m.* suburb **12**
suceder *v.* to happen (Lect. 1)
sucursal *f.* branch **7**
sueldo *m.* salary; **aumento de sueldo** raise; **sueldo mínimo** minimum wage **7**
suelo *m.* floor (Lect. 9)

suelto/a *adj.* loose **8** (Lect. 8)
sufrimiento *m.* pain, suffering (Lect. 1)
sufrir (de) *v.* to suffer from **5**
sugerir (e:ie) *v.* to suggest; **Sugiero que se ponga usted a dieta.** I suggest you go on a diet. (*form.*) **5**; **Sugiero que te pongas a dieta.** I suggest you go on a diet. (*fam.*) **5**
superar *v.* to overcome (Lect. 5)
superficie *f.* surface **11** (Lect. 11)
supermercado *m.* supermarket **3**
supervivencia *f.* survival **11**
suprimir *v.* to abolish, to suppress **12**
supuesto/a *adj.* false; so-called; supposed; **¡Por supuesto!** Of course! **3**
susto *m.* shock, fright (Lect. 11)

T

tacaño/a *adj.* cheap, stingy **1**
tacón (alto) *m.* (high) heel **12**
tal como *conj.* just as (Lect. 7)
talento *m.* talent **1**
talentoso/a *adj.* talented **1**
taller *m.* workshop **10** (Lect. 10)
tapa *f.* lid, cover (Lect. 11)
taquilla *f.* box office **2**
tarjeta *f.* card; **tarjeta de crédito** *f.* credit card **3**
tarugo/a *adj.* blockhead (Lect. 9)
teclado *m.* keyboard **11**
teléfono celular *m.* cellular phone **11**
telenovela *f.* soap opera **9**
telescopio *m.* telescope **11**
televidente *m., f.* television viewer **9**
templo *m.* temple; church **8**
temporada *f.* season; period **4**; **temporada alta/baja** *f.* busy/slow season **4**
tendencia *f.* tendency; bias; **tendencia izquierdista/derechista** *f.* left-wing/right-wing bias **9**
tener (*irreg.*) *v.* to have **Tendrá usted que dejar algunas cosas.** You'll have to leave some things behind. (*form.*) **4**; **Tendrás que dejar algunas cosas.** You'll have to leave some things behind. (*fam.*) **4**; **tener fiebre** to have a fever **5**
tensión alta/baja *f.* high/low blood pressure **5**
teoría (científica) *f.* (scientific) theory **11**
térmico/a *adj.* thermal **11**
terremoto *m.* earthquake **6**
testigo *m., f.* witness **10** (Lect. 10)
tiempo *m.* time; **a tiempo** on time **3**
tierra *f.* land **6**
tigre *m.* tiger **6**
timbre *m.* doorbell **4** (Lect. 4); tone (Lect. 3)
timidez *f.* shyness **1**
tímido/a *adj.* shy **1**
típico/a *adj.* tipical; traditional **12**
tira cómica *f.* comic strip **9**
tirar *v.* to throw (Lect. 3)
titular *m.* headline **9**
titularse *v.* to graduate (Lect. 3)
tocar (c:qu) + me/te/le, etc. *v.* to be my/your/his turn; to be up to me/you/him **2**; **¿A quién le toca pagar la cuenta?** Whose turn is it to pay the tab? **2**; **¿Todavía no me toca?** Is it my turn yet? **2**; **A Johnny le toca hacer el café.** It's Johnny's turn to make coffee. **2**; **Siempre te toca lavar los platos.** It's always your turn to wash the dishes. **2**; **tocar el timbre** to ring the doorbell **3**
tomar *v.* to take **5**; **tomar en serio** to take seriously (Lect. 7); **tomar lugar en…** to take place in… **9**; **tomarse el pelo** to joke (Lect. 6)
tormenta *f.* storm **6**
torneo *m.* tournament **2**
tos *f.* cough **5**
toser *v.* to cough **5**
tradicional *adj.* traditional **1**
tragar (g:gu) *v.* to swallow **3**
trama *m.* plot **10**
tranquilo/a *adj.* calm **1**
transbordador espacial *m.* space shuttle **11**
tránsito *m.* traffic **4**
transmisión *f.* transmission **9**
transmitir *v.* to broadcast **9**
transplantar *v.* to transplant **11**
transporte público *m.* public transportation **4**
trasnochar *v.* to stay up all night **5**
trastorno *m.* disorder **5** (Lect. 5)
tratado *m.* treaty **8**
tratamiento *m.* treatment **5**
tratar *v.* to treat **5**; **tratar de…** to deal with, to be about **9**
trazar *v.* to trace **10**
trazo *m.* (brush) stroke **10**
tribu *f.* tribe **12**
tribunal *m.* court **8**
tropezar (z:c) **(con)** *v.* to stumble (across); to trip; to come up against **4** (Lect. 4)
tropical *adj.* tropical **4**
trueno *m.* thunder **6**
trueque *m.* barter; exchange **7**
turístico/a *adj.* tourist **4**

U

ubicar (c:qu) *v.* to put in a place; to locate **9** (Lect. 9); **ubicarse** *v.* to be located **9**
único/a *adj.* unique **10**
uña *f.* fingernail; **uña y carne** *adj.* inseparable **1**
urbano *adj.* urban **12**

V

vacuna *f.* vaccine **5**
valioso/a *adj.* valuable **10**
valor *m.* bravery (Lect. 4); value; **valores morales** moral values **8**
veces: a veces sometimes **3**
vela *f.* candle **7**
venado *m.* deer **6**
vencer (c:z) *v.* to defeat **2**
vencido/a *adj.* expired **4**
venda *f.* bandage **5**
veneno *m.* poison **6** (Lect. 6)
venenoso/a *adj.* poisonous **6**
venta *f.* sale; **estar a la venta** to be for sale **10**
ventaja *f.* advantage (Lect. 5)
vergüenza *f.* shame, embarrassment **1**; **tener vergüenza** de to be ashamed of **1**
verse (*irreg.*) *v.* to look; to appear **6**; **Se ve tan feliz.** He/She looks so happy. **6**; **¡Qué guapo/a te ves!** How attractive you look! (*fam.*) **6**; **¡Qué satisfecho/a se ve usted!** How satisfied you look! (*form.*) **6**; **Yo lo/la veo muy triste.** He/She looks very sad to me. **6**
verso *m.* verse, line (poem) **10**
vestido/a de negro *adj.* dressed in black (Lect. 8)
vestidor *m.* fitting room **3**
vestirse (e:i) *v.* to get dressed **2**
vez *f.* time; **a veces** sometimes **3**; **de vez en cuando** now and then **3**; **por primera/última vez** for the first/last time **2** (Lect. 2)
victoria *f.* victory **2**
victorioso/a *adj.* victorious **12**
vida *f.* life **8**; **vida cotidiana** everyday life (Lect. 1)
vigente *adj.* valid **4**
vigilar *v.* to watch (Lect. 3)
virus *m.* virus **5**
vistazo *m.* glance **9**; **echar un vistazo** *v.* to take a look **7**
viudo/a *m., f.* widower/widow **1**
votar *v.* to vote **8**
vuelo *m.* flight **4**
vuelta *f.* return (trip) **4**

Y

yeso *m.* cast **5**

Z

zoológico *m.* zoo **2**
zoquete *adj.* dimwit (Lect. 9)

English-Spanish

A

abbess abadesa *f.* (Lect. 4)
abolish suprimir *v.* **12**
absent ausente *adj.* (Lect. 11)
accident accidente *m.* **4**
accomplishment hazaña *f.* (Lect. 3)
account: take into account tener en cuenta **6** (Lect. 6)
accountant contador(a) *m.,f.* **7**
accustomed to acostrumbrado/a *adj.* **5**
ache doler (o:ue) *v.* **2**
achieve alcanzar (z:c) *v.* **4** (Lect. 4); lograr *v.* **3**
add añadir *v.* (Lect. 7)
admire admirar *v.* **4**
admission ticket entrada *f.* boleto *m.* **2**
adore adorar *v.* **1**
advance avance *m.* **11**; **technological advance** avance tecnológico *m.* **11**
advanced avanzado/a *adj.* **11**
advantage ventaja *f.* (Lect. 5), to **take advantage of** aprovechar *v.* **2**
adventure aventura *f.* **4**
adventurer adventurero/a *m.,f.* **4**
advertisement anuncio *m.* **9**
advertising publicidad *f.* **7**
advisable recomendable *adj.* **4**
advise aconsejar *v.*; **I advise you to go home.** Te aconsejo que vayas a casa. (*fam.*) **5**; Le aconsejo que vaya a casa. (*form.*) **5**
affair asunto *m.* **3** (Lect. 6)
affection cariño *m.* **1**; **affectionate** cariñoso/a *adj.* **1**; **to return or share affection** corresponder *v.* **1**
after all al fin y al cabo (Lect. 6)
age edad *f.*; **to be of age** mayor de edad (Lect. 1)
agent agente *m.,f.* **4**; **customs agent** agente de aduanas **4**
agree acordar (o:ue) *v.* (Lect. 4)
almost casi *adv.* **3**
alone solo/a *adj.* **1**
along a lo largo de (Lect. 7)
alter alterar *v.* **11**
alternative medicine medicina alternativa *f.* **5**
allure magia *f.* (Lect. 1)
amaze asombrar *v.* (Lect. 3)
amazement asombro *m.* **3**
ambassador embajador(a) *m.,f.* **8**
amuse oneself entretenerse (*irreg.*) *v.* **2**
amusement park parque de atracciones *m.* **2**
anchor (news) presentador(a) de noticias *m.,f.* **9**
anger enojo *m.* **4**
announcement anuncio *m.* **9**
announcer locutor(a) *m.,f.* **9**
annoy fastidiar *v.* (Lect. 12); molestar *v.* **2**
annoyance enojo *m.* **4**
annoying: become annoying ponerse pesado/a **1**
anorexia anorexia *f.* **5**
ant hormiga *f.* (Lect. 9)
antenna antena *f.* **11**
antique antigüedad *f.* **10** (Lect. 10); antiguo/a *adj.* **10**
antiquity antigüedad *f.* **10** (Lect. 10)
anxiety ansia *f.* **1**
anxious ansioso/a *adj.* **1**
appear verse (*irreg.*) *v.* **6**
appearance aspecto *m.* **5**
applaud aplaudir *v.* **2**
appointment (with doctor) consulta *f.* **5**
appreciated apreciado/a *adj.* **1**
approach acercarse (c:qu) (a) *v.* **2**
approval aprobación *f.* **9**
archaeology arqueología *f.* **12**; **archaeologist** arqueólogo/a *m.,f.* **7**
argue discutir *v.* **1**
armchair sillón *m.* **8**
armed forces fuerzas armadas *f., pl.* **8**
armed armado/a *adj.* **12**
army ejército *m.* **8** (Lect. 4)
arrival llegada *f.* **4**
ascent subida *f.* (Lect. 6)
ashamed avergonzado/a *adj.* (Lect. 12); **be ashamed of** tener vergüenza de **1**
aspirin aspirina *f.* **5**
assure asegurar *v.* (Lect. 3)
astonished: be astonished asombrarse *v.* **3**
astonishing asombroso/a *adj.* **3**
astonishment asombro *m.* **3**
astronaut astronauta *m.,f.* **11**
atheism ateísmo *m.* **8**
athelete atleta *m.,f.* **2**
attain lograr *v.* **3**
attention: pay attention to someone hacerle caso a alguien **1**
attract atraer *v.* **1**
attraction atracción *f.* **1**
auction subasta *f.* **10**
audience público *m.* **2**; **television audience** audiencia *f.* **9**
authoritarian autoritario/a *adj.* **1**
available disponible *adj.* (Lect. 11); **have available** disponer (*irreg.*) (de) *v.* (Lect. 11)
avocado palta *f.* **5**

B

back: have one's back to estar de espaldas a (Lect. 6)
bags (under the eyes) ojeras *f. pl.* **8**
balcony balcón *m.* **3**
band conjunto/ grupo musical *m.* **2**
bandage venda *f.* **5**
bank orilla *f.* **6**
banking bancario/a *adj.* **7**
baptism bautismo *m.* **8** (Lect. 8)
bar bar *m.* **2**
bargain ganga *f.* **3**
barter trueque *m.* **7**
bathe bañarse *v.* **2**
battle batalla *f.* **8** (Lect. 8)
bay bahía *f.* **6**
be quiet callarse *v.* **5** (Lect. 5)
beach playa *f.* **6**
bear oso *m.* **6**
because of a causa de **10** (Lect. 10)
become convertirse (e:ie) (en) *v.* **2**; **to become annoying** ponerse pesado/a **1**
bed and breakfast (inn) pensión *f.* **4**
bed: go to bed acostarse (o:ue) *v.* **2**
beforehand de antemano **4** (Lect. 4)
beggar mendigo/a *m.,f.* (Lect. 12)
behalf: on behalf of de parte de **2**
behave well portarse bien *v.* **5** (Lect. 5)
behind my back a mis espaldas **9**
belief creencia *f.* **8**
believe (in) creer (y) (en) *v.* **8**; **Don't you believe it.** No creas. **3**; **believer** el/la creyente *m., f.* **8**
belt cinturón *m.* **4**
bend (something) downward inclinar *v.* (Lect. 7); **bend (oneself) down/near** inclinarse *v.* **7** (Lect. 7)
benefits beneficios *m. pl.* (Lect. 11)
beside a lo largo de (Lect. 7)
bet apostar (o:ue) *v.* **2**; apuesta *f.* **2**
better: get better curarse *v.* **5**
beyond más allá de **1**
bias parcialidad *f.* **9**; tendencia *f.*
bias: left-wing bias tendencia izquierdista *f.* **9**
biased parcial (ser) *adj.* **9**
bill cuenta *f.*; **legislative bill** proyecto de ley *m.* **8**
biochemical bioquímico/a *m.,f.* **11**
bite morder (o:ue) *v.* **6**
black hole agujero negro *m.* **11**
blanket manta *f.* (Lect. 7)
blind date cita a ciegas *f.* **1**
blockhead tarugo(a) *m.,f.* **9**
blood sangre *f.* **high/low blood pressure** la tensión alta/baja *f.* **5**
blow soplar *v.* **6**

blush enrojecer (c:sz) *v.* **1**
board embarcar *v.* **4**; **on board** a bordo **4**
boil hervir (e:ie) *v.* **3**
border límite *m.*; limitar *v.* **12**
bore aburrir *v.* **2**
bored aburrirse *v.* **2**
both ambos/as *pron., adj.* (Lect. 11)
bother molestar *v.* **2**
bound (for) rumbo a (Lect. 3)
bowling boliche *m.* **2**
box office taquilla *f.* **2**
box caja *f.* **3**
branch sucursal *f.* **7**
brand marca *f.* **7**
bravery valor *m.* (Lect. 4)
break up (with) romper (con) *v.* **1**
break in (to a conversation) meterse *v.* **1**
breakthrough avance *m.* **11**
breast pecho *m.* **10** (Lect. 10)
breathing respiración *f.* **5**
brick ladrillo *m.* (Lect. 7)
bright *adj.* llamativo **10**; *adj.* luminoso
bring down derribar *v.* **12**; **bring up (raise a child)** educar *v.* **1**
broadcast emisión *f.* **9**; emitir *v.* **11**; transmitir *v.* **9**
broom escoba *f.* **3**
browser (Internet) buscador *m.* **9**
brush cepillarse *v.* **2**; **brush against** rozar (z:c) *v.* **8**; **brush stroke** pincelada *f.* **10**
budget presupuesto *m.* **7**
buffalo búfalo *m.* **6**
bureaucracy burocracia *f.* **7**
bury enterrar (e:ie) *v.* **8** (Lect. 8)
business negocio *m.* (Lect. 5); empresa *f.* **11**
butterfly mariposa *f.* **6**

C

cage jaula *f.* **7** (Lect. 7)
calculate extraer *v.* **5** (Lect. 5)
calm tranquilo/a *adj.* **1**
campaign campaña *f.* **8**
campfire hoguera *f.* **6**
cancel cancelar *v.* **4**
cancer cáncer *m.* **5**
candle vela *f.* **7**
candidate el/la candidato/a *m., f.* **8**
cape (geography) cabo *m.* **6**
captain capitán *m.* **4**
care cuidar *v.* **1**; **take care of** cuidar *v.* **1**; **take care of oneself** cuidarse *v.* **3**
careful cuidadoso/a *adj.* **1**
careless descuidado/a (ser) *adj.* **7**
caress acariciar *v.* **10** (Lect. 10)
carry llevar *v.*; **carry away** llevarse *v.* **2**; **carry out (an activity)** llevar a cabo **4** (Lect. 4)
cash (dinero en) efectivo *m.* **3**
cashier cajero/a *m., f.* **3**
cast (broken bone) yeso *m.* **5**
catch atrapar *v.* **6** (Lect. 12); **catch (disease)** contagiarse *v.* **5**
cautious prevenido/a *adj.* **7** (Lect. 7)
cave cueva *f.* **6**
celebrate festejar *v.* **2** (Lect. 6)
cell celda *f.* **10**; célula *f.* **11**
cellular phone teléfono celular *m.* **11**
censorship censura *f.* **9**
cent centavo *m.* **4**
century siglo *m.* **12**
certainty certeza *f.* (Lect.6)
challenge desafiar *v.* **6**; **challenge** desafío *m.* **11** (Lect. 4); **challenge** reto *m.* **6** (Lect. 6)
champion campeón, campeona *m., f.* **2**
chance azar *m.* **10** (Lect. 10); casualidad *f.* **by chance** por casualidad **3**
change mudar *v.* **2**; **to change one's lifestyle** cambiar su estilo de vida **5**
character (literature) personaje *m.* **10**; **main/secondary character** personaje principal/secundario **10**; **main character** protagonista *m., f.* **1**
characteristic rasgo *m.* **5** (Lect. 5), **10**
characterization caracterización *f.* **10**
chapter capítulo *m.* **10**
charge cobrar *v.* **7**; **in charge of** encargado/a de **1**
cheap barrato/a *adj.* **3**; tacaño/a *adj.* **1**
check averiguar *v.* **3**; comprobar (o:ue) *v.* **11** (Lect. 5)
checking account cuenta corriente *f.* **7**
cheek mejilla *f.* (Lect. 10)
Cheer up! ¡Anímense! (pl.) **2**; **Cheer up!** ¡Anímate! (*sing.*) **2**; **Cheers!** ¡Salud! **7**
chef cocinero/a *m., f.* **7**
chess ajedrez *m.* **2**
chest pecho *m.* **10** (Lect. 10)
chew masticar (c:qu) *v.* **3** (Lect. 7)
childhood infancia *f.* (Lect. 1)
choir coro *m.* **2**
choose elegir (e:i) (g:j) *v.* **3**
chores quehaceres *m. pl.* **3**
chorus coro *m.* **2**
church iglesia *f.* **8**; templo *m.* **8**
cinema cine *m.* **2**
circus el/la ciudadano/a *m., f.* **2**
citizen ciudadano *m.* **12**
civil rights derechos civiles *m., pl.* **8**
civil servant funcionario/a *m., f.* **7**
civil war guerra civil *f.* **12**
civilized civilizado/a *adj.* **12**
civilization civilización *f.* **12**
clandestinely a escondidas **3**
clean puro/a *adj.* **6**; limpiar *v.* **3**
cleaning limpieza *m.* **3**
cleanliness aseo *m.* **3**
cliff acantilado *m.* **6**
climate clima *m.* **6**
climb (mountain) escalada *f.* (Lect. 6)
climber escalador(a) *m., f.* **2**
clone clonar *v.* **11**
coast costa *f.* **6**
cockroach cucaracha *f.* **6**
cold resfriado *m.* **5**
collect coleccionar *v.* **2**
collector coleccionista *m., f.* **2**
collision choque *m.* **4**
colonize colonizar *v.* **12**
colorful de colores (muy) vivos **10**
colony colonia *f.* **12**
comb (one's hair) peinarse *v.* **2**
combatant combatiente *m., f.* (Lect. 8)
come from provenir (*irreg.*) (de) *v.* **9** (Lect. 9); **come to the aid of** acudir (a) *v.* (Lect. 8); **come up against** tropezar (z:c) (con) *v.* **4** (Lect. 4)
comic strip tira cómica *f.* **9**
coming from proveniente de *adj.* **9** (Lect. 9)
commerce comercio *m.* **7**
commitment compromiso *m.* **1**
common sense sentido común *m.* **5** (Lect. 5)
company compañía, empresa *f.* **7**
complain (about) quejarse (de) *v.* **8**
complaint queja *f.* **4**
complicated rebuscado(a) *m., f.* **11**
composer compositor(a) *m., f.* **10**
computer science la computación *f.* **11** (Lect. 11)
conceal disimular *v.* **1**
concert hall sala de conciertos *f.* **2**
concert concierto *m.* **2**
conference conferencia *f.* **7**
confess confesar (e:ie) *v.* **8**
confidence confianza *f.* **1**
confident seguro/a *adj.* **1**
confront enfrentar *v.* **4**
confuse (with) confundir (con) *v.* **8**
confused confundido/a *adj.*; **I believe you are confused.** Creo que están confundidos. (pl.) **9**; Creo que estás confundido/a. (*sing. fam.*) **9**; Creo que usted está confundido/a. (*sing. form.*) **9**
congeniality simpatía *f.* **1**
congested congestionado/a *adj.* **4**
Congratulations to all! ¡Felicidades a todos! **7**
connections: have good connections estar relacionado **2**
conquer conquistar *v.* **12**

conqueror conquistador(a) *m., f.* **12**
conquest conquista *f.* **12**
conscience conciencia *f.* **8**
consequently por consiguiente **10**
conservative conservador(a) *adj.* **8**
consult consultar *v.* **5**
consumption consumo *m.* **6**
contemporary *adj.* contemporáneo/a **10**
content contento/a *adj.*; **to be content with** contentarse con **1**
contract contratar *v.* (Lect. 4); contrato *m.* **7**
contribute contribuir *v.* **6**
contribution aportación *f.* **8**
cook cocinar *v.* **3**
cordial cordial *adj.* **2**
corner (inside) rincón *m.* **4** (Lect. 4)
corruption corrupción *f.* **7**
costly costoso/a *adj.* **3**
costume disfraz *m.* **7**; **in costume** disfrazado/a *adj.* **4** (Lect. 4)
cough toser *v.* **5**; **cough** tos *f.* **5**
count contar (o:ue) *v.*; **count on** contar con (Lect. 9)
couple pareja *f.* **1**
courage coraje *m.* **12**
course: Of course not! ¡Qué va! **3**; **Of course!** ¡Cómo no! **3**; ¡Por supuesto! **3**
court tribunal *m.* **8**
cover tapa *f.* (Lect. 11)
crash choque *m.* **3**
create inventar *v.* **11**
creativity creatividad *f.* **10**
credit card tarjeta de crédito *f.* **3**
Creole criollo/a *adj.* **12**
crisis crisis *f.* **7**; **economic crisis** crisis económica **7**
critic crítico/a *m., f.* **9**; **movie critic** crítico/a de cine *m., f.* **9**
critical crítico/a *adj.* **8**
cross (back and forth) recorrer *v.* **4**
crowd multitud *f.* **8**
cruise ship crucero *m.* **4**
cuckold poner los cuernos **11**
culture cultura *f.* **9**; **pop culture** cultura popular **9**
cultured culto/a *adj.* **1**
curator conservador/a *m., f.* **10**
cure curarse *v.* **5**
current corriente *f.* **6**; **current events** actualidades *f.pl.* **9**
currently actualmente *adv.* **7**
curse maldición *f.* **6**
custom costumbre *f.* (Lect. 1) **3**
customs aduana *f.* **4**; **customs agent** agente de aduanas *m.,f.* **4**
cut corte *m.* **7**

D

daily (newspaper) diario *m.* **9**
dam represa *f.* **6**
damage perjudicar (c:qu) *v.* **6**
dance bailar *v.* **2**
dancer bailarín(a) *m., f.* **10**
dangerous peligroso/a *adj.* **4**
dare (to) atreverse (a) *v.* **2**
date cita *f.* **1**
dawn: at the crack of dawn a primera hora **6**
day (work) jornada *f.* (Lect. 7)
deaf sordo/a *adj.* **5**; **to go deaf** quedar sordo/a **5**
deal with tratar de *v.* **9**
death muerte *f.* **8**
debt deuda *f.* **7**
debut estreno *m.* **2**
decade década *f.* **12**
deceive engañar *v.* **9**
decrease disminuir *v.* **5** (Lect. 5)
dedication dedicatoria *f.* **8**
deed (heroic) hazaña *f.* (Lect. 3)
deep hondo/a *adj.* **2** (Lect. 2); profundo/a *adj.* **6**
deer venado *m.* **6**
defeat derrotar *v.* **12**; vencer (c:z) *v.* **2**
defeated derrotado/a *adj.* **12**
delay demorar *v.* **7**; retrasar *v.* **4**
delete borrar *v.* **11**
delivery entrega *f.* **9** (Lect. 9)
democracy democracia *f.* **8**
demand exigir *v.* **5** (Lect. 5)
departure salida *f.* **4**
dependence dependencia *f.* **5**; **physical and psychological dependence** dependencia física y psíquica *f.* **5**
depressed deprimido/a *adj.* **1**
depression depresión *f.* **5**; desánimo *m.* **1**
deserve merecer (c:sz) *v.* **8**
design diseñar *v.* **10** (Lect. 7)
desire deseo *m.* (Lect. 1)
despondency desánimo *m.* **1**
destination destino *m.* **4**
destroy destrozar (z:c) *v.* **8** (Lect. 8)
determination empeño *m.* **9**
deteriorate empeorar *v.* **5**
detest detestar *v.* **3**
develop desarrollar *v.* **10**; **developing country** país en vías de desarrollo **12**
development desarrollo *m.* **7**
dictatorship dictadura *f.* **8**
die fallecer *v.* **7**; **die of** morirse (o:ue) de *v.* **2**
diet alimentación *f.* **5**; régimen *m.* **5**
difficulty inconveniente *m.* **12**
digestion digestión *f.* **5**
dignified digno/a *adj.* **12** (Lect. 12)
dimwit zoquete *m.* **9**
direct directo/a *adj.* **4**; dirigir (g:j) *v.* **7**
director director(a) *m., f.* **9**
disappear desaparecer *v.* **6**
disappointment desilusión *f.* **1**
discomfort malestar *m.* **5**
discotheque discoteca *f.* **2**
discouraged desalentado/a *adj.* (Lect. 12); **get discouraged** desanimarse *v.* (Lect. 3)
discover descubrir *v.* **11**
discoverer descubridor(a) *m., f.* **12**
discovery descubrimiento *m.* **11**
discrimination discriminación *f.* **8**, **discriminated** discriminado/a *m., f.* **8**
disease enfermedad *f.* **5**
disembark desembarcar *v.* **4**
disguised disfrazado/a *adj.* **4**(Lect. 4)
disgusting (to be) (dar) asco **11**
dismiss despedir (e:ie) *v.* **7**
disorder trastorno *m.* **5** (Lect. 5)
distance oneself alejarse *v.* **7** (Lect. 7)
distant alejado/a *adj.* (Lect. 4)
distracted distraído/a *adj.* (Lect. 3)
distressing angustioso(a) *m.,f.* **11**
disturbing inquietante *adj.* **10**
divorce divorcio *m.* **1**
dizzy mareado/a *adj.* **5**
DNA (deoxyribonucleic acid) ADN (ácido desoxirribonucleico) *m.* **11**
doctor's office consultorio *m.* **5**
doctrine enseñanza *f.* **12**
documentary documental *m.* **9**
dominoes dominó *m.* **2**
doorbell timbre *m.* **4** (Lect. 4)
double (actor) doble *m.* **9**
doubt: be no doubt no caber duda **9** (Lect. 9)
download descargar (g:gu) *v.* **11**; **download a file** bajar un archivo **9**
downpour diluvio *m.* **6**
drag arrastrar *v.* (Lect. 7)
dream soñar (o:ue) *v.* **1**; dream about soñar con *v.* **1**
dressed in black vestido/a de negro *adj.* (Lect. 8); **get dressed** vestirse (e:i) *v.* **2**
dressing room camerino *m.* **9**
drink: go for a drink ir de copas **2**
drive (automobile) manejar *v.* **3**
drown ahogarse (g:gu) *v.* **10** (Lect. 10)
dry seco/a *adj.* **6**; **dry off** secarse *v.* **2**
dub (film) doblar *v.* **9**
dubbing (film) doblaje *m.* **9**
dump dejar *v.* (Lect. 1)
dust quitar el polvo **3**

duty impuesto *m.* 4; **pay duty on...** pagar el impuesto de... 4; **do one's duty toward** cumplir con *v.* 2 (Lect. 2)

E

eagle águila *m.* 6
early riser madrugador(a) *m.,f.* 5; **be an early riser** ser buen madrugador(a) 5
earn ganar *v.*; **earn a living** ganarse la vida 7
earth tierra *f.* 6
earthquake terremoto *m.* 6
easy-going permisivo/a *adj.* 1
eat up comerse *v.* 2
edge orilla *f.* 6
edible plant planta comestible *f.* 6
edible comestible *adj.*
editor redactor(a) *m.,f.*; **editor-in-chief** redactor(a) jefe *m.,f.* 9
educate educar (c:qu) *v.* 6; **educated** culto/a *adj.* 12
effort empeño *m.* 9 (Lect. 9); **make an effort** empeñarse en *v.* 7 (Lect. 7)
eficient eficiente *adj.* 11
either . . . or . . . o... o... *conj.* 9
elbow codo *m.* (Lect. 5)
elderly anciano/a *adj.* 10; **elderly gentleman**; **elderly lady** anciano/a *m.,f.* (Lect. 10)
elect elegir (e:i) (g:gu) *v.* 8
elected elegido/a (ser) *adj.* 8
electoral electoral *adj.* 8
electronic electrónico/a *adj.* 11
embarassed avergonzado/a *adj.* (Lect. 12)
embark embarcar (c:qu) *v.* 4; **embark on** emprender *v.* 3
embarrassment vergüenza *f.* 1
emergency room sala de emergencias *f.* 5
emit emitir *v.* 11
emotion sentimineto *m.* 1
emperor, emperess emperador/a *m.,f.* 12
emphasize destacar (c:qu) *v.* 9 (Lect. 9)
empire imperio *m.* 12
employee empleado/a *m.,f.* 7
end (rope, string) cabo *m.* 6
end fin *m.* 8
ending (plot) desenlace *m.* 10
energetic enérgico/a *adj.* (Lect. 7)
energy energía *f.* 6; **energy source** fuente de energía *f.* 6; **nuclear energy** energía nuclear *f.* 11
engineer ingeniero/a *m.,f.* 11
enjoy disfrutar (de) *v.* 3 gozar (z:c) (de) *v.* 3; **Enjoy your meal!** ¡Buen provecho! 6; **enjoy oneself** divertirse (e:ie) *v.* 2
enough bastante *adj.* 3
enroll inscribirse *v.* 8; **enroll in** ingresar *v.* (Lect. 5)
ensemble (music) conjunto musical *m.* 2; grupo musical *m.* 2
enslave esclavizar *v.* 12
enter data ingresar datos 11
entertainment farándula *f.* 1
entrepreneur empresario/a *m.,f.* 7
envelope sobre *m.* (Lect. 3)
environment medio ambiente *m.* 6
episode episodio *m.* 9
epoch época *f.* 12
equality igualdad *f.* 8
era época *f.* 12
erase borrar *v.* 8
erosion erosión *f.* 6
essay ensayo *m.* 10; **essayist** *m.,f.* ensayista 10
eternal eterno/a *adj.* 2
ethical ético/a *adj.* 11
ethics ética *f.* 11
even siquiera *conj.* 9
event acontecimiento *m.* (Lect. 4)
everyday cotidiano/a *adj.* 3; **everyday life** vida cotidiana (Lect. 1)
example muestra *f.* 8 (Lect. 12)
exchange: in exchange for a cambio de 9 (Lect. 9)
exciting excitante *adj.* 4
executive ejecutivo/a *m.,f.* 7; **of an executive kind** de corte ejecutivo; **of an executive nature** de corte ejecutivo
exhibit exposición *f.* 10
exhibition exposición *f.* 10
exit salida *f.* 8
exotic exótico/a *adj.* 4
expel expulsar *v.* 12
expensive costoso/a *adj.* 3
experience experimentar *v.* 3
experiment experimento *m.* 11
expire caducar *v.* 11; expired vencido/a *adj.* 4
exploit explotar *v.* 6 (Lect. 6); hazaña *f.* (Lect. 3)
exploitation explotación *f.* 6 (Lect. 6)
exploration exploración *f.* 12
explore explorar *v.* 4
exports exportaciones *f., pl.* 7
extinct: become extinct desaparecer (c:sz) *v.* 6
extinguish extinguir *v.* 6
extract extraer *v.* 5 (Lect. 5)
extraterrestial extraterrestre *m. f.*, *adj.* 11

F

face cara *f.*; **make a (hungry) face** poner cara (de hambriento/a) 5; **make a face** poner una cara (Lect. 4); dar a *v.* 4; **face up to** enfrentar *v.* 4
facilities los servicios *m. pl.* 4
fact hecho *m.* 8; dato histórico *m.* 12
factory fábrica *f.* 7
faint desmayarse *v.* 5
fair feria *f.* 2; justo/a *adj.* 8
faith fe *f.* 8
fall caer (*irreg.*) *v.*; **fall asleep** dormirse (o:ue) *v.* 2; **fall in love (with)** enamorarse (de) *v.* 1
famous célebre *adj.* 10
fan: be a fan ser aficionado *adj.* 2
farewell despedida *f.* 4
fascinate fascinar *v.* 2
fasten abrocharse *v.* 4; **fasten (the seatbelt)** ponerse el cinturón de seguridad 4
fatigue cansancio *m.* 3
fault culpa *f.* 8; **It was my fault. Forgive me.** Ha sido culpa mía. Perdóname. (*fam. sing.*) 8; **Ha sido culpa mía.** Perdóneme. (*form.*) 8; Ha sido culpa mía. Perdónenme. (*form.* pl.) 8
feat hazaña *f.* (Lect. 3)
feature facción *f.* 3; rasgo *m.* 5 (Lect. 5); **feature film** largometraje *m.* 9
fed up with harto/a *adj.* 8 (Lect. 12); **I am fed up with...** Estoy harto/a de... 3
feed (animals) dar de comer 6
feel sentir(se) *v.* 1; **feel like** sentir ganas de 3 (Lect. 3)
feeling sentimiento *m.* 1
female hembra *f.* 6
festival festival *m.* 2
fever fiebre *f.*; **to have a fever** tener fiebre *v.* 5
fight lucha *f.* 8; luchar *v.* (Lect. 4); pelear *v.* 12 (Lect. 12); **fight (for)** luchar por *v.* 12
figuratively en sentido figurado 10
figure out adivinar *v.* (Lect. 3)
file archivo *m.* 7
film película *f.* 9
final episode episodio final *m.* 9
finance financiar *v.* 7 **finance(s)** finanza(s) *f.*(pl.) 7
financial financiero/a *adj.* 7
find: to find (somebody) dar con (alguien) *v.* 9; **find out (about)** averiguar 1; enterarse (e:ie) (de) *v.* 2; averiguar 3
fine multa *f.* 4
finish line meta *f.* 2
fire despedir (e:ie) *v.* 7
fired despedido/a *adj.* 8

fireplace hogar *m.* Lect. 3
firm empresa *f.* 7
first primer, primero/a *adj.*; **for the first time** por primera vez 2 (Lect. 2); **first aid** primeros auxilios *m. pl.* 5; **first and foremost** antes que nada (Lect. 11)
fit (clothing) quedar *v.* 2
fitting room vestidor *m.* 3
fix oneself up arreglarse *v.* 3
fixed fijo/a *adj.* 7
flag bandera *f.* 2 (Lect. 2)
flamboyant llamativo/a *adj.* 10
flask frasco *m.* 11
flavor sabor *m.* 5
flee huir *v.* 12
fleeting pasajero/a *adj.* 2
flexible flexible *adj.* 1
flight vuelo *m.* 4; **flight attendant** auxiliar de vuelo *m., f.* 4
flirt coquetear *v.* 1
flood inundación *f.* 6; inundar *v.* 6
floor suelo *m.* (Lect. 9)
flu gripe *m.* 5
fly mosca *f.* 6
fog niebla *f.* 6
fold doblar *v.* (Lect. 5)
foot (animal) pata *f.* 6
footnote nota a pie de página *n.* 10
footprint huella *f.* 7 (Lect. 7)
forbidden prohibido/a *adj.* 4
foresee presentir (e:ie) *v.* (Lect. 3)
forest bosque *m.* 6
forget (about) olvidarse (de) *v.* 2
forgetfulness olvido *m.* 1
forgive perdonar *v.* 8
formulate formular *v.* 11
forty-year-old cuarentón/cuarentona *adj.* 8
frame marco *m.* 4 (Lect. 4)
frecuently menudo: a menudo *adv.* 3
free libre *adj.* 8
freedom libertad *f.* 8
freeze congelar *v.* 3; helar (e:ie) *v.* 6
frequently a menudo *adv.* 3
fresh: be fresh estar bueno/a 5
fright susto *m.* (Lect. 11)
frightened miedoso/a *adj.* 7 (Lect. 7)
front page portada *f.* 9
frontier frontera *f.* 4
frozen congelado/a *adj.* 3
fry freír (i:e) (frío) *v.* 3
fuel combustible *m.*; **fossil fuel** combustible fósil *m.* 11
full completo/a 4
full length largometraje *m.* 9
fun divertido *adj.* **have fun** divertirse (e:ie) *v.*. 2; **Have fun!** ¡Que se diviertan! (pl.) 2; ¡Que te diviertas! (*sing.*) 2; **make fun of** burlarse (de) *v.* 5 (Lect. 5)
funny gracioso/a *adj.* 1; **to be funny (to someone)** hacerle gracia a alguien 9 (Lect. 9);
furnished amueblado/a *adj.* 3
furniture muebles *m. pl.* 3
futuristic futurístico/a *adj.* 11

G

gain weight engordar *v.* 5
gallery galería *f.* 10
garbage porquería *f.* 10
gather reunirse *v.* 2
gaze mirada *f.* 1
gene gen *m.* 11
generate generar *v.* 6
generous generoso/a *adj.* 1
genetics genética *f.* 11
genuine auténtico/a *adj.* 3
gesture gesto *m.* (Lect. 11)
get obtener *v.*; **get along well/badly** llevarse bien/mal 1; **get together** reunirse *v.* 2; **get ready** arreglarse *v.* 3; **get along** congeniar *v.* 5
gift obsequio *m.* 8
give dar (*irreg.*) *v.*; **give a prize** premiar *v.* 3; **give a speech** pronunciar un discurso 8; **give somebody a shot** ponerle una inyección a uno 5; **give up** darse por vencido 3; **give way to** dar paso a *v.* 9
gladly con mucho gusto *adv.* 2
glance echar un vistazo *v.* 7; mirada *f.* 1; vistazo *m.* 9
global warming calentamiento global *m.* 6
go out salir (*irreg.*) *v.*; **go out with** salir con 1; **go too far** pasarse *v.* 5; **go around the world** dar la vuelta al mundo 7 **go out to eat** salir a comer 2
goal meta *f.* 2
goat cabra *f.* 6
gobble up comerse *v.* 2
God Dios *m.* 8
goldfish pececillo de colores *m.* 7
good bueno/a *adj.*; **still to be good (fresh)** estar bueno/a 5; **Would you be so good as to . . . ?** ¿Sería usted tan bueno/a para + inf.... ? (*form.*) 6; ¿Serías tan bueno/a para + inf.... ? (*fam.*) 6; **Would you be so nice as to put the box here?** ¿Sería tan bueno/a de poner la caja aquí? 11
goodbye: say goodbye despedirse (e:ie) *v.* (Lect. 4)
gossip chisme *m.* 9; argüende *m*; **gossip column** crónica de sociedad *f.* 9
govern gobernar *v.* 8
government employee funcionario/a *m., f.* 7; **form of government** régimen *m.* 8
grab agarrar *v.* 3
graduate titularse *v.* 3
grasp coger (g:j) *v.* (Lect. 5)
grass hierba *f.* 6; pasto *m.* 5
gratitude agradecimiento *m.* 8
gravity gravedad *f.* 11
group grupo *m.* 2; musical group grupo musical *m.* 2
grow cultivar *v.* 6; cundir *v.* 11
growth crecimiento *m.* 7
guarantee asegurar *v.* (Lect. 3)
guess adivinar *v.* (Lect. 3)
guilt culpa *f.* (Lect. 1)
gymnasium gimnasio *m.* 2

H

habit costumbre *f.* 3
half mitad *f.* 3
hall: concert hall sala de conciertos *f.* 2
hang (up) colgar (o:ue) (g:gu) *v.* 3 (Lect. 7)
happen suceder *v.* 1
hardly apenas *adv.* 3
harm perjudicar (c:qu) *v.* 6
harvest cosecha *f.* (Lect. 8)
hate odiar *v.* 3
have tener *v.*; **have a good/bad time** pasarlo bien/mal 1
headline titular *m.* 9
health salud *f.* 5; **To your health!** ¡A tu salud! 7
healthy sano/a *adj.* 5
heart corazón *m.*; **heart and soul** en cuerpo y alma (Lect. 1)
heel tacón *m.* 12
heritage herencia *f.*; **cultural heritage** herencia cultural (Lect. 1)
hero prócer *m.* 12
hide disimular *v.* 1
hill cerro *m.* (Lect. 4); colina *f.* 6
hinder impedir (e:i) *v.* 5 (Lect. 5)
hire contratar *v.* (Lect. 4)
historical histórico/a *adj.* 12; **historical data** dato histórico *m.* 12
hitch inconveniente *m.* 8 (Lect. 12)
hobby afición *f.* 2
hold agarrar *v.* 3
hole agujero *m.* 11; hoyo *m.* 7 (Lect. 7); **hole in the ozone layer** agujero en la capa de ozono 11
holy sagrado/a *adj.* 8
home hogar *m.* (Lect. 3)
honored distinguido/a *adj.* 2
hope ilusión *f.* 1
horseshoe herradura *f.* 12
host conductor(a) *m., f.* 9
hungry hambriento/a *adj.* 3
hurricane huracán *m.* 6

hurry: be in a hurry tener apuro (Lect. 7)
hurt doler (o:ue) *v.* 2; **hurt oneself** hacerse daño, lastimarse 5; **hurt someone** hacerle daño a alquien 6; **hurt** herir *v.* 11
husband marido *m.* 1
hygiene aseo *m.* 3; **personal hygiene** aseo personal *m.* 3
hygienic higiénico/a *adj.* 5

I

ill enfermo/a *m.,f.* **get ill** enfermarse *v.* 5 ponerse malo/a *v.* 5
illness enfermedad *f.* 5
image imagen *n.* 10, 11
imagination imaginación *f.* 10
immediately en el acto *adv.* 3
immoral inmoral *adj.* 8
important: be important importar *v.* 2
imports importaciones *f.* 7
impress impresionar *v.* 1
improve mejorar *v.* 5
inadvisable poco recomendable 4
inclusive incluido/a *adj.* 2
increase aumento *m.* 7
indisposition malestar *m.* 5
industry industria *f.* 7
infected (become) contagiarse *v.* 5
inflamed inflamado/a *adj.* 5
inflexible inflexible *adj.* 1
influential influyente *adj.*; **be influential** ser influyente 9
inform avisar *v.* 8; educar (c:qu) *v.* 6
information: get information informarse *v.* 8; **identifying information** señales *m. pl.* (Lect. 4); **to be informed** estar al tanto *v.* 9
inhabitant (of a town) poblador(a) *m.,f.* (Lect. 7); habitante *m.,f.* 12
inherit heredar *v.* 11
injure lastimar *v.* 5; **injure oneself** hacerse daño 5
injury la herida *f.* 5
insanity locura *f.* 5 (Lect. 5)
insect bite picadura *f.* (Lect. 5)
insecure inseguro/a *adj.* 1
inseparable uña y carne 1
insincere falso/a *adj.* 1
insist on insistir en *v.*; **I insist that you go see a doctor.** Insisto en que veas a un doctor. (*fam.*) 5; Insisto en que usted veas a un doctor. (*form.*) 5
inspired inspirado/a *adj.* 10
insurance seguro *m.* 4
intelligent inteligente *adj.* 1
interest interesar *v.* 2
Internet Internet *m.* 9
interview (job) entrevista de trabajo *f.* 7
intriguing intrigante *adj.* 10
invent inventar *v.* 11
invention invención *f.* 11
investment: foreign investment inversión extranjera 7
investor inversor(a) *m.,f.* 7
iron plancha *f.* (Lect. 6)
irresponsible irresponsable *adj.* 1
island isla *f.* 4
isolated aislado/a *adj.* 12 (Lect. 12)
isolation aislamiento *m.* 5 (Lect. 5)
itinerary itinerario *m.* 4

J

jealous: be jealous of tener celos de 1
jealousy celos *m.pl.* 1
Jewish judío/a *m.,f.* (Lect. 6)
job puesto *m.* 7
joke bromear *v.* 5 (Lect. 5); tomarse el pelo *v.* (Lect. 6); broma *f.* 1; chiste *m.* 2
journalist periodista *m.,f.* 7
judge juez(a) *m.,f.* 8
judgment juicio *m.* 8
jungle selva *f.* 6 (Lect. 6)
just justo/a *adj.* 8; **just as** tal como *adv.* 7

K

keep mantener *v.*; **keep in touch** mantenerse en contacto 1; **keep in mind** tener en cuenta *v.* (Lect. 6) **keep up with the news** estar al día con las noticias (Lect. 9)
keyboard teclado *m.* 11
king rey *m.* 12
kingdom reino *m.* 12
kiss besar *v.* (Lect.1)
knock on golpear *v.* (Lect. 7)
knowledge conocimiento *m.* 12

L

label etiqueta *f.* 7
labor force mano de obra *f.* 7
labor union sindicato *m.* 7
lack faltar *v.* 2
land tierra *f.* 6; **land (airplane)** aterrizar (z:c) *v.* 11
landscape paisaje *m.* 6
last permanecer (c:zc) *v.* 5 (Lect. 5); **for the last time** por última vez 2 (Lect. 2); **last-minute news** noticia de último momento 9
launch lanzar (z:c) *v.* 8 (Lect. 8)
lawyer abogado/a *m.,f.* 7
law derecho *m.*; ley *f.* 8
layer capa *f.* 11
LCD screen pantalla líquida *f.* 11
lead encabezar *v.* 12
leader líder *m.,f.* 8; **labor leader** líder laboral *m.,f.* 8; **political leader** caudillo *m.* 12; líder político 8
leadership liderazgo *m.* 8
lean (on) apoyarse (en) *v.* 3; **lean down/near** inclinarse *v.* 7 (Lect. 7)
learning aprendizaje *m.* (Lect. 4)
leave (go away from) irse (de) *v.* 2; marcharse *v.* 4 (Lect. 4); dejar *v.* (Lect. 1) 3
left: be left over quedar *v.* 2
leg (animal) pata *f.* 6
leisure ocio *m.* 2
let: Let me see your passport, please. Déjame ver tu pasaporte, por favor. (*fam.*) 4
level nivel *m.* 3 (Lect. 6)
liberal liberal *adj.* 8
lid tapa *f.* (Lect. 11)
lie mentira *f.* 1
life vida *f.* 8
light ligero/a *adj.* 4 (Lect. 11); **lightbulb** foco *m.* 3
lightning relámpago *m.* 6
like gustar *v.* 2; **like this** así 3; **like very much** encantar *v.* 2
liking afición *f.* 2
limit límite *m.*; limitar *v.* 12
lion león *m.* 6
listener oyente *m.,f.* 9
lit alumbrado/a *adj.* 11
live transmission emisión en vivo/directo *f.* 9
locate ubicar (c:qu) *v.* 9 (Lect. 9)
located situado/a *adj.* 10; **to be located** ubicarse *v.* 9
lodge alojarse *v.* 4; hospedarse *v.* 4
lonely: be lonely estar solo/a *adj.* 1; **loneliness** soledad *f.* 3
long-term largo plazo 12
look sick/good tener mal/buen aspecto 5
look echar un vistazo 7; mirada *f.* 1; verse (*irreg.*) *v.* 6; **He/She looks so happy**. Se ve tan feliz. 6; **He/She looks very sad to me.** Yo lo/la veo muy triste. 6; **How satisfied you look!** ¡Qué satisfecho/a se ve usted! (*form.*) 6; **It looks like he/she didn't like it.** Al parecer, no le gustó. 6; **It looks like he/she is sad/happy.** Parece que está triste/contento. 6 **look like** parecerse *v.* 3
loose suelto/a *adj.* 8 (Lect. 8)
loss pérdida *f.* 6 (Lect. 6)
lottery lotería *f.* 2
loudspeaker altoparlante *m.* (Lect. 8)

recital recital *m.* 2
recognition reconocimiento *m.* 10 (Lect. 10)
recommended recomendable *adj.* 4
record grabar *v.* 9
recover curarse *v.* 5; recuperarse *v.* 5
recyclable reciclable *adj.* 6
red: to turn red enrojecer (c:sz) *v.* 1
referee árbitro *m.* 2
refined culto/a *adj.* 12
reform reforma *f.*; modificar (c:qu) *v.* 7; **economic reform** reforma económica *f.* 7
refund reembolso *m.* 3
refusal rechazo *m.* 8 (Lect. 8)
register inscribirse *v.* 8
rehearsal ensayo *m.* 10
reign reino *m.* 12
reject rechazar (z:c) *v.* 8
rejection rechazo *m.* 8 (Lect. 8)
relax relajarse *v.* 5; **Relax, please.** Cálmate, por favor. (*fam.*) 4; Cálmese, por favor. (*form.*) 4
reliability fiabilidad *f.* 7
religion religión *f.* 8; **religious** religioso/a *m., f.* 8
remain permanecer (c:zc) *v.* 5 (Lect. 5)
remember acordarse (de) *v.* 2; recordar (o:ue) *v.* 1
remote control control remoto *m.* 11
renewed (to be) renovarse *v.* 6
repent (of) arrepentirse (e:ie) (de) *v.* 2
repertoire repertorio *m.* 2
report (news) reportaje *m.* 9
reporter reportero/a *m., f.* 9
representative diputado/a *m., f.* 8
reproduce reproducirse (c:sz) *v.* 11
reptile réptil *m.* 6
require exigir *v.* 5 (Lect. 5)
rescue rescatar *v.* 12
research investigar (g:gu) *v.* 11
reservation reservación *f.* 4
reserve reservar *v.* 4
reside residir *v.* 12
resign a post renunciar un cargo *v* . 8
resource recurso *m.* 12
respect respeto *m.* (Lect. 10)
responsibility compromiso *m.* 1
responsible responsable *adj.* 1
rest descansar *v.* 5; **be at rest** estar en reposo (Lect. 5)
résumé currículum vitae *m.*; hoja de vida *f.* 7
retire jubilarse *v.* 7
retirement jubilación *f.* 7
return regresar *v.* 4
return (trip) vuelta *f.* 4
revitalized (to be) renovarse *v.* 6
revulsion asco *m.* (Lect. 11)
rhyme rima *f.* 10
rights: civil rights derechos civiles *m. pl.* 8; **human rights** derechos humanos *m. pl.* 8 (Lect. 6)
right-wing bias tendencia derechista *f.* 9
ring: ring the doorbell tocar el timbre *v.* 3
rise (in business) ascender *v.* 7; **be an early riser** ser buen madrugador(a) 5
risk arriesgar (g:gu) *v.* 6 (Lect. 6); riesgo *m.* 6; **risk factors** factores de riesgo *m. pl.* 5
risky arriesgado/a *adj.* 4 (Lect. 6)
rocket cohete *m.* 11
role papel *m.* 8
room service servicio de habitación *m.* 4
rooster gallo *m.* 6
root raíz *f.* 6
round redondo/a *adj.* 2 (Lect. 2)
run (a business) administrar 7 ; **run for office** presentarse como candidato/a 8; **run into someone** dar con alguien 9 (Lect. 9); **run over** atropellar *v.* 7
rush: to be in a rush tener apuro (Lect. 7)
rustic rústico/a *adj.* 12

S

sacred sagrado/a *adj.* 8
sacrifice sacrificar *v.* 12; sacrificio *m.* 12
sail navegar *v.* 4
sailor marinero *m.* (Lect. 12)
salary sueldo *m.*
sale: on sale a la venta 10; **to be for sale** *v.* estar a la venta 10; **sales tax** impuesto de ventas *m.* 7
same mismo/a *adj.* 1; **The same here.** Lo mismo digo yo. 3
sample muestra *f.* 8 (Lect. 12)
satellite satélite *m.* 11; **satellite dish** antena parabólica *f.* 11
satire sátira *f.* 10
satirical satírico/a *adj.* 10
satisfy saciar *v.* 8
savage salvaje *adj.* 6
save ahorrar *v.* 7; salvar *v.* 12
savings ahorro *m.* 7; **savings account** cuenta de ahorros *f.* 7
say decir (*irreg.*) *v.*; **I wouldn't say it was that horrible.** No diría que es tan horrible. 10; **I'd say it is pretty.** Diría que es bonita/o. 10
scar cicatriz *f.* 8
scarcely apenas *adv.* 3
scare espantar *v.* 8 (Lect. 8)
scared miedoso/a *adj.* 6
scene escena *f.* 9
scenery escenario *m.* 2
science fiction ciencia ficción *f.* 11
scientist científico/a *m., f.* 11
score a goal/point marcar un gol/punto *v.* 2
screen pantalla *f.* 9; **computer screen** pantalla de computadora *f.* 9; **television screen** pantalla de televisión *f.* 9
script guión *m.* 9 (Lect. 4)
scuba-diving buceo *m.* 4
sculptor escultor(a) *m., f.* 10
sculpture escultura *f.* 10
sea level nivel del mar *m.* 6 (Lect. 6)
seal sello *m.* 9 (Lect. 9)
search búsqueda *f.* (Lect. 12); **search engine** buscador *m.* 9
season temporada *f.* 4; **busy season** temporada alta *f.* 4; **slow season** temporada baja *f.* 4
seat asiento *m.* 3 (Lect. 3)
seatbelt cinturón de seguridad *m.* 4
secretly a escondidas 3
security seguridad *f.* 8; **security measures** medidas de seguridad *f. pl.* 4
sedative calmante *m.* 5
seed semilla *f.* 6
seem parecer (c:sz) *v.* 1
select seleccionar *v.* 3
self-esteem autoestima *f.* 5
self-portrait autorretrato *m.* 10
senator senador(a) *m., f.* 8
sender remitente *m.* (Lect. 3)
sense: common sense sentido común *m.* 5 (Lect. 5)
sensible sensato/a *adj.* 1
sensitive sensible *adj.* 1
sequel continuación *f.* 10
serious: take seriously tomar en serio (Lect. 7)
session sesión *f.* 9
set: be set in estar situado/a en 10
settle poblar *v.* 12
settler poblador(a) *m., f.* 7 (Lect. 7)
shame vergüenza *f.* 1
shape: bad physical shape mala forma física *f.* 5; **good physical shape** buena forma física *f.* 5
sharp nítido/a *adj.* 10
shave afeitarse *v.* 2
shock susto *m.* (Lect. 11)
shooting star estrella fugaz *f.* 11
shopping: go shopping ir de compras 3
shore orilla *f.* 6; **on the shore of** a orillas de 6
short film cortometraje *m.* 9; corto *m.* 9
show espectáculo *m.* 2; **show one's face (at a window or door)** asomarse *v.* (Lect. 7)
shower ducharse *v.* 2
shrug encogerse de hombros *v.* 7
shy tímido/a *adj.* 1; huraño/a
shyness timidez *f.* 1

sightseeing excursionismo *m.* **4**
sign firmar *v.* **7**
signal señalar *v.* (Lect. 2); **signals** señales *f., pl.* **4**
silent: to be silent callarse *v.* **5** (Lect. 5)
sin pecado *m.* **8**
sincere sincero/a *adj.* **1**
singer cantante *m., f.* **2** (Lect. 2)
single soltero/a *adj.* **1**; **single father** padre soltero *m.* **1**; **single mother** madre soltera *f.* **1**
sink hundir *v.* **10** (Lect. 10)
situated situado/a *adj.* **10**
sketch esbozo *m.* **10**; **sketch** *v.* esbozar **10**
skill habilidad *f.* (Lect. 11)
skillfully hábilmente *adv.* **3**
skim hojear *v.* **10**
skirt falda *f.* (Lect. 7)
slave esclavo *m., f.* **12** (Lect. 12)
slavery esclavitud *f.* **12**
slim down adelgazar (z:c) *v.* **5**
slip resbalar *v.* **6**
slippery resbaladizo/a *adj.* **8**
slow down reducir la velocidad *v.* **4**
smother ahogarse *v.* **10**
smoothness suavidad *f.* (Lect. 11)
snake serpiente *f.* **6**
so así *adv.* **3**
soap opera telenovela *f.* **9**
sociable sociable *adj.* **1**
society sociedad *f.* **12**
solar solar *adj.* **11**
solitude soledad *f.* **3**
somebody else's ajeno/a *adj.* **3**
something that can be substituted reemplazable *adj.* **5**
sometimes a veces **3**
sooner or later al fin y al cabo **8** (Lect. 6)
soul alma (el) *f.* **6** (Lect. 1)
soundtrack banda sonora *f.* **9**
sovereignity soberanía *f.* **12**
space espacio *m.* **11**; **space lab** laboratorio espacial *m.* **11**; **space probe** prueba espacial *f.* **11**; **space shuttle** transbordador espacial *m.* **11**
spaceship nave espacial *f.* **11**
spacial espacial *adj.* **11**
spacious espacioso/a *adj.* **3**
Speaking of that,... Hablando de esto,... **9**
special edition (newspaper) edición especial *f.* **9**
specialist especialista *m., f.* **5**
specialized especializado/a *adj.* **11**
species: endangered species especie en peligro de extinción *f.* **6**
speech discurso *m.* **8**; **give a speech** pronunciar un discurso *v.* **8**
spell check corrector ortográfico *m.* **11**
spider araña *f.* **6**
spill derramar *v.* **7** (Lect. 7)
spirit ánimo *m.* **1**
spiritual espiritual *adj.* **8**
sports deportes *m., pl.* deportivo/a *adj.*; **sports article** crónica deportiva *f.* **9**; **sports club** club deportivo *m.* **2**;
spot mancha *f.* **9**; **on the spot** en el acto **3**
spray rociar *v.* **6**
spring manantial *m.* **4**
stage escenario *m.* **2**; etapa *f.* **10** (Lect. 10); mancha *f.* **9** (Lect. 9)
stain manchar *v.* **9** (Lect. 9)
staircase escalera *f.* **3**
stamp sello *m.* **9** (Lect. 9)
stand up ponerse de pie **12**
stanza estrofa *f.* **10**
star (movie) estrella *f.* **(male or female) 9**
start (a car) arrancar (c:qu) *v.* **9** (Lect. 9)
startled asustado/a *adj.* (Lect. 7)
state estatal *adj.* **8**
station (radio) emisora *f.* **9**
stay hospedarse *v.*, quedarse *v.* **4**; **stay at (lodging)** alojarse *v.* **4**; **stay up all night** trasnochar *v.* **5**
step (stairs) peldaño *m.* (Lect. 3); **take the first step** dar el primer paso **1**
stereotype estereotipo *m.* (Lect. 3)
stern autoritario/a *adj.* **1**
stick pegar (g:gu) *v.* **11**
still life naturaleza muerta *n.* **10**
sting picar (c:qu) *v.* **6**
stingy tacaño/a *adj.* **1**; méndigo/a *m.,f.* **9**
stir revolver (o:ue) *v.* (Lect. 11)
stock acción *f.* **7**; **stock market** bolsa de valores *f.* **7**
storekeeper comerciante *m., f.* **7**
storm tormenta *f.* **6**
stranger desconocido/a *m., f.* **4**
stream arroyo *m.* **10** (Lect. 10)
striking llamativo/a *adj.* **10**
strength fuerza *f., indf.* fortaleza *f.* **5** (Lect. 5)
strike golpear *v.* (Lect. 7); huelga *f.* **7**
stripe raya *f.* **4**
strive (to) empeñarse en *v.* (Lec. 7)
stroke trazo *f.* **10**
stroll dar un paseo **2**; dar una vuelta (Lect. 8); paseo *m.* **2**
struggle lucha *f.* **8**
studio estudio *m.* **10**; **recording studio** estudio de grabación *m.* **9**
stumble (across) tropezar (z:c) (con) *v.* **4** (Lect. 4)
stupid necio(a) *m., f.* **9**
style estilo *m.* **10**; **in the style of** al estilo de **10**
submerge hundir *v.* **10** (Lect. 10)
subtitles subtítulos *m., pl.* **9**
subtlety matiz *m.* **9** (Lect. 9)
suburb suburbio *m.* **12**
succeed in alcanzar (z:c) *v.* **4** (Lect. 4)
success éxito *m.* **7**
suffer (from) sufrir (de) *v.* **5**
suffering sufrimiento *m.* (Lect. 1)
sufficiently bastante *adv.* **3**
suffocate ahogarse (g:gu) *v.* **10** (Lect. 10)
suggest: I suggest you go on a diet. Sugiero que te pongas a dieta. (*fam.*) **5**; Sugiero que se ponga usted a dieta. (*form.*) **5**
summit cumbre *f.* **6** (Lect. 6); pico *m.* **6**
sunrise amanecer *m.* (Lect. 8)
superficial ligero/a *adj.* **4** (Lect. 11)
supermarket supermercado *m.* **3**
supply proporcionar *v.* **3**
support soportar *v.* **1**
supposed supuesto/a *adj.*
suppress suprimir *v.* **12**
sure seguro/a *adj.* **1**; **Sure!** ¡Cierto! **3**; **make sure** asegurarse *v.* **3** (Lect. 3)
surf the web navegar en Internet **9**
surface superficie *f.* **11** (Lect. 11)
surgeon cirujano/a *m., f.* **5**
surgery cirugía *f.* **5**
surgical quirúrgico/a *adj.* **11**
surprised: be surprised (about) sorprenderse (de) *v.* **2**; extrañarse (de) *v.* **3**
surrender rendirse (e:i) *v.* **12**
surround rodear *v.* **8**; surrounded rodeado/a *m.,f.* **11**
survival supervivencia *f.* **11**
survive sobrevivir *v.* **6**
suspect sospechar *v.* **1**
suspicion sospecha *f.* **1**
swallow tragar (g:gu) *v.* **3**
sweep barrer *v.* **3**
sweetheart amado/a *adj.* (Lect. 1)
symptom síntoma *m.* **5**
synagogue sinagoga *f.* **8**
syrup jarabe *m.* **5**

T

tabloid newspaper prensa sensacionalista **9**
tail cola *f.* **6**
take coger (g:j) *v.* (Lect. 5); **take** tomar *v.* **5**; **take in** acoger (g:j) *v.* **9** (Lect. 9); **take off (clothing)** quitarse *v.* **2**; **take down** descolgar (Lect. 7); **take seriously** tomar en serio (Lect. 7); **take a walk** dar una vuelta *adv.* **8** **take off running** echar a correr *v.* **11**; **take the first step** dar el primer paso **1**

talent talento *m.* 1; **talented** talentoso/a *adj.* 1
taste sabor *m.* 5; saber *v.*; **And does it taste good?** ¿Y sabe bien? 5; **How does it taste?** ¿Cómo sabe? 5; **It has a sweet/sour/bitter/pleasant taste.** Tiene un sabor dulce/agrio /amargo/agradable. 5; **It tastes like garlic/mint/lemon.** Sabe a ajo/menta/limón. 5; **in good/bad taste** *adj.* de buen/mal gusto 10
tax impuesto *m.* 4; **pay duty on…** pagar el impuesto de… 4
teaching enseñanza *f.* 12
team equipo *m.* 2
tears lágrimas *f. pl.* (Lect. 1)
telescope telescopio *m.* 11
television channel canal de televisión *m.* 2 (Lect. 2); **televisión network** cadena de televisión *f.* 2 (Lect. 2); **television screen** pantalla de televisión *f.* 9
tell contar *v.* 2
temple templo *m.* 8
tendency propensión *f.* 5 (Lect. 5)
test comprobar (o:ue) *v.* 11 (Lect. 5); poner (*irreg.*) a prueba 11
then entonces *adv.* 3
theory teoría *f.* 11
thermal térmico/a *adj.* 11
thief ladrón/ladrona *m., f.* 3
think opinar *v.* 8; **I don't think so.** Me parece que no. 10; **I think it's pretty.** Me parece hermosa/o. 10; **I think so/I don't think so.** Me parece que sí/no. 10
thoroughly a fondo *adj.* 5
throw tirar *v.* 3; lanzar *v.* 4; botar *v.* 3
thunder trueno *m.* 6
thus así *adv.* 3
tie atar *v.* 8 (Lect. 8); amarrar *v.* 7 (Lect. 7); **tie (games)** empatar *v.* 2
tiger tigre *m.* 6
time: have a bad time pasarlo fatal 1; **for the first/last time** por primera/última vez 2; **on time** a tiempo 3; **at that time** en aquel entonces 3
time warp salto en el tiempo *m.* 11
timetable horario *m.* 4
tired (become) cansarse *v.* 3; **tired (fed up)** harto/a *adj.* 8
toast brindar *v.* 2; **A toast for our magazine** Brindo por nuestra revista. 7; **Let's toast our success.** Brindemos por nuestro éxito. 7
tone tono *m.*; timbre *m.* 3
too much demasiado/a *adj., adv.* 7
tool herramienta *f.* 11
toolbox caja de herramientas *f.* 3
topic asunto *m.* 3
touch lightly rozar (z:c) *v.* 8; **keep in touch** mantenerse en contacto *v.* 1
tourist turístico/a *adj.* 4
tournament torneo *m.* 2
trace huella *f.* 7 (Lect. 7); trace *v.* trazar 10
track-and-field events atletismo *m.* 2
trade comercio *m.* 7; **trader** comerciante *m., f.* 7
traditional tradicional *adj.* 1
traffic tránsito *m.* 4; **traffic jam** congestionamiento *m.* 4
trainer entrenador(a) *m., f.* 2
training period aprendizaje *m.* (Lect. 4)
trait rasgo *m.* 10
transmission emisión *f.* 9
transmit emitir *v.* 11
transplant transplantar *v.* 11
trap atrapar *v.* 6 , (Lect. 12)
travel (around/across) recorrer *v.* 4
treat tratar *v.* 5
treatment tratamiento *m.* 5
treaty tratado *m.* 8
tree árbol *m.* 6
trend corriente *f.* 10
trial juicio *m.* 8
tribe tribu *f.* 12
trick engañar *v.* 9
trip on tropezar (z:c) (con) *v.* 4 (Lect. 4)
tropical tropical *adj.* 4
trouble incoveniente *m.* 12
trust confianza *f.* 1
tune in to (radio or television) sintonizar *v.* (Lect. 3)
turn (a corner) doblar *v.* (Lect. 5); **turn (around, over)** dar la vuelta 9 (Lect. 9); **turn off** apagar (g:gu) *v.* 3; **turn on** encender (e:ie) *v.* (Lect. 3); **be my/your/his turn** tocar (c:qu) + me/te/le, etc. *v.* 2; **Is it my turn yet?** ¿Todavía no me toca? 2; **It's always your turn to wash the dishes.** Siempre te toca lavar los platos. 2; **It's Johnny's turn to make coffee.** A Johnny le toca hacer el café. 2
typical típico/a *adj.* 12

U

U.F.O. (unidentified flying object) ovni (objeto volador no identificado) *m.* 11
unbiased imparcial (ser) *adj.* 9
uncover descubrir *v.* 11
under stress/pressure (to be) (estar) bajo presión 7
underdevelopment subdesarrollo *m.* 7
understand each other entenderse (e:ie) *v.* 1
undertake emprender *v.* 3
undertaking empeño *m.* 9 (Lect. 9)
underwear (men's) calzoncillos *m., pl.* 7
unemployed desempleado/a *m., f.* 7
unemployment desempleo *m.* 7
unethical poco ético/a 11
unexpectedly de improviso *adv.* 3
unfair injusto *adj.* 8
unfamiliar desconocido/a *adj.* (Lect. 4)
unhang descolgar (o:ue) (g:gu) *v.* 7 (Lect. 7)
union (labor) sindicato *m.* 7
unique único/a *adj.* 10
unjust injusto/a *adj.* 8
unkempt descuidado/a *adj.* (Lect. 7)
unknown desconocido/a *adj.* (Lect. 4)
unpleasant antipático/a *adj.* 1
unsociable huraño/a *adj.* 1
untamed bravo/a *adj.* 6
untie desatar *v.* 8 (Lect. 8)
urban urbano *adj.* 12
up until now hasta la fecha *adv.* (Lect. 9)
updated actualizado/a *adj.* 9
upset disgustado/a *adv.* 1; disgustar *v.* 2; get upset afligirse *v.* 3
up-to-date (to be) (estar) al día 7
urge: have an urge to sentir ganas de 3 (Lect. 3); tener ganas de 3
use: make good use of aprovechar *v.* 2; **use: make use (of)** disfrutar (de) *v.* 3; **to be used** to estar acostumbrado/a a 5
useless inútil *adj.* 2
usually de costumbre 3

V

vaccine vacuna *f.* 5
vacuum pasar la aspiradora 3
valid vigente *adj.* 4
valuable valioso/a *adj.* 10
value: moral values valores morales *m. pl.* 8; **valued** apreciado/a *adj.* 1
vanish desaparecer (c:sz) *v.* 6
verify comprobar (o:ue) *v.* 11 (Lect. 5)
verse verso *m.* 10
victorious victorioso/a *adj.* 12
victory victoria *f.* 2
viewer televidente *m., f.* 9
viewpoint punto de vista *m.* 10
village aldea *f.* 12
virus virus *m.* 5
visiting hours horas de visita *f. pl.* 4
vote votar *v.* 8

W

wage sueldo *m.* 7; **minimum wage** sueldo mínimo *m.* 7

wait espera *f.* 4; **wait in line** hacer cola 2
waiter, waitress camarero/a *m., f.* 4; mesero/a *m., f.* 4
wake up despertarse (e:ie) *v.* 2; **to wake up early** madrugar *v.* 5
walk andar *v.* 3; **walk away** marcharse *v.* 4 (Lect. 4); **take a walk** dar un paseo 2
want querer *v.* (Lect. 1); **want to** tener ganas de 3; **I want to ask you to come to the ceremony with me.** Quiero invitarte a acompañarme a la ceremonia. 12; **I wanted to ask you to come to the ceremony with me.** Quería invitarte a acompañarme a la premiación. 12; **I would like to invite you to come to the ceremony with me.** Quisiera invitarte a acompañarme a la premiación. 12
war guerra *f.* 12; **civil war** guerra civil *f.* 12
warlike bélico/a *adj.* 8
warm up calentar (e:ie) *v.* 3
warn avisar *v.* 8
warning aviso *m.* 4
warpaint raya *f.* 4
warrior guerrero *m., f.* 8 (Lect. 8)
wash lavarse *v.* 2
waste malgastar *v.* 6
watch vigilar *v.* (Lect. 3)
watercolor acuarela *f.* 10
wave (radio) onda *m.* 11; **wave (water)** ola *f.* 4 (Lect. 4); **wave** agitar *v.* 2 (Lect. 2)
way: make way for dar paso a 9 (Lect. 9); **make way** abrirse paso 9 (Lect. 9)
weapon arma (el) *f.* 11
web browser buscador *m.* 9
website sitio *m.* 9
week semana *f.*
weekly supplement (newspaper) revista semanal *f.* 9
weight peso *m.* (Lect. 7) ; **to lose weight** adelgazar *v.* 5; **to gain weight** engordar *v.* 5
welcome acoger (g:j) *v.* 9 (Lect. 9); bienvenida *f.* 4
well bien *adv.* **get well** ponerse bien 5; **well-kept** bien cuidado/a *adj.* 4; **well-received** bien acogido/a *adj*; **well-being** bienestar *m.* 1
well pozo *m.*; **oil well** pozo petrolero *m.* 6 (Lect. 6)
wet (to become) mojarse *v.*
wherever dondequiera *adv.* 5
whistle silbar *v.* 2
widower, widow viudo/a *m., f.* 1; **to be widowed** quedarse viudo 1
wife mujer *f.* 1
wild bravo/a *adj.* 6; salvaje *adj.* 6
will power fuerza de voluntad *f.* 5
win ganar *v.* 12
wind energy energía eólica *f.* 11
wing ala (el) *f.* 6
wisdom sabiduría *f.* 12
wise sabio/a *adj.* (Lect. 12)
wish: make a wish pedir un deseo *v.* 7
witness testigo *m., f.* 10 (Lect. 10)
wonder preguntarse *v.* 1
wood madera *f.* 10 (Lect. 10)
work of art obra de arte 10
workday jornada *f.* (Lect. 7)
workshop taller *m.* 10 (Lect. 10)
World Cup Copa del Mundo 3
worm gusano *m.* 5
worried (about) preocupado/a (por) *adj.* 1
worry preocupar *v.* 2; **worry (about)** preocuparse (de) *v.* 2; **Don't worry.** No te preocupes. (*fam.*) 4; No se preocupe usted. (*form.*) 4
worsen empeorar 5
worship culto *m.* 8
worthy digno/a *adj.* 12 (Lect. 12)
wound herir (e:ie) *v.* (Lect. 11)
wrinkle arruga *f.* 7

Y

yawn bostezar (z:c) *v.* 3

Z

zoo zoológico *m.* 2

A

B

C

R

S

Text Credits

32-33 © Maitena, *Una amiga: alguna cosa más que carne y uña*, 1999, reprinted by permission of the author.
90 © Ana María Chaina, *La vida, antes y ahora* Buenos Aires, Río Negro online, 2002. All rights reserved. Reproduced by permission.
124-125 © Victor Nava, *Actividades en la República Dominicana,* 2002, www.caribbean-trip.com, reprinted by permission of Victor Nava.
135 © Oski, *Tablas Médicas de Salerno,* ilustración pág. 24, 1999, Ediciones Colihue. Reprinted by permission of Ediciones Colihue.
156-157 © Quino, *Eres un Gusano* (art number 793), 2002, reprinted by permission of Julieta Colombo Marrón.
140 © Silvio Rodríguez, *Ojalá,* 1969, reprinted by permission of the author's agent.
188-189 © Revista Quo, *Mario Molina* (entrevista), pág. 90, abril de 2002, Editorial Hachette, reprinted by permission of Editorial Hachette.

Fine Art

243 Diego Velázquez. Las meninas. 1656. Derechos Reservados. ©Museo Nacional del Prado. Madrid, España.
243 Fernando Botero. La familia presidencial. 1967. Óleo en tela 6' 8 1/8 x 6' 5 1/4". ©Fernando Botero. Cortesía Malborough Gallery, New York.
279 Andy Warhol (1928-1987). Campbell's Soup I (Tomato). 1968. One from portfolio of ten screenprints on paper. 35" x 23". ©The Andy Warhol Foundation for the Visual Arts/ARS & Art Resource NY.
283 Fernando Botero. Monalisa. 1977. Óleo sobre lienzo 183 x 166 cms. Colección Banco de la República. Bogotá, Colombia.
283 Oswaldo Guayasamín. Violinista. 1967. Cortesía Fundación Guayasamín. Quito, Ecuador.
285 Remedios Varo. Armonia. ©Christie's Images/Corbis.
299 *Portrait of Federico García Lorca* by Cecilio Parraga.
334 *Simón Bolívar* attributed to Antonio Salas.
348 *Still Life with Letter to Mr. Lask* by William Michael Harnett.

Photography Credits

Corbis: 10 Randy Faris. **27** (bm) Yoshikazu Tsuno, (b) Manuel Zambrana. **44** (br) Roberto Schmidt. **59** **60** (t) Lester Lefkowitz, (mr) Stephen Welstead, (bl), (bm). **90** Arthur W.V. Mace. **96** (t) Steve Raymer. **104** (tr) Galen Rowell, (br) Staffan Widstrand. **105** (l) Paul and Ann Purcell, **113** (tl) Nik Wheeler. **124** Mark M. Lawrence. **125** Michael Kevin Daly. **136** (tl) Wolfgang Kaehler, (br) C/B Productions. **137** (t) ML Sinibaldi, (r) Cory Sorensen. **168** (tr) Wolfganf Kaehler, (b) Hubert Stadler. **175** David Stoecklein. **188** Brooks Kraft. **189** Ted Spiegel. **201** Luis Acosta.**228** (l) Reuters NewMedia Inc. Juan Carlos Ulate, (r) Jose Fuste Raga. **229** (l) Bettmann., (r) Reuters NewMedia Inc. Larry Downing. **255** (l) Lucy Nicholson, (r) Doug Kanter. **284** (tr) Bettmann. **285** Christie's Images. **298** (l) Bettmann, (r) Arthur Rothstein. **299** (r) Archivo Iconografico, S.A. **310** (tl, br) Keith Dannemiller. **311** (l) Reuters NewMedia inc. Andrew Winning, (r) James Marshall. **334** (l) Christies Images, (r) Bettmann. **335** (l) Charles Lenars, (r) Werner Forman. **348** Christies Images. **351** Keith Dannemiller.

Latin Focus: 27 (t) Jimmy Dorantes, (tm) Zack Cordner. **44** (l) John Castillo, (tr) Jimmy Dorantes.

About the Authors

José A. Blanco is the President and founder of Baseline Development Group, formerly Hispanex, Inc., a company that has been developing Spanish language materials since 1989. A native of Barranquilla, Colombia, Mr. Blanco holds degrees in Literature and Hispanic Studies from Brown University and the University of California, Santa Cruz. He has worked as a writer, editor, and translator for Houghton Mifflin and D. C. Heath and Company and has taught Spanish at the secondary and university levels. Mr. Blanco is also the co-author of two introductory college Spanish textbook programs published by Vista Higher Learning, **VISTAS** and **PANORAMA.**

Mary Ann Dellinger is Assistant Professor of Spanish at Virginia Military Institute. She has taught Spanish at the secondary and college levels both in the United States and in Spain since 1982. She received her Ph.D. in Peninsular Literature at Arizona State University with a specialty in twentieth-century essay. Dr. Dellinger is the author of several ancillary texts for Spanish for Native Speakers at the secondary level, as well as co-author of *Sendas literarias*, Second Edition. In addition, she is the co-author of two introductory college Spanish textbook programs published by Vista Higher Learning, **VISTAS** and **PANORAMA.**

María Isabel García received a degree in Hispanic Philology at the *Universidad de Alicante* (Spain) and her M.A. in Hispanic Language and Literatures at the University of Rhode Island in 1996. She is currently finishing her doctoral dissertation in Peninsular Literature at Boston University. Ms. García has taught Spanish at the college level both in the United States and overseas since 1994. She is also the co-author of two introductory college Spanish textbook programs published by Vista Higher Learning, **VISTAS** and **PANORAMA.**

Ana Yañéz is a Spanish instructor at Boston University. She received a degree in English Philology at the *Universidad de Salamanca* (Spain) and her M.A. in Spanish and Latin American Literature at the University of Cincinnati in 2000. Ms. Yañéz has taught Spanish at the college level in the United States since 1998. She is currently working on her Ph.D. in Hispanic Language and Literatures at Boston University.